建築と歴史 「戦災」から「震災」まで

飯島洋一

青土社

建築と歴史　目次

建築と歴史　「戦災」から「震災」まで

I　コレクションの欲望

二〇一四年一一月一日から二〇一五年三月一五日まで、金沢21世紀美術館において『ジャパン・アーキテクツ1945-2010』展が開催された。この展覧会は、パリの「ポンピドゥー・センター パリ近代美術館」の副館長のフレデリック・ミゲルーの企画によるものである。

同展覧会では、太平洋戦争終結の一九四五年から二〇一〇年までの期間、つまり日本のポツダム宣言の受諾から東日本大震災の前年までの期間の、日本の戦後建築史の大きな流れを、図面や模型やドローイングやスケッチなどを使って、総覧するように展示している。すなわち、日本の敗戦の一九四五年をスタート地点として、戦後のモダニズム建築と、一九七〇年代からバブル経済崩壊までのポスト・モダニズム建築、さらに一九九〇年代以降に顕著となったネオ・モダニズム建築を、六つのセクションに分けながら、時間系により概観するという展覧会なのである。

ここでフレデリック・ミゲルーが、展示を二〇一〇年で止めている点に注目しよう。つまり『ジャパン・アーキテクツ1945-2010』展は、二〇一一年三月一一日に起きた東日本大震災の手前で、展示が唐突にストップするのである。これは、どういう意図によるものなのだろうか？ ミゲルーは、東日本大震災までの日本の戦後建築を、何らかの意味ある期間として考えているのか？　あるいは東日本大震災以後に関しては、また別の視点が必要だった、という意味なのか？　それとも、たまたま、ここまでの建築コレクションだけが万遍なく揃った、ということなのだろうか？

　これに関するミゲルー自身の答えは、この展示で、ほとんど明らかにされてはいない。たぶん東日本大震災以後の日本の建築の在りようが、少なくとも、その時点の彼には、明確に見えていなかったためだと思われる。簡単に言えば、彼は東日本大震災以後を意図的に避けたのである。

　しかし、あたかもこの私の問いに答えるかのように——言い換えると、ミゲルーの展示の不足分をまるで補完するかのように——『ジャパン・アーキテクツ１９４５－２０１０』展と連携する『３・11以後の建築』と題された展覧会が、この『ジャパン・アーキテクツ１９４５－２０１０』展とは別個に企画され、同じ美術館の館内で、二〇一四年一一月一日から二〇一五年五月一〇日まで展示されていた。

　ただし、この『３・11以後の建築』が、本当に『ジャパン・アーキテクツ１９４５－２０１０』展を正しく補完する、あるいはそれに連結し得るものであったのかどうか、つまり東日本大震災と建築をめぐり、十分に検討されたものだったのかどうか、それについては、かなり疑わしいのである。では、どのように疑わしいのか？　その問題に関しては、後で明確に論じるつもりである。

　ところで二〇一五年一月二八日付の朝日新聞の夕刊の「文化」で、編集委員の大西若人は、この金沢の二つの大規模な展覧会を大きく取り上げて、その中でも『ジャパン・アーキテクツ１９４５－２０１０』展を、「焼け跡からの再発見」と銘打っている。そして「日本の現代建築の「起源」を考える」との、サブタイトルまで、そこに付している。

大西若人によれば、「展覧会を企画した、ポンピドーセンター・パリ国立近代美術館のフレデリック・ミゲルー副館長は、「世界で最もダイナミックな動きを見せる日本の現代建築は、どこから生まれてきたのか。その起源を考えたかった」」のだという。

つまり、日本の現代建築の「はじまり」とは、いったい何時になるのか、そのスタート地点は、いったいどこに規定し得るのか、そのことをフレデリック・ミゲルーは、この金沢での展覧会で考えてみた、というわけである。つまりミゲルーは、この大規模な『ジャパン・アーキテクツ1945-2010』展を通して、日本の現代建築の「起源」について、大胆にも考察したのである。

大西若人は「焼け跡からの再発見――日本の現代建築の「起源」を考える」と題した記事において、このミゲルーの重要なコンセプトである「起源」について、具体的には、次のように書いている。

「ミゲルー副館長が感じたのは、「日本の現代建築は起源や伝統を何度も発見、再構築している」ということだった。西欧のモダニズム建築を学びつつ、焼け跡のみならず、伊勢神宮や桂離宮、縄文や弥生などの起源に言及して繰り返し理論立てられる。建物も理論も次々に更新されることで、活力が生まれるという見立てだろう」。

大西の記事には「関東大震災などの災害や戦災で物が破壊される事態を起源の一つと捉え、壊れた建物のリアルな断片から展覧会を始めたのだ」とある。[*1] けれども、ミゲルーにとって、一番の「起源」は、震災ではなく、太平洋戦争の「焼け跡からの再発見」である。展示そのものが一九二三年の関東大震災でなく、一九四五年からスタートしていることに明らかなように、太平洋戦争の空襲の「戦災」による焦土が、日本の戦後建築の「起源」として、ここでは設定されているからである。

しかしミゲルーは、同時に「戦災」だけが、日本の近現代建築の唯一の「起源」ではないとも考えている。なぜなら大西若人の記事にもあるように、日本の近代建築史において、これまで伊勢神宮、桂離宮、あるいは縄文、弥生というように、さまざまな論者により、いくつもの「起源」、つまり複数の「起源」が唱えられてきた経緯があるからである。

ミゲルーは「日本の現代建築は起源や伝統を何度も発見、再構築している」とする。彼は、日本の近現代建築には、複数の「起源」があり、それが西洋とは違う日本の特質だと考えているわけである。

ミゲルーは公式カタログ『新建築2014年11月別冊　ジャパン・アーキテクツ1945-2010』に寄せた「日本建築の来るべきアイデンティティ」という小論の中で、こう書いている。

「日本建築のアイデンティティを問おうが、歴史をつまびらかにしようが、しかるべき概念・批評によって時代を区分しようが、どのみちその起源、始まりがどこにあるのかという難問に突き当たる。建築文化はこの起源をどこかに定めることで、おそらくは日本の固有性を立証するのである」。

またミゲルーは「日本建築の来るべきアイデンティティ」という小論の中で、こう言っている。

「日本建築はこのように起源を繰り返し創出するうちに、伝統を無理にでも再構築しつつモダニティをたゆみなく吸収するという矛盾を抱えたまま、その歴史を確立していったのではないか」。

実のところ、このミゲルーが言うモダニズム建築の「起源」が、日本の建築史において明確になったのは、一九三三年からのことなのである。一九三三年はドイツの建築家のブルーノ・タウトが来日した年であり、来日した翌日に、タウトは京都郊外の桂離宮を見ている。そしてタウトはその後に、伊勢神宮にも出掛けており、強い感銘を受けることになる。この桂離宮や伊勢神宮の「再発見」が、日本の近代建築のターニング・ポイントになった。こうしてタウトのこの伊勢や桂の発見が、日本のモダニズム建築の「起源」となる。

フレデリック・ミゲルーは、同じ小論「日本建築の来るべきアイデンティティ」の中で、日本のモダニズム建築の「起源」について、こう続けて書いている。

「皮肉にも起源がおよそどのあたりにあるかを示したのは、ブルーノ・タウトである。彼は伊勢神宮がパルテノンにも比肩し得るとし、そこに歴史の起点を据え、この過去から連綿と継承されてきた類型的モデルと日本的モダニズムとの繋がりを説いてはその永続性・不変性を担保し、この国にモダニズムを根付かせるための素地をつくっていった」[*2]。

繰り返すが、日本の近代建築の重要な「起源」を、最初に提示したのは、ドイツ人のブルーノ・タウトであった。そして一九五〇年代には、さらにまた新しい「起源」が、これに追加されている。縄文と弥生である。ミゲルーは、同じ「日本建築の来るべきアイデンティティ」で、その歴史的事実を、次のように書いている。

「考古学上の時代区分である弥生と縄文に関する議論がひときわ盛り上がりを見せたのが1950年代である。日本のアイデンティティの起源はどこにあるのか。それは中国・朝鮮半島との交流から生まれた文化（弥生時代）か、それとも固有の土着文化（縄文時代）なのか。日本文化をエリート主義の目で見るか、それとも民衆の立場から見るのか」。

ミゲルーは「日本建築を読み取るには、したがって考究の流れが変わるたびにそれにどう適応していったかを、局面ごとに見ていくべきだろう」とする。そして、何度も言うように、今回の金沢の展覧会によって「一九四五年」という年に起きた出来事——敗戦による日本の国土の破壊、焦土、戦災——も、ミゲルーによる「再発見」、つまり新たな「起源」として、それらに加えられたのである。ミゲルーの小論「日本建築の来るべきアイデンティティ」には、そのことがこう書いてある。

「第二次世界大戦による破壊のすさまじさは、この国を徹底的に打ちのめし人間の精神をも傷つけたのだが、皮肉にもこのことが、物事は輪廻するとか大災害は連鎖するといった意識を人びとの心に刻みつけた。関東大震災（1923）以降、度重なる震災を経て阪神・淡路大震災（1995）さらに東日本大震災（2011）を経験した日本は、その文化的要因をたえず別のところに求めざるをえなかった」。

この文面で、「東日本大震災（2011）」と触れられていることから、やはりミゲルーは、東日本大震災を、大きく意識していることがわかる。けれども今回は、それを踏まえた上で、『ジャパン・アーキテクツ1945-2010』と題して、二〇一一年の手前、つまり二〇一〇年で意図的に展示を止めたのである。そうすることによって、結果的には、東日本震災とそれ以後の、彼自身の建築的な回答を避けたのである。なぜ、ミゲルーがそれを避けたのか、その正確な理由はわからない。だが、そうとしか、思えない。

いずれにしても、伊勢、桂、戦災、縄文、弥生というように、日本の建築の「起源」について、フレデリック・ミゲルーは複数の「はじまり」があると考えている。彼はこれら複数のアイテムこそが、日本の戦後建築の「起源」だとする。

念のために繰り返し言うが、彼が固執しているのは、あくまでも日本の近代建築の「起源」は、たった一つなのではなく、「複数」存在するということである。それに対してミゲルーは、西洋では、近代建築の起源は「ルネサンス」だけである、と主張している。

つまり、西洋の近代の「起源」は、たった一つしかないが、日本には「起源」が複数ある、というのである。そして、それが日本の建築文化の面白い特質なのだと、ミゲルーは考えている。そこに西洋と日本との、とりあえずの文化的な差異があり、言い換えると、それこそが日本文化をユニークなものにしていると、どうやら彼は、強く主張したいようなのである。

しかしながら、結論を先に言えば、この日本と西洋のそれぞれの「起源」を規定したミゲルーの解釈は完全な誤りである。しかもこれは致命的な誤りである。では、それは、どういう意味において、致命的な誤りなのか？　この誤りを正しく解明して見せ、さらに日本の戦後建築の「起源」とは何かを、正しく明らかにして説明するのが、本書の重要な骨子の一つである。

実はこの「起源」をめぐる解釈だけでなく、『ジャパン・アーキテクツ１９４５‐２０１０』展と『３・11以後の建築』展には、その他にも実に安直で、誤った解釈がかなりの数に渡り散乱している。たとえば、朝日新聞の二八日の紙面には大西若人がつけた「３・11新たな起源」という小見出しがある。大西の記事には「そして東日本大震災も、建築にとって新たな起源となった」と確かに書いてある。しかし、これは本当の話だろうか？　３・11もまた、戦後日本の建築の新たな「起源」になるのだろうか？

この答えを言うなら、それは、全くあり得ない話である。それでは、もはや「起源」の大量生産である。つまり大西若人の論法だと、また明日、仮に何かのカタストロフがこの国で起きれば、それも日本の「新しい起源」に加わらざるを得なくなるからである。

さらに、この『ジャパン・アーキテクツ１９４５‐２０１０』展と『３・11以後の建築』とを繋げている展示の構成それ自体にも、明らかに大きな歪みが見られる。たとえば空爆による「人間による破壊」は、東日本大地震による「自然による破壊」とは、まるで種類が異なっている。東日本大地震は確かに未曾有の被災を、各地にもたらした。それは事実である。だが、しばしば言われるように、自然は、何も人間を意図的に殲滅させようとしたわけではない。それに対して戦争の場合は、人為な破壊によるものである。片方は自然が破壊し、片方は人が故意に破壊したのである。それらの二つを、「破壊」としては同じだという理由で、一つに括って語ろうとする意図が、私には全く理解できない。それでは論理があまりに単純であり、かつ乱暴にすぎる。震災による破壊と戦災による破壊——この両者の破壊の意味の違いは、決定的なものである。

それ故に、『ジャパン・アーキテクツ1945‐2010』展と『3・11以後の建築』展のように、「戦災」と「地震」を並べて、それらを一つの「破壊」として強引に括ることに、あるいは、それらをリンクさせて展示する構えに、私は大きな違和感を覚えずにはいられなかった。ただし、ロナルド・シェイファーが『アメリカの日本空襲にモラルはあったか』に記載しているような、アメリカの飛行隊戦術学校の教官C・E・トーマス少佐による、次のような非道な見地が是であると、この二つの展示を企画した者が主張するのなら、話は別であるが。[*3]

「一九二三年の関東大震災は、焼夷弾が日本諸都市に「恐るべき破壊」をもたらしうることを実証したものであり、日本の一般市民に対する直接攻撃は日本人の士気破壊にきわめて有効である」。

しかし、まさかとは思うが、このC・E・トーマス少佐の見解に、金沢の展示の企画者達が追従したいわけではないだろう。となると、やはりこの二つの展覧会を組み合わせたのは致命的な意味で、完全に錯誤していると言わざるを得ない。

さて、ここで『ジャパン・アーキテクツ1945-2010』展の開催までの経緯について、簡単に説明しておくことにしよう。そもそも、フレデリック・ミゲルーは、どうして日本の戦後建築に、強い関心を抱いたのだろうか？

この理由の一端は、次のような「artscape」二〇一四年一一月一五日号の戸田穣による「建築資料のありかと現代建築のゆくえ——「ジャパン・アーキテクツ1945-2010」展レビュー」を読むことで、ある程度の理解を得ることができる。戸田穣は、そのレビューにおいて、その事情を、このように書いている。

「まず、なぜポンピドゥーが、日本建築に関する展覧会を開催するのだろうか。建物を表現する図面（ドローイング）、模型、スケッチ等の表現媒体は、ひとつの建物に関する「記録」としての資料性の高さから「建築資料」と呼ばれる。フランスでは、すでに1970年代から、近現代建築に関する建築資料の保存の重要性が議論され、1980年代後半にフランス建築協会20世紀アーカイブズが設立されている。こうした動きのなかから、現代建築資料の美術的価値を評価し、美術界での建築コレクション形成に寄与したのがミゲルーである」。

フランスでは、もともと建築のドローイングや模型のコレクションに熱心であった。モダニズムの巨匠ル・コルビュジエの図面はもとより、一九六〇年代から一九七〇年代に活躍したイギリスのアーキグラムやイタリアのスーパースタジオのような「アンビルト」、つまり現実には建設されず、イメージのみでしかその建築内容を知り得ない「ラディカリズム」と呼ばれる建築家グループのドローイングに、フランスは、大きなスポット・ライトを当てた。その上で、現代建築の「資料」に、「美術的価値」を与えたのである。

戸田穣は「「ジャパン・アーキテクツ1945-2010」展レビュー」で、そのことを、次のように続けて書いている。

「その最初の動きは、1991年からミゲル・、次いでマリー＝アンジェ・ブレイエによって主導された、フランス・サントル地域圏の現代芸術地域振興基金FRACサントルでの建築コレクションの収集である。FRACサントルは、サントル地域圏の中核都市オルレアンに本拠を置き、1950年以後のユートピア的・実験的建築を対象として、現在までに約600の建物について、おおよそ800あまりの建築模型と、15000にのぼるデッサンを収集している。日本では、2004年-2005年に森美術館で開催された「アーキラボ——建築・都市・アートの新たな実験展1950-2005」で、イギリスのアーキグラム、イタリアのアーキズームやスーパースタジオ、フランスのクロード・パランなど20世紀後半の前衛たちの、大胆なドローイングやスケッチなど、コレクションの一端が紹介された。［……］その後、ミゲルーはポンピドゥー・センターに転じ、あらたな建築コレクションの形成に乗り出したというわけだ」[*4]。

つまり「フランスでは、すでに1970年代から、近現代建築に関する建築資料の保存の重要性が議論され」出していた。そして「こうした動きのなかから、現代建築資料の美術的価値を評価し、美術界での建築コレクション形成に寄与した」のが、他でもない、今回、金沢で、戦後日本建築展を手がけたフレデリック・ミゲルーだったのである。

この一九六〇年代から一九七〇年代以降に登場したイギリスのアーキグラムやイタリアのスーパースタジオについては、ケネス・フランプトンは『現代建築史』の中で批判的なスタンスから、このように書いている。

「最近の建築の展開を説明するに当たって、建築という職能が一九六〇年代中期以降果たしてきた両義的な役割について触れないわけにはいかない。両義的なのは、この職能が公共の利益に役立つことを事としながら、しばしば最大効果を求める科学技術の領域拡大に無批判に手を貸しているという意味からである。そればかりではない。建築家の中でも知的水準が比較的高い人々の多くが、従来の実践を放棄して、直接社会行動に訴えるか、あるいは、芸術形式としての建築の計画に耽溺しているという意味からでもある。このうちあとの場合は、抑圧された創造力の再来とでも言うべきであろうか、あるいは、ユートピアの内部破裂とでも言うべきだろうか」[*5]。

ケネス・フランプトンが「建築家の中でも知的水準が比較的高い人々の多くが、従来の実践を放棄して、直接社会行動に訴えるか、あるいは、芸術形式としての建築の計画に耽溺しているという意味からでもある」とする箇所に、ラディカリズム以降、建築が芸術と誤解されるようになってしまったという、フランプトンによる批判が端的に表明されている。つまり、現実の場所にリアルに建設され、本来は使う人のためにつくられるはずの建築が、どうして一九六〇年代以降、芸術だと誤って評価されるようになったのか、またなぜ、美術館の展覧会という場に積極的に進出しているのか、ドローイングとしての建築という二次媒体の価値の高騰を考えると、そのあたりの事情が、うまく説明できるのである。

一九六〇年代頃から、アーキグラムやスーパースタジオのような「アンビルト」、つまり現実には建てない建築が、ドローイングという二次媒体として抬頭してきた。しかし、それらは実物の建築ではないのに、相変わらず「建築」であるのを強く標榜している。すると、彼ら「アンビルト」の建築家が描くドローイングという二次媒体としての建築は、その収まりどころとして、どうしても、美術館やギャラリーやマス・メディアを求めていく。そして同じタイミングで、その種の建築家がまず、意図的に「芸術家のふり」をしはじめたのである。

またハル・フォスターは『アート建築複合態』で、建築とアートの近接性について、これとは別の角度から、説明している。

「この50年前にわたって、多くのアーティストたちが、絵画や彫刻や映画を、その周囲の建築空間に対して開かれたものにしてきた。そして、それと同じ期間、多くの建築家たちが、視覚的なアートに関わり合いを持つようになってきた」。

ここでハル・フォスターが、「ここ五十年」と言っている点に注意しよう。この本は、二〇一一年に出版されている。すると、五〇年前というのは、一九六〇年代を指している。つまり、先にケネス・フランプトンが「最近の建築の展開を説明するに当たって、連築という職能が一九六〇年代中期以降果たしてきた両義的な役割について触れないわけにはいかない」としていた指摘と、ぴたりと時間的な符合が一致するのである。

さらにハル・フォスターは、同じ本の中で、書名の「複合態《コンプレックス》」の意味を、アートと建築が資本主義の中でいかに商品化されているのか、それを指し示している言葉だ、と言っている。

「第一にそれは単純に、アートと建築が並置され、そして／あるいは組み合わされる多くの競演形態＝集合体《アンサンブル》を指すために使われている。そこでは、アートが建築の空間（と、かつては見なされたもの）のなかに存在することもあれば、また時には建築がアートの場（と、かつては見なされたもの）でそれに代わって存在することもある。そうした競演形態＝集合体は、西洋やその他の地域の伝統においては、ごくお決まりのことかもしれない。そして、諸芸術を互いに分離するモダニズムの時期の方が、むしろ例外的とも言えそうである。また私が、「複合態《コンプレックス》」という言葉で意図したのは、資本主義が文化的なものを経済的なもののうちへと包摂するなかで、いかにしてしばしばそうしたアート・建築の組合せを、客引き＝余興《アトラクション》の要＝地点《ポイント》、そして／あるいは画像表示＝展示《ディスプレイ》の場《サイト》として、再び目的化する動きを駆り立ててきたかを、示すことにもあった」[*6]。

　ハル・フォスターも同じ本で言及しているが、このアーキグラムやスーパースタジオに連動して、イメージとしての建築を積極的に描いていたのが、オランダのレム・コールハースだった。彼は元々、ロシア構成主義に耽溺していたが、そのコールハースに育てられた建築家こそが、「アンビルトの女王」と言われている、あのザハ・ハディドなのである。

　本来なら、現実のフィールドに実践されるはずの建築が、彼らのようなアンビルトの建築家によって、それが図面や模型でしか表現されないからこそ、コレクターの蒐集対象として、積極的に機能するようになったのだ。

　もし建築が実物であるままなら、誰もそれを芸術だとは思わない。なぜなら、実物の建築は、美術館に展示できないからである。それなら建築はごく一部の人が芸術だと称しても、昔からそうだったように商材のままだった。だが、ドローイングという二次媒体だけを描くアンビルトの建築家の擡頭によって、美術館にも収まる芸術としての建築が、収集されることになった。

それは現在、コンピュータ・グラフィクス、つまりCGで描かれた建築として、コレクターによる蒐集の欲望はさらに加速されている。事実、ザハ・ハディドが描く二次媒体のCGは、いまや、市場価値としては、かなり高値のアート作品になっている。

ハンス・ウルリッヒ・オブリストとの対話『ザハ・ハディドは語る』の中では、「けれども、あなた自身の作品のコレクションがありますし、先日伺ったところでは、過去のドローイングや絵画のほとんどが手元にあって、売ることはまれだと」というオブリストの質問に、ハディドはこう答えている。

「いくつかは売りましたが、それでもまだ数が足りないのでしょう（笑）。おかげで、今年、グッゲンハイム美術館で展覧会をやった際、売ったもの以外のすべての作品を見せることができました。絵を売ったギャラリーの人間は、作品の所在がわからないと言うのですが、これにはあきれました。またMoMAやゲティ・センター、フランクフルトの美術館は、大金を積まない限り、買い上げた作品を貸し出してはくれません。これも問題です。ですから、作品は手放してはならないと感じた二〇年前の私の直観は正しかった。いつか展覧会で見せたくなった時に、借り出すのは大変だろうと思ったのですから。そういった経緯で、私のアーカイヴはほぼ無傷の状態です」[*7]。

ハディドは、自分のほとんどのドローイングが手元にあると言っている。だが、私が個人的に聴いている情報からすると、これはかなり怪しい話なのである。私はハディドのCGが、相当な高額で売買されていると聞いているからだ。もし仮にハディドの言う通りだとしても、彼女の発言からはっきりと見えてくるのは、ハディドの建築のドローイングを「アート」として扱うギャラリーが現に存在しており、またかなり以前から、自分の建築のドローイングが「アート」として美術館で扱われるはずであると、ハディド自身が確信している点である。つまり、ハディドは、自分の建築ドローイングを「芸術」だと考えているのである。

また、二次媒体としての建築のドローイングの社会的、市場的なポジションは、それを仕掛けるキュレーターの存在によって、どんどんと大きく膨らんでいる。そしてそれに並行して、フレデリック・ミゲルーのようなキュレーターによる「建築コレクションの収集」の欲望もまた、ますます加速していく。ミゲルーは「ポンピドゥー・センター」に転じ、あらたな建築コレクションの形成に乗り出した」というが、その「建築コレクション」の欲望が、今回の金沢での『ジャパン・アーキテクツ1945－2010』展に、そのままのかたちで表明されている。

では、ミゲルーの、この展覧会の真の狙いとは、いったい何か？　普通に考えれば、良質な展覧会の企画と、その評価である。しかし、実は、そうではないのである。彼の真の意図が、いまや「美術的価値」を持つようになった建築の図面やスケッチを「コレクション」すること、それ自体にあるからである。

展覧会の公式カタログ『ジャパン・アーキテクツ1945－2010』を見ると、「海老原一郎の「尾崎記念会館（現憲政記念館）」立面図―グラファイト、インク／トレーシングペーパー―890×545縮尺1：100―1985―ポンピドゥー・センター　パリ国立近代美術館蔵」とあるように、すでにポンピドゥー・センターの「所蔵品」になっている図面がある。その一方で、今回の展覧会に出品された図面や模型の多くが、まだ個人蔵の所蔵品だったり、どこかの団体や美術館の所蔵品のままである。つまり、金沢の展覧会に展示されている建築の図面や模型やドローイングなどは、まだ、ポンピドゥー・センターの「所有物」になっていない。

戸田は、「ポンピドゥーが、日本建築に関する展覧会を開催する」理由として、それが「建物を表現する図面（ドローイング）、模型、スケッチ等の表現媒体は、ひとつの建物に関する「記録」としての資料性の高さから「建築資料」と呼ばれる」と考えているからである、と書いていた。

二〇一五年に、パリ国立近代美術館ポンピドゥー・センターの所蔵する図版を収録した本が出版されたが、それによると同センターは、すでに約六〇〇〇点もの建築のスケッチやドローイングや模型のコレクションがあるという。そこには、モダニズムの巨匠のル・コルビュジエから、現代建築家のフランク・ゲーリー、ジャン・ヌーヴェルなどが含まれている。[*8]

これはすでにミゲルー個人やポンピドゥー・センターを超えた、フランス国家絡みの、異常な「もの」の所蔵への欲望と言える。もし、そうであるならば、当然のことながら、この金沢での大規模な戦後日本建築展の終了後に行われる、展覧会そのものよりも重大なイベントは、今回、この会場に展示された日本の戦後建築の膨大なコレクションの、ポンピドゥー・センターによる、あるいはミゲルーによる「収集」のはずである。つまり、この展覧会の終了後に行われるのは、ミゲルーによる展示品の「買い取り」となるはずなのである。

まずは、どの建築家のドローイングなり模型なりを買い取ろうか、その「オークションの場」が、実はこの金沢の大規模な展覧会『ジャパン・アーキテクツ1945-2010』の、真の正体なのである。つまりこの展覧会は、本来、展覧会がするべきことと、その結末が、全く逆転している。ミゲルーはこの展覧会を開いたから、その展示品を買い取りたくなったわけではない。事実は、その逆である。彼は最初から、図面や模型を買い取りたいからこそ、この展覧会を開いてみせたのである。

もちろん、そこに作動しているのは、商品のコレクター、買い手としてのミゲルーの思惑だけではない。これらの展覧会の後に、自分たちの建築の図面や模型を、是非ともフランスの名のある美術館のパーマネント・コレクションとして収集して欲しいという、日本の建築家達の現実主義的な願望も、十分に作動している。あるいは、日本の建築家達としては、できる限り、自分たちの建築の図面や模型を、高く買い取って欲しいとすら考えている。

これは支配者としての西洋と、被支配者としての東洋という二項対立ではない。日本人建築家も、そうなることを積極的に望んでいるからである。この建築の大規模な展覧会に真面目に訪れる人々の気持ちとは無関係に、ここでは建築家（非西洋、被支配者）とコレクター（西洋、支配者）の「共犯関係」が見事に成立しているのだ。

しかし、フランスはなぜ、そこまでして「日本」の建築の図面をコレクションしたがるのだろうか？この問いの答えは、多木浩二が『「もの」の詩学』の中で書いている、次のような文章から、そのヒントを得ることができるだろう。

「このような「もの」の集合がやがて美術や美術館の起源になる。かつてE・H・ゴンブリッチが、美術館の起源にはふたつある、ひとつは財宝《トレジャー》であり、もうひとつは神殿《シュライン》であるというとき、人間の活動のなかでもはや実際の目的としないある「もの」のあつまりが生じ、さらにそこに人間に新たな活動を構成するメカニズムが発生する過程を指したものであった」。

美術館の「起源」とは、一つは財宝であり、もう一つは神殿である。しかしより重要な指摘は、次の点である。多木浩二は、同書で、こう書いている。

「ゴンブリッチのいう財宝とは（たとえば「珍しさ」によって）所有者の権威を高めるようなものであり、神殿とは「もの」が単に珍しいだけでなく、「唯一のものになり……記念物」になることをさしている。ヘロドトスが伝えるような、ギリシャの神殿への奉納物は、ゴンブリッチにならっていえば、財宝が宗教的な理由から発生する例といえよう[*9]」。

ここで注意したいのは、財宝にせよ、神殿にせよ、そこに「珍しさ」が含まれている点である。さらに神殿なら、「珍しさ」に「唯一性」が加味される必要がある。

たとえば遠山公一は『美術コレクションを読む』に所収の文章の中で、それについて、こう述べている。「クシシトフ・ポミアンは、ヨーロッパの個人コレクションを、ブルゴーニュ公園における宮廷コレクションなど、一四世紀に始まるとした。そこから近代の美術館の成立まで、為政者の住む邸宅の一部に設けられた書斎（ストゥディオーロあるいはスクリットイオ）が、一七〜一八世紀にヴンダー・カンマー（珍品稀品陳列室）へと移り変っていくなかで、基本的にはコレクションとは常に雑多な状態であった。そこでは、地理的時間的に遠隔地からもたらされた希少価値を有するものが主である。自然物や宝飾品だけでなく、古代遺物や聖遺物といったものも、つまるところ希少性が本質であるといえよう。その希少性が、財産価値を生むのである」。

蒐集の核心にあるのは「希少価値」である。そしてその場合、「希少」とは、「地理的時間的に遠隔地からもたらされた」とあるように、それが西洋にはないもの、という意味である。では、その「希少価値」は、最終的には、いったいどこへ吸い込まれていくのか？　これについて、ハンス゠ゲオルク・ガダマーが『真理と方法 I』の中で明示しているが、遠山は先の文章で、このガダマーの指摘を引用している。[*10]

「蒐集《コレクション》は、われわれが芸術として受けとるすべてのものを美術館に集める」[*11]。

ここでガダマーが言う「われわれ」とは、むろん「西洋人」のことである。そして、このような美術館の蒐集への飽くなき欲求は、フランスを含めた西洋社会では、植民地主義の時代になると、「エキゾティスム」、あるいは「異国趣味」というかたちで、はっきりと目に見えるものになってくる。

ゴンブリッチやポミアンやガダマーらの指摘を受け継ぐかのように、文化人類学者のジェイムズ・クリフォードは『文化の窮状』の中で、西洋のコレクションの歴史とは、エキゾチックな物品の領有にあるという主旨のことを、次のように明確に書き記している。

「人類学と近代芸術の歴史学は、収集という行為のなかに、西欧的主体性の一形態と、変化する強力な制度的諸行為のセットを、見てとる必要がある。（博物館・美術館に限らず）コレクションの歴史は、人類学と近代芸術を発明した社会集団がエキゾティックな物、事実、意味をいかにして領有したのかを理解するうえで中心をなす（領有する（appropriate）――ラテン語で「固有の」、「財産」を意味するプロピウス（propius）に由来し、「自分のものにすること」。）重要なことは、価値ありとされた器物がそのなかで流通し意味をもつことになる一般的なモノのシステムが、個々のモメントにおける強力な差別化によって、どのようにして構成されるのかを分析することである。かくして、長い射程をもつ問いが提起される」。

ジェイムズ・クリフォードは同じ『文化の窮状』で、さらにその「エキゾティックな物、事実、意味」が分類されるプロセスにも触れている。こうした品々の中には、もともと芸術でない、土産物の類のようなツーリスト・アートや珍品までが含まれていた点には、ここでの論点から、十分に注意しておくべきである。

「二十世紀に入る頃から、非西洋から集められてきた品々は、二つの主要な範疇へと分類されるようになってきた。(科学的)文化的器物として、あるいは(審美的な)芸術作品としてである。他の収集品――大量生産の商品、「ツーリスト・アート」、珍品など――の価値づけは、それほど体系的ではなかった。それらが場を与えられるのは、せいぜい「テクノロジー」や「フォークロア」の博覧会だったのである。「近代芸術=文化ロケーション」と呼びうるものの内部での諸々のロケーションは、(いくぶん個々の差を無視した)ダイアグラムの助けをかりて視覚化することができる」[*12]。

いずれにしても、文化人類学者のクリフォードに言わせれば、「(博物館・美術館に限らず)コレクションの歴史」とは、「人類学と近代芸術を発明した社会集団がエキゾティックな物、事実、意味をいかにして領有したのか」に尽きるのである。

では、「エキゾティスム」とは何か? クリフォードの言う「エキゾティスム」を簡単に定義しておこう。宇野邦一はその著書『他者論序説』の中で、この「エキゾティスム」について、こう書いている。

「〈エグゾティスム〉は、他者に魅惑され、そのことを趣味とすることである。それは一つの〈イスム〉だが、決して〈主義〉と訳せるほどの体系だった傾向や信念を示してはいない。それはあくまでも趣味であり、知的感覚的な快楽や美学の次元にある異質なものへの関心である。異質なものにどんなに惹かれても、それと一体化しようとはしない。エグゾティスムの対象は、しばしば一つでなく複数であり、エグゾティスムを実践する人の部屋には、異なる文化圏に属するさまざまな収集品が隣り合って並ぶ。その隣り合った道具や仮面や美術品そのものたちが、たがいにエグゾティスムを交換し合っているかのように[*13]」。

西洋は、東洋に対して異国趣味を抱く。だが、決して東洋と一体化しようとはしない。それは趣味なのであり、それを自らと異質なものと確認し、そして収集する。しかし、繰り返すが、エキゾティスムにおいて、西洋は東洋を、真の意味での「他者」だとは認めていない。

磯崎新は、その著書『建築における「日本的なもの」』の中で、「文化的コロニアリズム」について書いている。

「異境への政治的・軍事的進出のあげくに、その征服した土地の文化を母国へ持ちかえる。文化的コロニアリズムがしばしばエキゾティックな趣味の流行をうむ。ナポレオンのエジプト遠征の結果、考古学的調査がエジプト・リバイバルにつらなるし、モロッコ・アルジェリア等の北アフリカのイスラム文化圏との接触が、一九世紀に娼館のモチーフを流行させる。浮世絵からアフリカ彫刻にいたるまで、常に新しい趣味の生まれる源泉が西欧世界の外側に捜された[*14]」。

磯崎新は「文化的コロニアリズム」の一例として、ナポレオンのエジプト遠征をあげているが、高橋雄造もその著書『博物館の歴史』の中で、このエジプト遠征についてかなり詳しく書いている。

「ナポレオンは、イギリスを打ち破るために、エジプト遠征を行った。このエジプト遠征は、政治的略奪であるだけでなく、知的略奪だった。エジプト遠征には、天文学者、植物学者、外科医と医師、薬学者、作曲家、作家、経済学者、印刷業者、東洋学者等160人以上が同行し、ロゼッタ・ストーンほか大量の大理石美術品、古文書、考古学資料、自然史資料を集めた。軍事行動としての遠征は失敗に終わったが、このときに行った発掘によって、おびただしい量の資料が得られた。エルギン大理石をはじめ多くの古美術・考古学の資料はイギリスの手に渡ったけれども、フランスも大量の資料を獲得し、ルーヴルのコレクションは豊かになった。これらの過程で、エジプト学、アッシリア学が形成され、19世紀中葉に学としての考古学の成立につながった[*15]」。

またN・バンセルらは『植民地共和国フランス』で、フランスの植民地主義による「異国趣味」について、こう語っている。

「植民地共和国は、異国趣味《エキゾチシズム》を流布させることで定着していった。実際、一九世紀を通して、異国趣味の虜となる大衆は徐々に増えていった。その魅力は「抑えがたく」、さまざまな文化・社会形態をとつて広まったのだが、そもそもは一八三〇年のアルジェリア征服が始まり、またナポレオンによるエジプト遠征（一七九八－一七九九年）で生まれたエジプトマニアに連なるオリエンタリズムが盛んになるなかで、異国趣味ははっきりと姿を現した。一八世紀の学術書には、すでに旅行記や異国社会に関する思想家たちの省察が散見されたが、それはこうした傾向を先取りするものだった[*16]」。

さらにナポレオン時代の美術品の略奪については、吉荒夕記が『美術館とナショナル・アイデンティティー』の中で、次のような例証を挙げている。

「フランス軍は、ベルギーやオランダ、イタリアなど占領した土地の貴族や修道院などから貴重な品々を没収し、自国に持ち帰った。こうした海外遠征には芸術家や科学者たちが同行し、どの資料物品に価値があるのかを調査した。選ばれた品々は、美術品ならルーヴル、書物や写本は国立図書館、自然史資料は植物館（ジャルダン・デ・プラント）に収められた。これは戦勝者による略奪行為にほかならないが、海外侵略に対するのと同じ論理によってカモフラージュされた[*17]」。

このように、異国趣味とは言い換えれば、文化的植民地主義のことである。そしてその「珍しさ」への希求が、西洋人をコレクションへと向かわせる。この近代のフランスにおけるコレクションへの衝動が、さらに突き詰めると「何」と結びついているのか、高橋雄造の『博物館の歴史』には、それが明確に示されている。

「世界でフランスが学芸・文化の中心であり、世界中のすぐれた美術品等はパリで保存するという意図が、ここに明瞭に示されている。〔……〕ルーヴル美術館の初期の名称(Muséum Central Arts)の「中央」(Central)は、フランスの中での中央博物館を意味するだけでなく、世界の中央博物館を意味していた。このように、フランスが博物館・美術館において世界の中心国であるとされ、ルーヴル美術館は、世界の文明の保管庫であり、人類の進歩のショーウインドーであるとされた。このようなフランス革命政府の基本方針には、すでに帝国主義の萌芽が見られる」。

つまりフランスの美術館には、フランスが世界の中心であるという自民族中心主義が表明されているのだ。そこに集められた膨大なコレクションとは、すなわちフランスの「力」を表象しているのである。

こうして、ジェームズ・クリフォードの意見に、吉荒夕記、高橋雄造、それに磯崎新の発言を重ね合わせてみると、フランス人のフレデリック・ミゲルーによって金沢で開催された『ジャパン・アーキテクツ1945-2010』展の背後に、いったい、どのような政治学が潜んでいるのか、その事実が自ずと浮上してくる。

端的に言えば、ミゲルーによる、日本の建築コレクションへの欲望には、西洋による東洋への支配の「視線」が、「異国趣味」、「エキゾティズム」というかたちで、いまもなお、表明されているのである。

つまり、この「エキゾティスム」には、フランスを含む西洋による植民地主義が、かたちを変えて内包されているのだ。それは端的に言えば、勝利者による支配の「視線」である。

そして、ここが実に重要な点なのであるが、ミゲルー企画の『ジャパン・アーキテクツ1945–2010』展を見ていると、現在の西洋と日本との文化的関係が、かつての明治期以来の「ジャポニスム」の延長線上に依然としてあることが、実によくわかるのである。つまり、かつてのペリーやオールコックやフェノロサの「視線」が、現代のミゲルーの「視線」の上に、そのままに載せられているのだ。

磯崎新は『日本建築思想史』の中で、日本の明治時代を振り返りながら、かつての西洋人による日本文化のコレクションへの欲望――たとえばフェノロサやライト――について、次のように発言している。

「フェノロサや岡倉天心が紹介した廃仏毀釈の流出品がボストンを中心に多く残っていますが、その頃はまとめて東洋的（アジア）な趣味、相変わらずヴィクトリア朝的なコロニアリズム収集の一環であり、まだモダニズムと交わることはなかったと思われます。フランク・ロイド・ライトは「帝国ホテル」（一九二三）の設計よりは、浮世絵ディーラーとして大量の商品を輸出したことへ注目が集まっていますが、天心はもっと本格的に美術品を流出させていました[*18]」。

これらは、全て歴史的な事実である。そして、ここには明治の日本が、欧米の植民地的な立ち位置にいた事実が見え隠れしている。つまり、ここから透けてくるのは、繰り返すが、大きな括りでの「ジャポニスム」なのである。この「ジャポニスム」は後半の論の展開に大きく関係する重要な点なので、その明治期から大正期の流れを、ここで十分に説明しておくことにしよう。

小林利延は『ジャポニスム入門』に所収の論文「日本美術の海外流出」の中で、アメリカのペリーや来日したフランスやイギリスの使節が、滞在中に、日本の美術品を異国趣味として収集し、帰国時に持ち帰り、国外に流出させた事実について書いている。

「鎖国をこじ開けたペリー自身、資料の一部として多くの美術品を持ち帰り、一八五六年に刊行した彼の遠征記録に歌川廣重の「京都名所之内淀川」「大井川歩行渡」を石版で複製し掲載している。数年後にフランス政府の特使として日本を訪れたシャルル・ド・シャシャロン男爵の印象記にも、「北斎漫画」や「富嶽百景」が引用されており、同時期に来日したイギリスの使節エルギン卿（1811-1863）に従ってきたオリファント（1829-1888）の訪問記の扉絵には二世歌川国貞が使われている。この事実は、開国まもなく日本の芸術を特徴付けるものとして、浮世絵版画が注目されたことを示している。このような公式ルート以外に、記録によって確認できないさまざまな経路で流出した多くの日本美術が、すでにヨーロッパで流通していたことは、逆にヨーロッパ側の記録で明らかとなっている」。

また小林は、「ここで本格的に日本美術を収集し、故国に持ち帰ったラザフォード・オールコック（1809-1897）が登場する」と書いている。オールコックは一八五九年にイギリスの総領事として来日した。さらに、イギリス駐日公使館付の通訳アーネスト・サトウも、熱心に日本美術のコレクションをしていった。

ただし「これらの人々は、本来外交官として来日し、彼らの美術に対する興味から美術品を収集し、帰国するとき持ち帰ったケースだが、日本美術への需要が高まるにつれ、直接日本に買い付けをしようと来日する人達が出現する」ようになる。[*19] たとえばその一人が、一八八〇年、明治一三年に来日したジークフリード・ビングである。

ビングは、それから一五年後の一八九五年に、パリに『ギャラリー・ド・ラール・ヌーヴォー』をオープンする。「アール・ヌーヴォー」の名は、このビングの店名に由来している。そして、アール・ヌーヴォーとジャポニスムとは、切っても切り離せない関係にあるのは、いまさら言うまでもないだろう。『チャールズ・ホームの日本旅行記』を編集したトニー・ヒューバマンらは、ビングについて、次のように書いている。

「一八八〇年までに、日本は観光地であると同様に、芸術的、商業的な目的を達成する地でもあった。フランスの芸術家によって日本美術が「発見」され、パリでジークフリート（サミュエル）・ビングのような人物によって宣伝され、簡潔に「ジャポニスム」と称される奥深い影響が欧米の芸術文化に与えられた。しかしこうして西洋が日本を発見しつつあると同時に、日本政府も輸出できる製品の生産を増やそうと躍起になっていた」[*20]。

また小林利延は「日本美術の海外流出」で、エドワード・シルヴェスター・モースによる日本美術の収集についても言及している。

「しかし一旦帰国の後、再来日してからの彼の収集こそ後世に彼の名を残すことになる。日本各地から傾倒的に収集した陶磁器は四千点を越えボストン美術館のコレクションの基礎となり、膨大な民族資料は、故郷セーラムのピーボディ美術館に収蔵されているのである」。

そして「モースのもう一つの功績は、彼の後輩アーネスト・フランシスコ・フェノロサ（1853－1908）を日本へ呼び寄せたことである」。そう書いてから小林は、フェノロサについて、こう言及している。

「一八七八年（明治11）東京大学の政治学のお雇い教師としてやって来たが、当時行われていた廃仏毀釈によって日本の仏教寺院が破壊されている状況を憂い文部省の美術取調委員となり、弟子岡倉天心と全国の社寺を回り伝統的美術品の学術的解明と保存を進めた。この折、官吏の権威と高給にものをいわせて、多くの美術品を買い集めた」。

具体的に、フェノロサが「買い集めた」のは、どの程度の規模のコレクションだったのか？ 保坂清の著書『フェノロサ』によれば、フェノロサのコレクションは、かなり膨大なものだったようだ。

「フェノロサに限っていえば、収集した日本美術品のほとんどが日本絵画であったことは、いわゆる「フェノロサ・コレクション」の重要な特徴であった。これが質、量ともにどのような規模のものであったか、最終的にはボストン美術館とフーリア美術館その他を合計することで知ることができるが、おどろくべきことに、来日二年後の明治一三年（一八八〇年）、すでに二百六十数点を集めていることを証明する資料（松岡譲「フェノロサと明治文化」「セルバン」昭和八年五月号 第一書房）が発見されている」[*21]。

このような外国人による日本美術のコレクションは、次第に美術品以外の、ありふれた日本の日常品にまで及んでいく。小林利延は「日本美術の海外流出」の中で、その事実を、次のように書いている。

「もともと海外からの来訪者は、異質な文化のサンプルとして、手当たり次第にいろいろなものを集めて行く。シーボルトもモースのように三味線や下駄までの生活用具や武具、仏具に混じって浮世絵を肉筆や版画を問わず収集していったのも事実である。特に浮世絵版画が収集の対象になるのは、精巧な多色刷りが導入され錦絵が開発されてからである。グラフィックな女性の肖像画やスターの舞台姿、旅の思い出などが華麗な印刷物となって日本人は大喜び、町の絵草紙屋は大賑わいとなったが、海の向こうからやってきた青い目には、このごく日常的なブロマイドやポスターが革新的な芸術に見えたのである。一九世紀になって輸出を意識しない生活用品が、輸出品の花形になるという逆転の位相が起こったのだ」。

異国趣味にとらわれた外国人には、「ごく日常的なブロマイドやポスターが革新的な芸術に見えた」。そして、「一九世紀になって輸出を意識しない生活用品が、輸出品の花形になるという逆転の位相が起こった」。このあたりの記述は、後で詳しく述べることになるが、もともと芸術品として描かれたわけではない実用的な建築の図面を、「芸術品」として収集しようとするフレデリック・ミゲルーの欲望そのままである。

大正時代に入ると、こうした役割を、アメリカのフランク・ロイド・ライトが担うことになる。ケヴィン・ニュートの『フランク・ロイド・ライトと日本文化』によれば、フェノロサの実の従弟が、フランク・ロイド・ライトの最初の師匠のジョゼフ・ライマン・シルスビーであり、そのことが、ライトの「ジャポニスム」に、かなり大きな影響を及ぼしていた。

ただし、ライトの場合は浮世絵のコレクターというよりも、磯崎新が指摘するように「浮世絵ディーラーとして大量の商品を輸出した」という厳然たる事実がある。ケヴィン・ニュートは『フランク・ロイド・ライトと日本文化』の中で、そのことを、こう書いている。

「ライトは浮世絵の美的、および直接的なレッスンのほかにも、それらの財産的価値についても鋭く目をつけていた。実際、彼はしばしば浮世絵をほとんど金銭の代用品として扱っていたようである。ライトは早い時期から浮世絵を売って副収入を得、それによって彼のコレクションを増やしていた。そして最終的には第三者のために浮世絵を買うようになり、それ自体が事業となっていた。最も有名なのは、1913年の東京訪問の際の、おもにボストンを本拠とする蒐集家、ウィリアム・スポールディングとジョン・スポールディングのための空前の量の浮世絵購入である」。

ライトにとっての浮世絵収集は、当初の、ただの個人的な楽しみから、やがて「事業」へと変貌する。ケヴィン・ニュートは、ライトの浮世絵収集について、こうも書いている。

「私の購入は――スポールディングのための、メトロポリタン美術館、バッキンガム、そしてシカゴ美術館のための購入は自動的に、私にはそのつもりはなかったのだが、日本のすべての浮世絵市場を支配するようになってしまった」。

ケヴィン・ニュートによれば、一九二二年に、メトロポリタン美術館と浮世絵の売却交渉をした折、ライトは自分自身について、こう評していたという。

「私は商人であるし、そのように扱ってください。私は美術品の「紳士的」ディーラーなど価値がないと思っています」。

実際のところ、ライトの収集した浮世絵は、実に莫大な数であった。ケヴィン・ニュートはこう続けている。

「1913年にライトが購入した浮世絵のほとんどはスポールディングの手に渡った。そして現在ボストン美術館に所蔵されている莫大なコレクションの中心をなすものとなったのである[*22]」。

谷川正己は『フランク・ロイド・ライトの日本』の中で、ライトを浮世絵のコレクターではなく、やはり「ディーラー」として評価している。

「一九一三年、再来日を果たしたライトの旅行の目的の一つに、浮世絵の蒐集ということがあった。しかしこれは、初来日時の目的とはいささか異なるものであった。ライトは予《あらかじ》めその購入資金をボストンのコレクター、スポールディング兄弟から預かっての旅行であった。彼は購入資金に見合う浮世絵を購入し、それをスポールディング兄弟に渡すという任務を負うていた。ライトはこのハードで重要なスケジュールを実行して、帰国後、スポールディングから報酬を受け取っている。ここでは、ライトは明らかに、コレクターとしてではなく、むしろディーラーとしての役割を演じている[*23]。

繰り返すが、西洋による異国趣味の蒐集は、植民地主義的で「支配的な趣味の欲望」として十全に機能していた。そしてそれは、三味線や下駄や浮世絵のように、本来は美術品でない「日常品」までをも、「美術品」と等しくコレクションしていく力学を持っていた。しかしこれは、何も明治期に限ったことではない。第二次世界大戦後にも、この明治期と、実によく似たような現象が見られたからである。

磯崎新は『建築における「日本的なもの」』の中で、欧米人のオリエンタルな「視線」によって、第二次世界大戦後にも、明治期と同じように、提灯や浴衣下駄や扇子などの日本の「日常的物品」が、土産物としてそれぞれの母国へと持ち帰られた事実を、こう書いている。

「第二次大戦後に連合軍によって占領された日本の場合も例外ではない。占領軍の兵士たちにとって、日本駐留は新たな文化接触だった（私の同世代のアーティストで日本への関心を持続しつづけているジャスパー・ジョーンズやピーター・アイゼンマンとの個人的な会話から知りうるのは、彼らの関心が最初いずれも駐留軍兵士として、日本へ一方的に移送されたときの経験と記憶に基づいていることだ）。チョウチン、センス、ゲタ、ユカタなどの日常的物品が戦果品の代替としてスーブニールされた。明治期のジャポネズリーの時代に流出したアイテムはもはや、美術商の取り扱いとなっており、この時期のものは日常的物品だがそれがやはり趣味の流行となった。五〇年代にジャポニカと呼ばれた」。

一九五〇年代の「伝統論争」の頃は、同時に「ジャポニカ」の時代でもあった。この場合は、アメリカによる異国趣味としての「ジャポニカ」である。また磯崎新は『ジャパン・アーキテクツ1945－2010』展の公式カタログの「『わ』空間の建築家」の中でも、美術目的でつくられたのではない「日常品」が、「コロニアリズム時代のコレクション・アイテム」として外国人に好まれた事実を、次のように書いている。

「19世紀の中期、日本列島は急速に近代化を始めた。17世紀初から2世紀あまりで文化的に形成された江戸システムと呼ばれる独自の社会的・制度的慣習は解体の危機に陥った。この時期、西欧においてジャポネズリーが流行しており、多数の古美術品・諸道具など、かつて「かざり物」と呼ばれていた生活文化用品が流出した。江戸システムを文化的に支えていたのは武道・芸道・華道・茶道・歌道など階級を問わず、それを学習することが生活の規範になるような日常的な稽古ごとで、その際に使用されていた小道具である[*24]」。

西洋による、日本という異国への異様な視線、それも、美術に直接関係のない「日常品」までをコレクションする渇望――このような西洋の植民地主義的な欲望を念頭に起きながら、次のことを、よく考えてみてほしい。

本来、この金沢21世紀美術館で「展示」された「図面」や「模型」や「スケッチ」は、建築家が施主に設計のイメージを伝えたり、あるいは、確認申請のために役所に出す目的で描かれたものである。また施工において建設業者がこの原図を青焼きにして、実際に現場で建築物をつくる時に役立てるものである。そもそもこれらの設計図面が描かれた理由は一〇〇パーセント、実務的要請だけによっている。

つまり、ここが重要な点であるが、もともと図面や模型は、美的な要請から制作されたり、また展示品として描かれたりしたものなどではないのである。特殊なコンセプト模型やドローイングなどを除けば、あくまでも機能的な側面によってのみ、これらは制作された。だからこそ、図面を描いている途中において、あるいは模型をつくっている最中において、常識のある建築家は、これらの図面や模型が何時の日か、大きな美術館に展示され、あるいはフランスに高額な値段で買い取られようなどとは、全く考えてもみなかったはずである。

だから、ここに展示されている図面の一部は、設計作業として、ただ使えさえすればいいのだから、たとえ破れても、実に無造作にセロハンテープで補修されている。確かに歴史的な研究上での資料としては、とても貴重なのかもしれない。だが、これらはあくまでも「資料」であり、「芸術品」ではない。また、そもそも「売り物」ではない。なぜならば、歴史的資料としての価値と、それを売り捌くことは、まるで別個の話だからである。しかしこの当たり前の事実が、いまや、そうではない「珍妙な欲望」と、すっかりと混同されてしまっている。

つまり、美的要請ではない建築の図面――「美術品」としてつくられたのではない「日常的物品」、つまり、かつての三味線や下駄や浮世絵や稽古事の小道具等と同じように、これも本来は美術ではない品――が、新たな「ジャポニスム」や「ジャポネズリー」として、フランス人のミゲルーの手によって、またもや海外へと流出しようとしているのである。そして、かつてのジャポニスムがそうであったように、ミゲルーによるこの展覧会には、西洋の植民地主義が、いまだかたちを変えて継続しているのを感じさせる。端的に言えば、かつてのフェノロサが、いまやミゲルーに変わっただけの話なのである。

ケヴィン・ニュートの『フランク・ロイド・ライトと日本文化』には、「ジャパニズム」と「ジャポニスム」が定義されている。
「「ジャパニズム」とはフランス語の「ジャポニスム」から発展した。19世紀後期の西洋(主にフランス)における日本の品々の流行を指す言葉である」。

フランスで生まれた「ジャポニスム」という用語について、象徴的な意味では、クロード・レヴィ＝ストロースが『月の裏側』で書いている文章が、実に印象的である。

「フランスではすでに十八世紀から、工芸家たちが日本のものから想を得ており、自分の作品にそのまま取り入れさえしていました。バルザックは、全体として異国趣味にはあまり関心を示しませんでしたが、「日本美術の驚異」について語り、――引用しますと――、「中国のグロテスクな発明」とはっきりと対比させています。フランスの最も偉大な画家の一人であるアングルの同時代の人たちは、彼の絵に独特な性格――描線が色彩よりも優位にあること、立体感を重んじないこと――を、極東の絵画からの影響によるものと見なしていました。そして忘れてはならないのは、印象派の画家たち、さらに十九世紀後半のヨーロッパ美術全体に霊感を与えた「ジャポニスム」は、フランスに生まれたということです。そして二十世紀初頭、野性的もしくは素朴《プリミティヴ》な芸術が、これもまたフランスによって発見されました。フランスの愛好家や芸術家が、素材を自然のまま使うことや、ごつごつした感触、不規則で非対称なフォルム、大胆な単純化といった好みをあらかじめ日本から学んでいなければ、この発見はなかったかもしれません」[*25]。

ここに見られるのは、一人のフランス人による日本への特別な「視線」――つまり植民地主義的な視線――の、実に正直な表明である。なるほど、一見すると、レヴィ＝ストロースは日本に対する愛着と敬意を表していると感じる人がいるかもしれない。だが、ここに見え隠れしているのは、レヴィ＝ストロースの限りない異国趣味であり、同時に、彼の根底にある西洋中心主義とオリエンタリズムなのである。

さて、二〇一五年二月二八日に、私はこの金沢21世紀美術館における二つの展覧会、つまり『ジャパン・アーキテクツ1945-2010』展と『3・11以後の建築』展を実際に見て来た。私はその際に、出来るだけ細かく、この二つの展覧会についてのメモを取ったが、これからそのメモを参照しながら、二つの展覧会の概要について、できるだけ詳しく説明していくことにしよう。

まず『ジャパン・アーキテクツ1945-2010』展について言えば、全体は、すでに書いたように六つのセクションから成り立っている。具体的には、「第1セクション：黒　絶えざる破壊と再生、陰翳あるいは闇」、「第2セクション：ダーク・グレー　都市と国土のヴィジョン」、「第3セクション：ライト・グレー　新しい日本建築」、「第4セクション：カラー　メタボリズム、万博、新たなヴィジョン」、「第5セクション：ノン・カラー　消滅の建築」、「第6セクション：白　還元から物語へ」である。そこにほぼ八〇人の建築家の図面や模型やドローイングや映像などが展示されている。

最初のセクションは、「破壊と焼け跡のイメージで「黒」にした」という。この第1セクションでは、シリンダー状の部屋に「一木コレクション」が展示されている。これは、コレクターの一木努が集めた建築の欠片の展示である。建築家の鈴木了二が、焦げ茶色のインスタレーションの中に、その破片のいくつかを仕舞い込む展示手法を考案している。

この「黒」の部屋に展示された一木努のコレクションは『帝国ホテル旧館』(一九二三年)、『福岡市庁舎』(一九二三年)、『日比谷公園小音楽堂』(一九二四年)、『新橋演舞場』(一九二五年)、『東京証券取引所』(一九二七年)、『日本信託銀行(旧川崎銀行本店)』(一九二七年)、『大阪ビル1号館』(一九二七年)、『都庁西3号館

（旧帝国農業銀行）』（一九二八年）、『目黒雅叙園』（一九二八年）、『白木屋デパート』（一九二八年）、『NYファーストナショナルシティバンク』（一九二九年）、『日比谷朝日生命館』（一九三〇年）、『建築会館』（一九三〇年）、『浅草大勝館』（一九三〇年）、『三晶実業K．K（旧梁瀬自動車店）』（一九三一年）、『新橋会館（旧新橋芸妓屋組合事務所）』（一九三〇年）、『冨山房』（一九三一年）、『米国大使館』（一九三一年）、『甲子園スコアボード』（一九三二年）、『東京宝塚劇場（一九三三年）、『上高地帝国ホテル』（一九三三年）、『小西六KK本店』（一九三三年）、『府中刑務所』（一九三五年）、『有楽座』（一九三五年）、『深沢邸』（一九三六年）、『田園コロシアム』（一九三六年）、『社会事業大学』（一九三七年）、『東京回教寺院』（一九三八年）、『蜂須賀家別荘（旧海軍館）』（一九三九年）、『海軍無線塔』（一九四一年）、『血脇守之助邸（東京歯科大学の創設者）』（一九四一年）、『常盤寮』（一九四三年）、『下館会館（旧下館翼賛荘年修養道場）』（一九四四年）、『米軍宿舎グリーンパーク』（一九四六年）、『アメリカ映画センター（東京フィルムビル）』（一九五一年）、『早稲田文庫』（一九五一年）、『柏湯（赤瀬川原平からプレゼント）』（一九五一年）、『浅草仁丹塔』（一九五四年）、『浅草新世界』（一九五九年）、『東京球場』（一九六二年）、『東京都体育館』（一九六四年）、『浅草ポニータワー』（一九六七年）、『日本万国博覧会　日本館』（一九七〇年）、『本牧亭』（一九七二年）である。

セクション1では、何度も言うが、これらの建築が解体された際に、一木努が解体現場で拾い集めた建物の欠片が展示されている。そしてこのセクション1は、「絶えざる破壊と再生、あるいは陰翳と闇」という題名なのである。つまりこの部屋は、展覧会全体のスタート地点であり、一九四五年の空襲による日本の焦土を暗示する空間なのである。

大西若人は「焼け跡からの再発見――日本の現代建築の「起源」を考える」としていたし、ミゲルー自身も「第二次世界大戦による破壊のすさまじさは、この国を徹底的に打ちのめし人間の精神をも傷つけた」としていたように、この「黒」の空間は、ミゲルーが主張する日本の戦後建築の「起源」としての「戦災」の部屋なのである。

だが、それにもかかわらず、実際にこの「黒」の部屋に展示されているのは、一九四五年の空襲で破壊された「戦災」時のものとは、全く別の時期に収集された欠片なのである。これは、いったい、どういうことなのか？

仮に、空襲の際の幾ばくかの被害が、これらの建築に生じていたとしても、その「戦災」の際に出来た欠片が、ここに展示されているわけではない。これらの欠片は、全て戦後だいぶ経ってからその建築が壊され、その際に、拾われたものばかりだからである。

この事実は、展示のコンセプトから、著しく矛盾していないだろうか？　繰り返すが、このセクション1は、一九四五年の「戦災」に関わる展示の部屋なのである。それならば、「戦災」とダイレクトに関係した「建築の欠片」が、ここには全て置かれていないと、話がおかしい。

そもそも、これらの建築の欠片を収集した一木努は、一九四九年に生まれている。つまり敗戦から四年後に生まれている。しかも、彼が欠片のコレクションをはじめたのは、一九六六年からである。だから一木が、戦災時にアメリカ軍の焼夷弾で破壊された建築の欠片を、拾えるはずがないのである。むろん、誰かからもらったものとも考えられなくはない。しかし本展示の唯一の赤瀬川からプレゼントされた『柏湯』は、一九五一年に完成した建築である。その他は、全て一木自身が拾った欠片である。何度も言うが、それらは、ミゲルーが本展示のスタート地点として規定した一九四五年の「戦災」の、そのずっと後に壊れた際に、拾われた欠片ばかりなのである。

事実、『帝国ホテル』は関東大震災でも倒壊せず、戦時中には確かに全体の四割が焼夷弾を受けたものの、GHQにより改修され、一九六七年に解体されている。『建築会館』（一九三〇年）は銀座にあったが、一九八二年に三田に現在の会館をつくる前に壊されている。だいぶ前に開催された一木努の展覧会カタログ『建築の忘れがたみ』（一九八五年）に所収の「煙突が消えてから」には、旧会館の解体現場には大勢の人が集まっていた、と記されている。『日比谷公園小音楽堂』（一九二四年）は一九八二年に、『新橋演舞場』（一九二五年）は一九七九年に、『新橋会館』（一九三二年）は一九八四年に、『冨山房』（一九三二年）は一九八五年に、『甲子園スコアボード』（一九三二年）は一九八三年に、『常盤寮』（一九四三年）は一九八五年に解体されている。

さらに言えば、この部屋の展示物のかなりの数、たとえば『米軍宿舎グリーンパーク』（一九四六年）、『アメリカ映画センター』（一九五一年）、『早稲田文庫』（一九五一年）、『柏湯』（一九五一年）、『浅草仁丹塔』（一九五四年）、『浅草新世界』（一九五九年）、『東京球場』（一九六二年）、『東京都体育館』（一九六四年）、『浅草ポニータワー』（一九六七年）、『日本万国博覧会　日本館』（一九七〇年）、『本牧亭』（一九七二年）が、戦後に出来た建築なのである。それらが、一九四五年の戦災で破壊された欠片であるはずがない。それらが、「戦災」に関係しているわけがない。

しかしこの金沢の展示では、一木努が主に一九六六年以後に独力で集めた趣味的な欠片のコレクションが、いつの間にか一九四五年の「戦災という悲劇」を象徴する欠片であるかのように、その本来の意味が「すり替えられている」。つまり、「最初のセクション1」の焦土の展示の部屋には、「戦災」にも「焦土」

にも全く関係のない建築の欠片が、あたかも一九四五年の空襲で拾われた残骸であるかのように、何の説明もないままに展示されているのだ。むろん、戦争の記憶は消えてはならない。だからこそ余計に、このような「事実の差し替え」には、重大な疑問を感じないわけにはいかない。

一木努は、『建築の忘れがたみ』に所収の「煙突が消えてから」というエッセイの中で、次のように書いている。

「どこかこころに感じる建物が取り壊されてしまうとなれば、できるかぎりその現場を訪れ、カケラをもらいうけてくるようになった。私が行かなければ、すべて、捨て去られてしまうのである。そのためには、まず建物の解体情報をいちはやくキャッチすることが必要であるし、現場には解体期間中の、そのまたごく限られた期日に合わせて行かなければならない。[……]この二十年間、私は約四百ヵ所の解体現場を訪ね、集めてきたカケラは一千点を数えるほどになってしまった」。

一木努はただ単に、これらの建築の欠片を、個人のコレクションとして集めていただけである。一木は、あくまで個人的なノスタルジーにより、建築の欠片を集めていただけだ。彼の目的は、それをどこかに買い取ってもらうことでもなく、また、どこかで大きな展覧会を開くためでもなかった。ましてや、このようにして自分の集めた建築の破片が、一九四五年の「戦災の破壊」と無理矢理に結び付けられることなど、彼は全く考えてもみなかったはずである。「煙突が消えてから」というエッセイの中で、一木努は、このように書いている。

「累々たるカケラの山を見ると、これらが街のなかに散りばめられ、それぞれが建物の一部として生きていた「豊かな時代」が偲ばれてならない。建物が解体されるとき、建築に携わった人たちの情熱も、刻みこめられた歴史も、街の景色や思い出も、ともに打ち砕かれ、粉々の破片となって、葬り去られてしまうのである。私が拾い集めてきたのは、そういうカケラなのかもしれない」。[*26]

次の「第2セクション：ダーク・グレー　都市と国土のヴィジョン」では、アントニン・レーモンドの『リーダーズ・ダイジェスト東京支社』（一九五一年）の立面図を見ることができる。これは本物の図面の「原図」であり、確かに、めったに見ることができない貴重な資料である。実はレーモンドから、この「第2セクション：ダーク・グレー」をスタートさせているのは、ミゲルー自身の狙いとは全く別に、歴史的にはかなり象徴的な意味を持っている。

アントニン・レーモンドは先のフランク・ロイド・ライトの帝国ホテル建設の折に、ライトの建築事務所のスタッフとして、彼に随伴して来日した。それから、レーモンドだけは日本に残り、一九二四年には東京の霊南坂に『レーモンド自邸』をつくっている。その家でレーモンドは、二〇世紀の初頭からフランスで、オーギュスト・ペレが先駆的に取り組んでいたコンクリート打放しの実験を、いち早く取り入れていた。藤森照信は『日本の近代建築　下』の中で、次のように書いている。

「レーモンド邸は、構成の直角は守ったものの仕上げは白く塗らず、コンクリートの地肌を露わにした。もちろん、仕上げをおこたったわけではなく、〝コンクリート打ち放し〟という仕上げの一種なのである」。またレーモンドは、この家の全体をライト譲りの「構成主義」で仕上げていた。藤森照信は、同じ『日本の近代建築　下』の中で、その事実を、次のように明記している。

「歴史主義が全盛を極め、対抗する表現派がようやく盛り上がったのと同じ時期に現われたレーモンド邸は、それまで誰も見たことのない、おそらく世界でも、姿をしていた。四角な箱がいくつも喰い合わさり、そこに長方形のパネルが垂直・水平に差し込まれただけの構成もはじめてなら、鉄筋コンクリートの壁が石もタイルも張られず、白くも塗られず、ざらざらとした地肌をむき出しにするのも驚きだった。［……］箱とパネルによる凸凹は、オランダのデ・スティルに由来する構成にほかならない」[*27]。

『自伝アントニン・レーモンド［新装版］』には、この自邸に関するレーモンド本人の記述がある。

「東京の私の家は鉄筋コンクリートで造った。その住居は私の出発であり、同時にフランク・ロイド・ライトと、彼のマンネリズムからの脱出であった。［……］霊南坂の家は打放しコンクリートの耐震構造で、セメント・モルタルはおろか、何の仕上げもなかった。多分その点ではどこよりも早かったと思う」[*28]。

『私と日本建築』では、この霊南坂の自邸について、アントニン・レーモンドは、こう書いている。

「コンクリート打放しのままの仕上げで、私が最初に成功したのは、赤坂霊南坂に建てた、私自身の住宅である。これは最初から自分の思う存分に何でもできたし、やりたいだけ実験的なこともやれたのである。その建築は一九二三年で、関東大震災の直後であった」[*29]。

三沢浩は『A・レーモンドの住宅物語』で、「大震災直後、緊急にデザインした家はRC造三階建、内外打放し仕上げの住宅であった」としているが[*30]、要するに、『帝国ホテル』が完成した一九二三年に関東大震災が唐突に起きたので、急いで新しい家をつくる必要が、当時のレーモンドには、あったのである。

『レーモンドの失われた建築』で、三沢浩は、霊南坂の家が世界的にも先駆的であったとする。オランダの構成主義のリートフェルトの住宅は木造と煉瓦造であるが、レーモンドの家は鉄筋コンクリートだったからである。

「鉄筋コンクリート三階建の内外打放し仕上げは、当時ではずば抜けた素材の使い方であった。日本において恐らく初めての鉄筋コンクリート打放し建築だった。それどころか世界でも住宅建築がこの手法で完成したのは珍しいことではなかったと思われる。同時期にオランダの建築家ゲリット・リートフェルトが、ユトレヒトに「シュレーダー邸」（1925）を完成して有名だが、これは木造と煉瓦造が主構造でバルコニーと基礎だけがコンクリートだった[*31]。

一九二〇年、堀口捨己らによる「日本分離派建築会」の発足により、日本でもようやくモダニズム運動がスタートとなったが、それでもまだ西洋のモダニズムに、大きく引き離されている状態であった。堀口捨己らは、ウィーンのアール・ヌーヴォーの「ウィーン分離派」を真似て、「日本分離派」と名乗っていた。ただし、実際には一九一四年までに、ヨーロッパでのアール・ヌーヴォーは終了していた。なので、当時のヨーロッパで流行していたドイツとオランダの表現主義を、堀口たちは模倣していたのである。だが、このレーモンドの大胆な自邸のおかげで、一九二四年に、日本は西洋のモダニズムの動きに追いつくことができた。すでに述べた通り、一九二四年の『レーモンド邸』は、オランダの構成主義のリートフェルトによる、同じ一九二四年に出来た『シュレーダー邸』と肩を並べるものだったからである。

リートフェルトら、オランダ構成主義の「デ・スティル」のメンバーたちは、一九一〇年前後にヨーロッパにやってきたライトに、構成主義のアイデアを学んでいた。レーモンドの方はライトのスタッフだったので、ライト本人から、直接にそれを学んでいたのだろう。

堀口捨己は、まずドイツとオランダへの旅行を、次にはレーモンドをお手本にして、一九二六年には構成主義と表現主義を混淆した『紫烟荘』を、そして一九三〇年にはその全てが構成主義でまとめられた「吉川邸」をつくった。堀口捨己以外の多くの日本分離派建築会の建築家が、これに急いで続いたのは言うまでもない。

藤森照信の『日本の近代建築　下』によれば、レーモンドは、次のような経歴を持っている。

「一八八八年チェコに生まれ、チェコ・キュビスムの本拠のプラハで建築を学び、後、渡米してライトの事務所に入り、大正八年、帝国ホテルの建設のため来日した。しかしライトのマンネリズムにあきたらず、けんか別れして独立し、当初はライト式を手がけていたが、急速にヨーロッパの新傾向に反応し、自邸レーモンド邸を皮切りに、日本のモダニズムのリーダーの一人となり、前川國男、吉村順三を育て、日米戦争の一時期を除き日本に本拠を置いて生涯の設計活動を展開している」。

そのレーモンドが、第二次大戦の後にアメリカから、またしても日本に戻り、アメリカの最新の技術を日本に紹介したのが、『リーダーズ・ダイジェスト東京支社』なのである。戦後の日本の敗戦の苦境を、建築の面でリードしたのも、やはり、同じアントニン・レーモンドであった。

『自伝アントニン・レーモンド〔新装版〕』によれば、この建物の依頼は、リーダーズ・ダイジェスト誌の創始者の一人からのものであった。

「1949年、私は東京のリーダーズ・ダイジェスト社のマネージャーをしているデニス・マッケヴォイという、最も活動的な人物のひとりと会った。戦争直後、日本人の間には、アメリカ生活をもっと知ろうとする強い好奇心があり、それぞれの家庭にリーダーズ・ダイジェスト日本語版を持つのが、流行にまでなっていた。そして、その講読者数は目覚ましい伸びを示した。日本語の読み書きが達者なデニスや、彼の補佐である鈴木文史朗と親しくなった私は、当時東京で始まった事象の中で立役者となっていた。その友人たちの肝入りで、私がニューヨークに帰った際、リーダーズ・ダイジェスト誌の創始者のひとり、ドウィット・ウォレス夫人から、リーダーズ・ダイジェスト東京支社が入る新しい建物のデザインを依頼されたのである」。

三沢浩の『アントニン・レーモンドの建築』によれば、レーモンドは一九四八年に来日し、同年に自身の建築設計事務所を開設して、一九四九年にはマッカーサーに依頼された仕事もしている。一九五〇年六月に、朝鮮戦争が勃発する。するとレーモンドは「米軍基地であった沖縄の仕事のために所員を増員して、次々に仕事をこなした。それは戦争中にアメリカで米軍キャンプの仕事をしていたように、沖縄でも教会から住宅まで引きうけた」という。[*32]

『リーダーズ・ダイジェスト東京支社』は、サンフランシスコ講和条約が調印された一九五一年に竣工した。『自伝アントニン・レーモンド』には、デザインのプロセスから完成までが、こう書いてある。

「リーダーズ・ダイジェストの建物の、基本計画はニューヨークでなされ、細部計画は東京で行なわれた。私のパートナーであるラディスラフ・ラドと、構造家のポール・ワイドリンガーが、私と完全な協力体制を組み、この作品を分ちあった。〔……〕遂に建物は完成し、その落成式は吉田首相、アメリカ大使シーボルド、ウォレス夫人、それに支配人のデニス・マッケヴォイ等、内外著名人によるスピーチが賑々しく飾った」。

ただし、三沢浩の『アントニン・レーモンドの建築』によると、ウォレス夫妻氏は最初からレーモンドに、この仕事を任せるつもりではなかった。彼らはレーモンドに声をかける前に、彼の師であったフランク・ロイド・ライトに『リーダーズ・ダイジェスト東京支社』の設計を依頼していたからである。

「夫妻は東京支社にふさわしい立派な現代建築を求め、F・L・ライトにデザインを依頼したが、何カ月待っても返事がなかった。諦めて第二の候補者であったレーモンドと契約した。そのあとでライトから承諾する旨の手紙がきたが、遅かったのである。これを知ったライトが大いに憤慨したのは、いうまでもない」。

この事実関係については、レーモンド自身も『現代日本の建築家1　アントニン・レーモンド』に所収の「わが回想」で、より詳細に語っている。

「建築主であるニューヨーク、プレズント・ビルのワラシははじめフランク・ロイド・ライトに設計を依頼したのだったが、ライトから何の返事もないので引受ける気はないものと思い、私のところにもってきたのであった。ところがあとになって、ライトから引受けたいとの意向を伝えてきたので、かれらは、遺憾ながら、この仕事はレーモンド氏がやることになりましたので悪しからず、と返事した。すると、ライトはよほど腹にすえかねたと見えて、私のことを、卑しむべき男、ときめつけたそうである。ライトと私とは所詮うまくやって行けない仲であった[*33]」。

『リーダーズ・ダイジェスト東京支社』の、長手方向の横にのびる側面の「ロの字型」の開口部は、しばしば言われるように、この現場に足しげく通った丹下健三が、コンペティションで勝利した『広島ピースセンター』の陳列館のデザインの変更に寄与している。コンペティションの時点では、丹下はまだル・コルビュジエの『サヴォア邸』(一九三一年)の立面を模した横長の水平連続窓を採用していたが、実施の段階では、レーモンドの『リーダーズ・ダイジェスト東京支社』と同じ「ロの字型」の大きなガラスの開口にそれを変更した。簡単に言えば、丹下健三がアントニン・レーモンドの作品を真似たのである。

村松貞次郎は『日本近代建築の歴史』の中で、レーモンドの日本の建築界への貢献について、『リーダーズ・ダイジェスト東京支社』を、その一つに挙げながら、こう書いている。

「チェコ生まれのアメリカの建築家で、フランク・ロイド・ライトの帝国ホテル（大正十一年）の設計の助手として大正八年（一九一九）来日したアントニン・レーモンドは、以後ずっと日本に滞在して軽井沢の聖ポール教会堂（昭和九年）をはじめ、日本の近代建築をリードする活動を続けていたが、戦争で追われるようにしてアメリカへ帰っていた。吉村順三がその後を追ったのは有名な話である。〔……〕終戦を待ちかねたようにしてレーモンドは日本へ帰って来た。その彼が来日草々に設計したリーダーズ・ダイジェスト東京支社（昭和二十六年）やアメリカ大使官々員宿舎のペリー・ハウス（昭和二十七年）の設計や工事は、鉄筋コンクリート建築の欧米の新しい傾向を実作をもって日本の建築界に示したものとして衝撃をもって受けとられた。その構造の考え方、細部の処理の方法などは、戦前の鈍重な鉄筋コンクリートのデザインの手法をまったく陳腐化するほど新鮮なものだった。またその工事も日本の建設業者の既成観念を打ち破るほど合理化され、機械化されたものだった。日本の建築家にも建設業者にも、この工事はじつにえがたい学習の場になった[*34]」。

ところで、このレーモンドには、いま述べたような日本のモダニズムへ注いだ貢献――「光の部分」――とは裏腹に、もう一つ、日本の悲劇に加担した事実――「闇の部分」――がある。藤森照信の『日本の近代建築　下』には、太平洋戦争のはじまる直前にアメリカに帰国していたレーモンドについて、次のような記述がある。

「レーモンドは、日本での経験を買われ、米軍の日本都市空襲に参画し、アリゾナ砂漠に東京の下町を再現し、焼夷弾の有効性を試している」。

レーモンドは一九三〇年代には日本を去って、アメリカに戻っていた。そして『自伝アントニン・レーモンド』によれば、彼は、戦時中にアメリカ政府の仕事をしていた。

「戦争が勃発した時、われわれは政府筋の仕事に携わっていて忙しかった。すなわち、沢山の大きな戦争用施設をデザインする、積極的な数年間が始まったのであり、私には主任建築家として、総合計画主任として絶え間のない労働となった。〔……〕キャンプキルマーとかキャンプ・シャンクス、フォート・ディックスのような施設は、有効に使えることと同時に、期限内にあげる必要があって、全般にはほとんど殺人的な努力が要求された」。

レーモンドの「政府筋の仕事」とは、要するに日本との戦争のためにアメリカ軍に協力することだった。その過程で、彼はアメリカの焼夷弾開発とそのシミュレーションに参加している。荒井信一の『空爆の歴史』には、次のような記述がある。

「ルーズヴェルト大統領は一九四一年に、軍事技術の開発のために国防委員会を設置した。同委員会での新型焼夷弾の研究開発の中心になったのが、スタンダード・オイル社副社長R・ラッセルであった。彼の任務はさまざまな条件で使える焼夷弾の開発であった。ラッセルは科学の専門家R・H・イーウェル博士を帯同してドイツの空爆状況を視察する一方、試作された焼夷弾の性能を試すためにダグウェイに実験用のドイツと日本の家屋を再現することを求めた」。

荒井信一の本には、『自伝アントニン・レーモンド』に頼りながら、新型焼夷弾の効果を試す「実験」について書かれている。

「日本家屋のレプリカをつくったのは、戦前一八年間も在日し、日本建築に精通したアメリカの建築家アントニン・レーモンドであった。レーモンドが実物大の日本家屋を正確に再現したのは、当時スタンダード・オイル社が開発しつつあった焼夷弾（ナパーム弾）の実験のためであった。

アントニン・レーモンドは『自伝アントニン・レーモンド［新装版］』で、当時の、この原寸大の日本家屋のレプリカの作製のことを、時に苦々しく、また時には妙に淡々と、また時には冷静に綴っている。

「それは日本の工場と労働者住宅をいかに効果的に爆撃し、工業能力を壊滅できるか、という問題が起こったときのことである。私は戦時局によばれ、ニュージャージーのソコニー石油会社の研究部と協同で、そのような住宅群の実物のデザインをすることになった。その住居は種々の型の焼夷弾や、爆弾の効力を調べるためのものであった。その目的は、できるだけ小型の軽量焼夷弾を作り、飛行機で大量に運搬ができ、それにより多くの飛行機の生命を助けることにあった」[*35]。

むろんレーモンド自身には、長く暮していた日本への愛着から、この協力に対して、拒む気持ちは相当にあった。

「私と妻にとって、日本を負かす意味をもつ道具をつくることは、容易な課題ではなかった。日本への私の愛情にもかかわらず、この戦争を最も早く終結させる方法は、ドイツと日本を可能な限り早く、しかも効果的に敗北させることだという結論に達した」。

最初は確かにとまどった。だが、いざアメリカ軍に協力するとなると、レーモンドの〝学究心〟に火がついたようである。

「求められた建物に対して、私は日本で実際に建てられているものと非常に似せてデザインをした。幸いにも20年間、日本建築の熱心な学究の徒であったし、またデザインの基礎として、ことに私は細部のおさまりに興味をもっていた」。

日本家屋の素材に至るまで、実に丁寧な調査がなされたことが、レーモンドの回想録から、よくわかる。それが可能だったのは、『アントニン・レーモンド詳細図集』が出版されていたからである。[*36]『自伝アントニン・レーモンド』には、こう書かれている。

「1920年代以来のわれわれの仕事をまとめた1冊の本が有名な歴史家エリー・フォールの序文を得て、1935年に東京で出版された。「アントニン・レーモンド作品集1920-35」である。本はアーキテクチュラル・レコードによって、アメリカ国内にも普及され、同時にヨーロッパでもよく売れた。その本が現代の世界に影響を与えたことは疑いのないところであり、今日では入手不可能に近い」。

また、『自伝アントニン・レーモンド』には、『アントニン・レーモンド詳細図集1938』について、このように書いてある部分がある。

「最初の本の需要が非常に多かったので、1937年、私はもう1冊の本を出すことに決心した。それが「アントニン・レーモンド詳細図集　1938」である。〔……〕本は、東京で自費出版された。これもアメリカや他の国に、アーキテクチュラル・フォーラムにより行きわたった。本はその使命を十分果たし、ほぼ20年後（1958年当時）の今でも引き続いている」。

単にレーモンドが長く日本に滞在していたからではなく、この詳細図集に見られるように、彼が日本建築の特性を知り尽くしていることが、アメリカ軍の注意を余計に強く惹いたのである。事実、三沢浩の『A・レーモンドの建築詳細』には、このように書いてある。

「日本の家屋や住まい方の細部を知ればこそ、彼が指名されたのである。『詳細図集』の効用が、平和時代にはおよそ通用も理解もできない、とんでもない方向で利用されることになった。レーモンドとしては思いもよらないことであった[*37]」。

レーモンドは『自伝アントニン・レーモンド』で、この「実験」について、さらに、このように書いている。

「まず、日本の桧にかわる木材として、アメリカで入手できるシカト産のスプルースを用いた。日本の漆喰にかわるものとして、壁材は南西アメリカで使われているアドビという土壁を用いた。海軍はハワイから畳を輸入した。ソコニー石油の研究所に非常に効果的な助力をうけ、日本の実状にできるだけ似通った材料を入手するのに必要なあらゆる研究がなされた」。

日本の家屋とよく似たプレハブの建築を、レーモンドはアメリカ軍による爆撃の効率を、できる限り高めるために、ある意味で見事なまでにデザインしていた。

「当時、私はニュージャージーのフォート・ディックスにあって大変に忙しい時であったから、われわれはその近くにプレファブの工場を建設し、そこからユタ州の実験場までトラックの路線を設定し、何千マイルもはなれて、プレファブの部材を送り出したのである。その部材は実験場で組み立てられ、爆撃の目標とされた」。

レーモンドの甚大な協力があったせいか、焼夷弾による、この爆撃実験の成果は、かなりあったようである。「実験」は、執拗なまでに繰り返された。

「破壊されるや否や、満足な結果を得るまで次々に新しく建てられた。建物は布団、座布団、その他すべてを含み、いつも完全な1軒の日本の家に見えるように仕上げられた。雨戸も取りつけられ、空けたり閉めたりして、爆撃は昼となく夜となく試みられた」。

レーモンドが彼自身の保身のために、アメリカ軍に協力したことは、彼の人間としての弱さということで、まだなんとか理解できる。そしてそういうことなら、レーモンドは、二度と、日本の土を踏まなかったはずである。いや、まともな神経の持ち主ならば、とてもではないが、踏めなかったはずである。

しかし、実際にレーモンドは、占領下の、焦土の日本に舞戻ったのである。『自伝アントニン・レーモンド』には、次のように書いてある。私には、このレーモンドの考え方が、まるで理解できない。

「私は日本を再び訪問できるのを、おおいに願っていた。海の彼方の状態がどうなっているか見たいのと、かの破壊的な戦争の間、私の忠実な協力者や、友人たちに、何が起こっているのかを知ろうとしたのは当然のことであった」。

日本の建築の弱点を良く知っているアントニン・レーモンドが、アメリカ軍に甚大な協力をしたおかげで、日本の都市はひどい焼け野原になった。レーモンドは、それが心配なので、是非に日本を「見たい」というのである。これはいったい、どういうことなのか？　そこにあるのは、彼の友人達の亡骸と壊れた建築ばかりである。レーモンドは、自分が協力した空爆の焦土が心配だと言っている。よく、そのようなことが、平気で言えたものである。彼がいったい何を考えているのか、私には、全くわからない。

レーモンドは、ダグラス・マッカーサーに手紙を書いて、その中で「建築技師としての能力内で援助するために日本に行きたいと述べた」。マッカーサーは「日本における仕事は歴史的なものであり、早速来るように」と言ってきたという。

レーモンドが敗戦後すぐに訪れた日本は、『自伝アントニン・レーモンド』では、このように記されている。

「途端に何マイルにもわたる完全な荒廃が私の目を射た。まったく無秩序な廃墟以外に何もなかったのである。派手な着物や、祭りのような賑やかな人の群れがいた、1919年の日本到着の最初の日に代わるのは、幽鬼のような人びとの姿であった。人びとは廃墟のあちこちで灰にまみれ、やせ衰え、凄惨な姿をしていた。あまりのことに私は心が動転し、誇張ではなく、泣くのをこらえきれなかった。考えていたよりも、はるかにひどいものであった」。

「考えていたよりも、はるかにひどいものであった」だって？　そのようなことは、自分自身がアメリカ軍の爆撃「実験」にあれだけ熱心な協力をしたのだから、わからないわけがないではないか？　レーモンドは、いったい、何を言っているのか？　このひどい日本の焦土の責任の一端は、レーモンドにも、確かにあるのだ。

むろんのこと、このような極めて無神経なレーモンドの帰国に、日本の建築家達が黙っているはずがない。当たり前の話である。

三沢浩の『アントニン・レーモンドの建築』には、藤森照信による記述が、次のように引用されている。「戦いは終わり、昭和四十八年（昭和二十三年の誤り）、レーモンドは再び来日し、焼け野原となった東京の上にリーダーズダイジェスト社のビルなどを次々に建ててゆくが、収まらないのは戦中に空襲対策で走り回った日本の建築家たちで、焼け跡でアメリカの力を背に活動を再開したレーモンドを強く批判した」。

三沢浩は『アントニン・レーモンドの建築』で、なぜ、日本の建築家は、レーモンドによる、焼夷弾の効果を試す砂漠のプレファブ住宅の設計——つまり、プレファブ・ターゲット——を知っていたのかと、実に不思議そうに書いている。だが何も不思議ではないのだ。悪い話は、嫌でも周囲に伝わるものである。「しかし、雑誌でユタ砂漠の件が発表されたのは一九四六年一月号であり、それまで多くのアメリカ人は知らなかったし、日本では当時、アメリカの雑誌は手に入れにくかった。したがってたしかに戦後のアメリカ全盛時代のレーモンドをうらむ批判はあっても、「プレファブ・ターゲット」をつくったからであったかは不明である」。

また『レーモンドの失われた建築』には、レーモンドによる「プレファブ・ターゲット」を公表したアメリカの雑誌のことが、触れられている。

「これらの実験内容は機密だったが、敗戦後の一九四六年一月の米建築誌に「プレファブ・ターゲット」の見出しで発表された。サブタイトルは「レーモンド米陸軍のために日本の労働者住宅を再現」である。東京の一八マイル（四六・六km²）、日本工業都市の一六〇平方マイル（四一四km²）を破壊するのに利用されたとある。この雑誌、当時は輸入する方法も無く、数年後に各地のアメリカ文化センターでのみ、日本人は知ることになる」。

また同じ本で、三沢浩は、日建設計の林昌二の『二十二世紀を設計する』の「あとがき」を引用している。『二十二世紀を設計する』の「あとがき」は、一九九四年四月一三日の日付になっている。林昌二の無念の思いが、実によく伝わってくる文章である。

「今日は奇しくも四月一三日。東京空襲で私の家が焼かれたその日から数えて、五十周忌にあたる日です。〔……〕それは三月十日に続く二度目の大空襲でした。まず周囲が火の海になって逃げ道が断たれ、じわじわと幾万もの生命が蒸し焼きにされました。一方的な殺戮の中をただ逃げ惑うしかなかった惨めな思い、黒焦げの死体と異臭、その日から私たちの暮らしは様相を変えました。焼け跡から掘りおこした米で食いつないだお蔭で、私はその後おこげが食べられなくなりました。〔……〕二十世紀は多くのおぞましいものを生み出した世紀でした。都市の破壊と市民の殺戮を目的とする都市空襲もその一つで、その残酷さはアウシュヴィッツに劣らないと思います。〔……〕それまでの軍事施設に対する昼間爆撃とはうって変わる、夜間低空からの焼夷弾による都市攻撃を実行したのはカーチス・E・ルメイという将軍でした。そのコンセプトを提案したのはアントニン・レーモンドという建築家だと聞きました。この人は木造家屋が密集する日本の都市構造をよく知っていました。〔……〕信じ難いことですが、ルメイは戦後の一九六四年、昭和天皇から勲一等旭日大綬章という高位の叙勲を受けています。レーモンドは戦後米軍とともに上陸したリーダーズ・ダイジェストという雑誌社の社屋を、いまパレスサイドビルが建っている地に設計して、日本建築学会賞を受けました。〔……〕建築家であること、日本国民であること、二十世紀人であることが、ときに疎ましくなります[*38]」。

この「プレファブ・ターゲット」という点において、アントニン・レーモンドは「ダーク・グレー」でなく、「戦災」と「破壊」、つまり「黒」のセクション1に、是非とも展示されるべき人だったと言える。また、このセクション2には、白井晟一の『原爆堂計画』(一九五五年)の断面図と透視図が展示されている。アメリカ軍によってヒロシマとナガサキに投下された原子爆弾に関係する建築は、むしろ「黒」のイメージを引き継いでいると思えるのだが、ミゲルーは制作の年代順通りに、「ダーク・グレー」にこれらを展示している。

この原爆堂では、人工的につくった水面の上に一本のシリンダー状のコアが立ち、それが展示室に垂直に突き刺さって、展示室全体を空中に持ち上げている。水上に浮かんだ展示室には、エントランスから水の下の地下通路を通ってコアへと至り、そのコアの中の階段を使って登っていく。つまり、ここでは水が、日常社会と展示室との結界の役割を担っているのである。

「第3セクション：ライト・グレー　新しい日本建築」では、菊竹清訓の『スカイハウス』（一九五八年）の立面図、丹下健三の『東京カテドラル聖マリア大聖堂』（一九六四年）や『国立屋内競技場』（一九六二年）の模型が現われる。やはり、戦後のモダニストの作品は、東京五輪に沸いた高度成長期の日本の息吹というか、強い復興に向けた力を、いまでも観る者に感じさせる。そして、この建築への強い「思い」が、いまの若手建築家にまるで感じ取れないものである。それを時代の変化のせいだ、もはやモダニズムの時代ではない、と言うのは、実に簡単である。だが、果たしてそうだろうか？　そのように時代の変化のせいにして、何もかも物事を簡単に片づけようとする見方には、私はとても賛同できない。

このセクション3では、磯崎新の『大分県医師会館』（一九六〇年）の立面図や模型や断面の透視図が現われる。この磯崎の最初の作品はすでに壊されており、その実物を見ることはできない。このような図面でしか、いまはこの作品を知ることができない。磯崎のこの作品だけでなく、すでにモダニズム建築の、そのかなり多くが取り壊されている。さらに、先の『原爆堂計画』のイメージを、かたちを変えて現実化させた白井晟一の『親和銀行本店』（一九六六年‐七〇年）の立面図も、このセクション3に展示されている。これは第I期のものである。その後も、この『親和銀行』は第II期、第III期というように、続編の建築がつくられている。いずれの作品も、白井晟一独自の象徴性を持つものに仕上がっている。

「第4セクション：カラー　メタボリズム、万博、新たなヴィジョン」では、一九六〇年に描かれた丹下健三の「東京計画1960のためのスケッチ」にはじまり、菊竹清訓の有名な「海上都市」(一九五八年―六三年)のコラージュを使ったドローイング、黒川紀章の『ヘリックス・シティ』(一九六一年)の透視図、『中銀カプセルタワービル』(一九七〇年)といった、メタボリズムを代表する典型的なカプセル建築の図面や、一九九六年に作り直された模型などが展示されていた。

また槇文彦の『ゴルジ構造体/高密度都市』(一九六五年)の平面図と断面図、磯崎新の『空中都市 新宿計画』(一九六二年)の一九九〇年につくり直された廃墟のシルクスクリーン、丹下健三らの「日本万国博覧会お祭り広場大屋根」(一九七〇年)のフレームの模型がこのセクション4にはあり、菊竹清訓の『エスタワー』(一九七〇年)の大きな立面図も、このセクション4で出てくる。

さらに山下和正の『顔の家』(一九七三年―七四年)の立面、石山修武の『幻庵』(一九七五年)の「全部品図」、磯崎新の「? クエスチョン」を全体の形にした『富士見カントリークラブハウス』(一九七四年)の、一九九一年につくられた模型が、このセクション4で現れる。つまり、万博以後の一九七〇年代のポップな建築イメージが大きく展開しているわけである。

「第5セクション:ノンカラー 消滅の建築」では、谷口吉生の『雪谷の住宅』(一九七四年)の平面図と二〇一四年に補修された白い模型や、伊東豊雄の処女作の『アルミの家』(一九七〇年)の立面図と断面図、また同じ伊東の『中野本町の家』(一九七六年)の最初期のスケッチや初期のスタディ、さらに『伊東豊雄自邸(シルバーハットの前段階)』(一九八四年)のドローイングや実施コンセプト模型、加えて高松伸の『織陣I』(一九八一年)の立面図や、同じ高松の『ARK』(一九八三年)の模型と立面図が展示されていた。これらは、一九八〇年代の、いわゆるポスト・モダニズムの時代の作品である。言い換えると、バブル経済の時代のものである。つまりスクラップ・アンド・ビルドの時代のものである。さらに言えば、ベルリンの壁が崩れて、冷戦構造が事実上、終焉した時代の作品である。一九九一年にはソ連邦が崩壊する。だから、これはアメリカの一元化と、グローバリズムに突入する直前の時代のものである。

そこには磯崎新の『群馬県立近代美術館』（一九七四年）の一九九〇年につくられた巨大なフレーム模型があり、鈴木了二の『物質試行23　標本建築』（一九八七年）のバラック写真、模型、フロッタージュ、さらに安藤忠雄の『住吉の長屋』（一九七六年）の断面模型や『光の教会』（一九八七年）の模型なども置かれていた。ちなみに安藤の模型は、長屋と教会の二つとも、一九九九年につくられたものである。

さらに、毛綱毅曠の釧路市の『反住居』（一九七一年）のドローイングや一九七〇年後半につくられた模型と東孝光の『塔の家』（一九六六年）の模型とスケッチが、なぜか遅ればせに、このセクション5に登場している。おそらく、都市に対して完全に閉じる建築という意味で、先の伊東豊雄の『中野本町の家』、安藤忠雄の『住吉の長屋』などと、ミゲルーはここで一つにまとめて見せたかったのであろう。この一九七〇年代の何棟かの住宅に関して言えば、一九五〇年代から六〇年代までの丹下健三のように都市に開くものではなく、逆に都市に背を向けて、自己の中へと、建築も建築家自身も閉じようとした時代のものである。

当時の建築家達のリーダーだった篠原一男は、「住宅は芸術である」と唱えていた。一九七〇年に篠原一男は『住宅論』を出したが、その中に所収の「住宅は芸術である」（一九六二年）には、このように書いてある。

「住宅は芸術である。誤解や反発を承知の上でこのような発言をしなければならない地点にわたしたちは立っている。〔……〕住宅は建築といわれている領土から離れて独立することを、それは意味している。〔……〕国籍は絵画や彫刻、あるいは文学等々と同じく芸術という共同体に移されなければならない」[*39]。

この文の内容は、いま、いくら読み返しても、まるで意味不明である。そもそも、住宅が芸術であるわけがないからだ。むろん住宅だけでなく、その前に、そもそも建築が芸術ではない。これをめぐって、ジョン・ピーターの著書『近代建築の証言』に所収の、ワルター・グロピウスによる、次の証言を聞くことは、決して無駄ではない。

ジョン・ピーターは「バウハウスとは何だったのですか？　そしてそれはどのように始まったのですか？」と尋ねた。グロピウスの答えは、次のように、実に明快なものであった。

「私が若かったころ、芸術と建築に大きな食い違いがあることに気が付きました。そこでもし新たな突破口を見つけたいのなら、芸術と建築を別個にやることは不可能で、現在のあらゆる状況を研究し、すべての問題に新たなアプローチを見いだすことを目的とする学校を設立する必要があるだろうと感じました」。

ここで注意すべきなのは、グロピウスがはっきりと、「芸術と建築に大きな食い違いがある」と認めていることである。その上で、バウハウスにおいて、「芸術と建築を別個にやることは不可能で、現在のあらゆる状況を研究し、すべての問題に新たなアプローチを見いだすこと」を目論んだのである。つまり、グロピウスは、建築と芸術の二つは異なるものであることを、まず明言している。その上で、つまり建築と芸術との差異を認めた上で、その芸術と建築を総合的に捉えることは必要である、という意味なのである。

建築は芸術なのか？　それとも芸術ではないのか？　この問いに対するグロピウスの答えは、実にはっきりとしているのだ。彼は、「建築は芸術とは異なる。だからこそ、なのだが、中世のように、この二つを総合的に捉えるべきであり、別個にやるべきではない」と言っているのである。また同じ本の中で、彼はこうも語っている。

「私がこの国に来たとき、ハーヴァードでこのような表現を聞きました。「芸術と科学」。そこで、私はこれを調べようとしました。科学では、すべてのものが明快であることがわかりました。では、芸術とは？　芸術とは大抵、芸術鑑賞や死を読むこと、絵画を鑑賞するといったところで、絵を描いたり、詩をつくったり、建築をつくるといったものではありませんでした。これは現在でも変わりません[*40]」。

グロピウスの、この発言は一九五五年のものである。つまり、二〇世紀の後半過ぎまでは、建築は芸術でないという当たり前の事実が、バウハウスを創設したモダニズムの巨匠には、至って自明なことだったのである。すると建築が芸術である、という言説がまことしやかに流布されはじめたのは、主にそれ以降の話ということになる。それはケネス・フランプトンが『現代建築の歴史』の中で言っていたように、一九六〇年代中庸以降あたりから、ということになるのだろう。

建築が芸術ではないということは、それ自体、至極当たり前の話なのである。一つの建築には、美的価値だけでなく、機能性や耐震性や安全性やコストなど、多くの価値が同時に求められるからである。その全ての価値のバランスが、つまり建築である。また美術が美術館という「制度」によって美術であることを保証されているのに対して、建築にはそれに該当する「制度」が存在しない。

ツヴェタン・トドロフはその著書『文学が脅かされている』の中で、美術館という「制度」について、このように正しく書いている。

「こうした変化から直ちに大きな結果が生じた。創造の文脈から切り離され、芸術はそれが消費される場所の設置を要求するようになる。絵画について言うなら、サロン、画廊、美術館が設置される。大英博物館は一七三三年に、ウフィッツィ美術館、ヴァティカン美術館は一七五九年に、ルーヴル美術館は一七九一年に開館される。そもそも教会、宮殿、個人の住宅においてさまざまの機能を担うはずであった多くの絵画がひとつの場所に集められることにより、それらはただひとつの目的のためのものとなった。もっぱらそれぞれの作品の美的価値ゆえに眺められ、評価されるというのがその目的である。意味と美のあいだにあった階梯は転倒された。かつては望ましいものに過ぎなかったもの（仕上げの見事さ）が必要欠くべかざるものとなり、かつての必要不可欠であったもの（神学的な、あるいは神話的な内容）があってもなくてもよいものとなった。美術館や画廊の絵画展示用のくり型がありさえすれば、どのような事物でも芸術作品に変貌するまでになった。美的知覚が起動するためには、問題の事物がそのような場所に展示されさえすればよい。このような種類の場所と知覚のこのような形態のあいだの自動的な連結は、マルセル・デュシャンがあの有名な便器を、芸術作品を展示するべき場所に展示したときから明白なものとなった。ただそこに置かれただけで、それは芸術作品となったのである。ところがその便器の製造過程は、当たり前の彫刻作品、絵画作品と似通ったところはまったくなかったのである」[*41]。

トドロフは、要するに美術館が誕生して、芸術はそこに展示されることで芸術として認定されるということを正しく書いている。美術館は、それが芸術なのか、そうでないのか決める「制度」である。しかし繰り返すが、建築には、この美術における美術館という「制度」が存在しない。建築のオリジナルは、大きすぎて美術館にはとても入らない。二次媒体しか美術館には展示できない。

『西洋の美術』に所収の「II　二〇世紀の美術」で、島津京はこの問題について、より簡便に書いている。

「美術館は「芸術」のトポスと関連づけられ、来館者や作品に影響を与えています。「これは芸術なのだろうか」。展示室でよくわからない作品を目の当たりにした時にしばしば浮かぶこの問いは、芸術を成立させる装置として美術館が機能していることを示します。芸術だから美術館にあるのではなく、美術館がそこにあるものを芸術として自律させるのです。これは、美術館がある事柄を芸術として承認するということにほかなりません[*42]」。

また美術館という「制度」については、多木浩二が『「もの」の詩学』の中で、こう記している。

「一八世紀の末に「美術館」が現実にうまれそれとともにすでにズルツェルやディドロにおいて観念として抱かれていた「芸術」(教育を中心とした観念で、それはダヴィドにおいても同じであった)が、実際に存在する公共施設と結びつき、その限りで「芸術」として機能することが明らかになった。つまり、ここで誕生したのは全く新奇な「もの」ではなく、「もの」が「芸術」でありうる文化的な条件(ないしは制度)であった。古代、ルネッサンス以来のあらゆる作品も、いま創造されようとしている作品も、はじめて公共性の枠のなかにあらわれる。美術は、かつて王や貴族というパトロンがいたときにも、決して国家や制度のひらく空間に位置を占めていたわけではない。いまや美術館という公共のシステムに支えられ、政治や国家と緊密なしかし見えにくい関係で結ばれながら、なおかつ精神的要求を純粋に美術の造形システムによって維持するという仕組みが、ブルジョワジーの支配(つまり資本主義)が確立されようとする瞬間にあらわれてきたわけである」。

一方、美術館以外にも、芸術を芸術と認定する制度があるという意見がある。『分析美学基本論文集』に所収のアーサー・ダントーの「アートワールド」(一九六四年)である。ダントーは、この論文のタイトルの「アートワールド」が、その制度だと言うのであるが、その際に、彼は、アンディ・ウォーホルの『ブリロ・ボックス』(一九六三―六四年)を例題として挙げている。

「ポップ・アーティスト、アンディ・ウォーホル氏はブリロのダンボール箱の複製を、スーパーマーケットの倉庫にあるように高くきちんと積みあげて展示する。たまたまそれらの箱は木でできていて、段ボールに見えるように塗られているのだが、もちろんそれでいけないことはない。『タイムズ』紙の批評家のいうところを要約すれば、ある人間の複製をブロンズで作ってもよいとすれば、ブリロのダンボール箱を合板で作ってはいけないわけがあろうか、ということになる。これらの箱の値段はさしあたり、現実生活ではありふれたその対応物の値段の2×103倍もする――その差額を、その耐久性においてまさっているということに帰着することはむずかしい。じっさいブリロの従業員が、わずかにコストが増えるにしても、合板でその箱を作るということはありうるが、だからといってそれがアート作品になることはないし、ウォーホルがかれの箱を段ボールで作るとしても、それが芸術であることをやめるわけではない。それゆえわれわれは内在的価値の問題において、なぜブリロの従業員は芸術を製造することはできないのに、ウォーホルはアート作品しか作れないのかを問うてもよいだろう」。

同じブリロの箱でも、ブリロの従業員が制作したのでは、芸術とは呼ばれない。なぜ、ウォーホルが制作すると、同じものが芸術となるのか? このように問いかけてから、アーサー・ダントーは、いったい何がアートの基準なのか、この問題について、このように結論づけている。

「結局のところ、ブリロの箱と、ブリロの箱からなる芸術作品とをことならしめているものは、芸術のある特定の理論である。その箱を芸術の世界にまで引き上げ、それが事実それ（芸術的同定のisとは別のisという意味で）である（is）ところの現実の対象へと崩落することから守っているのは、まさにその理論である。もちろんこの理論がなければ、ひとがそれを芸術と見ることなど考えられないし、それをアートワールドの一部と見るためには、ひとは多くの芸術理論に、そしてまた最近のニューヨーク絵画にかんする歴史についても相当程度通じていなければならない」[*43]。

この本の編者であり監訳者の西村清和は、同書巻末の「解説」の中で、こう書いている。

「しかしそうだとしても、目のまえにおかれ便器や商品パッケージといったたんなる実物が、それにもかかわらず芸術といわれるとすれば、すくなくともその理由は問われねばならない。なるほどこれは、伝統的な定義にかかわる「芸術とは何か」という問いではないが、しかし目の前の便器や商品パッケージを指して、「これは芸術か」「これも芸術か」という問いではある。［……］この問いに対するダントーの答えは、「あるものを芸術と見ることは、眼が見分けることのできないあるものを要求する――それは、芸術理論のある雰囲気であり、芸術の歴史についてのある知識であり、つまりは、あるアートワールドである」というものである」[*44]。

しかしながら、ダントーの言う「アートワールド」は、定義として漠然としすぎており、かえって混乱する。それに較べて美術館という「制度」が芸術を決めるのだと考える方が、実にわかりやすく、妥当であり、かつ自然である。

またロバート・ステッカーは『分析美学入門』の中で、美術館にも、アートワールドにも依らない芸術の定義をしている。ただ、ステッカーの論法は、私に言わせれば、極めて粗雑なものである。

ステッカーの『分析美学入門』が、特に有害であると感じるのは、彼が、この本の中で「しばしばそれは、まさに**芸術の**観賞なのである。なぜなら、多くの建物は芸術作品なのだから」と称しているからである。建築を芸術とするために、ステッカーは、まず、「美術」と「芸術」について、このように定義している。

「**美術**（fine arts）という概念がはっきりと用いられるようになったのは、18世紀である。これは本章でわたしたちが理解しようとしている概念に、かなり近いものだ。この概念には、当時中心的だった五つの術《アート》が含まれていた――詩、絵画、彫刻、音楽、建築である」。

このことを前提として、ステッカーはこの本で、建築は芸術である、という主張を正当化していくのである。

「一方、建築をひとつの芸術形式とみなす、別の見解もある。そこでは、歴史的な観点をひとつの重要な論拠にしつつ、次のような主張がなされる。芸術哲学者が現在関心をもっている芸術形式という概念は、18世紀になってはじめてはっきり形をとって現れた、美術（fine arts）という概念に由来するものである。当時、建築は美術の中心を成す五つの形式のひとつとして、異論なしに認められていた。18世紀以降は多くの芸術形式がその元のリストに新たにつけ加えられてきたし、芸術の媒体、製作法、目的といった点でわたしたちの芸術観もさまざまに変化してきたが、それでもなお一貫してかわらないのは、２５０年前に美術として認められていた実践のほとんどすべてが現在でも芸術の中心を占めている、という点である。

よって、建築の実践がいちじるしく変化していないかぎり（このような留保をつけるのは、わたしたちが考察しようとしている現在の実践が、18世紀の建築理論家が念頭においていた実践と同じものではないからである）、建築は、当時ひとつの芸術形式だったならば、今でも芸術形式である――、と」[45]。

つまり、ステッカーは、美術が始まったのが一八世紀であり、その時点で、建築もそこに含まれていたことを、現在でもなお、建築は芸術である、という論拠にしているのである。

だが、一つには、そのようにして建築を芸術だと称する場合、それは一八世紀から一九世紀にかけての、まだ王政が残存している名残としての「歴史主義様式の建築」の場合か、もしくは、それを打倒した、一九世紀末からの民主的なモダニズム建築の場合を、二つとも指していることになる。

前者の歴史主義は、王政と教会による芸術の規定の残存物であるが、しかし後者のモダニズムは、政教分離して、その歴史主義を否定するところからスタートしている。つまり、後者のモダニズムによって、まず、歴史主義的な装飾建築の芸術性は、ことごとく否定されている。だから、その二つをまとめて、「それでもなお一貫してかわらないのは、250年前に美術として認められていた実践のほとんどすべてが現在でも芸術の中心を占めている、という点である」という言い回しは、モダニズムの建築には当てはまらない。

むろん、モダニズムは芸術ではないのか、という議論はある。だが、モダニズムの原理原則は、実用性、機能性、合理性にある。そして意匠としては、虚飾を排する点にこそ、その特質がある。よって、モダニズムには美的要請がまるでなかったとまでは言わないが、それよりも、実用性、機能性、合理性が専権事項であった。だから、モダニズムの建築が芸術である、というのは間違いである。よってステッカーの言う確信もまた、錯誤である。
ステッカーの言う一八世紀の美術の規定は、まだフランス革命以前のものを含んでいる。そこの腑分けがきちんとなされていないので、王政時代の建築芸術の規定をそのまま二〇世紀までに持ち込んでいる。その当時に芸術とされていたのは、教会や宮殿など特権的な建築ばかりである。

仮に、ステッカーが、これは芸術で、これは違うという例外事項をつけ加えても、やはり、モダニズムの建築を芸術とは言わない。

それだけでは不十分で、どうしても納得できないのであれば、それを芸術として保障している「制度」としての美術館の有無を、また、ここで再び、繰り返すことになるだけだ。絵画には美術館という制度がある。よって絵画は芸術だが、建築にそれはない、と。

それでは「アース・アート」の場合は、どうなるのか、と尋ねる人がいるかもしれない。益田朋幸他編著の『岩波　西洋美術用語辞典』によれば、「アース・アート」は、一九六〇年代末に擡頭してきた。これは「「大地の芸術」という意味」で、「ミニマリズムや美術市場への反発から生まれ、自然の中に人工物を設置したり、地表を改変するなど、自然そのものを大規模な作品へと変化させる手法を採る」。なるほど、タブローなどは市場で高値で媒介できるが、「アース・アート」そのものは、そのスケッチ以外は、市場には出させない。

だから「アース・アート」も、やはり建築のように美術館には展示できないではないか、アウトプットは、スケッチなどの二次媒体になるではないか、というかもしれない。しかしその「アース・アート」ですら、美術館という「制度」がまず先にあって、そこから「距離」を取るものとしての「アース・アート」なのである。

「アース・アート」は、つまり、それが生まれる前に、すでに美術館という「制度」があって、その「制度」に反抗しているのである。つまり、美術館という「制度」があって、「アース・アート」も初めて「反美術館」、「反制度」として成立するのである。しかし建築には、この「アース・アート」のように「反」を唱える「制度」そのものがないのだ。私が言っているのは、この点である。

一九五〇年代以降の「パフォーマンス・アート」も、仕組みとしては、これと同じことである。益田らによれば、それは「「身ぶりの芸術」という意味」で、「芸術ジャンルの拡大や相互浸透であるだけではなく、従来の造形作品の不滅性やそれを保証する美術館制度への反発といった側面もある」という。[*46]「パフォーマンス・アート」は美術館を飛び出していくが、その反発もまた、美術館という「制度」があって、初めて成立することに変わりはない。

篠原一男は一九六〇年代の政治的闘争から離脱して、建築を「芸術」として、現実の生々しい世界から切り離そうとした。嫌でも現実と格闘せざるを得ない建築を、美術館のショーケースに入れるような感覚で、篠原は現実から切り離そうとした。篠原はその際に、建築に「芸術」という言葉を援用した。

しかし、実際には、そのようなこと、建築を現実から切り離すことなど、不可能な設定なのである。当たり前の話であるが、家には、実際に人が住むからである。だから、建築は、本来は設計者の思い通りにはならないものなのである。けれども篠原一男の手がけた住宅の「写真」を見ると、そこには全く住み手の生活感が見当らない。篠原が設計する前から使っていた施主の家具や、日常品が排除されて、抽象的な篠原の空間だけが示されている。そこに施主の生活の記憶を入れた途端に、篠原は拒絶反応を起こすのである。

一九八三年頃だっただろうか、私は、完成してから、かなり時間を経た篠原一男の『上原通りの家』（一九七六年）を見たことがある。この家の内部には、「写真」では、抽象的な空間が強く感じられた。しかし実際に実物を見ると、そこでは洗濯物が部屋中に、ところ狭しと干されていた。篠原の「写真」で見た『上原通りの家』とは、それは、「まるで違う家」であった。これが「芸術」ではなかったのは、もはや言うまでもなかろう。

篠原は、それでは、もはや、自分の芸術としての「住宅」ではない、と言うのであろうか？　そのような言い訳けは、絶対に通用しない。この洗濯物が干された家こそが、正真正銘の、篠原一男の「作品」だからである。

建築家のつくるものは「芸術」や「作品」であるという誤った考え方は、わが国の場合、戦前の堀口捨己の時代からあったが、それが顕著になったのは、やはり一九六〇年代から一九七〇年代にかけてである。しかし建築が「芸術」だなど、そもそも何の「根拠」もない話なのである。だが、いまだに誰も、この誤記を変えようとはしない。

篠原は、結局は、抽象性と非日常しか愛さない。完成したばかりの建築写真しか、彼は愛そうとはしないのである。現在のSANAAや石上純也に顕著な、建築におけるアート化現象は、この篠原一男による建築の「誤読」からスタートしている。つまりは、建築を本来はそれが当たり前にあり得るべき「社会」から、故意に切り離そうとする行為である。本来は、家は人がそこで生きるためだけにある。しかし、篠原一男の発言は、その肝心の家に住む人間を切り捨てて、建築という芸術がまるで古代の神殿のように、敷地に特権的に君臨するのである。ヒエラルキーを消すとしながら、事実は、そういうことである。

坂本一成や伊東豊雄や安藤忠雄ら一九七〇年代以降の世代は、この篠原の倒錯した考えに「無根拠」なまま、加担してきた。そしてその彼らの悪い影響が、現在の建築界を誤った方向に導いている。ル・コルビュジエらのモダニストが、民主主義がいまだ確立していないヨーロッパにおいて、市民革命と連動して考えていたのは、量産品としての建築である。たとえばレオナルド・ベネヴォロは『近代建築の歴史』の中で、こう書いている。

「工業がすべての人々に物質による恩恵を同じように浴させるために充分な量の実用品やサーヴィスを生み出すことを可能にしたように、近代建築の課題は、もともと社会階級に応じて差別されていた文化的恩恵を等しくすべての人々に与えることである[*47]」。

工業化は、民主主義化とパラレルである。大衆により安く建築を提供しようとすれば、当然のように、工場での作業は分業化されて、規格化・標準化が徹底して行われ、出来る限り機械による大量生産品になる。その結果、効率性が高まって、商品がローコストになる。このシステムは、建設の組み立てシステムへの転換だけでなく、やがて空間の分業化という機能主義を生み出す。つまり、空間は機能ごとに効率よく分節化される。

しかしそれには重大な使命があった。その点を見落とすと、近代建築は無味乾燥だ、均質だ、分節を拒否しなければならない、という陳腐なモダニズム批判へと陥落する。

たとえば、近代建築の重要な使命の「読み違え」の最近の例が、W・シヴェルブシュの『三つの新体制』である。彼はそこで、次のように書いている。

「一九四六年九月、建築批評家ジークフリード・ギーディオンは、ロンドンの英国王立建築家協会で講演を行った。そのテーマは非常に重要だと考えた雑誌『建築批評』の編集者たちは、これについて議論するために、新建築の指導的な建築家や理論家を何人か招いてシンポジウムを開催した。議論には、ヴァルター・グロピウス、ヘンリー＝ラッセル・ヒッチコック、グレゴール・バウルソン、ウィリアム・ホルフォード、ルチオ・コスタ、アルフレート・ロート、そしてギーディオン自身が参加し、テーマは、本来の講演の題と同じ、「新たなモニュメント性の必要性」であった」。

そして、W・シヴェルブシュはこの『三つの新体制』の中で、モダニストの建築家をこう批判している。

「そもそも彼らは第一次世界大戦後、社会革命と大衆――革命は大衆のために大衆によって行われた――を建築によって表現するために登場したのである。しかし、新建築はまさにこの大衆から理解されず、ましてや受け入れられもしなかった。そして結局、一九三〇年代における資本主義世界の深刻な危機の中で、大衆は政治的敵方についてしまった。敵の方が、大衆が夢見ていたのに近代建築が与えようとしなかったものを提供したために。それが記念碑的建築《モニュメンタリテート》であった」。

ここでシヴェルブシュが言いたいのは、単純に「記念碑的建築《モニュメンタリテート》」が、イタリアやソ連やドイツのような全体主義国だけでつくられていた、という話ではない。彼は、同じ時代のアメリカやフランスやイギリスやスイスなどの自由主義の国においても、やはり全体主義国と似たような記念碑的建築があった、とするからである。またその一方で、シヴェルブシュは、同じ頃の全体主義の国にも近代建築が存在したとも指摘している。シヴェルブシュは、これらのことから、次のように言う。

「記念碑的建築と「第三帝国」や二〇世紀の他の全体主義との同一視、およびこれに対応する「近代建築はリベラルで社会的な民主主義に等しい」という方程式は、一九二〇—四〇年の時期における政治的・イデオロギー的対決の産物である」。

シヴェルブシュは「この方程式がイタリア・ファシズムやソヴィエト共産主義の初期には当てはまらないことは、長い間見過ごされてきた」と言っている。たとえば「ムッソリーニが促進した「合理主義」は近代建築の継続にほかならない」し、それに「三〇年代のワシントン、パリ、ロンドン、ジュネーヴで、ベルリンやモスクワ、ローマと似たような記念碑的で古典主義的な大建築物が建てられていた」し、また「反近代主義に凝り固まっていると考えられていた「第三帝国」さえも、機能主義建築が必要なところでは、機能主義的で近代的な仕事を行っていた」からである。そしてここから、シヴェルブシュは、このような結論に至るのである。

「建築学的に見て近代的なファシストや伝統主義的な自由主義者が存在すること、三〇年代のモニュメンタリズム・新古典主義は、一九三二年にニューヨーク近代美術館によって「インターナショナル・スタイル（国際様式）」へと再洗礼を施された近代建築と同じように、「国際的なスタイル」であったことが認識されたのである」[*48]。

しかし、このシヴェルブシュの考え方には、致命的な錯誤が含まれている。ケネス・フランプトンは『現代建築史』で、「建築と国家：イデオロギーと表象　1914〜1943」と言う章を設けて、言ってみれば、シヴェルブシュのようなスタンスに対して、批判的な説明を巧みにしている。

「近代主義には、あらゆる形態を抽象へ還元してとしまおうとする傾向があった。そして、この傾向は国家の権力やイデオロギーを表象するうえでは満足すべきものではなかった。近代主義のこうした図像学的無力さは、二十世紀後半においてなお歴史主義的アプローチが存続することをよく説明している」。

フランプトンは続いて、この近代のモニュメンタリティを「新しき伝統」と命名した歴史家に言及する。「かつて歴史家のヘンリー・ラッセル・ヒッチコックが、この退化器官のような伝統の持続を認識する必要があるとしたのは、まさに彼の歴史家としての名誉である。しかし、一九二九年、彼が近代主義の開拓者達の作品から明らかに保守的な傾向を区別するために名づけた「新しき伝統」という用語は、今や時間の検証にとうてい耐えられるものではない。当時、彼がその伝統に付与した幾つもの属性や年代記は、あまりにも漠然としていて、広く承認されるものではなかった。それにも拘わらず、表象、あるいは逆に表象の欠落が提起する問題を扱う必要性は、ここ数年、減少するどころか増大しているのである」。

モニュメンタルな歴史主義は、いわば旧体制の残骸である。本来、それらは大革命後には滅ぶべきだった。しかし、近代主義の表象の欠落が、それを残存させてしまった。そして全体主義が、この表象を悪用したのである。

「ヨーロッパにおける「新しき伝統」の創始はそれより遥かに自覚的であった。その代表的作品といわれるものは、当時一般に認められていたネオ・バロック風の大衆的スタイルには超然と絶縁し、形こそ違え精神的には古代ローマの重厚、明晰さに回帰していくものであった」。

ヨーロッパ、特にドイツやイギリスの建築家は、この「新しき伝統」を好んだ。一九二〇年代から三〇年代にかけて、彼らは「新しき伝統」の建築を生産していく。アメリカやスイスもその例外ではない。シヴェルブシュが言う一九三〇年代の自由主義国のモニュメンタリティとは、この近代主義者が心から侮蔑した「新しき伝統」のことである。

フランプトンは、「「近代運動」と「新しき伝統」との明白な対立」を、一つには一九二七年のスイスでの『国際連盟設計競技』に見ている。「ボザール派のアカデミシャン」が、近代主義のル・コルビュジエ案を故意に落選させたことでよく知られている悲劇的なコンペである。当選したのは「驚くほどロシアの社会的リアリズムの無装飾古典主義に近いものであった」。

また「「近代運動《モダン・ムーヴメント》」と「新しき伝統」との間の相克」は、一九三一年の『ソヴィエト・バレス設計競技』でも再現された。またしても、コルビュジエは落選した。当選したのは、「記念碑性《モニュメンタリティー》を尊重する社会主義リアリズム」様式の建築案であった。

このように、スイスやソ連で「近代主義」が「新しき伝統」に敗北していく。そして、ムッソリーニ政権下のイタリア・ファシズムの国家の内部でも、同様の対立は起きている。

「「近代性」と「伝統」との間の同様な相克は、イタリア・ファシズム運動のイデオロギーを染め上げていた。それは、一九二二年十月のムッソリーニのローマ進撃の時から、一九三一年までのことであった。この年、政府後援を取り付けた「建築家国家同盟」は、新設された「イタリア合理主義建築運動（MIAR）」の支持を撤回し、マルチェロ・ピアチェンティーニの指導の下に、対立集団どうしを仲裁、「イタリア近代建築家集団《ラグルッパメント・アルキテッティ・モデルニ・イタリアーノ》」という単一のイデオロギー形成へと大団結するべく集結したのである」。

要するにマルチェロ・ピアチェンティーニが、イタリア・ファシズムの統一様式を、単一のイデオロギー、つまり自らの「新しき伝統」にまとめ上げたのである。

こうして当時の「近代主義」と「新しき伝統」の間に生じていた衝突は、それが全体主義と自由主義という国家間であろうが、イタリアのように国内での出来事であろうが、フランプトンの建築史の解釈に明らかなように「政治的・イデオロギー的産物」なのである。

フランプトンは、一九三一年には、すでにイタリアでは近代建築から古典主義への転換が行われている、としている。

「近代性と伝統との相克がイタリアにおいて殊のほか微妙な形をとったのは、若き合理主義者達が、古典主義の伝統の再解釈についてムッツィオとピアチェンティーニに関わったからであった。しかしMIARのアプローチは極めて知性的であって、彼らの厳しい作品には、容易に人に理解されるような図像《イコノグラフィー》は欠落していた。未来主義がとうてい国家主義イデオロギーを表象できるものでないと知って、ファシズム権力は一九三一年、単純化して容易に還元可能な古典主義様式を選んだ」。

またシヴェルブシュは「ムッソリーニが促進した「合理主義」は近代建築の継続にほかならない」と言っているが、実際には、ムッソリーニが近代建築に積極的であったわけではない。たとえばパオロ・ニコローゾの『建築家ムッソリーニ』には、イタリア合理主義の主軸だったジュゼッペ・テラーニについて、このような記載がある。

「だから、テッラーニはなおも、ムッソリーニを信じ続けた。「あらゆる真の精神的革新を推進する者」たる彼に、信頼を寄せ続けた。統領が続ける「ファシズム時代の建築を求める戦い」に、賛同し続けたのである。だが、このコモ出身の建築家とその同僚たちがムッソリーニによせた信頼は、見事に裏切られるかたちとなった。統領は彼らのリットーリオ宮コンペ案を支持しなかった。そして、ピアチェンティーニやジョヴァンノーニらがメンバーに名を連ねていた古代・芸術高等評議会、ならびに大臣のボッタイといった面々が、最終的にテッラーニたちの案をお蔵入りにする決定を下したのだった」。

またパオロ・ニコローゾは、同じ本の中で、なぜ、ムッソリーニが合理主義建築を嫌い、古典主義に傾いたか、その理由についても、こう書いている。

「その月の末、ムッソリーニはナチスドイツを訪問。二人の独裁者はその折に、建築について議論をかわした。ヒトラーがモダニズム建築の形態言語に対して、あからさまな嫌悪を示したこともまた、ムッソリーニの内に古典主義建築へと向かう強い契機を与え、こう確信させたのに違いない。すなわち、古代ローマの伝統に根ざした建築こそは、国内にあっては大衆支配の政策を実行するうえで有利であり、外にあっては帝国主義的な拡張政策を推進するのに役立つのだ、と。そしてこれは決して偶然とはいえないのだが、首脳会談の行なわれたミュンヘンには、ムッソリーニが到着する十日ほど前に、ピアチェンティーニもまた訪れていた[*49]」。

また第三帝国には、正確な意味でのモダニズムは認知されていない。これも、シヴェルブシュの誤解である。フランプトンはこう書いている。

「古典主義の伝統を巡って二つの解釈――合理主義的な解釈と歴史主義的なそれ――が相い競う相克はイタリアには存在したが、ドイツにはなかった。ドイツではいわゆる「近代運動《モダン・ムーヴメント》」の合理的流れが一九三三年一月、国家社会主義の権力掌握によって突如ぷつりと断たれてしまうのである。近代建築は、工業生産ならびに工場福祉にとって機能主義的アプローチが効果的だとして要求される場合を除けば、コスモポリタンで堕落したものとして退けられた」。

石田圭子は『美学から政治へ　モダニズムの詩人とファシズム』の中で、テオドール・アドルノが一九五五年に出版した『プリズメン』に所収の「文化批判と社会」（一九四九年）で、アドルノが、ファシズムに対してモダニズムが有効であると発言している、と指摘している。

「同じくファシズムの時代をくぐり抜けたアドルノは、時代の精神の外部に立つことがいかに困難であるかということを反省せざるをえなかった。「アウシュヴィッツの後に詩を書くことは野蛮である」という有名な一節が含まれる「文化批判と社会」で、アドルノは全体主義の時代に巻きこまれ、それを批判し克服できなかった文化全般を痛烈に批判している。しかし、それにもかかわらず、アドルノは「客観的な矛盾を偽りの調和へと和解させるのではなく、それらの矛盾を純粋に、頑なに、自身の最も内にある構造に刻み込むことによって、調和の理念を否定的に表現するような形象」に潜在する批判に希望をつないだ。その「形象」とはすなわち、モダニズムの芸術である。アドルノはモダニズムをその自律性においてファシズムの体現する全体性に対抗しうる潜勢力とみなし、ファシズムへと迎合した文化とそれとの間に明確な線を引こうとしている。すなわち、アドルノは芸術が時代のぬかるみの中に浸りながらも、それ自身の軌道を進むことによって時代精神としてのファシズムに抗しえたと考えているのである[*50]」。

こうして、繰り返すが、「記念碑的建築と「第三帝国」や二〇世紀の他の全体主義との同一視、およびこれに対応する「近代建築はリベラルで社会的な民主主義に等しい」という方程式」は、有効なのである。モダニズム運動は、一九六〇年代の終わりまでは、その主旨をなんとか通していた。けれども一九七〇年代になって、資本が国家を超えたことで、資本の一人勝ちになり、モダニズム運動の核にある社会変革が頓挫したのである。そこから、建築が奇妙に、社会から逃避して、個の中に自閉しはじめた。

長谷川堯は『神殿か獄舎か』の中で、一九七〇年代から顕著になる自閉した建築について、次のように書いている。

「一方この内部空間を体腔のようなものとしてかかえた外殻として建築的な躯体は、自然や社会的な力の侵攻から空間を護るために常に防御的であり、このために、私たちが中世都市の特性として見たような、外に向かって閉じ内にむかって開く（外閉内開的）相貌を基本的な風貌とするようになるのである。この種の外殻は、外的な圧力をいわば極限状態によって排除しようとするために、建築的表現としては、神殿建築的思惟が理想とするような古典的整合性や「光の下ではっきり見える」幾何学的に明快なヴォリュームなどを必ずしも持つとはいえず、むしろ逆に丹下氏がかつて「北方の危険」と呼んだような「造形からの脱落」を意図的に遂行することさえ稀ではない」。

長谷川堯は同じ本の中で、「またこのような建築的躯体の外閉性は、近代建築の一つの社会的・心理的背景と信じられていた「私たちがそこで生活している、開いた社会」という戦後の近代的視界がもたらした信念への背信として、それへの根源的な疑視の表明でもあったのである」としている。[*51]

長谷川が「根源的な疑視の表明」としている文面は、彼がこの閉じた建築に果して同意しているのか、それともこれを批判しているのか、実のところ、文面があまりに瞬昧すぎるため、その真意がよく読み取れない。しかし、丹下が保持しようとした「建築的躯体の外閉性は、近代建築の一つの社会的・心理的背景と信じられていた「私たちがそこで生活している、開いた社会」という戦後の近代的視界がもたらした信念」に対して、安藤忠雄らの閉じた建築は、明らかに批判的な姿勢を示していたのである。だが、そのようにして社会性から撤退した安藤忠雄らの建築を、全面的に肯定することなどは、とてもではないが、私にはできない話である。

「第6セクション：白　還元から物語へ」では、ごく近年の建築家の作品が展示されている。これらは、ネオ・モダニズムの建築と呼ばれるものである。良くも悪くも建築界の、昨今のブームの傾向である。たとえば隈研吾の『浅草文化観光センター』（二〇一二年）の二〇〇八年の模型、石上純也の『神奈川工科大学KAIT工房』（二〇〇八年）の模型、二〇〇五年から二〇〇七年に描かれたKAIT工房のドローイング、二〇一〇年のKAIT工房の映像が、ここには展示されている。

また、このセクション6には、妹島和世＋西沢立衛／SANAAの『金沢21世紀美術館』（二〇〇四年）の二〇〇三年につくられた模型も展示されていた。さらに西沢立衛の『豊島美術館』（二〇〇四年）の二〇〇三年の粘土や紙やFRPの三種の模型が見られる。その他には藤本壮介の『HouseNA』（二〇一一年）の、二〇一〇年につくられた大きなサイズの模型や、平田晃久の『枡屋本店』（二〇〇六年）の模型、伊東豊雄の『せんだいメディアテーク』（二〇〇〇年）の、二〇一〇年の「コンペティション段階　初期スケッチ」や模型が、この展示の最後のセクション6に示されている。

石上純也の『神奈川工科大学KAIT工房』は、伊東の『せんだいメディアテーク』のランダムな柱のバリエーションなのだが、そのあたりが、近年の一つの流行になっている。さらにランダムなこの垂直のチューブを、垂直だけでなく水平にも貫通させたのが――むろんこの展覧会には展示されてはいないが――二〇一四年に完成した伊東豊雄の『台中歌劇院』である。

ここまでで、ひとまず『ジャパン・アーキテクツ1945－2010』展を一通り眺めたことになるが、『ジャパン・アーキテクツ1945－2010』展と連動する『3・11以後の建築』展においても、伊東豊雄や平田晃久、藤本壮介らの「みんなの家」、また坂茂、工藤和美＋藤村龍至、岡啓輔らの若手も含む、いわゆるスター建築家によるプランが提示されていた。

『3・11以後の建築』展の構成は大きく七つに分けられている。それは「1．みんなの家」、「2．災害後に活動する」、「3．エネルギーを考える」、「4．使い手とつくる」、「5．地域資源を見直す」、「6．住まいをひらく」、「7．建築家の役割を広げる」である。この『3・11以後の建築』展について、金沢21世紀美術館のホームページでは、次のように紹介されている。

「2011年3月11日に起きた東日本大震災は、建築家と建築界に大きな意識の変化をもたらしました。津波の圧倒的な破壊力に、建築物を強化するだけでは解決できない問題を突きつけられると同時に、人と人との繋がり、地域と人との関係といったソフト面からのアプローチがいかに大事を考えさせられたのです。さらに未曾有の惨事となった原発事故はエネルギー問題に対しての意識と危機感を急激に高め、環境やエネルギーとの関係に配慮した設計が、今まで増して切実に求められるようになりました。さらにマクロに見ると、少子高齢化に向かい、住宅や公共施設がだぶつくと言われるこれからの日本において、建築家がどのような役割を果たし、どのような未来を描こうとするのか、批判と期待の両方をもって問われるでしょう。こうした社会の変化に自分なりの考え方や手法で向き合う25組の建築家の取り組みを紹介します[*52]」。

簡単に言うと、ここでの主題は「人と人との繋がり、地域と人との関係といったソフト面からのアプローチ」を重視する「社会性」にスポットを当てている。この種の社会性については、すでにアートの分野では、3・11より前から、かなり検討されていた。たとえばパブロ・エルゲラの『ソーシャリー・エンゲイジド・アート入門』は、副題を「アートが社会と深く関わるための10のポイント」としてあるが、ただし、この方法論には、次のような根本的な問題が潜んでいる。

「「ソーシャリー・エンゲイジド・アート」という言葉は何を意味するのだろうか？　このプラクティスをめぐる専門用語は欠陥が多いので、これからの議論のために、とりあえず定義しておく必要があるだろう。［……］すべての芸術は、それが他者とコミュニケーションするもの、あるいは他者によって体験されるものである限り、ソーシャル（社会的）である。しかし、すべての芸術はソーシャルであるというと、絵画のような静止状態の芸術と、芸術と称する社会的相互行為《ソーシャル・インタラクション》（つまりソーシャリー・エンゲイジド・アート）との違いがわからなくなってしまう。［……］意味あるインタラクション（双方向の行為のやりとり）、あるいはソーシャル・エンゲイジメントとは何かについて、完全に意見が一致しているわけではないが、ソーシャリー・エンゲイジド・アートを特徴づけているのは、社会的相互行為《ソーシャル・インタラクション》なしに成立しないということである」。

そしてパブロ・エルゲラは同じ本の中で、私の言う根本的な問題点について、こう書いている。

「ソーシャリー・エンゲイジド・アートにひかれる学生たちは、気がつくと、いっそのこと芸術をすべて捨てて、コミュニティ・オーガナイザーとか社会活動家、政治家、エスノグラファー、社会学者になったほうがいいのではないかと思いめぐらしている。確かに、ソーシャリー・エンゲイジド・アートは、さまざまな分野のはざまに居心地悪く座り、一人のアーティストとしての役割を軽視しているのに加え、アートワールドの市場システムとは明らかに相容れない。それは従来のコンテンポラリー・アートの収集行為には適合しないし、民主主義的な理想をいだいて協働的なプロジェクトを起こし、他者と共に実践することをめざす人たちが、アーティストとしての名声を得られるかどうかは疑わしい。多くのアーティストが、物つくりだけでなくオーサーシップ（著作者であること）自体を放棄する方法を模索している」[*53]。

ハードとしての建築でなく、ソフトとしての建築に片寄ると、どんどんと作家としての立ち位置から遠のいていくことになる。建築家ではなく、オーガナイザーとしての役割に比重が置かれていくからである。より端的に言うと、「オーサーシップ」ではなくなっていく。使い手との「関係性」を考えれば、実際に、そうなってしまうだろう。その意味で言うと、まず『3・11以後の建築』展で印象に残ったのは、「4．使い手とつくる」の工藤和美＋藤村龍至＋東洋大学ソーシャルデザインスタジオの『市民ギャラリートライアル』であった。

ここでは、建築の設計の仕方をシステム化することで、設計における過度の作家性をできる限り抑制し、住民もそこに投票で参加できるオープンな仕組みを考えている。けれども、実に残念ながら、肝心のアウトプットされた建築の模型が、実につまらない代物なのである。ありていに言うと、それらは、少しも美しくないのである。

また3・11に関係する展示として、「1．みんなの家」、「2．災害後に活動する」には大きな疑問がある。伊東豊雄を中心とする「みんなの家」や、東日本大震災における建築家による復興ネットワーク［アーキエイド］の活動である。確かに、被災者のために、あるいは使い手のために住居をつくる姿勢は、それだけを聞いていると、とてもいいことのように思える。しかし、それならば、なぜ、それを、わざわざ「作品」として発表し、そのプロセスなりを『3・11以後の建築』展のような大規模な展覧会に「展示」する必要があるのだろうか？

たとえば、それが被災者のためのものなのならば、なぜ被災者以外に、自分達の考え方を発表する必要があるのだろうか？　被災者のためのものなら、彼らだけに語りかければ事は十分に足りるはずである。

しかし、実際には、そうなっていない。現実には、この展覧会に、建築家が署名入りで自身のプランを出品している事実にも明らかなように、不特定多数の人々に向けて、わざわざ自分達の被災地での活動をアピールしている。

被災者以外の多くの人に向けて、なぜか、ことさらに「建築家は、こういう活動をしています」と実に大きな声を上げている。これは、藤村龍至らの展示にも感じることである。なぜ、「市民参加のものに取組んでいます」と、ごく当たり前の話を、いまさら公衆に向けて宣言する必要があるのだろうか？　そのような宣言は全くもって不要である。建築は元々、一〇〇%使い手のものだからである。だから、そのような宣言などはせずに、ただ淡々と、仕事をしたらいいのだ。しかし、実際には、そうはしない。マスコミや出版物、そして展覧会で、必要以上に、自らの署名で、自らの主張を語りたがっている。ありていに言えば『3・11以後の建築』展とは、このような単純なことが、実によくわからないものなのである。

政府が被災地に的確な対応をしていないのは事実である。この展示の企画者としては、建築家が被災地の活動を世の中に語ることは、良いことだと反論するかもしれない。ならば、私は、それをすると、何か必要以上の思惑が、あなたたちにはあると勘ぐられる、と忠告することにしよう。それに、スター建築家が『3・11以後の建築』展を開催して、そのことで現実が、いくばくかでも変わるとは、私には全く思えない。ここに示されていることは、本質的には、相変わらず「作家としての建築家」の思惑でしかないからである。ここには新しい被災地への「売り込み合戦」と、その「政治的な方法論」しか見えて来ない。これらのプレゼンテーションが、当事者である被災者や使い手に、まるで関係がない話ばかりだからである。

どうして、スター建築家の社会性は、美しくないのか？　それに較べて、建築家でなく全て素人の住民だけでつくり上げた、たとえばイタリアの集落などは、なぜ、あのように美しいのか？　この場合の「美しさ」とは、単なる、私の主観ではない。その理由が、きちんとあるからだ。イタリアの集落は、ただ、そこで人が、生きるためにだけつくられている。生活する人のためにだけ、生活する人がつくっている。彼らは、藤村龍至らのように「作品をつくろう」とは、全く考えていない。それを「雑誌に発表する」つもりもない。「建築史に残りたい」などとも、少しも考えていない。「誰かに評価されたい」とも、まるで思っていない。ましてや、『3・11以後の建築』展のような大規模な展覧会に、模型やドローイングという成果物を「展示すること」など、集落の人々は全然考えていない。

イタリアの集落は、それだからこそ純粋なのであり、かつ理に適っているのであり、それが何も余計なことを考えないで、ただそこに自然と「在るために在る」からこそ、「美しい」のである。繰り返すが、これは主観的な評価ではない。建築に対する、純粋さとモラルの問題だからである。

また「7．建築家の役割を広げる」では、岡啓輔の『蟻鱒鳶ル《アリマストンビル》』が、確かにインパクトがある。ただし、偶発性を取り込むのはチャールズ・イームズがすでに半世紀以上前にやっており、内容そのものは、何一つ新しくない。さらに全体の荒々しい仕上げも、すでにル・コルビュジエの一九五〇年代の「ブルータリズム」や、ピーター・スミッソンの「ニュー・ブルータリズム」などの前例がすでに数多くあって、またか、という既視感ばかり感じられる。総論として、この展覧会から3・11以後の建築などが見えて来るとは、とてもではないが思えなかった。

『ジャパン・アーキテクツ1945−2010』展は、さすがに大規模な展示で、充分に見応えはあった。資料的には確かに貴重な原図も見ることができた。むろん、磯崎新の出品数がかなり多く、それに比較して篠原一男の作品が少ないのはなぜなのか、伊東豊雄の出品数と較べて、坂本一成の展示がなぜこれほどまでに少なくないのか、などの企画者の選定に対する疑問点は数多くある。だが、展示の規模という物理的な側面での力技は、ここには確かに感じ取れた。

しかし、この『ジャパン・アーキテクツ1945−2010』展に較べると、『3・11以後の建築』展はいったい何が本当に伝えたいことなのか、企画者の意図がまるで理解できなかった。建築という物理的実体でなく、これからは「関係性」が大事と言うのであるが、しかしそれは具体的には何を指しているのか、何をしたいのか、正直なところ、私には、その意味がよくわからなかった。

より簡単に言うと、ここでの展示そのものは「学園祭」レベルのものばかりであり、ここからは、建築におけるリアリティが全く感じ取れないのである。また新進気鋭の建築家のものが圧倒的に多かったが、その内容を見ると、これがいまの四〇代以下の若手建築家のデザイン・レベルなのかと、かなり愕然とさせられたりもしたのである。

また『ジャパン・アーキテクツ1945−2010』展の方は、日本の戦後から現在までのスター建築家だけの展示である。それがそのまま日本の戦後建築の「歴史」となっている。いわば、これは「勝者の歴史」である。そのことは、『3・11以後の建築』展にも、見事なまでに引き継がれている。つまり被災地でも、やはり若手のスター建築家の存在が、どうしても不可欠なのである。その旧態依然とした考え方が、企画全体から、よく透けて見えている。ただし、本書の最後で詳しく述べるように、建築史そのものが「勝者の歴史」である以上、この結末は、ある意味で（むろん、私は、いま皮肉のつもりで、そう言っているのであるが）、当然の帰結なのかもしれない。

ここで、ＳＡＮＡＡの『金沢21世紀美術館』の、美術館としての在り方についても、少し考えてみよう。『ジャパン・アーキテクツ１９４５－２０１０』展では、セクションごとに変化していく仕掛けなのに、実際には一つの展示部屋が一つのセクションに当てられておらず、わかりやすく区分けされていない。一つのセクションが、部屋から部屋へと横断している。

具体的に言えば、セクション２とセクション３が同じ箱の展示室（展示室７）の中に混在していた。またセクション４は、二つの箱の展示室（展示室８と展示室９と展示室10）へとまたがっていた。セクション４について言えば、一つの箱の展示室の中で間仕切りがあり、展示室９と展示室10とが分けられていたのも、かなり違和感がある。

これでは見る人は、相当に混乱する。実際、私は、この展示手法には、現場でかなり混乱させられた。この話は、「現場の案内人」の方に聞いても、まるで同じ答えであった。彼らによると、「自分たちも、来館者に説明する際に、かなり混乱しています」と正直に言っていたからである。これらは、展示部屋の大きさと、展示品の数とが、全く釣りあっていない理由による。それは、ＳＡＮＡＡの『金沢21世紀美術館』が、円の中に小さなギャラリーのようなボックスを、何個か強引に包むものになっているためである。

西沢立衛の『美術館をめぐる対話』の中で、妹島和世は『金沢21世紀美術館』について、こう話している。

「金沢の場合も、例えばひとつのテーマで展示室をぜんぶ使ったひとつの美術館としての使い方もできるし、テーマごとに分かれた美術館がいっぱいあるという使い方もできる、いろいろな展覧会を、金沢の町の雰囲気のなかでやることができます」[*54]。

妹島和世は、ここでは「ひとつのテーマ」にも、また「テーマごと」にも対応ができると言っている。しかし『金沢21世紀美術館』のように、部屋ごとに空間を壁で仕切られてしまうと、展示の柔軟性は著しく損われる。それならば、オープンなワンルームの空間を、可動間仕切りで仕切った方が、妹島の言う「ひとつのテーマで展示室をぜんぶ使ったひとつの美術館としての使い方もできるし、テーマごとに分かれた美術館がいっぱいあるという使い方もできる」というポリシーに、よく見合っているはずである。

SANAAやキュレーターの考案した展示スタイルは、確かに個性的ではある。だが、普通の人には、かなり使いにくく、観覧しにくい美術館だというのも、また事実なのである。

金沢21世紀美術館のホームページによると、「作品収集方針」として、「1．1980年代以降に制作された新しい価値感を提案する作品」と「2．1．の価値感に大きな影響を与えた1900年以降の歴史的参照点となる作品」、「3．金沢にゆかりの作家による新たな創造性に富む作品」ということなのだが、もともと、現代美術にいたずらに焦点を当てるスタンスが、全体に悪く作用しているようである。

また、美術館の全体が円盤であるために、正面がなく、ヒエラルキーがないのが売り物のようだが、この美術館の白い空間の中にいると、いったい自分がいまどの位置にいるのか、方向性を見失う。自分がいま美術館の中のどこにいるのか、わからなくなるのである。こういう話だけ聞いていると、実にユニークな美術館に思えるかもしれない。だが、すでに書いた通り、方向感覚がかなり麻痺するので、展示経路を悪戯に迷うことになりかねない。それに、実際の火災時や地震時などの緊急避難の際に、来館者が自分がいったいどちらの方角に逃げれば安全なのか、混乱することが大いに予想される。

たとえばミゲルーの展覧会のテーマは、戦後日本建築史という一つだけであった。だが、この美術館のように部屋ごとに空間の大きさを規定してしまい、それを壁でしっかりと区切ってしまうと、展示物を部屋単位で、セクションごとに分けることができず、来館者にわかりやすく見せることが、ほとんどできていなかった。

簡単に言えば、美術館として、デザイン偏重主義をよしとするのなら確かにユニークではあるが、妹島和世らのこの建築は、もしそうではないのなら、実に使いにくいのである。そもそも、なぜ、このような円盤と正方形の部屋と、それに異様に細い柱が求められる必要性があるのか？

その理由は、実に、はっきりとしているのである。ここには美術館の形態の斬新さと、デザイナーの知名度で、美術館を地域のブランドに仕立て上げようとする意図が、はじめから存在しているからである。そしてこれを観光名所にして、地方に人を集客しようとする意図が、最初から実に「したたかに」存在しているのである。これらの方針は、決して美術館としての新しい現象ではない。同じSANAAによる、フランスの『ルーヴル・ランス美術館』も含めて、肝心の展示物よりも、こうしたブランド建築で売り出そうとするのが、昨今の世界の美術館関係者の、基本的な方針だからである。

二〇一五年三月一七日に、滋賀県の『新生美術館』のコンペティションの結果が決定した。敷地は大津市の「びわこ文化公園」の一角である。二〇一八年から二〇一九年までのオープンを予定している。選定された設計者は、ここでもSANAAであった。滋賀県のホームページによると、「これまでの近代・現代美術に加えて、滋賀が誇る仏教美術や、国内外で注目されつつあるアール・ブリュットも含め、過去から現在までの多様な滋賀の美の資産を引き継ぎ、その魅力を県内外に発信する「美の滋賀」の拠点として機能を発揮できる」施設を目指しているという。[*55]

しかし結局は、この『新生美術館』でも、その考え方の根本は金沢21世紀美術館のケースとまるで同じなのである。「使命」の三番目に「美の資源が持つ可能性を最大限に活かして、まちづくりや観光、産業、福祉などの幅広い分野への波及効果を生み出し創造的で活力ある地域社会を実現します」とある。つまり、『新生美術館』でも、美術館を観光の起爆剤にしようと企んでいるのである。

長谷川祐子はその著書『キュレーション』の中で、「私は一九九九年から二〇〇六年まで金沢21世紀美術館の立ち上げに関わった。〔……〕私を含むキュレーターのチームと市の担当者、SANAAは建物とその中で起こる出来事として潜在的な可能性をすべて含んだ、多層な建築プログラムについて議論しながらプロジェクトを進めていった」と書いている。同書の長谷川祐子の経歴には「金沢21世紀美術館学芸課長及び芸術監督」ともある。[*56]

二〇一五年四月一日の朝日新聞の夕刊の文化欄には、「軽く明るい開かれた美術館」と題されて、SANAAによる『新生美術館』のことが大きく紹介されていた。そして同じ紙面によれば、「長谷川氏は現在、滋賀県が整備を進める「新生美術館」の担当として、同県の顧問も務めている」と書いてあった。つまり、確かにコンペティションがあったとは言え、『金沢21世紀美術館』と『新生美術館』の二つの設計者が共にSANAAであり、かつ、そこに同じ長谷川祐子が、むろん偶然だとは言え、結果的に深く関与している事実が、ここから、よくわかるのである。[*57]

SANAAの新作の『ルーヴル・ランス美術館』も、炭鉱町を観光地として立て直す起爆剤として、美術館が核となった。このように有名建築家による美術館は、いまや単なる美術を展示する場なのではなく、美術館という名前の、商業的な宣伝媒体になっている。これらのことは、単なる私の空想ではない。世界的なブランド建築家による奇抜な美術館建築が、実際に、いま世界中につくられているからである。

P・D・スミスはその著書『都市の誕生』の中で、これらの現象をめぐって、スペインのビルバオを例証に取り上げて論じている。

「今日、都市再生計画の一環として博物館や美術館が建設される例は多い。よく知られているのはスペインのビルバオである。一九九七年、アメリカの建築家フランク・ゲーリーの設計によって建設された近現代美術の専門美術館、グッゲンハイム美術館がチタン板に覆われた堂々たるそのすがたをお披露目すると、それまで重工業と港湾の町として知られていたビルバオに海外から大勢の観光客が集まるようになった。グローバル化が進みつつある時代に、世界を舞台に競争をくりひろげる都市には、世間の耳目を集める建築開発がきわめて重要である。その都市の象徴になるような「シグネチャー」建築物は、少なくとも開業したときには、海外でも新聞記事の種になる」。

スミスはここで、「「シグネチャー」建築物」という言い方をしている。だが、この言葉は「アイコン的建築物」と、全く同じ意味である。さらに、彼は同じ本でこう続けて書いている。「「ビルバオ効果」を再現するために、さまざまな都市が「スター建築家」を招き、はっとするほど斬新な博物館などの文化施設の設計を依頼している」と。

つまり「ビルバオ効果」においても重要なのは、金沢の『ジャパン・アーキテクツ1945-2010』展や『3・11以後の建築』展の場合と同じように、「スター建築家」の存在なのである。さらにスミスは、「ビルバオ効果」に露骨にあやかろうとする新しい例証として——これはかなり大規模な例ではあるが、しかし現在の美術館の世界的な政治学という意味では全く同根の——アラブ首長国連邦の都市アブダビを例に挙げ、こう論じている。

「アラブ首長国連邦の都市アブダビにグッゲンハイム・アブダビという美術館が建設される。それは都市再生計画ではなく、高質な文化の発信地としてこの都市をブランド化する試みである。フランク・ゲーリーが設計を手がけたこの美術館は、アブダビ沖の無人島サディヤット島につくられる。文化の中心地をこの美術館として、観光地および居住地として開発されるこの島には、高級ホテル、ゴルフ場、博物館、劇場、公園なども建設避ける予定で、その費用は二七〇億ドルである。二〇一八年に完成したあかつきには、年間一五〇万人の観光客を呼ぶことを期待されている。今後、ルーブル・アブダビ（ジャン・ヌーヴェルが設計を担当する）、シェイク・ザーイド国立博物館（ノーマン・フォスター設計）、パフォーミング・アーツ・センター（ザハ・ハディド設計）、海洋博物館（安藤忠雄設計）などが続々と竣工する。グッゲンハイム・アブダビ（二〇一七年開館予定）は世界のグッゲンハイム美術館のなかでも最大で、展示スペースは一万三〇〇〇平方メートルとなる。この美術館の獲得予算は「可能性としては無限である[*58]」」。

こうして「ビルバオ」でのフランク・ゲーリーの大躍進劇に、アブダビでは、ジャン・ヌーヴェル、ノーマン・フォスター、ザハ・ハディド、それに安藤忠雄が続こうとしている。SANAAも、いまや、こうした世界的なスター建築家の例外ではない。そしてグッゲンハイムだけでなく、いまや「ルーヴル」という名前までが、アブダビで「ブランド」になっている。有名な美術館は、自らのロゴを、大量生産する。現在とは、そういう時代なのである。

エリック・ホブズボームも『破断の時代』で、スペインのバスク地方のゲーリーのビルバオについて、こう発言している。

「今日うまくいっている芸術の第二の分野は建築であり、その傾向は二一世紀にも継続するであろう。それは、人間というものが住まいなしには生きられないからである。絵画が贅沢品であるのに対し、家は必需品である。建築の場、方法、素材、スタイルは変わり、建築家、技術者、コンピュータなど、建物を設計し建築する主体もおそらく変化していくであろうが、建物を建てる必要性が変ることはない。実際のところ、二〇世紀のあいだに、建築家、特に巨大な公共建築の建築家は芸術界の支配者になったとすら言うことができる。彼――建築家は普通まだ男性である――は、富と権力の拡大欲や、ナショナリズムの拡張欲にもっとも適した表現、つまりもっとも高価で印象的な表現を見出すのである（たとえばバスク地方は、ナショナルなシンボルを生むために国際的なスターに依頼し、ビルバオに特異な形の美術館を作った。この美術館はいま一つのナショナル・シンボルであるピカソの『ゲルニカ』を収蔵することになるだろうが、ピカソはそれをバスクの地域芸術の例として描いたわけではなかった）」。

ホブズボームは同じ本の中で、続けて、ビルバオの成功を、このように書いている。

「他の先進国のほとんどでは、芸術は公の援助を求める歴史的権利を保持している。文化を求めるツーリズムが爆発的に広がっている状況のもと、芸術はいま、財政のひもを緩める国家的・地域的資産として政治家に自らを売り込むこともできるようになっている。最近、スペインのバルセロナとビルバオはこうした試みに劇的な形で成功をおさめた。こうして、文化は、政府や政治家が見識を持つ対象、公の名誉を与える対象、お金――納税者のお金ではないことが望まれるが――をつぎ込む用意がある対象であり続けているのである」。

美術より美術館建築の方が重要視されるブランドの時代を、ホブズボームは、こう述べている。

「デヴィッド・ホックニーとデイミアン・ハーストが美術館の増設を求めたのは最近のことであるが、いったいどのような根拠に基づいて、美術館建設を他の公共施設の建設よりも優先して要求できるのだろうか。ビルバオ美術館とリベスキンドの作品によって、新しい美術館の魅力がその収蔵物よりも建物それ自体にあることが示されたいま、この問いは特に重要である」[*59]。

ジャック・ラングは『ルーヴル美術館の闘い』の中で、その「ブランド」としての「ルーヴル」を否定している。だが、実際にフランス国内だけでなく、世界中にいまや「ルーヴル」というロゴマークがばら撒かれているのは、歴然たる事実である。

実際、ジャック・ラングは同じ『ルーヴル美術館の闘い』の中で、アブダビの『ユニヴァーサル・ミュージアム』について、こう書いている。二〇〇六年に、フランス文化相ルノー・ドヌディユー・ドゥ・ヴァブルとルーヴル美術館館長のアンリ・ロワレット、それにフランス美術館総局長フランシーヌ・マリアニ＝デュクレーが、アラブ首長国を訪問した。このプロジェクトは、「高額の財政的合意と引き換えに、三〇年間ルーヴルの名を冠した美術館を創るというものである」。アラブ首長国側は「ルーヴルは美術館のコンセプトや管理のノウハウに参加」する。そして「このアラブ首長国の美術館が独自のコレクションをもつまではルーヴルにある三〇〇点の作品をそこに委託することになる」。

ジャック・ラングは、「アブダビ首長国とルーヴル美術館との契約終了時に、ルーヴルのロゴマーク使用料としてルーヴルに四億ユーロが支払われるであろう」と、この契約の内容を正直に告白している[*60]。

しかし、ルーヴル「美術館」は、元々は王の「宮殿」であった。宮殿にあったのは、王の「コレクション」であった。その「宮殿」が、フランス革命によって「美術館」へと、大きく変貌した。「宮殿」が「美術館」になるということは、ただの趣味的な変容なのではない。これこそが「革命」なのである。秘匿的な王の「コレクション」が、「革命」によって「公共性」を獲得し、国民の財産となり、一般市民がいつでも観覧できる国家の「展示品」となった。それを、これらは意味している。これにより芸術は、教会から国家へと、その権力の磁場を大きく移動した。教会の「礼拝品」が国家の「展示品」となった。

吉荒夕記は『美術館とナショナル・アイデンティティ』の中で、こう書いている。

「フランス革命とルーヴル美術館の誕生ほど、「美術館」というシステムと「国民」という概念が結びついた経緯をダイナミックに示す例は、ほかにないだろう」。

またルーヴル宮殿の一般公開の意味について、多木浩二は『「もの」の詩学』の中で、こう述べている。

「一八世紀までのすべてのコレクションは私的な財産であった。特別な人間が特定の日に見ることは許されていたが、その程度では公共性がえられたとはいえない。またコレクションの所有と威信の結びつきもそう簡単に壊れるものではなかった。それどころか（フランスでいえば）一八世紀に増えてくる法服貴族や大ブルジョワジーなどの新興の「貴族《ノーブル》」が競ってコレクションに熱中するのは、明らかにステータス・シンボルを得んがためであった。それだけにルーヴルの公開は啓蒙的近代を象徴する「政治的」な出来事だったわけである」。

さらにキャロル・ダンカンは『美術館という幻想』の中で、革命とルーヴルの関係を、こう述べている。

「美術館として公開された王室コレクションの第一号がルーヴルだ、というわけではないが、その変容はもっとも重要で、またもっとも大きな影響を与えた。一七九三年、革命政権下のフランス政府は、新しい共和制国家の誕生を劇的に謳い上げる機会を逃すまいとして国王の美術コレクションを国有化し、ルーヴルが公共の施設であることを宣言した。かつて王宮であったルーヴルは、今や民衆のための美術館として再編され、あらゆる人に無料で公開されることになった。かくして、それは旧体制《アンシャン・レジーム》と新秩序の勃興を表す明快なシンボルとなったのである」[*61]。

本来は、王の「宮殿」だった建物が、「革命」という大義のために、一八世紀末に「美術館」へ変貌した。しかし、いまや肝心の「革命」の大義は、すっかりと消えている。「革命」の代わりに、高度な資本主義が、「美術館」の動向を完全に包囲してしまっているからである。資本が国家を乗り越えている。すると、吉荒の言うような「フランス革命とルーヴル美術館の誕生ほど、「美術館」というシステムと「国民」という概念が結びついた経緯をダイナミックに示す例は、ほかにないだろう」という当初の目的は、すっかりと消え去っているわけである。

革命によって、宗教の優位性が現実レベルで否定され、そして政教分離が起きて、絵画や彫刻は「展示品」となった。しかし、いまやそれは「展示品」でなく、ただの「商品」になり下がっている。ルーヴル美術館までが、その生き残りをかけて「ブランド」になろうとしている。つまり、ルーヴル美術館までが、ただの「企業」になりつつある。

辛美沙は『アート・インダストリー』の中で、この美術館の現状を、実に明快に述べている。

「美術館はどうだろう。歴史的に非営利組織というものは、その社会においてある使命を持っているものだ。つまり、我々を癒し、教育し、学ばせ、楽しませるというようなミッションを持って活動し、それを享受するのは我々の権利であるはずだ。非営利で運営されているからこそ、パブリックであれプライベートであれ、美術館のような第三セクターにはある種の信頼というものがあった。アートワールドのプレイヤーとしては、美術館は格付け機関として作品の価値を保障する機能があった。世界的なコレクターともなると購入した作品を美術館に寄贈し、美術館はその価値をほぼ永続的に守る役割がある。しかし、美術館という制度において、営利と非営利の境界はかぎりなくあいまいになり、一度殿堂入りしたコレクションは必要とあればオークションに出すこともいとわない。さらに、ファンドレイジングのプレッシャーは美術館館長に重くのしかかり、ヘッドファンド長者をボードメンバーに据え、新しい作品の購入だの、増改築工事だのに忙しい。しかし、もっとパワフルなコレクターは有名美術館をサポートしてそこに名前なんか残さなくとも、単純に自分の美術館をオープンすればよいのだ。巨万のバジェットをもち、好きなときにプライベートジェットで世界中にショッピングにでかけるようなコレクターと対等になれる美術館がいったいいくつあるだろうか。建物がセレブリティー建築家のデザインであれば、もっとインパクトがあるというものだ[*62]。

辛美沙によれば、まさに「ファンドレイジングのプレッシャーは美術館館長に重くのしかかり、ヘッドファンド長者をボードメンバーに据え、新しい作品の購入だの、増改築工事だのに忙しい」。そのため、ルーヴルでさえ増築し、改修し、さらに、いまや地方のランスへと拡張して、さらにその足場を、遠く海外にも展開している。

このような事態は、すでに述べたように一九七〇年から見えはじめていたのだが、一九八九年のベルリンの壁の崩壊と一九九一年のソ連邦の解体、つまり米ソ冷戦後に、決定的なものとなる。西谷修は『〈テロル〉との戦争』で、こう書いている。

「冷戦後の世界の基本的な与件は、イデオロギーが作っていた壁が崩壊し、グローバルな市場空間が開かれたことと、そこにアメリカが唯一の超大国として残ったということだった」。

その上で、西谷は、同じ本の中で、このグローバリズムの意味を明晰に説明している。

「この与件のもとで経済のグローバル化が進行する。グローバル化についてはさまざまな語り方があるが、基本的にはそれは経済的なものだと言うことができる。というのは、政治も文化も個別的な枠を作り出すが、経済はあらゆるものの質的な差異を解消して共通の量的指標に還元したところに見出されるエレメントであり、だからこそ普遍化される適性をもち、あらゆる障壁を透過して拡がってゆく。ポリティクス（政治）はポリス（国家）という制度的共同体における営みであり、あるまとまり（単位）を作り出す。また文化は、それを培う言語や生活習慣に規定されて固有なものを編みあげる。だが経済は、つまるところ人が生きてゆくという生存の次元にじかに結びついた営みであって、そこでは個別化するファクターは二次的なものである。だからこそこの営みは人間世界の活動の普遍的次元たりうるのであり、経済の組織化はあらゆる差異を超えて可能になる。いわゆる宗教と呼ばれるものも、近代の政治も文化も、世界を個別的なものの枠で分割したが、経済はその枠を超えて世界に浸透する。だからこそグローバル化は、政治からの脱却によって加速化され、その桎梏を解いて経済的な次元を世界の前面に押し出すことになったのである[*63]」。

より端的に言えば、これは辛美沙が『アート・インダストリー』で、「値段でジャッジすることは資本主義の基本である。そして数字は世界の共通言語である」というのと、全く同義の事態である。コストがどうのこうのとか、マーケティングがとか、お前は経営のことをまるで考えていないとか、最近になって、とりわけ、この種の発言を、よく耳にするはずである。私たちの暮す社会が、何より、お金が物を言う不寛容な場所になったからである。経済の事だけを心配していれば、あとは思考停止で構わない。ここには、もはや倫理の欠片すら存在しない社会である。

『THE CURATOR' S HANDBOOK 美術館、ギャラリー、インディペンデント・スペースでの展覧会のつくり方』の中で、エイドリアン・ジョージが「評価／来場者調査」の項目で堂々と書いている次の文を読むと、すでに美術館とは企業との運命共同体となっている事実が、嫌でも浮かび上がってくる。

「コマーシャル・ギャラリーを含め、ほぼすべての展覧会場で日々の来場者数が記録されている。いかなる企画や展覧会であっても、どれくらいの人が足を運んでくれたかということを把握しておくことが重要である。こうした情報は、将来的なプログラムの方向づけやマーケティング部門がどれほど成功しているのかの判断材料となり、またスポンサーとの今後の議論を具体化するうえでも有益である。たとえば、1人の来場者があったとする実例をキュレーターが示すことができれば、企業にとっては、ターゲットを絞った大勢の観客に対して自社や商品を宣伝するにはうってつけの場所ということになるだろう」[*64]。

簡単に言うと、コンビニで商品を売る行為と、芸術を展示する行為とが、ほぼ同じレベルになっているのである。あるいは、テレビの視聴率競争と同一化している。コンビニやテレビだけでなく、美術館も、いまやより売れる商品を常にチェックして、それを優先的に紹介していくのである。そうでないと、高額の支払いをするスポンサーがつかないからである。突き詰めれば、いま芸術に求められているのは、やはり「ブランド価値」なのである。

むろん、SANAAの『金沢21世紀美術館』に投じられた資本の規模は、アラブ首長国連邦のルーヴル美術館と較べれば少額の部類に入る。だが、その中核に潜む政治学は、ルーヴルの場合と全く同じ種類のものなのである。そこには共通して、如何にして来館者たちがお金を落としていくか、その集客力やマーケティングばかりに、美術館関係者が執拗に気を取られているからである。

たとえば金沢21世紀美術館の初代館長の蓑豊が、その著書『超〈集客力〉革命――人気美術館が知っているお客の呼び方』の中で書いている、次のような極めて「下品」な物言いは、その決定的な証拠品になるだろう。

「日本でも、私が初代館長を務めた金沢21世紀美術館は年間130万人の来館者を集め、地方の市立美術館としては異例の成功を収めた。[……]それまで、日本では「現代美術の展覧会に客は来ない」と言われていた。ましてや、現代美術をメインにした美術館が成功するはずがない、と言われていたのだ。[……]しかし、金沢21世紀美術館が開館すると、観光客たちは美術館に寄るついでに街を歩き、買い物をし、ご飯を食べることを自然に楽しむことができた。郊外にある美術館はツアーバスが止まるだけで去っていくが、街の中心にあるため、観光客が自分の足で金沢の街を楽しむことができたのだ。そのおかげで、金沢21世紀美術館は日経MJが選ぶ「2005年ヒット商品番付」では東前頭に入った。ちなみにこの年の東の横綱はiPod&iTunes Music Storeだった（西の横綱はなし）。[……]地方にある美術館が数あるヒット商品と並んで番付に入ったのはきわめて異例なことだ。さらに、ルーヴル美術館の館長が視察にくるほど、世界的にも注目される美術館となった」。[*65]

また『金沢21世紀美術館』の中にある「市民ギャラリー」の意味は、蓑豊の考えでは、そのネーミングとは異なって、市民のためのものではないのである。蓑豊は『超・美術館革命――金沢21世紀美術館の挑戦』の中で、次のように書いているからである。

「その次に何を考えたか。美術館が提供する「市民ギャラリー」。一階と地下の千四百平方メートルの広さのスペースを、貸しギャラリーにした。ここでは、例えば新聞社主催の印象派の展覧会やアンコールワット展などをやれる。うちは資料をもらうだけだが、それだけで終わらないのがミソだ。市民ギャラリーに来たお客様は、せっかく来たのだから美術館主催の展覧会にも行こうと、うちにも入場してくれる。これで人がどんどん増えていく」。

さらに蓑豊は『超・美術館革命』の中では、コンベンションについても、言及している。

「さらにもうひとつ考えたのが、コンベンションだ。千四百平方メートルあるので、そこを分けていろんなブースを作れば、いろんなコンベンションが出来る。美術館でコンベンションをやると、非常に雰囲気がいいのだ。そして、コンベンションの参加者の多くが金沢21世紀美術館にも入ってくれる[*66]」。

すると金沢21世紀美術館で託児室を設けたり、キッズスタジオをつくったり、アートライブラリーを置いたりしているのも、全てが「集客」のために思えてくる。市民の税金でつくられている公共美術館なのに、完全に経営が主体で考えられている。言い換えると、いかにして公共美術館で儲けるか、それが議題の中心部に君臨しているのだ。

こうして美術館というものの本来の意味が、ますます薄れてきている。きちんとしたかたちで展示品を楽しみたい普通の人達のことを、公共美術館の責任者が、まるで考えていない。お金儲けや有名になることばかりに、あるいは美術館としての金銭的な成功ばかりに熱心である。つまり、ここにあるのは資本社会の「下品な俗物趣味」だけなのである。

磯崎新は『日本建築思想史』の中で、このSANAAの『金沢21世紀美術館』を取り上げて、次のように発言している。

「その前史として、近代国家がみずからの代理表象をする建築=制度としての美術館がつくりだされたことに注目してください。二〇世紀に入ると、アート作品が移動すること、個人のアパートに置くことがふつうになる。それが近代美術館としての都市の文化的な施設に練り込まれる。それが美術館建築というビルディング・タイプです。この美術館という制度に対する建築的な解を単なるオブジェクトの展示ではなく空間として見ることを建築の理念として考えようとしました。「金沢21世紀美術館」はおなじような建築理念をもっていますが、タイトな美術館という制度を都市の中に「溶解」させることをやっています。商業的なものまでが取り巻いているわけです。SANAAの意図というより、そういうシチュエーションができあがったことが、あの建物が成功した理由のひとつだと思います」。

ここで磯崎新が言う「商業的なものまでが取り巻いている」というのが、蓑豊が豪語している「下品な俗物趣味」のことである。したがって、磯崎が「SANAAの意図というより、そういうシチュエーションができあがったことが、あの建物が成功した理由のひとつだと思います」と発言して、『金沢21世紀美術館』を前向きに評価するということは、磯崎新もまた、論理的に言って、蓑豊のように資本社会の「下品な俗物趣味」を前向きに認めている、という話になるだろう。

2
近代の「起源」

『ジャパン・アーキテクツ1945-2010』展におけるフレデリック・ミゲルーの最大の展示コンセプトは、「起源」についての考え方であった。ミゲルーは、西洋の近代建築の起源は「ルネサンス」であり、その一つだけであるが、日本の近現代建築の場合は、「起源」は一つではない、その「起源」は複数ある、と明快に主張している。本書では、これを単に近現代建築と限定しないで、近代の「起源」と広げて考えて見ることにする。

「起源」とは何か？ それは、ありていに言えば「origin」のことである。レイモンド・ウィリアムズの『完訳 キーワード辞典』には「origin」という項目はない。だが、「originality オリジナリティ・独創性」という項目はある。そこには、次のように書いてある。

「originality はどちらかといえば近代的な語である。広く英語で使われるようになったのは一八世紀末のことである。言うまでもないが、この語は original という語のある特定の意味にもとづいたものであり、その original は originn（前形はフランス語の *origine*、さらにラテン語 *originem*（興隆、始まり、源）へとさかのぼり、語源はラテン語の *oriri*（発生する））とともに一四世紀に英語に入ってきた。初期の用法では origine の意味はおしなべて静的であり、時のなかにある時点のことをさしたり、その後の事柄や状況の発生源となる力や人間のことをさしていた。けれどもorigineが「起源」という本来の回顧的な意味をそのまま持っていたのに対し、originalのほうはそのほかの意味を発展させたために、早くからあったoriginal sin（原罪）、original law（原始法）、original text（原典）に加えて、「（複製とは区別された）芸術作品の産物」という意味、および「他人と違う変わった（singular）人」という意味が入ってきた（ただし「変わっていること（singularity）」と「独自であること（originality）」は、最終的には決定的に区別されることになる）[*67]。

このように、「起源」とは「はじまり」のことである。だとすれば、それが西洋のものだろうが日本のものだろうが、論理的に言って、「起源」が複数あるはずがない。どのようなものの「はじまり」であろうが、その「起源」は普通に考えて、一つだけのはずだからである。

それでは、いったいどういう意味で、フレデリック・ミゲルーは、日本には近代の「起源」は複数ある、と主張しているのだろうか？

大西若人が、朝日新聞の文化欄の紙面で、次のように書いているのは、すでに引用した通りである。肝心な点なので、この重要な論旨の整理のために、もう一度だけ、当該箇所を引用しておく。

「ミゲルー副館長が感じたのは、「日本の現代建築は起源や伝統を何度も発見、再構築している」ということだった。西欧のモダニズム建築を学びつつ、焼け跡のみならず、伊勢神宮や桂離宮、縄文や弥生などの起源に言及して繰り返し理論立てられる。建物も理論も次々に更新されることで、活力が生まれるという見立てだろう」。

またミゲルー自身は「日本建築の来るべきアイデンティティ」という小論の中で、こう言っていた。これも重要な箇所なので、もう一度だけ引用しておく。
「日本建築はこのように起源を繰り返し創出するうちに、伝統を無理にでも再構築しつつモダニティをたゆみなく吸収するという矛盾を抱えたまま、その歴史を確立していったのではないか」。

この日本の近代の「起源」は複数ある、という意見は、大きく構えると、日本に対する二つの論点から来ていると思われる。一つは日本では、論者によって、これまでに複数の近現代建築の「起源」が唱えられてきた経緯がある点である。もう一つは、それに絡んで日本建築の深層部分には、「循環という理念」がある点である。この二つの点において、ミゲルーは日本と西洋とを、別のものとして区分けしようとしているように見える。

まずは後者の「循環という理念」から、考察してみよう。たとえば、西洋の建築は、「永遠性」を基軸として展開してきた。建築をその「起源」から、つまり出来る限り、その当時に出来た状態のままで、未来へ手渡したいという願望である。それが西洋の建築の構造的な基底理念としてある。だから、西洋では、いったいその建築が、何百年、何千年、当時の形と材料のままで建っているのか――それにより、その建築の持っている文化的価値を決定するところがある。

たとえば紀元前四三二年に完成したパルテノン神殿は、いくら、それが一六八七年の戦争などで大破壊されているとしても、現状は、一六八七年の破壊の前の状態に、限りなく近いものに修復されている。つまり、限りなくオリジナルに近い状態に保存されている。それはなぜなのかと言えば、西洋人にとってパルテノン神殿は、この世界に一つしか存在していないからである。またそれが、オリジナルでなければ、意味がないからである。これは、西洋では建築の「起源」が、たった一つしか存在しないという主張と、まさに見事に一致している。

しかしこの西洋の主張に較べて、日本では歴史的に見ると、建築の価値が、必ずしも建築それ自体のオリジナルであるかどうかで決定されない。つまり永遠性ではなく、日本には、その「変化」を許してきた文化的な背景があるのだ。これはギリシアのパルテノン神殿の歴史と、日本の伊勢神宮の遷宮とを比較してみれば、すぐに肯ける話である。パルテノン神殿は、いま述べたように、あくまでも、それがオリジナルか否かに固執する。最初に使われた素材を変えたら、それは、もうオリジナルのパルテノン神殿ではない。何の価値もなくなるのだ。それに対して伊勢神宮は、このパルテノンの永遠性とは異なって、二〇年に一度、その建物を全く新しい素材で、ただし、かたちは出来る限り元のままに、つくり直してしまうのである。

つまり伊勢神宮には、パルテノン神殿のような意味での、オリジナルがすでにこの世に存在していないのである。言い換えると、伊勢神宮は式年遷宮により、オリジナル＝起源を、二〇年ごとに壊しつつ、また新しいオリジナル＝起源を、その都度に、新たに生み出すのである。

これを伊勢神宮は、二〇年に一度だけ「ゼロ」へと帰還する、と言い換えてもいいだろう。あるいはこれを、二〇年ごとに「伊勢神宮」は、初源の「伊勢神宮」へ「回帰」すると言っても構わない。あるいはもっと単純に、これを「循環」する、と言ってもいい。

このことはおそらく、日本文化が「自然」のサイクルに自らを委ねることに、その基礎を置いてきたことと大きく関係していると思われる。それを指し示すように、西洋が自然に委ねるのではなく、あくまでもそれに抗い、自然を出来る限り制御しようとしてきたのに対し、日本では自然に決して抗わず、それに順応して生きて来た歴史がある。これをもって、日本文化はある部分では、自然のサイクルとよく似た「循環という理念」を基礎とする考えを持つ、と言っていいだろう。

パルテノンと伊勢神宮との比較、あるいは、このような伊勢神宮の特異な性格については、これまで多くの論者によって、しばしば言及されてきた。

たとえば磯崎新は『ジャパン・アーキテクツ1945-2010』展の公式カタログに寄稿した「「わ」空間の建築家」の中で、まず、西洋の水平的時間と東洋の垂直的時間について書いている。

「九鬼周造は『時間の観念と東洋における時間の反復』(“La Notion du Temps et la reprise sur le Temps en Orient”)という論文において、時間は意志的なものであると定義した上で、東洋のそれは回帰的(輪廻)であると言っている。ハイデガーの現象学的存在論的時間が水平であるのに対して、それは無限の深さを持った現在が集積したもので、神秘的な垂直性を持っている。おそらくこれに農業的または神祇的時間としての周期性の枠組みが加わって、常に同一の時間へと回帰する概念が生まれたという」。

磯崎新は同じ「「わ」空間の建築家」の中で、この水平性と垂直性を、パルテノン神殿と伊勢神宮に当てはめてみせている。

「九鬼周造が整理した西欧の水平的で継続性を持つ時間と、東洋の垂直的で回帰性を持つ時間を、記念碑を石造でつくった西欧と木造でそれをつくった日本における永遠の観念を比較すると、その差が明らかに見える。アクロポリスとイセを比較すればよい。前者は風化し廃墟になったとしても、初源の石材そのものを保存する。後者は初源の模像を繰り返しながら、初めに使われた木材はいさぎよく廃棄している。崩れても原初のままであることが同一性の基準になっているのに対して、模像であっても、同形を保持していればそれが同一性と認定される。時間が回帰するという観念があって初めてそのように言うことができる」。

また三島由紀夫は『文化防衛論』の中で、日本文化をオリジナルとコピーの同一性という視点によって示している。

「第二に、日本文化は、本来オリジナルとコピーの弁別を持たぬことである。西欧ではものとしての文化は主として石で作られているが、日本のそれは木で作られている。オリジナルの破壊は二度とよみがえらぬ最終的破壊であり、ものとしての文化はここに廃絶するから、パリはそのようにして敵に明け渡された。[……]ものとしての文化への固執が比較的稀薄であり、消失を本質とする行動様式への文化形式の移管が特色的であるのは、こうした材質の関係も一つの理由であろう。そこではオリジナルの廃滅が絶対的廃滅でないばかりか、オリジナルとコピーの間の決定的な価値の落差が生じないのである」。

その上で、三島は同じ本の中で、伊勢神宮の式年遷宮の、オリジナルとコピーの同一性を指摘している。

「このもっとも端的な例を伊勢神宮の造営に見ることが出来る。持統帝以来五十九回に亙る二十年毎の遷宮造営は、いつも新たに建てられた伊勢神宮がオリジナルなのであって、オリジナルはその時点においてコピーにオリジナルの生命を託して滅びてゆき、コピー自体がオリジナルになるのである。大半をローマ時代のコピーにたよらざるをえぬギリシア古典期の彫刻の負うているハンディキャップと比べれば、伊勢神宮の式年造営の文化概念のユニークさは明らかであろう」[*68]。

さらに稲賀繁美は著書『絵画の臨界』で、伊勢神宮の式年遷宮について、アレクサンドル・コジェーヴを援用し、「歴史－後の（ポスト・ヒストリカルな）パラダイスたる日本」という観点から言及している。

「オリジナルなきシミュラークル」(simulacra sans original ジャン・ボードリヤール)として、二重螺旋のDNA遺伝子のように次々と世代を越えて継続的に複製された伊勢神宮は、「純粋なるスノビズム」(sunobisme pure)の支配する歴史-後の(ポスト・ヒストリカルな)パラダイスたる日本という意匠(アレクサンドル・コジェーヴ)にとって、まことにうってつけの自惚れ鏡ということになる。その起源以来(そして起源とは常に後世が遡及的に捏造するものだ)、何度かの断絶や空白期間を挟みつつも、おおむね二十年毎の儀式的かつ体系的な解体作業・抹消作業が継続されたという。このため、途中で何度か配置や様式に――生物学的な比喩を用いるなら、一種の突然変異によって――変更が加えられたものの、その唯一の志向対象(référent)のいかなる物質的な痕跡も、もはやその場には残されておらず、ただ、解体された建材は撒き散らされて、全国の社寺の部分として再利用(recycle)されてゆく。一点への凝縮ではなく逆に全国への拡散によって、見えざる支配を貫徹するこの負のコレクション網の成立、その二十年を単位とした時間的な反復や重畳――宮大工の技能を次の世代に伝える臨界条件――とともに、その中心的で「金座」と「米座」との間を往復しつつ、複製と自己抹消とを繰り返しつつ自転を続ける自己言及的な円環(self-referencial loop)」。[*69]

ミゲルーは、こうした伊勢神宮に顕著な日本の歴史事情――「循環という理念」――を勘案してなのか、この日本という国では、「起源」という概念を持ち出した時、その起源を「繰り返し創出する」ことに特性がある、と考えたのかもしれない。ただし、この日本文化の「循環」という見方は、少なくとも、明治維新以後の日本の近代においてはほとんど無効となっており、よってミゲルーの考え方は、彼の単純な「誤読」である。それでは、ミゲルーは、どのように日本の近代を誤読したのか? これについては、後の方で詳しく論じることにしよう。

今度は前者の方――、つまり、「起源」は複数ある、について、である。ミゲルーによれば日本の近現代建築は「起源を繰り返し創出するうちに、伝統を無理にでも再構築しつつモダニティをたゆみなく吸収するという矛盾を抱えたまま、その歴史を確立していった」。つまり日本建築の、とくに日本のモダニズムの特性は、これまで「伊勢神宮」や「桂離宮」、「縄文」や「弥生」、それに今回の「戦災」というように、複数の「起源」が、複数の論者によって提出されてきたことにある、というのである。

ただし、ミゲルーの言うように、日本の現代建築の「起源」が複数あるとするのなら、この金沢での実際の展示構成が、その「起源」が複数あるという展示コンセプトに正しく準じて構成されていなければいけない。つまり縄文、弥生、伊勢神宮、桂離宮、戦災というように、その「起源」が複数、繰り返し出現するという解釈を唱えるのならば、その考え方に基づいて、展覧会の構成は、時間的に複数化していたり、あるいは断片化していたり、バラバラなものになっていないとおかしいのである。論理的に考えてそうである。

しかし実際に『ジャパン・アーキテクツ１９４５－２０１０』展の展示構成は――これは現場ではっきりと確認した事実であるが――、断片的にも、複数的にもなっていなかった。それどころか、ここでの展示構成は、一九四五年をスタート地点にして、東日本大震災の前年の二〇一〇年で停止する、極めて時間系列的、直線的なものなのである。つまり、この展示は極めてリニアに進行していたのである。

ここでの展示それ自体は、繰り返すが年代順のリニアな形式なのであって、そのリニアな形式は、ミゲルーの言う、日本の近代の「起源」は複数だという展示コンセプトと大きく矛盾する。

仮に、ミゲルーの主張するように、日本の近代の「起源」が複数であるというのなら、何度も言うようだが、展示構成は、年代順のリニアな形式になるわけがない。少なくとも、今回のミゲルーのコンセプトの通りなら、展示構成は年代順、つまりリニアな形式には絶対にならない。むしろ、彼の実施したリニアな展示構成は、西洋における近代の「起源」はたった一つである、という考えの方を、積極的に描き出している。

まさか、複数の「起源」の中から、自分は、今回は「戦災」の一つを選択したのだから、ここではリニアな年代順になっている、との反論は、ミゲルーもしないであろう。それならば、はじめから日本の戦後建築の「起源」は複数なくて、「戦災」の一つだけである、とすればいいからである。

また仮りに、今回は「戦災」を一つの「起源」として設定し、一九四五年をスタート地点にしたとしても、一方で日本の建築の「起源」は複数あると唱えているのだから、一九五〇年代に弥生と縄文に至った時点で、何らかの展示構成の変化が起きていないとおかしい。

『ジャパン・アーキテクツ1945－2010』展では、「展示構成」と「展示コンセプト」とが、このように大きく矛盾している。『ジャパン・アーキテクツ1945－2010』展は、「展示構成」が正しいとなると、「展示コンセプト」が破綻していることになる。逆に「展示コンセプト」の方が正しいのなら、今度は「展示構成」が破綻していることになる。

このどちらになるにしても、結論は同じである。ミゲルーの企画『ジャパン・アーキテクツ1945－2010』展は――これは、とても考えられない話なのであるが――、展覧会そのものが、大きく論理矛盾したものとして開催されていたのである。

ところで、ここで提出された「起源」という主題は、歴史的に振り返ってみると、確かに「曖昧」などころがある。日本には「起源」という観念が、そもそも「不在」であるように思えるからである。簡単に言うと、それは日本の文化には「中心」がないという一部の見解と、どこかで関係している。

たとえばアレクサンドル・コジェーヴが『ヘーゲル読解入門』で言うような、「歴史の終末」が日本の特性だとする意見が、その一つである。コジェーヴは、それをこう書いている。

「私がこの点での意見を根本的に変えたのは、最近日本に旅行した（一九五九年）後である。そこで私はその種において唯一の社会を見ることができた。その種において唯一というのは、これが（農民であった秀吉により「封建制」が清算され、元々武士であったその後継者の家康により鎖国が構想され実現された後）ほとんど三百年の長きにわたって「歴史の終末」の期間の生活を、すなわちどのような内戦も対外的な戦争もない生活を経験した唯一の社会だからである」[*70]。

フレドリック・ジェイムソンは『ヘーゲル変奏』の中で、コジェーヴの『ヘーゲル読解入門』の執筆時期が、一九四七年にはじまった米ソの冷戦の時代だったことと、そのタイミングでコジェーヴが「歴史の終焉」と発言したこととの関係性を、このように説明している。

「実際、コジェーヴが『ヘーゲル読解入門』を執筆したのは、「長い冷戦」期においてでした。『入門』では、スターリンやドゴール、ヒトラーやフランクリン・ルーズベルトといったカリスマ的人物が極めて重要な役割を果たしていますし、この時期は戦後の終焉（あるいはポストモダンと晩期資本主義の始まり）によって一箇の終焉を迎えつつあったかに見えた時期でもありました」[*71]。

またジャック・デリダは『マルクスの亡霊たち』の中で、モスクワで生まれ、フランスで活動したアレクサンドル・コジェーヴの、日本への発言をかなり冷笑気味に書いている。

「この《注》の〈追記〉のなかで打ち明けているように、コジェーヴは一九五九年に日本におもむいている。（言語さえ話せず、ほとんど何も知らない遠方の国へ束の間の旅行をして帰り、断定的な判断をくだすという伝統もしくは「フランス人的特技」がある。ランソンが厚かましくも数週間のアメリカ旅行を拠り所にして発言したとき、すでにペギーはこの悪癖を冷かしていた。）ヨーロッパ共同体の高官として訪日した後で、コジェーヴは「ポスト歴史的」な日本文明は、「アメリカの道」とは対極的な道を歩んだと結論づけている。そして彼は、あの深遠で、きてれつで、滑稽而上学的な軽妙さでもって、その才をたしかに遺憾なく発揮しつつ、しかしまた彼のみが命名の全責任を負うべき軽妙さでもって、彼が当時、日本社会における文化的形式主義の「純粋状態のスノビズム」と命名したものにその進路の理由があると結論づけたのである[*72]」。

このコジェーヴの「ポスト歴史」の視点に繋がる発言は、なぜかフランス人に多いようであるが、その中でも、特に有名な例証がある。ロラン・バルトの『記号の国』である。

「ところがわたしが話題にしている都市（東京）は、つぎのような貴重な逆説を示している。たしかに東京にも中心はあるのだが、その中心は空虚だということである。立ち入り禁止になっているとともに、だれの関心も引くことのない場所――樹木の緑で隠され、お堀で守られて、けっして人目にふれることのない天皇が、つまり文字通り誰だかわからない人が住んでいる皇居――のまわりに、東京の都市全体が円をえがいて広がっている。毎日、タクシーが、弾丸が飛ぶように速く、精力的に、すばやい運転で、この円の中心を迂回して走ってゆく。中心の低い外形は、見えないものを目に見えるようにしたかたちであり、神聖なる「無」を内に秘めている。したがって、現代性という点でもっとも強いちからをもった二大都市のひとつが、城壁とお堀と屋根と樹木とからなる不可解な円環のまわりに築かれているのである。その中心自体はもはや消え去った概念にすぎなくなっているけれども、それで、なお中心が存在しているのは、なんらかの権力を発するためではない。都市の動き全体に、中心の空虚さという支えをあたえて、都市交通にかぎりない迂回を強いるためである。そのようにして、空虚な中心にそって紆余曲折がくりかえされて、想像的なものが円をえがくように広がってゆくのだという」[*73]。

訳者の石川美子によると、この論考を書いたロラン・バルトが、日本に来た経緯は、次のような事情によるものであった。

「ロラン・バルトがはじめて日本を訪れたのは、一九六六年五月のことだった。フランス政府派遣文化使節として一か月ほど日本に滞在し、東京や京都でいくどか講演をおこなっている。このとき彼は日本で目にしたものすべてに魅せられて、たちまち日本に「恋」をしたのだった。そして翌六七年の三月にも日本を訪れて一か月ほど滞在し、さらにおなじ年の十二月にも三度目の滞在をする。二年たらずのあいだに三か月間も日本ですごしたのである。日本での経験の成果は、六八年夏に最初のテクストとしてあらわれる。文楽について論じた「エクリチュールの教え」であった。だが、その後のバルトは、日本についての短いテクストを書くことは、やめてしまう。スキラ社から、日本についての本を書かないかという提案があったからである。彼は著作の執筆のほうに力をそそぐことになる。書きすすめながら、「まじりけのない、不安のない、快楽をおぼえた」という。そのようにして、大きな幸福感とともに生まれたのが、この『記号の国』なのである」[*74]。

またルイ＝ジャン・カルヴェは『ロラン・バルト伝』の中で、バルトの日本への愛着について、こう述べている。

「一九六六年五月、東京日仏学院長のモーリス・パンゲに招かれて、日本を訪れ、日本の首都で《物語の構造分析》のセミナーを開く。「日本は私がいまもなおお知りたいと思う稀な国の一つである」、と彼はすでにパンゲの招きに対して答えていた。そして、事実、彼は、滞在中、本当の熱狂ぶりを見せる。「来る日も来る日も、体験し、発見し、理解しなければならないあらゆることに惹きつけられ、刺激されて、彼の好奇心は尽きることを知らず、倦むことなく出会いを求め、とどまることなく逸話、あるいはむしろスナップ写真を集めた」、とモーリス・パンゲはのちに語っている。ここでもまた他の場合と同じように、バルトは言葉には少しも関心を示さず、自分が突き当たる言葉の壁に魅了される。そして彼はこの点について、一九七一年、『プロメス』誌のギー・スカルペッタのアンケートに答えて、こう説明している。「言葉のわからない国で生活すること、観光地以外の場所で広く生活することは、あらゆる冒険のなかでもっとも危険なものです（……）。新しいロビンソン・クルーソーを考え出さなければならないとしたら、私は彼を無人島には置かず、彼が話し言葉も書き言葉も理解できない、人口千二百万人の都市に置くでしょう。これこそロビンソン・クルーソーの神話の現代版であろうと思います[*75]」。

さらに、レム・コールハースの日本に対する関心にも、意外なことに、コジェーヴやバルトに近いものがあった。八束はじめは『メタボリズム・ネクサス』の中で、それについて、こう記している。

「90年代のはじめ、筆者との私的な会話の中で、オランダの建築家レム・コールハースは、彼が日本に関心をそそられるのは、それが「全く資本主義的であり、社会主義 - 資本主義のハイブリッドであるヨーロッパにはあるような、明白な社会的野望みたいなものが欠如していて、企業のヘゲモニーみたいなものが支配している」からだといった。彼がいうには、日本では「大きな不在があって、それが如何なる内容性をもほぼ体系的に回避しているというような失望感を与える。けれども、中味のないのにすごい建物が建っているというのはエクサイティングなことなんだよ。何のプログラムも、何の社会的野心もないにも関わらず」といった。これは、かつてロラン・バルトが行った東京の分析と平行的な分析である。もちろん、フランスの批評家が言っているのは物理的な非在であって、それを彼は、天皇家によって都市の中心に占有されている場所の「空虚」と性格づけているのだが、しかし、バルトは暗に社会的な規範、つまり日本のプレモダン文化における非実質性と空虚の存在にも言及していたのである。それに対してコールハースが言及したのは日本のポストモダン文化における非実質性と空虚の存在についてであった[*76]」。

つまり、アレクサンドル・コジェーヴにせよ、ロラン・バルトにせよ、レム・コールハースにせよ、これらの西洋人が口を揃えて言っているのは、どうやら、日本における「中心の不在」についてなのである。それを「歴史の終焉」とも、とりあえずは、言えるのであろうか？

この問題について、磯崎新は『始源のもどき』の中で、伊勢神宮の式年遷宮を取り上げ、さらに、本居宣長を参照して、こう書いている。

「長年繰り返された式年造替とは、すなわち始源のたび重なる反復である。子安宣邦は本居宣長の『古事記』は、始源としての『古事記』の〝再語り〟であるという」。

磯崎新は同じ本の中で、伊勢神宮の「再語り」の構造について、さらに踏み込んで説明している。「反復する造替とはここでいう宣長の再語りと同じである。それは始源をなぞることである。それゆえに列挙された建築的特徴が保持されて、それがいつしか「日本的なるもの」に格づけされていく。造替によってかなり大きい改変がなされても、純粋型へ収斂する方向にのみ軌道が修正される。始源が回復されねばならない、という基本的な指令暗号がひそんでいる。始源はいかなる場合も虚構である。そこには始源の前に起源があるかのごとき騙りがひそんでいる。起源が〝隠され〟ようとする。むしろ始源が起源を虚像のように浮かばせてしまうのだ。そこで、誘惑がはじまる。これがイセに仕掛けられている罠であり、ナショナリズムとして、「日本的なるもの」、天皇的なものに絶えず回収されていく絶妙な文化的機構として保持されているものなのである」[*77]。

「起源」が不在であるからこそ、「起源」を探そうとする。それこそが伊勢神宮に仕掛けられた罠である、と磯崎新は言う。彼は、始源を繰り返す、再語りする、その誘惑こそが「日本的なるもの」へと導くのだと主張する。少なくとも磯崎新は、「日本の歴史的な特性」を、そのように考えている。

ただし磯崎が言わんとする、こういう「起源が〝隠され〟ようとする」ことは、実のところ、何も、日本にのみ固有の事柄ではないのである。それは、端的に言えば、少しも日本だけに見られる特性ではない。なぜなら、西洋の歴史の中にも、これと似たような「起源」の不在を、いくらでも発見することができるからである。

その一つが、西洋のmodeモードの「起源」である。フランソワ＝マリー・グローは『オートクチュール――パリ・モードの歴史』の中で、モードについて、次のように書いている。

「オートクチュールといえば、パリである。歴史的に見ても、フランスのモードは数世紀にわたってヨーロッパに君臨してきた。このことはヨーロッパのモード（とくに婦人服のモード）が、十七世紀後半からフランス革命にかけて間断することなく、フランスから送り出されていたという事実を思い起こせば、すぐに納得できるだろう」[*78]。

モードは、ごく最近のものではない。すでに一七世紀からの、歴史を持っている。そのモードについて、山田登世子は『ブランドの条件』の中で、このように述べている。

「事実、モードはいつも変化をめざす。それは、何の理由もなく前の季節を否定して、いつも新しく誕生しようとする。いま白が輝いているとすれば、それはたんに去年のモードが黒だったからにすぎない。明日はいったいどんな色が流行るのか、誰にもそれはわからない。モードは何の理由も根拠もなく、変化のための変化をめざす」。

　そのように書いてから、山田登世子は「社会学者ボードリヤールはこのようなモードの本性について名言を残している」とし、ボードリヤールの主著の『象徴交換と死』から、「モードとは起源《オリジン》のない出現である」という言葉を引いている。

　山田登世子にとって、「まさしく、モードはいわれもなく、どこからともなく立ち現れて、次の季節にはもうはかなく消えてしまう。モードは根っから起源というものを知らない」のである。[*79] このように、フランスの、あるいは西洋のモードにも、やはり、「起源」が不在なのである。

　ジャン・ボードリヤールは、その著書『象徴交換と死』の中で、確かに、モードの「起源」について、次のように書いている。

「今日では、あらゆるもののアイデンティティーの原則がモードによって浸食されている。正確にいえば、あらゆる形態に、起源の不在と循環を押しつけるという、モードの力に支配されている。モードはつねにレトロ〔懐古趣味的〕なのだが、それは過去の廃絶に基づいたレトロ、つまりフォルムの死とその亡霊的復活の過程なのだ。モード特有の現代性は、現在に結びついているのではなく、トータルで直接的なルシクラージュそのものである。だから、モードは、逆説的いいかたをすれば、現代的ではなく、フォルムの死んだ時間、つまり、一種の抽象作用をつねに前提としている。この抽象作用によって、フォルムは、時間の流れから守られているかのように、効果的な記号となる。そして、これらの記号は、時間の流れをねじまげるかのように、さまざまな構造の発展の方向と対立するあらゆる回帰的魅力やその非現在性によって、再び現在という時間につきまとうようになるだろう。反復の美学とでもいおうか。モードとは、死から引きだされた軽薄さ、既視のもののもつモダンさなのだ[*80]」。

このモードの「起源」の不在については、ロラン・バルトもまた「モードと人文科学」(『ロラン・バルトモード論集』)の中で、このように述べている。

「リズムが変化するのは誰のせいでもない。「モードはアメリカからやってくる」という表現はきわめて曖昧である。というのもそれは正しくもあれば間違いでもあるからだ。モードの曲折とともに起こるモードの変化には起源がない。変化の要因は、人間の精神と、世界のなかの形態の循環の二つを動かす形式的法則にある[*81]」。

また、このモードとは別に、これもフランスの例になるが、西洋の写真の「起源」の不在の問題がある。普通、写真の歴史の本には、これは、どの写真史の場合でもそうなのであるが、近代的な意味でのカメラによる写真術の「起源」を、フランス人のジョセフ・ニセフォール・ニエプスによる、一八二七年の「ル・グラの自宅窓からの眺め」に規定している。どのような写真史の本でも、このニエプスの写真からスタートするのが、ある種の「決まり事」のようになっている。

ナオミ・ローゼンブラムの大著『写真の歴史[*82]』、あるいはクエンティン・バジャックの『写真の歴史』、また飯沢耕太郎他監修『世界写真史』、田中雅夫の『写真130年史』、さらにルイジ・ギッリの『写真講義』を見ても、ニエプスによる、この記念碑的な風景写真があらかじめ決められた約束事のように、写真の「起源」として提示されている。

たとえば飯沢耕太郎他監修『世界の写真』には、ニエプスの写真について、次のように書いてある。

「1827年の夏頃、露光に8時間前後をかけて撮影されたという〔ル・グラの自宅窓からの眺め〕は、そうした試みの産物であり、無数の粗い粒子が際立つなかにかろうじて像を識別できる程度ではあれ、ともかくもレンズの向こうの光景を直接陽画（ポジ像）として固定することに成功している。それは現存する最古の写真画像とされている」[*83]。

また田中雅夫は『写真130年史』の中で、ニエプスの写真について、このように述べている。

「この風景撮影がおそらく世界最初の写真撮影ということになると思われる」。

田中は、同じ本の、ニエプスの写真のキャプションにも、このように明確に記している。

「ニセフォール・ニエプス撮影の世界最初の写真　1826」。

田中は同じ本の中で、ニエプスの写真撮影に使用されたカメラをめぐって、このようにも書いている。

「このときニエプスが使用したカメラは、パリの光学機械商シャルル・シュバリエ（一八〇四－五九）から入手したもので、専門業者のつくったカメラを使って撮影がおこなわれたのはこれが最初であった」。

さらに田中は、同じ本の中で、ニエプスの写真が世界で最も早い写真だと、さらに念を押すように書いている。

「ニエプスのこの写真撮影を一八二六年とすると、タルボットの紙ネガティブより九年早く、ダゲールが静物を撮ったのより一一年早い。このニエプスの風景写真はゲルンシャイムの数年の努力がみのって一九三五年にイギリスで発見され、ゲルンシャイム・コレクションにおさめられた。これは世界で最初に自然を写した写真であり、またニエプスが自然を写したものとしては現存する唯一のものである[*84]」。

またH・W・ジャンソン＋アンソニー・F・ジャンソンの『西洋美術の歴史』には、写真の「創始者たち」の記述がある。

「1822年、ヨゼフ・ニセフォール・ニエプス（1765-1833）というフランスの発明家が、57歳の時、最初の恒久的な写真像を作ることに成功した。ただし、現存する最古の彼による作例は4年後のものである」。

この本に掲載されているニエプスの最古の写真のキャプションには、「ヨゼフ・ニセフォール・ニエプス《ル・グラの自室の窓からの眺め》　1826年　ヘリオグラフ　16.5×20cm　テキサス大学オースチン校　ハリー・ランソン人文研究センター　ゲルンシェイム・コレクション」とある[*85]。

一方、ルイジ・ギッリはその著書『写真講義』の中で、このニエプスの写真について、こう記述している。

「ニエプスにより一八二六年に実現されたこのイメージは、歴史上、最初の写真とされています。一般に写真の誕生は一八三九年（ダゲレオタイプの誕生）とされていますが、写真の発見は、その年に前後して、複数の人物によってなされました。写真の起源にニエプス、ダゲール、タルボットのどの仕事がもっとも直截的に関わったのかを特定するのは非常に難しいです。ニエプスはフランス人、ダゲールもフランス人、タルボットはイギリス人です。ニエプスは、カメラオブスクーラの内部に感光板を設置し、先ほど見たような、投影されたイメージを画家が写したのとまったく同じ仕方で、初めてイメージを焼き付けました。ニエプスは、感光板を八、九時間ほど挿み、いくつかの科学的プロセスを何度も試みた後、風景が、ようやく見えるか見えないかというようなイメージを獲得しました。家の屋根、それからこちらの屋根を見てください。このイメージは、建物や町のイメージというよりも、ある空間を切り取ったイメージのようです。経年のために劣化していますし、表現方法、つまり画像の鮮明さも、おそらくかなり初歩的なものですが、これが最初の写真です」。

ルイジ・ギッリは「ニエプスにより一八二六年に実現されたこのイメージは、歴史上、最初の写真とされています」と言っている。さらに最後に念を押すように「これが最初の写真です」とまた言っている。また、写真のキャプションも、「ニセフォール・ニエプス《ル・ゲラの窓からの眺め》1826年、エリオグラフィ「歴史上、最初の写真とされています」」としている。[*86]

ところが、ルイジ・ギッリらは、どうやら誤った記述を書いてしまったようなのだ。なぜならば、ジェフリー・バッチェンの著書『写真のアルケオロジー』によると、ニエプスによるこの有名な写真は、写真史家で収集家のヘルムート・ゲルンシャイムが、その発表の前に、この写真の上から「絵具で修整してしまった」ものだからである。

ルイジ・ギッリらの本には、どれもゲルンシャイムが「修正した後の写真」を掲載している。その上で、それを「最初の写真」であり、「写真の起源」であるとしている。しかしながら、事実は、これとはまるで異なっている。厳密な意味では、これは「最初の写真」ではないし、また「写真の起源」でもないからである。

バッチェンは、「実際ほとんどの写真史の本がニエプスの別のイメージを世界初の写真として掲載している」としている。つまり、修整前の、ほとんど何が写っているのかわからない方が、写真史の本には使用されている、と言うのである。

これは本当の話だろうか？　事実は、その全く逆ではないのか？　私自身は、修正前の何が写っているのかわからない方の写真が正しく掲載されている国内外の写真史の本を、実際には、ただの一度として、見たことがない。修整前のものは、あまりに不鮮明なので、とても最古の「写真」と胸を張っては言えない。逆に私がよく写真史の本で目にするのは、ゲルンシャイムによる修整後のものである。

バッチェンの本によれば、ゲルンシャイムは一九五二年二月二五日にイギリスのトランクの中から、「長く行方がわからなかったエリオグラフを初めて手にした」。

ゲルンシャイムは、どうして、そのような「改ざん」をしたのだろうか？　ゲルンシャイムにとってその理由は、至って簡単なことであった。ニエプスによるオリジナルの写真が、いまも述べたように、あまりに不鮮明なものだったからである。

それを、（実に余計なことに）少しでも鮮明に見せようと、ゲルンシャイムはコダック研究所の助力を得て、オリジナルの写真の上から、（とても信じられない話であるが、本当に）絵具で描いてしまい、その修整した方をオリジナルとして、一九七七年に発表してしまったのである。

ジェフリー・バッチェンは『写真のアルケオロジー』の中で、その事実をこう記述している。ヘルムート・ゲルンシャイムは、一九五二年にニエプスの「ル・グラの窓からの眺め」を見つけた。不鮮明でとても世界で初めての写真とは言えないこの映像を、ゲルンシャイムはコダック研究所の助けを得て、「「オリジナルとはまったく一致するものではない」「著しく歪められたイメージ」「真実のまがい物」と記述するものを作り上げた」。

つまり「ゲルンシャイムは、二日間かけてその複写プリントを水彩絵具で修整し、「無数の光による白点と染みを除去」し、「完全にそのメディアとは異質」と彼自身も認める「点描画法的効果」をイメージに与えたのである。彼は自身が筆を加えた複製が「オリジナルの近似したものにすぎない」と認めるが、「他の複製から作られる一ヵ月前に、私がオリジナルをもとに描いた素描にかなり近くなった」と読者に保証している」という。

バッチェンは『写真のアルケオロジー』の中で、最後には、ゲルンシャイムによる修正後の写真が、オリジナルとして世界中に流布してしまったと、ようやく本当のことを認めている。

「さらにゲルンシャイムは、この水性絵具による近似イメージを五二年の「フォトグラフィック・ジャーナル」に掲載する。そしてそれが「世界最古の写真」として、彼の『写真の諸起源』に登場することになるのである。同じ主張の言葉が、以降の無数の写真史の本に登場することになる」。

つまり実際には、かなり多くの写真史の本で、修正後のニエプスの写真が、写真の「起源」として扱われているのである。ジェフリー・バッチェンは『写真のアルケオロジー』の中で、この写真の「起源」の「改ざん」について、次のようにまとめている。

「私たちはここでもまた、写真史の奇妙なねじれを目にしている。いたるところで最初の写真として、写真史の礎石として、そのメディアの起源として伝えられているイメージは、実際のところ、素描に従って描かれた絵画だったのである！　盛んに喧伝されてきたこの最初の写真は表象の表象であり、写真史自らの規定に従えば、写真でさえないことが明らかなのである。そのかわりに私たちは、それ自身「オリジナルとまったく一致しない」表象の絵画版を手にしているのである」。

同じ本の中で、ジェフリー・バッチェンは、写真の起源の問題をめぐって、このように言う。

「写真の本質をどこに求めるにせよ、私たちは、常に起源に先行するもうひとつの、もっとオリジナルな、ただしまったく存在しなかった写真的事例があるという、こうした差延の奇妙なエコノミーに向かい合っている[*87]」。

私が知る限りで、この写真がゲルンシャイムによって修整されたものであると明記している写真史の本は、クエンティン・バジャックの『写真の歴史』だけである。ただし、この本でも、添付された写真は、なぜか修整後のものなのである。そのために、かなり注意深い読者でないと、ほぼ間違いなく、この記載を見落とすだろう。ニエプスの顔写真につけられたキャプションは、とりあえず、次のように書いてある。

「ニエプスの肖像——ニエプス自身が「エリオグラフィー」と名づけた写真術による彼の作品は、ほとんど残されていないが、もっとも有名なのはまちがいなく「サン・ル・ド・ヴァレンヌの窓からの眺め」である。[……]この作品は現存する最古のエリオグラフィーで、写真史をあつかう本のほとんどすべてに載っている。この写真は1826年か27年に撮影されたもので、数日間露出したものと思われる。[……]通常目にすることができるのは大幅に修整された複製品で、右頁の写真もそうである。この複製品では、建物、梨の木、塔の輪郭が目立つように強調されており、錫版に撮影されたオリジナルの写真は、これよりもかなり見にくい」。

バジャックの同じ本の、ニエプスによるオリジナルの、修正後の写真につけられたキャプションは、このような記載になっている。

「サン・ル・ド・ヴァレンヌの窓からの眺め――世界最初の写真とされているこの作品は、その後、数奇な運命をたどった。〔……〕1827年、ニエプスがロンドンの王立協会のメンバーであるバウアー博士にこの写真を提出したあと、19世紀のあいだに2度競売にかけられている。そしてロンドンで展示されたあと、この写真は50年のあいだロンドンの倉庫内のトランクに入ったまま忘れ去られていた。それを写真史家で収集家のヘルムート・ゲルンシャイムが発見し、1964年にこの写真をアメリカのテキサス大学に寄贈した[*88]」。

バジャックの本は、少なくとも、私には、かなり例外的なものである。その他のほとんどの写真史の本には、バッチェンが言うように、「それが「世界最古の写真」として、彼の『写真の諸起源』に登場することになるのである。同じ主張の言葉が、以降の無数の写真史の本に登場することになる」となっているからである。

しかし、そうなると、少なくとも、多くの「写真の歴史」の本においては、オリジナルは「不在」のまま、という話になる。このような事態を、西洋の産物である「写真の起源は不在である」と、言うことができるのではないか？

さらに、モードや写真以外にも、西洋での「起源」の不在で言うと、こうした意見がある。イギリスに生まれた哲学者のスティーヴン・トゥルーミンはその著書『近代とは何か』の中で、近代には「ふたつの起原がある」として、次のように言っているのである。

「今日、デシデリウス・エラスムス（一四六七年生まれ）やフランソワ・ラブレー（一四九四年生まれ）などの一五世紀生まれの著述家を読むとき、彼らの「近代性」を把握するのには時間と努力が必要かもしれない。しかし、数世紀を越えて脈打つようにわれわれに語りかけてくるミシェル・ド・モンテーニュ（一五三三年生まれ）やウィリアム・シェイクスピア（一五六四年生まれ）のような著述家の技量を疑う者はいない。したがって、一七世紀初期のみに注目しないで、近代世界と近代文化は——ただひとつの起源をもつのではなく——二つの異なる起源をもっていたのではなかったかどうか、そして最初の起源（文学的あるいは人文主義的局面）は、二番面目のものよりも一世紀早かったのではなかったか、とここで問うこともできよう[*89]。

すると、このようにざっと眺めてみただけでも、モードの循環や写真の起源の不在、あるいは近代の二つの起源という例証に端的に見られるように、西洋の「起源」でさえ、必ずしも常に正しく規定されているとは限らない。たとえ、そこまで言わなくても、日本であろうが、西洋であろうが、「起源」とはなかなか「見つけにくいものである」とするのが、本来的には、正しい見方なのではないだろうか？

さらに、こういう問題もある。フレデリック・ミゲルーは、日本の戦後建築には「起源」が複数ある、と考えている。それは、繰り返すが、「循環する」といった事柄だけでなく、もっと単純に、伊勢神宮、桂離宮、縄文、弥生、戦災というように、日本には「起源」のありかに、「論者によって複数の説が存在している」とする視点である。

しかし、実のところ、「起源」のありかに、「論者によって複数の説が存在している」と言うのなら、日本だけでなく、これもまた西洋の場合でも、事態は全く同じ話になるのである。なぜならば——ミゲルー自身は、ルネサンスが西洋の近代の「起源」だと、そう確信しているようであるが、実はまるでそうではなくて——、事実を言えば、ルネサンスだけが、何も西洋での決定的な近代の「起源」であるとは限らないからである。

この話は、歴史的事実である。ミゲルーが近代の「起源」をルネサンスだけ、とするのは、単に、ミゲルーの個人的な意見を述べているだけに過ぎない。日本の近代の起源は伊勢や桂だ、縄文や弥生だ、いや戦災だという論者がいるように、西洋の近代の起源はルネサンスだ、とするミゲルーがいるだけなのである。

西洋の文化史には、近代の「起源」として、実際に複数の論者による複数の説が、確かに存在している。そのいくつかの証拠品を、これから一つ一つ、具体的に挙げてみることにしよう。それにより、ここでもミゲルーが、とても大きな誤解をしている事実を指摘することになるだろう。

たとえばレオナルド・ベネヴォロは『近代建築の歴史』の中で、「もし「近代建築とは何か?」という質問は棚上げし得たとしても、もう1つの質問「それが何時始まったか?」には答える必要がある」としている。その上で、ベネヴォロは、こう書いている。

「近代建築は産業革命に伴う技術的、社会的、文化的変化から生まれた。それ故、ひとつの合成体に合流する個々の要素について語るつもりならば、近代建築は産業革命の建築的、都市的影響が現われ始めるや否や、即ち18世紀末から19世紀の初めにかけて、もっと正確にいえばワーテルローの戦後に始まったということが出来るだろう」。

つまりベネヴォロは、近代建築の「起源」を「18世紀末から19世紀の初めにかけて」の頃だと考えているのである。それに対して、ヴィットリオ・M・ラムプニャーニは『現代建築の潮流』で、近代建築の「起源」を、このように記している。

「それでも、本書の試みの範囲では、哲学的・政治的・社会的・技術的・文化的な変化の故に、啓蒙主義期を時代区分の上限とすることが可能であろう。フランス革命の時代背景の中で、建築と社会との関係が完全に変化したことを考慮に入れれば、ますますこの区分の妥当性が認められよう。通常、いわゆる「近代建築」の発生の原因であり起源とされる産業革命もまた、一八世紀の啓蒙主義思想による大転換のひとつの側面として観察される必要があろう」[*90]。

ラムプニャーニの意見も、「一八世紀の啓蒙主義思想による大転換」を近代建築の「起源」だとしている。一方、ウィリアム・カーティスは『近代建築の系譜――1900年以後　上巻』で、このように説明している。

「本書で主題となる「近代建築」とは、一九世紀末から二〇世紀初頭に作り出されたものであり、一九世紀初頭にさまざまな歴史的形態を復興しようとした折衷主義への対案として考え出されたのである。近代建築理想の基本となった概念は、どの過去の時代にもそれぞれ真正な様式があって、その時の進路を表現していた、というものであった。同じくこの考えに従えば、断絶が起きたと思われるのは一八世紀中頃のどこかであり、ルネサンスからの伝統が挫折し、過去の形態の「真正ならざる適用」やその再結合の海へ向かう虚しい流れが遺された、そんなときである。そして近代建築の行なうべきは、建築の王道を再発見することであり、近代工業社会の要求と熱望に適したフォルムを発明することであり、さらに「近代という時代」に考えられる明瞭な理想を具現できるようなイメージを作り上げることであった」[*91]。

やはりカーティスも、一八世紀中頃に大きな「断絶」が起きたとする。このカーティスの意見は、ケネス・フランプトンの著書『現代建築史』の中でも、同じように引き継がれている。彼は、近代建築の「起源」について、その本の冒頭から、こう書きはじめているからだ。

「近代建築の歴史を書くに当たって、最初に直面する問題の一つは、近代建築の起源を設定することである。しかし、近代性の起源を厳密に追求すればするほど、それは過去に遡っていく。通常、その起源は、ルネッサンス時代とは言わないが、十八世紀の中期にあるとされる。たしかにその当時、建築家達は新しい歴史観にみちびかれて、ウィトルウィウスが樹立した古典の基準に対して、疑念を持ち始めた。また、建築家達は、設計活動を客観的な根拠の上に築こうとして、古代世界の遺跡の記録を始めた。こうした建築家達の活動と、十八世紀を通じてつぎつぎに出現した驚異的な技術変化を思い合わせると、近代建築の成立に必要な条件は、十七世紀後半に、医師であり建築家であるクロード・ペローがウィトルウィウスの比例理論の絶対的な正当性に対して敢然と挑戦した時から、下って一七四七年に最初の土木技術である「エコール・デ・ポンデ・ショッセ」がパリに設立されて、建築と技術とが決定的に分離することになった時までの、ちょうど中間期に整ったものと思われる」。

フランプトンは、西洋の近代建築の「起源」を一八世紀半ばと考えている。フランプトンの説はかなり穏当で、一八世紀末にフランス革命が起こり、同じ頃にイギリスでは産業革命が発生していて、そのおかげで一九世紀に建設方式が機械化へと大転換したことを踏まえると、かなりの説得力を感じる。

だが、いや、それよりも、近代建築の「起源」はずっと後だという説もある。ジョン・ピーターの『近代建築の証言』には、こう書いてあるからだ。

「近代建築が何時始まったかを決定するという困難な任務も残っている。この仕事の目的のために、いささか独善的ながら、われわれはこの件について二冊の本の出版との関係から検討してきた。ひとつはへンリー=ラッセル・ヒッチコックとフィリップ・ジョンソンが、ニューヨーク近代美術館（MOMA）における一九三二年の展覧会に合わせて書いたものである。『インターナショナル・スタイル』と冠されたこの本は、近代建築を命名したのである。ジョンソンが私に語ったところによると、「一九三二年は、私にいわせれば魔法の年（annus mirabile）でした。つまり、私は確信していますが、将来歴史家たちはこの様式はこの年をもって始まったとするようになるでしょう」。

フィリップ・ジョンソンは、自身が企画した一九三二年のニューヨーク近代美術館（MOMA）の展覧会を、モダニズム建築の「起源」だとしている。しかし、モダニズムは、もともとはヨーロッパで生まれている。アメリカへは、亡命建築家達とともに、一九三〇年代末に輸入されたとするのが史実である。すると、ジョンソンの言うのは、あくまでもアメリカのインターナショナル・スタイルの「起源」であり、ヨーロッパのモダニズムの「起源」ではない。

建築の事情は分かってきたが、絵画の場合、近代の「起源」は、どうなるのか？　クレメント・グリーンバーグは『グリーンバーグ批評選集』に所収の「モダニズムの起源」の中で、こう述べている。

「モダニズムという用語は、古典主義やロマン主義と同じように西洋文化において一つの歴史的事実、エピソードを指す。しかし、「古典主義的な」、「ロマン主義的な」という形容詞には、いかなる時代であれ場所であれその現象を特徴づけるために用いることのできる超歴史的な適用法があるが、「モダニズム的な」という語はそれらと同じようには自由に用いることができない。それはモダニズムが時に束縛されており、歴史的により特殊なものだからである」。

このように書いてから、グリーンバーグは同じ「モダニズムの起源」の中で、こう続けている。

「だが、その歴史的な特殊性にも拘らず、モダニズムが実際にいつ始まったのかを言い当てるのは容易ではない。かつてモダニズムは、ロマン主義の発展段階それ自体からの延長ではないにしても、ロマン主義的なものの延長、その気質と雰囲気のそれと見なされていた。これは部分的には当てはまるが、それとても役立つほどのものではない」[*92]。

グリーンバーグの規定は何やら判然としないが、美術史家のE・H・ゴンブリッチの場合は、それに較べて明快である。ゴンブリッチは『美術の物語』の中で、こう書いている。

「歴史上、1492年のコロンブスによるアメリカ大陸の発見が、近代の始まりとされる。それが美術史の上でも重要な時期であることはすでに見たとおりだ。ルネサンスと呼ばれるその時代に、画家になること、彫刻家になることは、数ある職のひとつに就《つ》くことではなく、選ばれた者の仕事となった。しかしその同じ時期に、教会から図像を追放しようとする宗教改革の動きが起こって、彼らは最大のパトロンを失い、新たな市場の開拓を迫られることになった」。

つまりゴンブリッチは、ルネサンスを近代の「起源」とするのである。ただし、ゴンブリッチは、「ここでも見落としてはいけないのは、根底ではだれもが同じ土俵、同じ前提の上に立っていたことだ。どの論者にも厳然たる共通の基盤があった」と言いながら、急いで、こう付け加えている。

「そんな共通の土台が崩《くず》れはじめるのは、18世紀の終わり近くになってからのことだった。本当の近代が始まったのだ。1789年のフランス革命が、それまで何千年とはいわないまでも、何百年のあいだは当然とされてきた、多くの前提に終止符を打ち、かくて人びとの美術に対する考え方が変っていった。変化の期を探ると、前章で見た「理性の時代」にたどりついたといえるだろう」[*93]。

つまりE・H・ゴンブリッチは、決定的な意味での近代の「起源」は、18世紀末のフランス革命であると言うのである。これは、ケネス・フランプトンと、ほぼ同じ考え方である。

マーティン・ジェイは「近代性における複数の「視の制度」」（ハル・フォスター編『視覚論』に所収）の中で、視覚論の観点から、近代のはじまりについて、こう書いている。

「近代とは視覚が支配的な時代であるとしばしば言われる。また、その点において近代は前近代と、そしておそらくポストモダンとも異なるのだと論じられることも多い。ルネサンスと科学革命によって始まる近代性は、これまで普通、まったく視覚中心と考えられてきたのである。マクルーハンやオングのよく知られた議論によれば、望遠鏡や顕微鏡などの発明によってすでに進行していた視覚的なものの特権化が、印刷術の発明によってさらに強化されたという。「このように形成された知覚の領域は、その根本からして非反省的・視覚的・量的であった」というのが典型的な見方であろう」[*94]。

また視覚論で言うと、ジョナサン・クレーリーは『観察者の系譜』で、まず通例の解釈によるモダニズムの「起源」について触れている。

「この研究のなかで、私は一九世紀のモノや出来事の、比較的知られていない布置を示すつもりである。すなわち、芸術史やモダニズムの歴史のなかではほとんどお目にかからない固有名、知の領域、技術的な発明を取り上げる。このようなことを行うのも、一つには、この時代の視覚性についての支配的な歴史記述の多くがもっている限界を逃れ、モダニズムや近代についての多くの通俗的説明を迂回したいからである。こうした説明は、モダニズム的視覚芸術や視覚文化の起源（それは一八七〇年代および八〇年代に設定されるわけだが）に対する、多かれ少なかれ似たような評価に寄り掛かっているからだ」。

それに対して、クレーリーの設定する近代的な視覚芸術の「起源」は、次のようになる。

「私が言いたいのはつまり、視覚の構造により広範囲にわたる、はるかに重要な変容が、一九世紀初頭に生じたということだ。一八七〇年代から八〇年代にかけてのモダニズム的絵画や、一八三九年以降の写真の発達は、一八二〇年代にはすでにかなり進行していたこの視覚システム全体の決定的な移行の、後代における徴候、あるいは帰結と考えることができる[*95]」。

こうしてジョナサン・クレーリーにとっての視覚芸術の「起源」は、一九世紀初頭なのである。一方、ロバート・アトキンズは『近代美術のキーワード』の中の「モダニズム」の項目で、モダンをこう定義している。

「『モダン』は一般的には同時代のものを指す。あらゆる芸術はその作者にとってはモダンであり、それは、彼がルネサンス期のフィレンツェに住んでいても二〇世紀のニューヨークに住んでいても変わらない。そういう意味では、いまの時代に一五世紀の様式で描かれた絵画であってもモダンなのである。[……]美術史の用語としては、モダンとは明確にほぼ一八六〇年代から一九七〇年代までの時代を指し、この期間に生み出された芸術の様式やイデオロギーを言うのに用いられる。人びとがモダン・アートもしくはモダニズム(モダン・アートの考え方)について語る際に想定されているのは、モダンという語についてより限定的なこうした使い方である。モダン・アートもしくはモダニズムを特徴付けるものは何であろうか。それはひとつには、過去と現在の両方に対する根本的に新しい態度である。一八世紀末(革命の時代としても知られる歴史的な時代)ごろから芸術家は、同時代の出来事も、それまでは古代や聖書の歴史からの情景に対してのみ払ってきたような芸術的関心に値するものとして見始めたのである[*96]」。

ロバート・アトキンズは「美術史の用語としては、モダンとは明確にほぼ一八六〇年代から一九七〇年代までの時代を指し、この期間に生み出された芸術の様式やイデオロギーを言うのに用いられる」としながらも、モダンを規定する根本的な立ち位置を一八世紀の革命の時代に見ている。

フレドリック・ジェイムソンもまた『近代という不思議』の中で、「近代」の「はじまり」を、ルネサンス、南北アメリカ、イギリスの産業革命を意識しながら、しかし突き詰めれば、それは一八世紀末のフランス革命においてはじまるとしている。

「「近代性」はいつでも日付を設定し、はじまりを措定する。確かに、時間軸の中で循環し、最新のもの――たとえば唯名論（そしてマクルーハン主義も）――が最古のものに混じっていたりするような可能性の在庫目録を作ってみることはおもしろいだろうし、啓発もされるだろう。宗教改革は大きく言えばドイツ古典哲学の（とりわけヘーゲルの）ある種の先駆としてとらえることができる。だが、哲学者たちにとっては、デカルトによる過去との完全な断絶が近代性のはじまりをも示したのであり、一方で、「我思う cogito」そのものが自己言及的な性質を近代性の中心的な特徴に仕立てていった。［……］伝統的に見れば、近代のもっとも重要な社会的・政治的断絶をもたらしたのは、フランス革命と、その動因となりそれを推進する力となった啓蒙思想であることになっている。しかし南北アメリカ大陸の征服こそ――二十世紀を経て、脱植民地主義を通過した後から振り返って見れば――近代の新しい側面を携えて来たことに思いあたる。また科学技術の存在を意識し、産業革命の中にもう一つの革命が存在したことを認めるだけで満足できなければ、一気にガリレオの時代まで押し戻されることになる」[*97]。

アレックス・カリニコスは『アゲインスト・ポストモダニズム』の中で、三人の思想家の登場とその考え方をもって、近代のはじまりである、としている。

「近代（モダニティ）に関する考え方のうちこれまで最も影響力のあったものについて、その創始者を考えてみると、それはマルクス、ニーチェ、そしてサン・シモンだと見なすのが妥当なようである。彼ら三人はすべて、啓蒙を出発点と考え、そして十八世紀末の二つの革命、つまり産業革命と政治革命によって開始された時代を近代として明確に定義付けて考えていたからである」[*98]。

アレックス・カリニコスの考え方もまた、フレドリック・ジェイムソンと同じく、近代のはじまりはフランス革命、さらにはイギリスの産業革命とアメリカ独立革命の時代になる。つまり、一八世紀末である。

一方、ポール・ジョンソンは『近代の誕生1815-1830年 1 地球社会の形成』で、かなり遅い近代の「起源」を提示している。

「本書のタイトルには多少の説明が必要だろう。私は一八一五年から三〇年までの十五年間を、近代世界の基盤がほぼ形成された時期としてとらえている。なかにはこの選定を意外に思われる方もあるかもしれない。それよりも一七八〇年代、つまりイギリス経済が世界にさきがけて自立的な産業発展を成しとげ、フランス革命によってアンシャンレジームを一掃する端緒が開かれた時期のほうが決定的だという見方もあるだろう。たしかに、近代性は一七八〇年代に胚胎《はいたい》する。しかし、その実際の誕生は、ナポレオン戦争に起因する破壊の時代が長く続いたために遅れ、本格的な近代の発動は、平和がおとずれてから、言いかえると、金融、経営、科学、技術面で、膨大な新しい資源が、建設的な目的に使われるようになって初めて見られるのである。本書はこのあたりのことを述べている」[*99]。

またツヴェタン・トドロフは『他者の記号学』の中で、近代の「起源」をコロンブスによる新大陸の発見に求めている。

「新大陸の発見が今日の私たちにとってきわめて重要なものであるのは、それが単に極端な出会いであり、しかも出会いの典型的なものであるからだというだけではない。こうした範列的《パラディグマテック》価値の他に、直接的因果関係による別な価値がそこにはあるからである。なるほどこの世の歴史は、征服と敗北、植民地化と他者の発見によって作られている。しかし、これから証明することになるのだが、今あるヨーロッパ人のアイデンティティが示され、基礎づけられたのはまさにこの新大陸の発見によるのだ。時代を二つに区分できる日付というものは、どれでも自由に決められるとはいえ、一四九二年――コロンが大西洋を横断した年――以上に近代のはじまりを刻むにふさわしい年はないであろう。ヨーロッパ人はすべてコロンの直接の子孫であり、――はじまりという言葉が意味を有するかぎりにおいて――私たちの系譜がはじまったのは、彼コロンにおいてなのだ[*100]」。

それに対して、レイモンド・ウィリアムズは『モダニズムの政治学』の中で、このように、モダンの「起源」を規定している。

「「モダン」は多かれ少なかれ「いま《ナウ》」の同義語として一六世紀末にあらわれるようになり、つねに中世および古代というまとまりから切り離された時代を指す用語だった。ジェーン・オースティンが特殊な制限をもつ語形変化とともにつかっていた時代までは、オースティンはモダンを「変化――たぶん改良の――状態」として（『説き伏せられて』で）定義することができたし、一八世紀のオースティンの同時代の人たちは彼女の皮肉を込めることなく最新あるいは改良を指示する語として、「モダナイズ」、「モダニズム」、「モダニスト」をつかっていた[*101]」。

ウィリアムズは、一六世紀末の「起源」の支持者である。彼は『完訳 キーワード辞典』の中でも、「modern モダン・近代の・現代の」を、やはり一六世紀末であると規定している。

「「古代」と「近代」との対照が定番になったのはルネサンス以前のことであり、その中間の時代、ないしは中世の時代は一五世紀に定義されはじめた。このような他の時代との比較による歴史的な意味合いのmodern（近代）は、一六世紀末から広く使われるようになった」。

あくまでも一般的には、という範囲ではあるが、ルネサンスは一四世紀から一六世紀とされている。だから、ウィリアムズは近代の「起源」をルネサンスである、と考えていることになる。これは、イングランド生まれの歴史学者デイヴィッド・アーミテイジが『思想としてのグローバル・ヒストリー』の中で、近代外交の「起源」の場合に規定する考え方とほぼ同じである。

「たとえば、近代外交の起源は十五世紀または十六世紀と位置づけられることが多い。主権、戦争、外交、条約締結の実践を説明する理論こそ、十六世紀から五十年から百年も遅れて、十七世紀の半ばにはっきり近代的な形でようやく出現したにしても、十六世紀に近代国際関係の萌芽が見られたといってもさしつかえない[*102]」。

また柘植尚則編著の『西洋哲学史入門』には、「進歩と歴史」という章が設けられているが、彼らはフランシス・ベーコンに注目している。

「実際のところ、歴史の記述の中に〈進歩〉の概念が整備されはじめるのには、いわゆる経験論の先駆者と見なされるフランシス・ベーコンの登場を待たねばならなかった。［……］ベーコンが経験論の先駆者と呼ばれるゆえんは、彼が、経験を自然の秘密を発見する鍵と見なす科学革新の野心的プログラムに本格的に着手した最初の人物だからである。ベーコンはキリスト教会の教義を理性的に捉え返す作業を行ってきたそれまでのスコラ哲学に反対し、学問の「大改革」を力説した。なかでも彼は、とりわけ科学のうちにこそ人類の福利がかかっていると主張した。それはまさに人類の幸福に関する問題を、来世における「神の国」から現世における「進歩」のうちに移しかえようと試みる一大作業を意味していた[*103]。

アントワーヌ・コンパニョンはその著書『近代芸術の五つのパラドックス』の中で、近代の「起源」について、他の論者とはまた別の角度からこう記している。

「近代の伝統などというと、伝統がいくつもの断絶から作られることになり、意味をなさないだろう。たしかに、そうした断絶は新たな始まりとして、そのたびにいっそう根源的なものになってゆく起源の創出として構想されるのだが、そのような始まりは早々に結着がつけられるし、新しい起源はたちまち乗り越えられる運命にある。それにしても、断絶の伝統とは、必然的に伝統の否定であり、かつ断絶の否定ではないだろうか。オクタビオ・パスが『収束点』に書いていたように、「近代の伝統とは、みずからに敵対する伝統である」。そしてこの逆説は、近代というものを美学的見地からとらえた場合に、それがはらむ矛盾に満ちた運命を予告している。近代は芸術を肯定し、同時に否定する。芸術の生と死を、その偉大と頽廃とを、同時に宣告する。二つの反意語の結びつきは、伝統の否定としての近代を、ということは当然ながら、否定の伝統としての近代を、明るみに出す。それは、近代のアポリアを、あるいはその論理的行き詰まりを表すのだ[*104]」。

ユルゲン・ハーバーマスもまた『近代――未完のプロジェクト』で、コンパニョンのように、より広い角度から「近代」について考えている。

「「モデルン〔現代的〕」という言葉が最初に用いられたのは、五世紀後半のことであり、それは、当時公式の存在になったばかりのキリスト教の支配する現代を、異教によって支配されたローマという過去から区別するためであった。その後、意味される中味は異なりながらも、「モデルニテート〔現代性〕」なる表現は、そのつど時代が古典古代という過去と自己との関係について持つ意識を表わし、それぞれの時代が自分自身を「旧」から「新」への移行の結果として理解するのに寄与してきた。このことは、我々から見て近代の始まりであるルネサンスについて言えるだけではない。カール大帝の時代や一二世紀、また啓蒙主義の時代にも人々は、自分たちのことを「モデルン〔現代的〕」として理解していた。つまり、ヨーロッパにおいて新しい時代の意識が、そのつど古典古代に対する新しい関係性を通じて形成されるたびに、「モデルン〔現代的〕」という自己理解が出て来たのである」。

ハーバーマスによれば、「古典古代」に対して、自分たちをより新しいとする意味で「モデルン〔現代的〕」が使用されてきたと言うわけである。そして、ハーバーマスによる「モデルネ」についての説明は、さらに、こう続いている。

「とはいえ、その過程を通じてもやはり古典古代（antiquitas）は、あの有名な新旧論争に至るまで、つまり一七世紀末のフランスにおける擬古典主義的な時代趣味の支持者たちと現代派の論争に至るまで、なおも規範的なものとして、つまり模倣されるべき模範としての地位を保ち続けていた。古代世界の古典的作品群が、そのつど現代派と思っていた人々の精神に及ぼし続けていた呪縛がようやく解け始めたのは、フランス啓蒙主義における〈完成の理想〉によってである。つまり、近代《モデルン》科学の息吹に染まって、認識の無限の進歩への信仰が生じ、さらに人間は社会的‐道徳的にますますよい状態に進歩して行くという考え方が生じてからのことである。最後にモデルネは、古典的なものに対してロマン的なものを対置させ、それによって自分自身の過去を、理想化された中世に求めることになった。しかし、このロマン主義はやがて一九世紀が進むうちに［特定の時代を理想化するものではなくなり］、あらゆる歴史的な枠組みから自らを断ち切ったきわめてラディカルな現代性《モデルニテート》の意識を生み出すことになる。つまり残るものは、伝統に対する現代、いや歴史全般に対する現代という抽象的な対立関係だけとなったのである[*105]」。ハーバーマスの説明だと、近代はフランス啓蒙主義の時代、つまり一八世紀にはじまった、ということになる。

またデイヴィッド・ライアンは『ポストモダニティ』の中で、近代を一八世紀の啓蒙主義時代の「新旧論争」を起点として定義している。しかも、ライアンもまた、この言葉の語源をハーバーマスも言うように、五世紀のラテン語のmodernusにまで遡っている。

「新しいものとして登場する思想は、往々にして過去をもつものである。近代《モダニティ》は、どちらかといえば思想的な場面への新参者なのであるが、実は別の名前で長らく存在していた。しかし「ポスト近代《ポストモダニティ》」の到来は、近代とはいったいなんであり、なんでなかったのかを問うことを強制している。ポストモダニティもそうだが、近代という概念も長い歴史をもっている。五世紀には、ラテン語のmodernusは、公認されたキリスト教の存在を異教的ローマという過去から区別するために用いられていた。しかし、フランス啓蒙思想が今日われわれが使うような意味でこの言葉をはっきりと確立した。哲学者《フィロゾーフ》たちは、近代に賛同することによって新旧論争は解決されたと宣言した。理性を至高の地位においたポスト中世文明としてのモダンが優勢となったのだ［……］では、近代とは何か。この言葉は、啓蒙思想につづいて登場した社会秩序と関連する。近代の起源はさらに遡ることができるかもしれないが、近代世界は、先例のないダイナミズム、伝統の放逐あるいは周辺化、そしてそれが地球規模に及んだことに特徴がある。近代の前進的な推進力は、進歩そして自由を創造する人間的理性の力に対する信仰と強力に結びついたものである」[*106]。

「新旧論争」に近代のはじまりを見るのは、デイヴィッド・ライアンだけではない。神林恒道他編著『芸術学ハンドブック』でも、この観点が用いられている。ハーバーマスより明快に、彼らは一七世紀末のフランスに着目している。

「ところで「近代」の意識の始まりはルネサンスにあるといわれているが、ヴァザーリによって説かれた rinascita の考え方には、確かにそれに先行する中世に対して自らの時代の優越性が述べられてはいるが、その規範としての「古代」をまで超出していくという意識はない。つまり原則的にルネサンスの理念は、古代精神の再生、復活に留まるのである。〔……〕おそらく「近代」についての最初の自覚的表明が、十七世紀末のフランスに起った「新旧論争」であろう。これはまず、一六八七年、アカデミー・フランセーズでシャルル・ペローが朗読した自作の詩「ルイ大王の時代」をめぐって始まった古代人と近代人の優劣についての文学論争に端を発したものであった。ペローはこのルイ十四世の治世を讃える礼讃詩の中で、そのめでたき当代に生み出されたもろもろの文物は、古典古代の最高の傑作に比べてみても、勝るとも劣らぬと歌い上げ、古典主義者ボワローの激怒を買ったのである。近代派の優位性の主張の根拠は、あらゆる文化領域における、とりわけ自然科学の領域において顕著な、人間の悟性の「進歩」の事実であった」[*107]。

一方で、松浦寿輝はその著書『平面論』の中で、「近代」の「はじまり」について、「「近代」が、論者の視点によって定義が様々に変わる瞬昧な概念である」とし、それ故に、ルネサンス、フランス革命、産業革命など、諸説があり得るとした上で、このように分析している。

「この一世紀有余の一時期に「近代」の名を与えることが妥当かどうかは意見が分かれるところだろう。日本語で「近代」と「現代」という二つの言葉が使い分けられる場合のニュアンスの差はこの際問題にしないとしても、英語の「モダン」「モダニティ」、フランス語の「モデルヌ」「モデルニテ」の訳語としての「近代」が、論者の視点によって定義が様々に変わる曖昧な概念であることは周知の通りだ。それは、ルネッサンスによる「人間の解放」以降の西欧の歴史の総体であることもあり、フランス革命における「人権宣言」以降の自由と民主主義の時代であることもあり、産業革命以降の大工場と資本主義の時代であることもあり、要するに、歴史の最先端としての「今日」から遡って、それと地続きのものと見なしうる部分を漠然と指す多分に気分的な言葉にすぎないのである。「今日」に立つ者の想像力が届きうる「地続き」の領域をそれ以前の時代から「切断」する過去の一点が、どこかに設定されるかは、個々の論者がいかなる種類の「切断」を重視するかによって異なってくることになる[*108]」。

千葉成夫は、これまでの論者とは異なり、中世を、近代の「起源」としている。彼はその著書の『絵画の近代の始まり』の中で、こう発言しているからである。

「西欧美術の「近代」はどこから始まるのかを知るために時間をさかのぼってみると、つまりその「近代」の始まりとおぼしき地点からさらにさかのぼってみると、西欧近代美術は中世キリスト教美術へは地続きでたどることができるけれど、そこから古代ギリシャ美術までのあいだには断絶があることがわかる。一般の歴史でも、僕たちの理解では、西欧社会とは、実質的には中世キリスト教社会とともにスタートするものであって、それと古代ギリシャ社会とはちがっている。それゆえ、すこし命題風にいうとすると

「西欧の美術は中世キリスト教美術をもって始まる」ということになる。そして、この中世キリスト教美術とは十～十二世紀のロマネスク美術のことにほかならない。十世紀から十二世紀、すなわち、それは今からそんなに遠くない出来事なのだ」。[*109]

この中世説は、千葉成夫だけのものではない。たとえばエーゴン・フリーデルも、これと似たような考えを持っているからである。フリーデルは、その著書『近代文化史 1』の中で、「このような基本的構図にもとづいて私たちは、近代人の受胎の年は一三四八年、すなわち「黒死病」の年だった、という主張をあえて掲げることにしたいと思う」として、独自の近代の「起源」を設定している。

「そういう次第で、近代は、学校で歴史の時間に教わるのとはちがう時点から始まる。近代開始の時点を決めるこれまでの仕方は、真の事実関係をきわめて簡単かつ表面的にしか表わしていないのではないか、という漠然とした疑いの気持ちは、つねにあった。たいていの歴史家は、「過渡期」というものの助けを借りた。ほぼ十五世紀を過渡期とみるのだった。ブライジヒは「中世末期」という概念を導入し、「一三〇〇年頃から一五〇〇年頃まで」をその時期にあてた。イギリスの文化哲学者チェンバレンは、思慮深くはあるがやや一方的な感をいだかせる『十九世紀の基礎』でさらに時代をさかのぼらせ、「ゲルマン民族がまったく新しい文明と、まったく新しい文化の建設者としての世界的使命に目ざめたこと」をもって「ヨーロッパ史の転回点」と呼び、一二〇〇年を「この目ざめの中間点」と名づけた。ドイツの文芸学者シェーラーは「中世末期」については不動の考え方をしていたが、この時期を語る章の冒頭で次のように書いた。「鞭打ち苦行者の遍歴とドイツ最初の大学の設立は、ウェストファリアの講和に至る三百年の時代の入り口における意義深い現象である」［……］要するに、十六世紀の初めには近代は生まれ出たのだ。

しかし、十四、十五世紀に近代は発生した。しかも、病気によって。というわけで、病気とは生産的なものである、という一見逆説的と思えることの説明を、私たちは近代文化史研究の冒頭におかないわけにはいかない」[*110]。

ハンナ・アーレントは『活動的生』の中で、近代の始まりを「三つの出来事」――アメリカの発見、宗教改革、望遠鏡の発明――に関連づけている。

「近代の入り口には、三つの大いなる出来事が立っており、近代数百年の相貌を規定している。第一に、アメリカの発見、つまりヨーロッパ人によって地球の表面がはじめて探査され発見され占有されたこと、第二に、宗教改革、つまりそれをきっかけにして教会や修道院の領地が没収されたこと、これにより私有財産の収用プロセスと社会的富の蓄積プロセスを事とする経済が活発化することとなった。第三に、望遠鏡の発明、つまり新科学の発展。これにより大地の自然はその周りを取り囲む宇宙という観点から考察されることとなった。この三つの出来事が、近代の開始を特徴づけている」[*111]。

これは、いわゆる穏当な通説である。あまりにも「教科書的に過ぎる」と言ってもいいくらいである。ただし、ハンナ・アーレントは、このような通説を一応は抑えておきながら、別の著書『過去と未来の間』の中では、これと少し異なる視点を提示している。

「近年の歴史研究は、中世から近代への過渡期を新しい光で強く照らし出した。その結果、以前にはルネサンスに始まると考えられていた近代が、実際には中世の最盛期にまで遡るものであることがわかってきた。途切れのない連続性を強く主張したのはたしかに有益であるが、こうしたアプローチには一つの欠陥がある。つまり、それは、宗教文化とわれわれが生きる世俗世界の間にある深淵に架橋しようとするあまり、世俗的なものが突如として打ち消しようもなく勃興したのはなぜかという大きな難問に答えるどころか、むしろこの問いを避けているからである。「世俗化」が意味するのは、まさしく世俗的なものが勃興するに伴い超越的世界の光が翳《かげ》ることであるとすれば、近代の歴史意識がこの「世俗化」ときわめて緊密に結びついたことは疑いえない[*112]」。

さらに小野紀明はその著書『西洋政治思想史講義』の中で、「近代」の「起源」を、ルネサンスとしながら、それが胎動したのは「中世末期」として捉える視点も提示している。

「西洋近代を準備したルネサンスの意義は疑いない。しかし、それでもトレルチが『ルネサンスと宗教改革』において提出したテーゼを忘れるべきではない。彼は、近代を準備した歴史的駆動力という点では、ルネサンス、とりわけイタリア・ルネサンスよりも宗教改革のほうが勝っていると主張する。前章で見たように、宗教改革はキリスト教の起源へと回帰しようとしながら、逆説的にも近代の幕を開いてしまった。そして、この宗教改革が大衆運動へと発展したのに対して、ルネサンスは結局エリートの意識改革に止まってしまったと、トレルチは主張する」。

つまり、小野紀明は、「宗教改革は中世末期よりも近代初期に位置づけたほうが適切であるとも言えるが、本講義では便宜的に前者に位置づける」としているように、ルターの宗教改革を、まず「中世の末期」と捉えて、その時期には、近代は胎動していたと考えているのである[*113]。

また、ロベール・ミュシャブレッドは『近代人の誕生　フランス民衆社会と習俗の文明化』の中で、近代の起源を「中世の終わりから」と定義している。

「近代人とはしたがって、ひとつの理想型にすぎない。この概念はただ単に、ひとつの全体的な運動を表しているだけなのだ。すなわち中世の終わりから大革命までのあいだにフランス人および他の西洋人たちに刻印をしるした、あの強烈な「習俗の文明化」の過程である[*114]」。

ただし、ロベール・ミュシャブレッドは同じ本の最後の方で、こうも書いている。

「そんなわけで、問いかけは時代を遡行し、十五世紀の初めまでさかのぼることとなった。しかしそこで止めたのは、別にそこに起源を見出したという意味ではない。ヨーロッパ文明の理解に必要なもっと古い時代の社会文化的な諸相については、他の多くの人々が私などには及びもつかない見事さで描いているし、これからも描いてゆくことだろう。私はただ、近代と呼ばれる時代の只中に、物事の明白な変化が起こったということを確認したかっただけなのだ。この「習俗の文明化」の過程は、もちろんそれが始まるすぐ前の時代状況を分析しなければ完全に把握することはできないだろう。十五・十六世紀はしたがって、この過程の前奏曲、あるいは予兆の時代としての役割を果たすことになる。そしてその後で、フランス革命にいたるまでこの過程が進行していったメカニズムを描くとともに、その有効性がいかなる形式のもとで発揮されてきたかを述べてきたのであった」。

一方、ジャック・ル＝ゴフは『歴史と記憶』で、「古代／近代」の対概念から、近代を説明しようとしている。「「古代／近代」という対概念は、西洋以外の文明や歴史叙述の中にもそれに対応する概念を見出すことができるが、それはやはり西洋の歴史と結びついている。この対概念は紀元前五世紀から一九世紀にかけての前産業段階において一つの文化的な対立を指し示すものだが、この対立は中世末期から啓蒙期にかけて思想的舞台の前面に登場する[*115]」。

だが、同じジャック・ル＝ゴフは、別の著書『ヨーロッパは中世に誕生したのか？』では、ヨーロッパの「進歩」について、『歴史と記憶』とは少し角度を変えた、興味深い意見を述べている。

「最近の共同研究で、西洋中世における「進歩、反動、退廃」の概念とその諸相を扱ったものがある。「(中世の)精神的枠組みは進歩という考え方とは相容れない」という伝統的な考え方を受け継ぎながらも、この本は、キリスト教が〈歴史〉に方向を与えるという点(フィオーレのヨアキムのユートピアには「進歩主義的」側面があると私は述べた)、キリスト教が永遠の回帰という古代神話や円環的〈歴史〉の概念を葬り去った点を指摘している。いまや古典となった本『十二世紀の神学』で、シュニュ神父は、中世思想のおかげで歴史は十二世紀に活気を取り戻したと指摘していた。救済を求める際にめざす対象とは進歩である。おそらく道徳的進歩であろうが、ひろく益をもたらす進歩でもある。理論家や論争相手がなんと言おうと、厭世は必ずしも物質的進歩の放棄にいたるものではない。中世の活力は、対立するものどうしの相互作用、いくつもの緊張関係からもたらされるのであり、それらがそうとは言わないまま、進歩を生み出しているのである[*116]」。

ル＝ゴフは、「キリスト教が永遠の回帰という古代神話や円環的〈歴史〉の概念を葬り去った」とし、そして「中世の活力は、対立するものどうしの相互作用、いくつもの緊張関係からもたらされるのであり、それらがそうとは言わないまま、進歩を生み出している」と言っている。

この指摘は、大変に重要である。そして、この中世に近代の「起源」を見るというル＝ゴフの観点に、より大きな構えを見せたのが『モダンの五つの顔』の著者マティ・カリネスクである。この本でのマティ・カリネスクの意見は、かなり面白い内容になっている。

「ひとつの概念がいつ現われたかを特定するのは、つねに容易ではない。しかもその概念が「モダン」

ほど、これまでしばしば論争の対象となり、複雑なものである場合は、なおさらだ。しかし、モダンという観念が、ある時間的意識の枠の中でのみ、つまり直線的で、逆行せず、かならず前方へと流れる歴史的時間の枠のなかでのみ想定されえたことは確かだ。ひとつの観念としてのモダンは、『永遠回帰の神話』でミルチャ・エリアーデが説明したような、時間的‐連続的なものとしての歴史をもたず、神話的、回帰的モデルにしたがって時間というカテゴリーを組みたてる社会にあっては、まったく意味をなさない。モダンという観念は、ほとんど無意識に世俗主義と結びつけられるようになったが、その主たる構成要素は、時間は反復不可能であるという感覚だ。これは、ユダヤ教とキリスト教に共通する、終末論的な歴史観を背景とする宗教的世界観とは矛盾せず、そのことが、モダンという観念が、古代異教世界には明らかに存在しなかったにもかかわらず、中世のキリスト教的世界に生まれたという事実の根拠である。モダンとキリスト教との直接および間接的関係については、のちの詳細な議論を待つとして、ここではただ、モダンの起源は中世であるという仮説が、言語学的に確認できるという点を指摘しておけば充分であろう。Hodie(「今日」)から hodiernus が派生したのと同様に、中世において初めて副詞の modo(「最近、たったいま」を意味する)から、形容詞であり名詞である modernus ということばが造りだされた。『ラテン語シソーラス』によると、modernus は「いまの、われわれの時代の、若い、つかの間の」を意味した。このことばの主な反意語は、同辞典によると「以前の、年老いた、過去の……」である[*117]。

フレデリック・ミゲルーは、西洋の近代の「起源」はルネサンスの一つだけだとし、それに対して、日本の近代の「起源」の場合は複数あると言っていた。だが、いま見て来たように、西洋の近代の「起源」の解釈の場合でも、中世か、ルネサンスか、フランス革命かというように、やはり論者によって異なる、複数の説が存在するのである。仮に、日本の近代の「起源」は複数の論者によるという見方をとるのなら、事態は西洋でも全く同じことになるのである。つまり、日本でも西洋でも、近代の「起源」は複数である、という話になってしまうのである。

このことは、すでに引用したように、『平面論』で松浦寿輝が、まさに、こう言っていた通りなのである。

「「近代」が、論者の視点によって定義が様々に変わる曖昧な概念であることは周知の通りだ。それは、ルネッサンスによる「人間の解放」以降の西欧の歴史の総体であることもあり、フランス革命における「人権宣言」以降の自由と民主主義の時代であることもあり、産業革命以降の大工場と資本主義の時代であることもあり、要するに、歴史の最先端としての「今日」から遡って、それと地続きのものと見なしうる部分を漠然と指す多分に気分的な言葉にすぎないのである」。

ミゲルーは「日本建築はこのように起源を繰り返し創出する」と指摘するが、それならば、「西洋建築もまた、起源を繰り返し創出する」と言えるのである。仮に、それを、日本は、最初に伊勢や桂で、次が縄文と弥生、それから戦災というように、順次だと言うのなら、西洋においても、近代の「起源」は、中世末期だ、いや、ルネサンスだ、フランス革命だ、というように、やはり議論は順次、出て来たはずである。すなわち、日本だけでなく、論理的に言って、「西洋の現代建築もまた、起源や伝統を何度も発見、再構築している」のである。

言い換えると、近代の「起源」を議論する際に、その「起源」はいったい何時からなのか、と問うのは、全く生産的な話ではないのだ。

もしも、本当に、近代の「起源」を知りたいのなら、西洋だろうが日本だろうが、近代の「起源」が何時からなのか、と問うのは、全く意味がない。それが中世からなのか、ルネサンスからなのか、それともフランス革命からなのかということには、ほとんど意味がないのである。つまり、どの「起源」の説が真に正しいのか、どの論者の説が正解なのか、ということには、意味がない。

そうではなく、私たちが、どうしても近代の「起源」を正確に見極めたいと思うのならば、それが「何時からのことか?」と問うのではなく、その近代の核心にある「構造とは何か?」と問いかけるべきなのである。つまり、近代の「起源」を正確に知りたいのなら、その「構造」の方を正しく見極める必要があるのだ。近代の「起源」を特定するためにも、この方が、断然と近道だからである。なぜなら、その「構造」が生まれた時こそ、同時に、近代の「起源」が誕生した時代だからである。

マティ・カリネスクが『モダンの五つの顔』の中で言うように、それが「構造」として「ある時間的意識の枠の中でのみ、つまり直線的で、逆行せず、かならず前方へと流れる歴史的時間の枠のなかでのみ想定されえたこと」に、「近代」の核心部分が潜んでいる。それは「時間的‐連続的なものとしての歴史をもたず、神話的、回帰的モデルにしたがって時間というカテゴリーを組み立てる社会にあっては、まったく意味をなさない」ものである。その「構造」の「その主たる構成要素は、時間は反復不可能であるという感覚だ」。そして、そうであるならば、結果的に、カリネスクが言うように「モダンの起源は中世である」ということになるだろう。

逆に「直線的で、逆行せず、かならず前方へと流れる歴史的時間」ではないものは、ミルチャ・エリアーデが『永遠回帰の神話』の中で言うような時間意識である。

「この古代社会はある形態の歴史《ヒストリー》を意識してはいても、いかなる仕方でも歴史を重視しない社会なのである。かかる伝承社会を研究する際に、一つの特色が殊に気付かしめられる。それは具体的な歴史時代にたいする反抗、事物の始源の神話時代、「偉大なりし時代」へ周期的に復帰しようとするノスタルジヤである」。

　またエリアーデは、同じ『永遠回帰の神話』で、そのような循環的な時間意識を、このように説明している。

「われわれが「祖型と反復」(archetypes and repetition)と呼ぶところの意義と機能とは、具体的な現実の時代を拒否するこれら伝承社会の意志、自立した「歴史」、即ち祖型《アーキタイプ》によって律し得ないような歴史におけるあらゆる人間の試みに対する敵意を理解したときにのみ、始めてその姿をわれわれに啓示してくれる。この歴史の棄却(dismissal)、歴史への敵対は、本書が証明するごとく、単なる単純文化社会の保守的傾向の結果によるものではない。私の意見では、この歴史に対する軽視(即ち歴史を貫くモデルなしに起った事象への軽視)、及び俗的な、継続せる時間を拒否しようとする態度に、人間存在に対するある種の形而上学的安定をよみとることが正しい。この安定はしかし、ヘーゲル以後のある種の哲学的動向――特にマルキシズム、歴史主義、及び実存主義――が、歴史のうちに自己形成する限りにおける人間の発見、つまり「歴史的人間」の発見以来、人間存在に与えようと探求し来ったような安定では全くないのである」。[*118]

　このエリアーデの言う「伝承社会」の時間意識に対して、ここで問題にする「近代」社会の時間意識とは、何度も言うが、マティ・カリネスクも言うように、エリアーデが『永遠回帰の神話』の中で指摘するものとは、全く異なる。カリネスクは、「モダンという観念は、ほとんど無意識に世俗主義と結びつけられるようになったが、その主たる構成要素は、時間は反復不可能であるという点に注目しており、まさにその通りだからである。

つまり、近代の「構造」として重要なのは、繰り返すが、それが「直線的で、逆行せず、かならず前方へと流れる歴史的時間」であり、「その主たる構成要素は、時間は反復不可能であるという感覚だ」という点に尽きるのである。

言い換えると、ある「起源」からはじまって、そこから未来へと真っ直ぐに引かれた不可逆な「直線」こそが、近代の「構造」なのであり、まさに、その「直線」がはじまった時代こそが、自動的に、近代の「起源」となるのである。

これは一般的に、広い意味での「目的論」や、歴史における「進歩論」として捉えることができるものである。

ロジェ・カイヨワはその著書『斜線』の中の「循環的時間、直線的時間」で、これらに関連して、このように書いている。

「このような循環的時間とは対照的に、ヘロドトスからボッシュエ〔一六二七－一七〇四。フランスの神学者、歴史家〕を経てヘーゲル〔一七七〇－一八三一〕に至る歴史的時間は、直線的で、測定不能の過去から無限の未来へと向かう連続的な発展としての姿をおびている。そこではいかなる繰り返しも不可能である。なぜならばすべてが付け加えられ、伸び広がり、積み重ねられ、痕跡をとどめ、種子を残し、現在という時間に養分を与え、未来の時間を豊穣にするのだからである。各々の事件がその時間的位置において、独自であり、定まった位置をもち、不滅である。そこで歴史なるものの任務は、自ずと、その事件に正確に日付を付し、その事件を異論の余地のないほど厳密に、そして間違いなく再構成しようとする試みのうちにあることとなる。なぜならその事件というのは、かつて、所定の、解明可能な諸状況の戯れによって生じたものであるが、そうした状況はもはや二度とは生じないだろうからだ」。

結果的に、ロジェ・カイヨワがいみじくも言うように「従って、歴史はもっぱら直線的に展開するという枠組の設定の仕方が、文明は多様であるという自覚に由来する、もうひとつの別な命題と対置して見られるようになったのはようやくシュペングラー〔一八八〇－一九三六。ドイツの歴史哲学者〕、次いでトインビー〔一八八九－一九七五〕以来のことにすぎない」のである。[*119] 言い換えれば、如何にも先進的に「文明は多様である」と考える人は、その傍らに強固な「歴史はもっぱら直線的に展開するという枠組の設定の仕方」が存在しているが故にこそ、はじめて、そう思うのである。

つまり、多様性がまずあって、次に直線（単線）が生まれたのではない。話はこの逆なのである。直線（単線）の思考が確立したからこそ、多様性という概念が「発見」されたのである。歴史的な「直線」を強く意識しない環境にあっては、「多様性」という自覚的、あるいは文明的な観念は、決して生まれ得ないからである。

またジョルジョ・アガンベンは『幼児期と歴史　経験の破壊と歴史の起源』で、近代の直線的な時間について、こう書いている。

「近代の時間概念は直線的で不可逆なキリスト教的時間が世俗化したものである。ただ、それはいっさいの終末の観念からは断ち切れており、前と後とにしたがって構造化された過程という以外のあらゆる意味を奪われてしまっている。等質的で、直線的で、空虚な時間というこの表象は、手工業における労働から生じたものであって、循環的な運動にたいする直線的で一様な運動の第一義性を確立する近代力学によってお墨付きをあたえられる。近代的大都市と工場における生活を特徴づけている、経験から引き抜かれて死んでしまった時間の経験は、逃げ去っていく点的な瞬間が唯一の人間的時間であるという考え方に信用をあたえるもののようにみえる。前と後、古典古代によってはかくも不確かで空虚なものであったこれらの概念、そしてキリスト教にとっては時間の終わりを見据えてのみ意味をもっていたこれらの概念が、いまや、即自的かつ対自的に意味に転化する。そして、この意味が歴史の真実を明らかにするものとして呈示されるのである」[*120]。

さらに、この直線的な時間について、今村仁司はその著書『近代性の構造』の中で、実に面白い角度から説明している。

まず今村は『近代性の構造』の中で、近代以前の時間意識について、次のようにまとめている。

「近代時間を考える場合、比較の対象として近代以前の時間意識を振り返っておく必要がある。どのような時代にも、人間が意図を持ち、行動をしようとする限り、必ず時間意識がある。その時間意識の表現方法は、地域や文化のちがいによってさまざまなのは当然であるが、近代以前では農業中心の生活形態が営まれていたため、基本的には太陽の運行と季節の循環をベースとする時間像で共通している」。

今村は、同じ本の中で、近代以前の時間意識は、西洋でも東洋でも、全て「円環的な時間」であったと書いている。

「自然のめぐりをペースでつくられた時間意識は、簡単に「円環時間」といわれている。ヨーロッパでもアジアでも、円環時間、つまり、閉じた円環の反復というイメージが近代の直前まで見られる」。

では、この「円環的な時間」というのは、具体的には、どのようなものになるのだろうか？

「円環の時間は過去中心的である。同一物の反復という円環のイメージは、伝統に従がって生きることの中に価値観を置く生活様式を表現している。トラディッションというものは常に同一のままに保存され、維持されなければならない」。

近代以前の「円環時間」には、未来意識がない。そこには、過去と現在しかない。

「伝統的な円環時間の中には過去と現在しかない。未来は原理上シャットアウトされている。こういう世界において未来意識を語ることが仮にあったとしても、それはむしろ反社会的で、未来つまり新しいものに向かうことは全部排除される。それが保守的ということである。そうすると、円環時間が崩壊することと未来意識があらわれることはじつは同じことである」。

つまり円環時間が壊れると、自動的に未来意識が生まれるのである。そして、近代の直線的な時間が、そこで誕生する。

「この円環時間、つまり、自然の運動に依拠した時間意識が壊れて、新しい時間意識、すなわち直線的時間、さらにいいかえると過去にも未来にも無限に開かれた時間意識が生まれくるとき、はじめて時間意識の近代が到来する」。

この今村仁司の視点と、マティ・カリネスクの視点は、全く同一のものである。さらに今村は、いま書いたことを、教会と商業の関係性を辿りながら、このように説明する。

「定義によって、未来は「まだないもの」である。まだないものを意識することは、まだないものを先取りする意識である。［……］先取りする意識の形成に関しては、まず西欧中世が問題になると思う。よく知られているように、西欧中世においては商業の告発が盛んに行われた。商業というのは具体的には高利貸商人である。〔……〕この商業ないし商人の告発の背景には、一つには神学的、宗教的理由があったと思う。当時は、彼らの言葉でいうと、「神の時間」という意識が非常に強かった。時間とは神のものであるという議論である。キリスト教がイメージしていた神の時間とは、具体的には膨らんだり減ったりせず、永遠に同じものとして反復するような自然の時間としての円環時間のことで、そもそも人間がそれを使ってどうこうすることは許されない神聖なるものであった。

「神の時間」という大前提に対してとなると、「商業の時間」という意識は、中世社会では、ただの神への冒涜にしかならないだろう。

「ところが、中世における商業、つまり両替商や高利貸は、究極のところ時間差を利用して貨幣を膨らませ、金を儲ける行為である。教会の側あるいは伝統保守的な側からいうと、神の時間を有限なる人間があろうことか金を儲けに使っている、時間を利用して利潤を生むなど許しがたい神への冒涜であるという批判になる」。

このようにして、「神学論争」が起きる。「神の時間」という意識と、「商業の時間」という意識とは、原理的に共存し得ない。

「ヨーロッパ中世においては、時間をめぐる争いがまず神学論争としてあらわれてくる。これは教会の時間と商人の時間のぶつかり合いであった。農業世界に足をおろしている教会側の時間は神の時間、すなわち自然時間、円環時間を当然のこととして踏まえているが、他方の商人の時間は計算可能な抽象的時間で、この二つは原理上折りあうことのありえないまったく別の時間概念である」。

では、「神の時間」と「商人の時間」という二つの異なる時間意識の結末は、いったい、どうなるのか？

「最初は宗教界の方が強く、商人は徹底的に敗北する。歴史が下るにつれて、つまり、近代の方にむかうにつれて商人の時間意識が次第に強まり、最終場面では教会時間が完璧に敗北する結果となる」。

こうして、商人の時間意識、つまり直線的な時間意識が、近代の時間意識となった。では、それはより具体的には、どのようなものか？

「次第に時間というものを量的なオブジェクトに抽象化して計算する時間意識が生成していった。[……]時間が量的なオブジェクトになるということは、実際上細分可能な時間になるということである。円環時間は、簡単にいうと、一日を朝、昼、晩の三つぐらいにしか分割していなかったが、商人はこれを一分、一秒という単位まで分割して操作した。そのような微分化可能な量的オブジェクトとしての時間、計算可能な抽象的な時間、簡単にいうと、直線時間は商人の行動から出てきた。商人の行動とは先取りする意識によって先導されている行動であるから、結論として、先取りする意識が後に近代に受け継がれるであろう抽象的で直線的な計算可能な時間を生んだわけである[*121]」。

本書では、マティ・カリネスクの『モダンの五つの顔』での考え方に準じることにする。すなわち、近代の「起源」を「中世」にしようと考える。ただし、これが正しい意味での、近代の「起源」だと主張しているのではない。とりあえずそれに決めておく、というだけの話である。これは、ただの便宜的な話である。

何度も言うが、近代の「起源」がどの時代からなのかは、どうでもいいのである。「起源」は中世からなのか、ルネサンスからなのか、フランス革命からなのかが重要な問題なのではないからだ。重要なのは、近代の「構造」が「直線」であるという事実だけである。

何度も言うが、「モダンという観念が、ある時間的意識の枠の中でのみ、つまり直線的で、逆行せず、かならず前方へと流れる歴史的時間の枠のなかでのみ想定されえたこと」が、重要なのである。「その主たる構成要素は、時間は反復不可能であるという感覚だ」ということが、ここでは最も重要なのである。

3　黒船の意味

では、その西洋の近代の直線の「構造」と比較して、日本の近代の「構造」とは、逆に、どういうものになるのだろうか？ また、その場合に日本の近代の「起源」とは、いったい何時になるのか？ さらに、その日本の近代の「構造」は、西洋の近代の「構造」と、具体的には、どのように関係しているのだろうか？

すでに書いた通り、西洋の近代とは、その「起源」が中世からであるにせよ、ルネサンスからであるにせよ、フランス革命からであるにせよ、それがいったい何時のスタートなのかが、問題なのではなかった。その「構造」が「直線」により規定されていること、それが真に重要な点なのであった。

そしてこの「構造」、つまり「直線」が描き始められた時こそが、近代の「起源」なのである。そして、その「起源」が正確に「何時から」なのかは、実は「空白」のままで構わないのである。とにかく、西洋の歴史の「どこかの段階」で、この「直線」が描き始められていること、それだけがわかれば、十分だからである。

それに対して、日本の近代の「起源」の場合は、フレデリック・ミゲルーの主張するように「複数」である、という見解で、本当に正しいのだろうか？

この答えを言えば、ミゲルーの日本の近代の「起源」は複数であるという説は、完璧に誤った考え方である。この理由は、実に簡単なのである。明治以降の日本の近代は、西洋の近代と同じ「構造」になったからである。

それを念のために、証明しないといけないので、これから、幕末の開国から明治維新について、検討していくことにしよう。開国後、さらに明治維新のあたりから、日本の近代が本格的に胎動し始める。しかし、日本でも、この明治維新という時代が、日本の近代の「起源」として重要なのではない。そこから、すでに述べてきた西洋の近代の「構造」が、日本に本格的に輸入されたこと、取り入れられたこと、それが重要なのである。

黒船が到来してからの日本は、西洋の観念の内側に、完璧なまでに包み込まれた。黒船以前の日本と、黒船以後の日本では、全くその意味内容というか、その精神構造が、完全に異なったものになった。

黒船到来は、日本に決定的なインパクトを与えた。坂野潤治＋大野健一の著書『明治維新　1858－1881』には、「一九世紀後半に、日本社会は外圧によって大きな変化を余儀なくされた」ことが、次のようにまとめられている。

「かつて一七世紀初頭に長い内戦を収拾して打ち立てられた徳川軍事政権は、武士を頂点とする身分制度、中央政権への各大名の絶対的忠誠を要求する政治制度、厳しく管理された対外接触や外国貿易のもとで、二世紀半の政治安定と経済社会の発展を実現した」。

だが、一八五三年、嘉永六年の、アメリカのペリーの黒船により、事態が激変する。

「しかしながら、一九世紀半ばになると、優越した技術力と経済力を誇る欧米列強の到来により、この漸進《ぜんしん》的な内的発展は突然打ち破られた。ペリー提督率いるアメリカ艦隊（四隻のクロフネ）が、武力を背景に日本に開国を強制することを目的に江戸湾に現れたのは一八五三年（嘉永六）年のことであった」[*122]。

このペリーの来航とは、具体的には、どのような事態だったのだろうか？　F・L・ホークス編著で、M・C・ペリーによる『ペリー提督日本遠征記』によれば、黒船の到来は、アメリカ側からの視点では、このように記載されている。

「提督の方針は、やがて明らかになるように、日本政府に対して断固たる態度をとることだった。日本の沿岸に到着する前に、すでに提督はこの方針をすべての公的関係において厳格に実行する決意を固めていた。なぜなら、これこそ自分に託された微妙な使命を確実に成功させる最善の方策と信じていたからである。提督はこれまで同じ使命を帯びて日本を訪問した人々とはまったく反対の方針を採用することにした。すなわち、一文明国がほかの文明国に対して当然とるべき礼儀にかなった行動を、権利として要求し、好意に訴えない。また、自分より前に訪れた先達たちに容赦なくふりかかったような狭量で不快な対応をいっさい許さない。提督がアメリカ国旗の威厳に対して払われてしかるべきものと考えていることに、日本人が少しでも違背することがあれば、当局者の行動も脅迫も無視する、ということであった」。

ペリー提督の要求は、いわば不文律である。交渉と称しながら、実質的には、それを拒否する、それを受け入れないという選択肢を、日本に決して与えなかったからである。黒船を拒否した場合は、武力によって、日本は欧米に完全に制圧されていた。少なくとも、ペリー提督には、到着時に、その覚悟がすでに出来ていた。事実、ペリー提督は、次のように、武力行使も辞さないと堅く決めていたのである。

「武力に訴えて上陸するかどうかという問題は、今後の事態の成り行きによって決定することにした。もちろん、これはたよるべき最後の手段であり、また最も望ましくないやり方であった。しかし、提督は最悪の事態にそなえて、艦隊に常に完全な準備をさせておき、戦時と同じように乗組員を徹底的に訓練した。提督はまた、日本の土地で日本人と会うときに、日本人に対して彼ら自身の排外政策を少しばかり借用して行使するつもりだった。日本人が威厳を示そうとして居丈高にふるまうならば、こちらも相手と同じ手を使ってゲームをしてもよいではないか。ほかの国の国民にも誇りがあり、その誇りを守るべきすべを知っており、日本人が自分たちより優越しているとは認めないことを、日本人に教えてやるのは良いことである[*123]」。

ペリー提督がもはや交渉に臨んで一歩も引かない構えが、ここから十分に窺える。日本人が、自分たちの言うことがもしわからないのなら、力で、それを「日本人に教えてやる」とまで言っているのである。五百旗頭真編『日米関係史』によれば、日本が固辞し、ペリー提督が武力を発動すれば、アメリカは江戸城下まで侵攻していたはずだ、とする。

「日本の鎖国をこじ開けたアメリカが特異な意識と行動様式をとる例外国家であったことは、注目されてよい。実際、ペリーは日本が開国に同意しなければ、艦隊をもって江戸湾を北上し江戸城下まで侵攻しかねない断固たる決意を示す点で、類例のない来航者であった[*124]」。

つまり、日本の開国は、突き詰めれば、欧米の武力による強制開国なのである。これはすでに「至上命題」である。そこに日本の主体的な選択は、全く存在していない。そのようなものが、存在するわけがない。ここにあるのは、ただ日本とアメリカとの「力関係の差」だけである。ペリーの言い分を受け入れるか、それとも無謀にも、彼らと戦って敗北し、アメリカの完全な植民地になるか、そのどちらかの選択肢しかなかったのである。

松本健一は『日本の失敗』で、当時の日本の置かれた状況を、実に巧みにまとめている。

「幕末の日本には、たしかに蒸気船も、様式大砲も、反射炉も、株式会社（カンパニー）も、義務教育も、国民議会も、国際法も、なにもなかった。この状態で、それら一切の近代「文明」をもっている西洋（＝帝国主義列強《パワーズ》）と対抗することは、とうてい不可能だったのである。そこで、幕末の日本は、幕藩体制と門閥制度の徳川時代を自己否定しつつ、自己と異質な西洋の「文明」を手に入れて、近代国家へと自己変革していくしかなかった。その「開国は」、余儀なき選択だった」[*125]。

繰り返すが、日本の内発的な選択の余地などは、ここには全く存在しない。アメリカと日本の関係は、あくまでも、非対称なものである。武力の差があり過ぎる。開国以後も、それは同じことであった。欧米の圧力は、ずっと続いたからである。

ここで滅びないのなら、もはや日本がとるべき選択肢は、たった一つだけである。つまり、如何にしてこの外からの圧力を、でき得る限りに最小限で凌ぐかだけである。

たとえば夏目漱石は、その著書『漱石文明論集』（三好行雄編）において、開国と開化をあくまでも「外発的」であり「内発的」ではないと、当時の日本人の心情を、実に的確に書いている。

「それで現代の日本の開化は前に述べた一般の開化と何処《どこ》が違うかというのが問題です。もし一言にしてこの問題を解決しようとするならば私はこう断じたい。西洋の開化（即ち一般の開化）は内発的であって、日本の現代の開化は外発的である。ここに内発的というのは内から自然に出て発展するという意味で丁《ちょう》度《ど》花が開くかのようにおのずから蕾《つぼみ》が破れて花弁が外に向うのをいい、また外発的とは外からおっかぶさった他の力でやむをえず一種の形式を取るのを指したつもりなのです。〔……〕少なくとも鎖港排外《さこうはいがい》の空気で二百年も麻酔《ますい》した揚句《あげく》突然西洋文化の刺戟に跳《は》ね上った位強烈な影響は有史以来まだ受けていなかったというのが適当でしょう。日本の開化はあの時から急激に曲折《きょくせつ》し始めたのであります。また曲折しなければならないほどの衝動を受けたのであります。これを前の言葉で表現しますと、今まで内発的に展開して来たのが、急に自己本位の能力を失って外から無理押しに押されて否応《いやおう》なしにそのいう通りにしなければ立ち行かないという有様になったのであります[*126]」。

この「外圧」と、それに対する幕府の不手際な対応が、否応なく「明治維新」に繋がっていく。梅溪昇は、その著書『お雇い外国人』の中で、その事実を、正確に書いている。

「そしてこのように国内で徳川封建社会が行きづまってきている時期――一八世紀末から一九世紀の初めになって強大な圧力が外から加えられ、この時から日本は世界的な歴史の流れに巻き込まれるに至った。この時期に外圧が加えられたということは、日本の歴史の流れ、徳川封建社会にとって外的偶然的なものであったが、世界史の流れからみれば必然的なものであった。しかし日本が世界史の流れにまき込まれたのちは、外圧が国内的な諸条件と深く関連しあいながら、むしろ維新史の流れの内容、方向、速度を規定していき、もはや単なる外的偶然的な条件ではなくなって、明治維新の変革の必然的要因として働いたのである。すなわち外圧が日本史の流れを大きく規定し、この外圧にいかに対応するかという問題を軸として歴史が展開して、やがて明治維新の変革となったものである。そして徳川封建社会の行きづまりも、この外圧という世界史的な必然性の流れに沿って生じた、明治維新の変革によって打開されたのである[*127]」。

多木浩二はその著書『戦争論』の中で、開国と明治維新をめぐり、このように語っている。

「明治維新と呼ばれる激しい政治変革は、旧封建時代から山積したきわめて解決の困難な条件を引き継いで行われた。幕末期には、封建制度内部の政治的、経済的、社会的衰退が深刻になり、同時に植民地をひろげつつあった西欧の列強の圧力が身近に迫っていた。幕府はアメリカに迫られて開国し、その後長く悩まされることになる不平等な条約を結んでいた」[*128]。

この多木の発言で最も重要な点は、「幕末期には、封建制度内部の政治的、経済的、社会的衰退が深刻になり」という部分ではなく、「植民地をひろげつつあった西欧の列強の圧力が身近に迫っていた」という箇所である。つまり、アメリカも含む西洋の「植民地主義」が、黒船到来の根幹にあった。ペリーによる開国と、彼らから押しつけられた「不平等な条約」は、欧米による日本の「植民地化」に大きく繋がっていた。

佐々木克はその著書『幕末史』の中で、ペリーの来航と、それによる不平等条約、つまり「安政条約」に触れている。

「ペリー・ショックの実態は、巨大な軍事力の差を見せつけられたことであり、戦う前に敗北するという屈辱だった。［……］第二の屈辱は日米修好通商条約にあった。欧米の近代国家は、国家独自の立場から、輸出入品に課税する権利（関税自主権）があるという共通理解の上で貿易がおこなわれていて、現在でも変わらない原則である。しかしハリスは日本にはその権利を認めなかった。その理由は、日本は文明開化半ばの国（半開の国）だから、欧米諸国と対等なレベルで条約を結ぶことはできない、というものだった」[*129]。

ハリスだけでなく、しばしば指摘されるように、実はペリーもまた、日本を「半未開の国、日本」と考えていた。井上勝生の『開国と幕末変革』によれば、それは次の通りである。

「この外交交渉がはじまる前のことになるが、ペリーが浦賀沖に碇《いかり》を降ろした真夜中過ぎ、突然、南西から北東へ「赤いくさび形の尾をもつ大きな青い球形」の巨大な流星が走り、閃光を発するように艦隊を輝かせた。これを見たペリーは、「特異で半ば野蛮な一国民を文明諸国民の家族の中に組み入れようというわれわれの当面の試みが、流血の惨事なしに成功できるように」(『ペリー日本遠征日記』)と神に祈った。この「半ば野蛮な一国民」という表現は、他のところでは「半未開の国、日本」と記されている」[*130]。

「半未開の国、日本」と、アメリカや、その他の西洋諸国はどのように付き合うつもりなのか? 弱肉強食の世界にあって、その答えはすでに明らかである。佐々木克は『幕末史』の中で、当時の日本は「植民地化」の危機にあった、としている。

「幕末の日本を、このままでは「新アメリカ」になってしまうと、岩倉具視《いわくらともみ》の同志である公家の中御門《なかのみかど》経之《つねゆき》が強くうったえていた。アメリカの植民地になってしまうという意味になるが、アメリカに特別な動きがあったからというわけではなく、欧米列強の代名詞として用いられているのである。〔……〕日本と通商条約を最初に結んだアメリカ、イギリス、ロシア、フランス、オランダの諸国に、日本を植民地にしようとする政策方針があったかどうかという点は別として、東アジアにおける現実の国際環境をみるかぎり、列強による植民地化の方向は強まっていた」。

井上勲もその著書『王政復古』の中で、ペリーの来航を、欧米による「植民地化の危機」と捉えている。

「ペリーの黒船は、日本の政治社会につよい衝撃をあたえた。ただ、四隻の黒船というにとどまらない。黒船を建造したものは、西洋の卓越した技術力と産業力である。黒船をはるばる浦賀沖に派遣したものは、近代国家の強靭な意志である。黒船は、そのそれぞれの、まぎれもない象徴として江戸湾の海上にあった。そして日本に、開国を要請した。［……］これを拒絶することは不可能にちかい。鎖国の状態を維持することは、不可能にちかい。願望は願望として、不可能であるとの認識はしだいに定着していった」。

すると問題となるのは、やはり次の指摘である。井上勲は『王政復古』の中で、このように言っている。「十九世紀の西欧列強の開国要求は、その一面において、主権国家を構築することの要請でもあった。もしも主権国家の構築がなされなかった場合には、植民地として国際社会に組み込まれる。西欧列強の開国の要求は、その反面において、植民地化の危機を日本にもたらしたのだった」[*131]。

井上清は『日本の歴史　中』の中で、この開国を契機とした欧米による日本の「半植民地」に触れている。

「開国は封建制の危機であるばかりでなく、またじつに日本民族の危機でもあった。艦隊の威嚇により強要せられた安政条約は、日本と欧米諸国と対等同権の国として資本主義世界にひきいれたものではなかった。それは、(1) 外人に治外法権をみとめ、(2) 日本の輸入関税率を日本が自主的に決定することをみとめず、相手国との協定を必要とするとし、(3) 外国に一方的最恵国待遇をあたえた。また (4) 開港場には外国人居留地がつくられ、外人は居留地内で永久借地権をもち、かつ自治権をもったが、このような制度と治外法権が結合すると、居留地は事実上の外国領土同然となる。しかも (5) この条約の有効期限を定めず、改定には相手国の同意を要した。安政条約はこのように日本の主権を侵害し制限し、日本を南京条約以後の中国と同様に、半植民地市場として欧米資本主義に従属させるものであった」[*132]。

同じ本の中で、井上清は、イギリスが、日本をロシアの「前哨基地にしようとしていた」と書いている。

「イギリスは、日本にたいしては、自由な平和に貿易の発展のほかは何も望まない、と口ではいいながら、実は日本を、極東でロシアに対抗するための政治的前哨基地にしようとしていた。そして、英・仏両国は、攘夷主義武士から居留外人を守るという口実のもとに、一八六三年以後、横浜に、条約上の何らの正当な権利もなしに、陸軍部隊と海兵隊を駐屯させた」。

また『新装版　日本現代史Ⅰ　明治維新』の中では、「欧米列強には日本を半植民地や従属国にする意図はなかったなどということではない。彼らは明白に日本にそういう意図をもってのぞんでいた」と、井上は明言している。

「武士的攘夷主義および幕府の無力、要するに日本封建制が、形成途上の民族の危機を深めたということは、それが危機の唯一の原因であったとも主要な原因であったともいうことではない。それは、封建主義では資本主義列強が日本を半植民地ないし従属国にしようとする力を防ぐことができないのみか、却て彼らに野心をたくましくさせる口実あるいは契機をあたえたということを意味するのみであって、彼ら欧米列強には日本を半植民地や従属国にする意図はなかったなどということではない。彼らは明白にそういう意図をもって日本にのぞんでいたのである。そして日本の幕府や一般武士たちの封建的立場はそれに十分に抵抗できず、日本はただに経済的に列強の半植民地市場とされたのみならず、政治的にも列強の半植民地あるいは従属国とされる危機にさらされていたことは、これまで述べてきただけの欧米列強の対日行動を見ても明白である」[*133]。

さらに『井上清史論集　1　明治維新』の中では、日本は「すでに半植民地の状態である」として、このように言っている。

「こういう国と後進の弱小国日本とが接するということは、それ自体で直ちに、半植民地とされる危険があることを意味していた。なるほど、日本がどれか一国の独占的支配の下に置かれ、総督政治が行われる、すなわち完全な植民地とされるという、危険性は存在しなかった。しかし、日本がいくつかの外国の勢力下に置かれ、外交上はもとより内政の干渉も受け、国家主権の完全独立をうばわれ、租界をつくられ、外国軍隊に駐屯され、無税にひとしい低税を強要され自国産業を外国商品の競争から保護する手段をすっかりうばわれているという状態、ここに半植民地化の危機があるといわなくて何と云えよう、そうなる「危険」があったというよりもこれはすでに半植民地の状態である」[*134]。

佐々木寛司は、開国と明治維新、さらに「列強による日本侵略‐植民地化・半植民地化への強烈な危機意識」について『明治維新史論へのアプローチ』で、こう述べている。

「明治維新は、過剰ともいえる対外的危機意識によってもたらされた変革である。その意味では、当時の世界史的な状況に規定された国際的危機に、まず眼を向けねばならない。この危機意識に火をつけたのが、ペリー来航（一八五三年）であることは、いまさら指摘するまでもない。対外的な危機意識一般ということであれば、既に一八世紀末以来、対ロシアの危機として一部の先覚的な識者に生じていたが、いまだ漠然としたものにすぎず、ペリー来航の衝撃によるものとは、その意識構造自体が本質的に異なっていた。それは、列強による日本侵略‐植民地化・半植民地化への強烈な危機意識であった」[*135]。

また酒井直樹は「レイシズム・スタディーズへの視座」（酒井直樹他著『レイシズム・スタディーズ序説』）で、「日本の知識人の多くが植民地主義への恐怖を抱いていた」と言っている。

「一九世紀後半に明治維新を経て日本列島に国民国家が成立したわけであるが、国民国家の成立を押し進めさせた動機の一つに日本の知識人の多くが植民地主義への恐怖を抱いていたことはすでに多くの論者が述べている。これまでに国際世界の構造について見てきたように、近代世界は国際法に準拠する「国際社会」（＝「西洋」(the West) と呼ばれることになる）と国際法の権限の埒外に置かれた「非国際世界」（＝「その他」(the Rest)）に分けられていて、国際法の秩序の外に置かれたとき、日本の国家もその住民も、一九世紀後半の時点で圧倒的に優越した西ヨーロッパ・北アメリカ列強の軍事力や経済力に無防備に曝されてしまうことは明らかだった[*136]。

日本は欧米の「半植民地」になった。だが、それでも日本には、西洋の文明に憧れていた面があった、だから、そこには自発的な側面は否定しきれない、という主張がある。だが、それは、ただの「後付け」の楽観主義的な議論に過ぎない。現実はもっと苛酷なものである。支配者は、被支配者に対して、甘い姿勢など、絶対に取らないからである。そこに幾ばくかの寛容さなど、あるはずがない。彼らは、自分達の利益だけしか考えていない。そのためなら、武力も辞さない。

欧米列強が当時、どれほどまでに理不尽な強行姿勢をとっていたか？　イギリスの初代駐日公使のラザフォード・オールコックの、次のような傲慢不遜な発言を聞いたら、それが誰にもよくわかるはずである。岡光夫他編著『日本経済史』には、彼の言葉が引用されている。

「西洋諸国、とくにわれわれ［イギリス］は、東洋に大きな権益をもっており、日本はその東洋の前哨地である。われわれには維持すべき威信と帝国があり、さらに巨大な通商を営んでいる。日本がこの通商の額を増大するために貢献できる程度は、大して考慮するに値しないであろう。［……］しかしながら、日本との貿易はさておくとしても、東洋におけるわれわれの威信というものは、すこしも経費を要せずして艦隊や軍隊の代わりをつとめるひとつの力である。それゆえに、この威信がわれわれの国家の富を大いに節約するものであることをさとるならば、思慮の足りない後退的な措置でこの威信を傷つけたり、危うくするようなことはできない。〔……〕われわれはこの地方において、ロシア、すなわち、満州の沿岸地帯に急速にふえつつある経営地と対抗している。〔……〕（ロシアの通商の繁栄はむしろよろこばしいことだが）ロシアは現在、…軍事的優勢のようなものをこの水域（日本列島を境界とする中国と満州の海岸からアメリカの海岸にいたる水域一帯）にもとめているように思われる。…侵略的な海軍国が、朝鮮と日本、ないしはその一部でも所有するならば無尽蔵に近い資源を手に入れることになるであろう。…かりにロシアがシナ海とオーストラリアの海岸からアメリカの海岸にいたる太平洋においてイギリスの通商に対抗しようとする企図をもつとすれば、これらのものは、ロシアにたいして攻撃の手段を提供することになろう。それゆえにわれわれは、世界をめぐる大英帝国の連鎖を完成するに当って、いまひとつだけ欠けている環である日本海域での併合とか征服とかいう問題にたいして、差し迫った重大な関心をよせざるをえないのである」[*137]。

オールコックは、「日本海域での併合とか征服とかいう問題」などと、平気で言っている。これこそが、まさに支配者、権力者の、一方的で傲慢な、しかしそれ故に彼らの「本音」である。ここでは理念や常識など、一切通用しない。全てが「力による政治」で決まる。つまり、これが「現実政治（リアル・ポリティックス）」なのである。

「現実政治（リアル・ポリティックス）」とは、たとえば坂本義和が『権力政治を超える道』の中で、次のように言う事態である。

「この変化は、「現実主義」の台頭などと呼ばれたが、なにが「現実主義」であるのかは必ずしも明確ではない。この立場の特徴としてごく常識的に考えられるのは、国際政治を見る場合に、「パワー・ポリティックス」、つまり権力政治の側面を非常に重視する点であり、したがってまた、政策を考える場合に、「バランス・オブ・パワー」、つまり「力の均衡」という観念を判断基準とするという点であり、したがってまた、そこでいう「パワー」の最終的な保障手段として軍事力や軍備に肯定的な評価を与えるという点である[*138]」。

石井孝も、イギリスのラザフォード・オールコックの発言から、その著書『日本開国史』を書き出している。

「われわれの通商は、死活的な必要品を供給する。そこでわれわれは、危険や経費をともなわないではないにせよ、いたるところで貿易を求める。われわれは、われわれのたえず増大する欲求や生産力に応じるため、たえず拡大する新しい市場をさがす。そしてこの市場は、主として極東によこたわっているようにみえる。そこでわれわれは、必然的ではないにしても、おのずとそこへおもむく。われわれの第一歩は、条約によって彼らの提供する市場に接近することである。土着権力は、交渉を開始する意向をあまりもっていないので、われわれは、唯一の効果的な手段――圧力を向けて、要求されている貿易にたいするいっさいの権利と便宜とを与えるという趣旨の文書を獲得する」。

オールコックは日本を「土着権力」と言っている。そしてこの種の権力には交渉などしても無駄なので、「唯一の効果的な手段」は「圧力」しかない、としている。これを踏まえて、石井は、日本の開国の意味を明確に書いている。

「これは、日本を含めてすべての極島諸国を開国させる過程の公式を述べたものである。すなわち日本の開国も、他の極東諸国のそれと同じように、英国を中核とする世界資本主義による世界市場形成過程の一環として行なわれたことがわかるであろう。開国の歴史的意味は、実はここにあるのである」。

日本の開国とは、このように「世界システム」から見れば、日本をイギリスやフランス、それにアメリカを中心とする強国による世界資本主義市場の中に、拒否は許さずに、強制的に組み込ませるためのものであった。

同じ『日本開国史』の中で、石井は、開国とは、つまりは日本が世界市場の底辺部に配置されることだとしている。

「このようにして一九世紀中葉には、先進的な資本主義国の英国を中核とし、その周辺におくれて資本主義的国民経済を成立させた米・独・仏諸国を配する世界資本主義がそびえ立ち、その底辺には、世界資本主義のための製品購入市場ならびに原料品・食料品販売市場であるアジア・アフリカ・ラテン＝アメリカの植民地・半植民地ないし経済的従属国がひかえていた。これが、わが開国の時点における世界資本主義の構造である。日本の開国は、日本が世界資本主義の構造におけるかの底辺部へ編入されることを意味する」。

当時のイギリスにとって、日本よりも圧倒的に魅力のあるアジアの国は、中国であった。そのため、イギリスの艦隊は日本に最初には来なかった。そのイギリスの隙をついた、アメリカのペリー艦隊が、日本に先に来たのである。

「開国は、世界資本主義の市場としての日本の開放という歴史的意味をもつ。それは、嘉永六年（一八五三）の黒船渡来、翌安政元年の日米和親条約締結に始まり、安政五年（一八五八）の五ヵ国との通商条約締結をへて、翌六年における その実施によって完結する過程である。この時期は、世界的にいえば、世界資本主義の中核である英国が、まず欧州ではクリミア戦争に忙殺され、それが終ると、アヘン戦争によって獲得した中国市場をいっそう拡大するため、中国との第二次戦争に突入した。このように、英国が日本をかえりみるひまがなかったのに乗じて、極東市場における英国の競争者として、西から太平洋を越えてきた米国が、中間に寄港地を設定しようとして、日本の開国におけるイニシアティヴをとった」。

通商条約により、日本は「世界資本主義の一環となった」。だが、「世界資本主義の底辺部分に編入された」。

「日本を世界資本主義の一環たらしめるための、通商条約におけるもっとも重要な条項は、自由貿易のそれであった。それは、日本を世界資本主義の市場とする上における、いっさいの制約の撤廃を要請したものである。日本は、通商条約によって世界資本主義の一環となったのと同時に、冒頭に一言したように、世界資本主義の底辺部分に編入された。それは、この条約が日本を世界資本主義に従属する市場たることを強制した不平等条約——領事裁判権（治外法権）・協定税率・最恵国条項（いずれも片務的）を三本の柱とする——であることに示されている」[*139]。

黒船によって、日本は世界資本主義市場に強引に取り込まれた。子安宣邦もまた『「アジア」はどう語られてきたか』の中で、一八五〇年とは何かと問いかけて、こう答えている。

「それは欧米先進諸国の軍事力をもってする開港通商の要求によって東アジアがいわゆる「資本主義的な世界秩序（システム）」に組み込まれていった時期を象徴する年である」。

子安は同じ本の中で、これは、日本が「世界史」の中に取り込まれたのを意味するとしている。つまり、日本は、他者としてでなく、西洋の歴史の一部として、その中に編纂されたのである。

「ヨーロッパに発する資本主義という経済的・社会的システムはこの時期にまさしく世界的なシステムとして完成したとされる。ここでの私の議論の主題でもある「世界史の哲学」の語り手の一人であった高坂正顕もまた、「近代的世界は、英国を通じて世界に拡大された。かくて「世界」は一つになった。少なくとも「世界」は一つの方向に向けられた」という。この一つの「世界」の完成とともに「世界史」という歴史世界もまた成立するとすれば、一八五〇年とは東アジアと日本とが「世界史」に組み込まれていった時期を象徴する年となる[*140]」。

このような世界資本主義市場の視点から、明治維新を捉え直したのが、芝原拓自であった。彼はその著書『世界史のなかの明治維新』の中で、封建制度の崩壊という国内的視点でなく、世界史的な視点から明治維新の時代を捉えている。

「以上によって、日本が一九世紀後半の資本主義世界市場に強制的に包摂されていった結果は、ほぼ明瞭であろう。一八八〇年前後までのあいだに、輸出入のほぼ四分の三がイギリスを先頭とする資本主義列強との直接的関連のもとにおかれ、その貿易では、綿糸・綿織物・毛織物・砂糖・各種生産手段などの資本制大工業製品の、保護関税なしでの無防備な流入を許し、生糸・茶・水産加工品などの在来産品の輸出に依存するという型になっている。それが、他のアジア諸国とともに、収支の赤字ということもふくめて、植民地・従属国型の貿易構造を示していたことはいうまでもない[*141]」。

成田龍一は『近現代日本と歴史学』で、この芝原拓自の報告「明治維新の世界史的位置」をとりあげて、こう述べている。

「芝原の議論は、世界資本主義が世界各地を産業化し尽くすという世界史的な動きのなかに、日本が巻き込まれたこと、しかしそのときに日本なりの対応——日本的特殊性があったということを前提としています。世界史によって規定される面と、日本の持つ特殊性との統一的把握を図り、そこから明治維新を考察しようとしたのです。〔……〕芝原は、世界資本主義により日本は「半植民地化の危機」があり、維新改革の過程は「民族的独立の確保」が課題となっていたと言います。一九世紀半ばのアジアにおける選択の可能性は、世界史的規定性のもとで、「植民地・半植民地的分割」による「属国化」か、「経済的ヨーロッパ化」での独立のどちらかであったとします。後者の道は「ヨーロッパ的強盗戦争」の跡を追うことになるのですが、芝原は日本はこの道を選択したとします*142」。

石井寛治もその著書『日本経済史〔第2版〕』で、これと同じような意見を述べている。つまり、開国とは、欧米による日本の世界資本主義への取り込みであり、同時にそれは、日本の植民地化の危機である、という見解である。

「1853年（寛永6）のペリーM.C.Perryの来航にはじまる鎖国制の解体は、幕藩制内部に形成されつつあった諸矛盾を一挙に早熟に爆発させ、鎖国制の外枠によって支えられてきた幕府の支配体制を短時日のうちに崩壊させた。欧米列強による幕末の開港は、イギリスを先頭とする欧米諸国の産業革命が作り出しつつあった資本主義世界市場への日本社会の強制的編入であるという点で世界史的必然性をもつものであり、幕藩制社会の成立期にみられた外圧のように日本側の判断でその影響を遮断することができるものとは異なっていた」。

植民地化とは、強国の軍事的な侵略によるだけではない。資本の輸出と輸入を通した植民地化もあるからだ。石井は、幕末日本の危機をそこに見ている。

「しかしながら、植民地化の危機は、たんに軍事侵略という形でのみ存在したのではない。イギリス・フランスなどの商人・銀行などの資本輸出を媒介とした植民地化の危機もまた存在した。軍需品輸入や軍事工場建設などのさいに諸藩・幕府が背負い込んだ負債はかなりの額に達し、その代償として諸外国にさまざまな利権が与えられた。〔……〕幕府の外債依存は諸外国とくにフランスへの従属＝買弁化を深める方向性をもっていた点でとくに危険なものであった。その点を端的に示すのは、ついに実現しなかったとはいえ、徳川慶喜がフランス公使ロッシュ L.Roches と交渉して結んだ600万ドルの借款契約である。〔……〕1860年代のフランス外交政策における対英協調の原則などからみて、ロッシュが前任地アルジェリアで実行した植民地政策の再版を日本で実施しようという目論見は、もともと実現困難なものであったという見方もありうるが、日本側の対外政策という観点からみた場合には、徳川絶対主義の方向がなんらかの形での植民地化の危険をはらむものであったことは到底否定しがたいように思われる[*143]」。

また『概説日本経済史　近現代〔第3版〕』で、三浦良一は、一九世紀後半の資本主義世界市場の苛烈な競争と、彼らに支配される植民地と従属国について触れている。

「19世紀後半の世界は、先進国イギリスとそれを追う後発国ドイツ・フランス・ロシア・アメリカなど資本主義諸国と、それらの国々の勢力下におかれた植民地・従属国という2つのグループに分かれつつあった。開国した日本は、資本主義諸国の仲間入りができるか、それとも、植民地・従属国になってしまうかという重大な岐路に立たされたのである」。

経済の面で、日本がやはりフランスの植民地になる危険性があった点では、三浦は石井と、全く同じ意見である。

「圧倒的に優勢な先進資本主義諸国の経済力のもとで、日本が、経済的自立性を失って半植民地化する危険性があらわれた。〔……〕とくに、幕府が権力強化のために、フランスから借款を受けるとともに、対日貿易の独占権、北海道の産物開発権をフランスに供給する計画を実施しようとしたことは、日本がフランスの半植民地になる大きな危険性をはらんでいた」[*144]。

こうした日本の「半植民地的な地位」については、アンドルー・ゴードンも『日本の200年　新版上』の中で、このように書いている。

「これら一連の「不平等条約」は、建前のうえでも、実際上も、屈辱的なものだった。アメリカ側が、アヘン貿易を禁止すべきだとする日本の主張を受け入れたこと、そしてイギリスもこれに異を唱えなかったことは確かであるし、指摘するだけの価値はある。もしもアヘンが日本国内に自由に輸入されていたならば、その後の日本がたどった歴史の道筋は、大きく変わっていたにちがいないからである。にもかかわらず、これらの条約が日本に半植民地的な地位を押しつけたこともまた、確かである。政治の面でも、経済の面でも、日本は諸外国の政府に法的に従属することになった」[*145]。

欧米による軍事的、経済的な、力にものを言わせる態度は、日本に相当な屈辱を与え、同時に、選択の余地を与えなかった。クロード・レヴィ＝ストロースは、その著書『人種と歴史』の中で、西洋が植民地に対して「自由な決定」を与えず、「選択の欠如」を行使していたと書いている。

「西洋の生活様式ないしそれのいくつかの局面へのこの同意が、西洋人が思いたがるほどには自発的なものではないことに注目することからはじめよう。それは自由な決定の結果というよりは、選択の欠如の結果なのである。西洋文明は、世界中にその兵隊や銀行や農園や宣教師を布置した。西洋文明は、直接あるいは間接に、有色人の生活に干渉した。それは、自分の生活様式を押しつけるにせよ、あるいは別のものを代わりにすることなく生活様式の瓦壊をひきおこすような条件をつくりあげることによってにせよ、かれらの伝統的な生活様式を根底から揺動かした。したがって、征服され、解体されたひとびとは、かれらに提供される代替の解決を受入れるほかなかった。あるいはそうすまいと思えば、同じ土俵で闘えるように充分西洋文明に接近しようと考えるほかなかったのである。力関係でのこのような不平等がなければ、諸社会は、これほど容易には同調しない[*146]」。

このようにして、ペリーによる開国は、不平等条約を締結させ、幕府を追い込み、必然的に日本は、明治維新へと直進せざるを得なくなる。また文明開化へと至らざるを得なくなる。富国強兵へと至らざるを得なくなる。そして、それらは全てが、主体的な選択の結果ではない。「選択の欠如」によるのである。

この一九世紀の明治維新の前に、一七世紀にはイギリス、一八世紀末にはアメリカ、それにフランスという順番に、三つの国の全てが「革命」を終えて、近代的な国民国家になっていた。それら三つの国家は、一九世紀になる前に、民主主義への道を歩き始めていたのである。とくに他の二つの国よりも早く、一七世紀に革命を終わらせていたイギリスは、安定した社会機構の中で、どこの国よりも先に産業革命に入ることが出来たので、資本家と労働者の二極化、分業システム、機械による量産化が誕生して、近代産業主義に大きな力を入れていた。

その蓄えた近代的な技術力が、最後には、辺境の果ての極東の日本を開国させるところにまで辿り着いた。そして、ペリーの来航に触発され、生き残りをかけた日本もまた、西洋の諸外国に追いつくべく、明治維新を起こす。だから、明治維新もまた、やはり西洋の場合と同様に、まぎれもない「革命」なのである。

歴史学者の中には、明治維新は「革命」ではない、それはただの「改革」であるという人が、いるようである。佐々木寛司の『明治維新史論へのアプローチ』には、こう書いてある。

「明治維新の性格をめぐる論争は、「資本主義論争」とそれに続く「戦後歴史学」の時代にあっては、「ブルジョワ革命」か封建制の再編成としての「絶対主義の成立」かが問われたが、近年に至ると「革命」か「改革」かがそこでの焦点となった」。

これは日本の近代の歴史解釈のおそらく大きな分かれ道になるはずであるが、私は、明治維新はあくまでも「革命」であったと強く考えている。というよりも、論理的に言って、明治維新が革命であるという以外の解釈は考えられない。なぜなら明治維新前後の日本は、いまも述べた通り、西洋からの概念の輸入を基盤として、はじめて機能していたからである。

黒船以降に、西洋の近代を日本に導入するという姿勢は、その西洋の近代の根幹にある理念を全て、日本が取り入れることを意味している。すると、西洋の歴史において最重要の「革命」の理念だけが、そこからすとんと抜け落ちてしまうとなると、日本が欧米の理念を受容したという歴史的な前提が、大きく崩れることになるだろう。

しかし、それだと話がおかしい。開国以来の近代の日本は、欧米の技術や文明を輸入していたのである。そしてその欧米からの輸入の過程で、明治維新が起きている。すでに、一七世紀にはイギリス革命が、一八世紀末にはアメリカ独立革命やフランス革命が起きている。そして、時間的な経緯からして、幕末の武士達は、当然、それらの三つの欧米の革命のことを、よく知っていたはずである。それなのに、明治維新において、それを全く参照していない、欧米の革命の輸入ではない、というのは、何か話がおかしい。明治維新が革命でないとすると、意図して、欧米で起きた革命を、はずして考えた、と言うのか？　その他は、ほとんど欧米からの輸入なのに？　それだと、何か説明が不自然である。

それよりも、日本は、西洋の、たとえば一七世紀のイギリス革命や、一八世紀のアメリカ独立革命、さらにフランス革命の感化を受けていた、だから、明治維新も同じように革命であるとするのが、ごく自然な考え方である。

フランス革命は、市民の革命というより、ブルジョワの革命であった。それに対して明治維新は、武士階級による革命である。ただし、どちらも町民や農民の革命ではない。その場合に、明治維新が革命なのか否かの議論の大きな分かれ道となるのは、フランス革命が王政を打倒したのに、明治維新は「王政復古」した、という点である。明治維新が革命でないと言う論者が出てくるのも、このあたり、つまり王政打倒でなく、王政復古と関係がある。

たとえば明治維新は「革命」なのか否かについては、三谷博は『愛国・革命・民主』の中で、こう書いている。

「そこで明治維新です。維新というと、我々はよく知っているつもりでいますが、あらためて考えると、実にわけの分からないことがいっぱいあるのです。我々が高校や大学で教わった世界の近代史を考える枠組みでは、どうもうまく説明できない。そのせいかどうか、実は、世界の革命を比較した研究の中に、明治維新は登場しません。無視されています」。

この理由の一つとして、たとえば「アメリカに行って話しているとよく分かるのですけれど、革命とは君主制を打倒することだという思い込みが非常に強いのです。そうすると、王政復古、古代からの君主が政権の座に復帰して、それを中心として政治社会が再編成されたという明治維新は、あるはずがない、あってはならない事件というか、偽物の革命と見えるわけです」、としている。

また「維新」が「大日本帝国」に連結しているのも、それが「革命」として評価されない理由だ、という。「なぜ、偽物だと思うか、もう一つの理由があります。維新でできた大日本帝国が、一九三〇年代に大々的に近隣を侵略し、欧米とも戦いました。結果が悪い。結果が悪かったので、その出発点も間違いだったに違いない。こういう理解がアメリカにはよく見られるのです」。むろん、これは「アメリカ人に限りません。日本人にもそう考えた人たちがいました。戦後の維新史研究の主流をなしたマルクス主義歴史家たちも、戦前日本への批判から維新を偽物の革命として捉えました」。

そして「こういうわけで、明治維新は近代世界の諸革命と並べて考えるに値しないとか、たとえ比較するにしても取るに足りないとか、なかった方が本当は良かったのだと言わんばかりの扱いを受けてきたのです」。

だが、三谷博は同じ『愛国・革命・民主』の中で、「しかしながら、世界には君主制を基礎にした革命もあります」と言っている。たとえば「イギリスには後世から名誉革命と呼ばれた革命がありますが、これは維新に比べると小規模な政治変革に過ぎませんでした。これをレヴォルーションと呼ぶのは変ではないかという議論も可能です」と指摘する。三谷は、仮に明治維新が革命ではないのなら、イギリスの一七世紀の名誉革命は――「君主制を基礎」にしているし、明治維新より小規模なのに――なぜ「革命」と呼ぶのかと、逆に、反論者に向けて問い返している。

また三谷は、「明治維新は結果が巨大だった」という点にも注目している。明治維新では、「世界の近代諸革命の中でももっとも大規模な社会的権利の再配分が行われた」からである。これらの事情から、三谷は「というわけで、巨視的に見ると、明治維新の結果はとてつもなく巨大でした。当時の日本は、世界でもっとも人口の大きな国の一つでしたが、そういう国で起きた大事件を無視するのはおかしい。そうすると、維新が世界比較の研究の中に登場しないことは、異常な事態だと言ってよいと思います」として、明治維新はあくまでも革命であるというスタンスを明確に示している。[*147]

さらに三谷は、別の著書の『明治維新を考える』の中でも、「「革命」を「短期間に生じる、大規模な権利再配分」と定義するなら、維新はフランス革命やロシア革命や中国革命に劣らない、近代世界における、もっとも大規模で代表的なそれであると考えるのが妥当である。「大規模な権利再分配は、必ず下から、持たざる者の反抗という形で発動され、多くの流血を伴う」という十九世紀―二十世紀の世界を支配した思いこみは、維新には通用しないのである」と明晰に書いている。[*148]

一方、ケネス・B・パイルは『欧化と国粋』の冒頭で、明治維新を「革命的事業」であり、それを行使したのは「武士の革命家たち」であるとして、明治維新をやはり革命であると、明快に書いている。

「一八六八年、日本の武士的特権階級に属する一党派が権力を掌握し、国家改変の革命的事業に着手した。かれら武士の革命家たちは、一八五三年にペリー提督によってひき起こされた政治的危機を克服しようとする伝統主義的な対応策をしりぞけ、徳川体制を清算し、かれら自身が所属する階級の特権を廃止して、日本の伝統的諸要素を情け容赦なく犠牲に供したのである。西洋列強の挑戦に対抗するため、かれらは日本の旧い構造を取り払い、自分たちが敵対している西洋諸国の文明にもとづく新しい政治的、社会的秩序の形成をめざした」[*149]。

また坂野潤治は『近代日本の国家構想　一八七一－一九三六』の中で、明治維新は「政治革命」だとして、このように述べている。

「本書は、一八七一年の廃藩置県から八一年の「明治一四年の政変」までの一〇年間を、近代日本の「立国過程」と位置づけ、その特徴を明らかにしようとするものである。「立国過程」という耳慣れない言葉で表現しようとするものは、「革命」と「建設」の複雑な絡み合いの過程である。それは「建設」という言葉から連想されるような現実主義的政治指導の時代ではなかった。各々の指導者は自己が明治維新という「政治革命」にかけた理想に拘束され、その観点から具体的な政策を提唱したのである」。

さらに明治維新の革命目的については、坂野は同じ本の中で、続けてこう発言している。

「工業化とナショナリズムだけが、明治維新の「革命目的」であったわけではない。早くは、一八六八年の王政復古直後に天皇によって誓われた五カ条の誓文に、「上からの民主化」が公約されており、これを維新の理想と考える者たちは、七二年から七三年にかけての欧米視察以後は、五カ条の誓文を精緻化して憲法に昇華することを主張した。一言でいえば、工業化とナショナリズムと民主化が、「革命」後の明治政府が「立国」の基礎としようとした理念であったのである[*150]」。

『日本近代史』の中では、「日本近代史上で成功した革命は、明治維新以外にはない」とし、坂野はこう述べている。

「日本近代史上で成功した革命は、明治維新以外にはない。「革命」の象徴は一八六八年一月（慶応三年一二月）の王政復古であるが、その始点は、一八五八（安政五）年の大老井伊直弼による「安政の大獄」、さらにそれに先立つ「安政の改革」にあった。そしてその時以降「王政復古」にいたる一〇年余の変革期を通じて、「体制内改革派」と「体制外改革派」は、激しく対立しながら「改革」の主導権を競っていた。日本近代史では前者を「公武合体派」、後者を「尊王攘夷派」と呼んできた[*151]。

また『普及版　日本歴史体系13　明治国家の成立』での、坂野の見解は、こうである。

「「無血革命」は「無血」であるために旧体制を温存せざるをえず、「革命」であるために旧体制の打破を目指さなければならない。王政復古から版籍奉還にいたる経緯は、「無血革命」のこの二面性を遺憾なく発揮した一年半であった。「公議輿論」は「尊皇攘夷」に次ぐ維新変革の中心スローガンであったから、新政府を有力藩主の合議制で運営しようとする「諸侯会議」派は、侮りがたい力をもっていたのである[*152]」。

その他の内外の多くの歴史家達も、明治維新は革命であるという意見で、かなりの数の人達が一致している。たとえば伊藤彌彦は『未完成の維新革命』の中で、こう書いている。

「イギリス革命、フランス革命、ロシア革命そして明治維新は、いずれも伝統的共同体国家（アンシャン・レジーム）が近代国家へ移行する変わり目に起こった変動であった。その明治維新の変動を、ここではいわゆる革命現象と看なして考察してみたい。革命ならば、いつ始まったのか、担い手はだれか、どんな経過を辿ったか、そしていつ終結したか、が問題となる[*153]」。

アンドルー・ゴードンは『日本の２００年　新版　上』の中で、明治維新を「近代革命というグローバルな主題の、日本的な展開」としている。

「しかしながら、１８６８年の時点のこのような状況を、それからわずか10年後の状況と比較してみると、そのかんに起きた変化は、政治、経済、社会、文化のどの側面からとらえても、息を呑むほど壮絶であり、まさに革命と呼ぶにふさわしいものだった。もちろん、どんな社会も、みずからの過去から完全に自由になれるはずもないし、日本も例外ではない。だが、変革の幅の広さと奥行きの深さは、当時の観察者たちも驚愕したほどのものであったし、150年後に振り返ってもやはり驚異的である。［……］そして実際に、1860年にはじまったこの革命は、近代革命というグローバルな主題の、日本的な展開にほかならなかった。つまり、19世紀から20世紀にかけて世界じゅうのさまざまな社会で生じた変化は、日本においても展開したのである」。

明治維新の中核はエリートの武士階級だったが、それに対してフランス革命は、確かにブルジョワジーが中核をなしていた。そして、そこが矛盾点とされてきた。しかし、二〇世紀になると、アンドルー・ゴードンが指摘するように、エリートの革命がヨーロッパでも登場して来る。それにより、明治維新が決して特殊なケースではないと、ようやく考えられるようになる。

「社会の近代化が織りなすグローバルな歴史と多くを共有しつつも、日本の革命は、18世紀から19世紀にかけてヨーロッパで起こったかずかずの革命とは異なる過程をたどって展開した。ヨーロッパでは、新たに力を得た諸階級のメンバーたち、とりわけ都市のブルジョワジーたちが、それまで長年にわたって強固な地位を確保してきた貴族階級の特権に異議をとなえ、時にはそれを覆した。それにたいして明治期の日本では、旧秩序にたいする攻撃の先頭に立ったのは、旧体制下でエリートのメンバーだった侍たちだった。武士階級がこのような役割を担ったことから、多くの歴史家は、19世紀の日本で起きた事態を、「上からの革命」とか「貴族的な革命」と呼ぶにいたった。［……］20世紀になると、エリート諸集団が政治秩序の再編をはかりつつ、みずからの確固たる地位を徐々に弱める、という過程をたどって近代化革命が進行したケースは、他にもいくつかみられるようになった。その意味では、日本型の近代革命はけっしてユニークではなかった。むしろ日本型の近代革命は、先行する西欧諸国の革命とは対照的ではあったが、それ以降に起きたいくつかの革命とは類似していた」。

また北岡伸一は『日本政治史』の中で、明治維新を「ナショナリズムの革命」と位置づけている。「明治維新について、尊皇攘夷がいつのまにか開国になってしまったという疑問があるかもしれない。しかし、尊王とは「統一政権」と読み替えるべきであり、また攘夷とは「対外的独立」と読み替えるべきなのである。つまり尊皇攘夷とは、ナショナリズムの二つの側面を言い表したスローガンであった。明治維新はどのような革命であったかという問いが、古くからある。ある人は絶対主義の確立であるといい、ある人はブルジョワ革命との親近性を指摘している。しかし尊王攘夷との言葉が示すとおり、それはナショナリズムの革命であったのである」。[*154]

『明治維新史論へのアプローチ』の中で、佐々木寛司は、明治維新が革命であったか否か、いくつかの歴史家による議論を紹介している。それらの中で、明治維新を革命とする意見を拾い上げてみよう。

たとえば佐々木は、中村哲が『集英社版　日本の歴史16　明治維新』の中で、明治維新を「全般的革命」と言っている、と紹介している。事実、中村はその本で、このように書いている。

「明治維新は、日本史上最大の歴史変革であり、日本の社会が前近代から近代へ転換する画期であるとともに、それは、政治的変革であるだけでなく、社会的・経済的・文化的変革でもあった。トータル・レボリューション（全般的革命）とでもいえるであろう。それだけに、今日まで人々は、さまざまな時期に、さまざまな立場から、明治維新に関心をもち、それを理解しようとしてきたのである」。

中村哲はまた、「明治維新は、その歴史的意義の大きさにくらべると、国際的な関心を集めることが比較的少なかった」としている。

「しかし、これまで明治維新は、その歴史的意義の大きさにくらべると、国際的な関心を集めることが比較的少なかった。それにはいろいろの原因が考えられるが、近代の日本人が常にヨーロッパを目標として近代化に努力してきたことが大きな原因であろう。ヨーロッパ近代は日本人の到達すべき目標であり、明治維新はその目標をめざす、たんなるスタート地点にすぎなかったのである。明治維新は、日本にとっては大きな意義があったかもしれないが、ヨーロッパから見れば、日本はおくれて近代化を開始した極東《ファーイースト》の一小国にすぎず、その近代化が非ヨーロッパのなかでは一応成功したとしても、フランス革命やアメリカ独立革命が世界史上においてもつ意義とくらべれば、小さなものであると見られてきた。日本人自身もまた、それを承認してきたのである」[*155]。

佐々木寛司によれば、この「トータル・レヴォリューション」とは、中村哲より前に、すでにフランク・ギブニーが提示している概念だという。

「この「トータル・レヴォリューション」という視点は、明治維新を「文化革命」と捉えたフランク・ギブニーに発するものである。ギブニーによれば、フランス、アメリカの革命は政治革命であり、ロシア、中国の革命はイデオロギー革命であるのに対し、「日本の場合には、近代化への文化的変化は、現実の政治革命に先行し、革命の火が燃え上がるやそれに油を注ぐものであった。この点において、明治革命は近代史の中で試みられた最初の全面革命《トータル・レボリューション》であった」」。

また佐々木寛司は、佐々木克が明治維新について、次のように発言しているのを引いている。「日本史の研究者で、明治維新を『王政復古』の歴史であるなどという人はいないだろう。だからといって、『明治維新』をやめて『明治革命』とすべきだ、というつもりはないが、ただ訳語の場合は、革命をイメージするRevolutionを用いるべきだと思う」。

佐々木寛司によれば、この「明治革命」という訳語は西川長夫の提言によるものであるという。西川長夫は「フランス革命と国民統合」(『国民国家論の射程』に所収)の中で、「明治維新はそうした一連の国民国家形成のための革命の後尾に位置する革命である」と言っている。

「明治維新とフランス革命のあいだに数多くのパラレルな現象が現れるのは、フランス革命がイギリスやアメリカの革命におくれた第二の革命として、急速な国民国家の形成をよぎなくされた革命であり、明治維新はそうした一連の国民国家形成のための革命の後尾に位置する革命であることからきていると思います[*156]」。

この西川の指摘、つまり、フランス革命は、イギリス革命やアメリカ独立革命に遅延しているが、さらに遅延したのが明治維新である、という説明は、実に説得力がある。中村哲は明治維新が遅れた革命であることが、国際的な評価を得ていないとするが、西川の意見は、それを後ろ向きには捉えていない。

また佐々木寛司は同じ本で、「近年の明治維新論議は、この劃期の評価をめぐって、「革命」か「改革」かが争われた。この議論は、第三節で紹介したように、「革命」の側面から捉える視点が、ようやく一般化しつつあることと対応している」と書いている。

三谷博、ケネス・B・パネル、坂野潤治、伊藤彌彦、アンドルー・ゴードン、北岡伸一、佐々木寛司、中村哲、佐々木克、西川長夫らは、揃って明治維新は革命であると言っている。そして、この歴史家達の意見に、私もまた、全面的に同意する。つまり、明治維新は革命である、という見方に、私もまた、積極的に同意する。

このような明治維新の前、つまり開国以来の徳川幕府の末には、早くも西洋からの技術や文明の「輸入」が始まっていた。梅溪昇の『お雇い外国人』にも、やはり開国以来、西洋の技術の積極的な取り入れが考えられたとある。

「幕末最後の段階に当たる慶応期において、幕府、薩藩で様式工業が導入され、それにお雇い外国人が招聘されたことは、外圧への対応の見地からながめると、今までのように、〝外圧への順応〟によって西洋の近代兵器、兵制を取り入れ、旧来の貧弱な軍事力に代えるということから、さらに〝外圧の利用〟へと一歩前進し、西洋近代国家をモデルとして、その先進的な工業力、文明力を積極的に利用して富国強兵の実をあげることに乗り出したことを意味するのである」。

ただし、そうなると、問題が一つだけでてくる。幕府の封建的な体制である。すでに繰り返し述べてきたように、これが日本の本格的な西洋化と近代化に、何かと邪魔になる。

「しかし、このような外圧の積極的利用のもとに富国強兵を図るということは、封建的な社会体制、経済組織では実は不可能なことであった。〔……〕したがって外国の圧力に対抗するため、その外国の力を逆に利用して日本の富国強兵を図ろうと思えば、封建体制そのものをみずから否定するよりほかに道はなかったのである。〔……〕そしてこのような幕府の計画が着々と進んだため、薩長両藩は提携して武力倒幕へ踏み切ったのである」。

繰り返すが、まず、幕末にペリーによる開国の命令があり、徳川幕府は混乱していく。しかし幕府は、早くも西洋からの技術や文明を取り入れようとしていた。そのプロセスにおいて、明治維新が起きている。つまり、すでに西洋からの文明――そこには、当然のように「革命」の理念が含まれている――の輸入の「後」に、明治維新が起きているのである。何度も言うようだが、その明治維新だけが、西洋の革命理念だけを無視したというのは、かえって話が不自然である。だから、論理的に言って、明治維新は革命なのである。むしろ、それだけが西洋の革命でないとすると、西洋からの「輸入」に依存した日本の近代化という話の辻褄が、そこだけ合わなくなる。

こうして、明治維新後に、明治政府を樹立して、西洋からの技術や文明の「輸入」は、さらに加速していく必要があった。欧米によって、日本が本当の植民地にされないために、これはどうしても最低限、必要な条件だった。だが、大隈重信が言うように、明治政府を樹立して近代化に移行したものの、その一方で、正直、いったい何から手をつけていいのか、新政府はよくわからなかった。『お雇い外国人』には、こう書いてある。

「大隈のいうように新日本の建設に当たって、何から手をつけてよいのかわからないというのが実情であった。そこでかれらは、近代化政策を推進するに当たって、すでに幕末、幕府が行なっていたように、多くの外国人を招聘《しょうへい》せざるをえなかった。西洋文明の発展度から、いちじるしく遅れている後進国日本としては、外国人の指導、援助を受けるよりほかに、急速にその政策を推進させる方法がなかった。近代化の及んだ方面は、多方面であり、かつ民間も政府の方針に呼応したので、お雇い外国人はきわめて多数にのぼった」。

こうして明治期には、西洋の近代理念の全面的な導入がなされたのである。それは軍事、医学、芸術、哲学、生物学、法学、政治学、建築など、各方面に恙なく亘っており、それぞれの西洋の専門家達が日本に招聘された。

たとえば政治学ではオランダ生まれのグイド・H・フルベッキ、法律学ではフランスのギュスターヴ・E・ボアソナード、軍事ではベルギー生まれのデュ・ブスケ、外交ではアメリカのヘンリー・W・デニソン、経済学ではイギリスのトーマス・W・キンドル、建築ではイギリスのジョサイア・コンドル、自然科学ではアメリカのエドワード・S・モース、美術ではアメリカのアーネスト・F・フェノロサ、という具合である。

お雇い外国人と日本について、酒井忠康の『覚書　幕末・明治の美術』には、このように言及している部分がある。

「ながい鎖国の扉をあけて、幕末には多くの外国人がやってきた。その後、明治維新政府の上からの近代化政策をすすめる担い手としての「お雇い外国人」はいうに及ばず、ありとあらゆる分野に外国人との接触をもった。しかも「外国製」のレッテルをはることで明治ははじまった。いうなれば、そのレッテルをはがし、「日本製」にすりかえることによって、文字通り日本の近代化はすすんだともいえる」[*157]。

長谷川宏は『新しいヘーゲル』の中で、明治期に行われたのは、日本への西洋の近代理念の全面的な導入である事実――つまり、それは「日本の西洋化」であったこと――を、こう書いている。

「幕末・維新にはじまる日本の近代化は、お手本のある近代化であった。西洋文明をお手本として、できるだけ速くそれに追いつくことを基本方針とする近代化であった」。

その場合は、「お手本に難があるかもしれぬ」とは考えてはいけない。長谷川は同じ本で、続けて、このように言っている。

「お手本のある近代化にとってなにより必要なのは、お手本となる西洋文明を効率よく消化・吸収することである。福沢諭吉には、西洋崇拝の気風とともに、西洋文明の欠陥をも見おとさない冷静な目があったが、日本の近代化の流れのなかでは、短所を見すごさぬ目はむしろ例外というべく、お手本となる西洋文明を素直に拝受するというのが、文明開化の一般的な気風であった。お手本を学びとることが喫緊の急務だと考える人びとにとって、お手本に難があるかもしれぬという考えはすわりのよいものではなかったのだ。お手本は完璧なものであってほしい、と考えるのが、お手本に追いつこうと努力を重ねる人びとの人情というものだった[*158]」。

また、エリック・J・ホブズボームの『資本の時代　I』には、日本の西洋化に関しての言及を見つけることができる。

「一九世紀半ばころには、西洋からみた日本は、他の東洋諸国とまったく同じものとして、少なくとも経済的に後れていることや、軍事的にも劣位にあるため、他の国々と同じように資本主義の餌食となる運命にあるものと思われていた」。

けれども「確かなことは、他の多くの非ヨーロッパ諸国に比べて、日本の方がいっそう進んで西洋を模倣しようとし、また模倣する能力があったという事実である」。とにかく日本は西洋を模倣した。その「西洋化が推進力となった。明らかに、西洋が成功の鍵を握っていた」。日本としては、それ「ゆえに、どんな犠牲を払ってでも西洋を模倣せねばならなかった」のである。

ホブズボームは、「西洋式の衣服や髪型、西洋式の食事（これまで日本人は肉を食べなかった）が、西洋式の技術、建築様式、思想に対してとほとんど劣らぬほどの熱心さで採用された」としている。そのために「一八七五－六年までに五、六百名の、一八九〇年までには三〇〇〇人内外の外国人専門家が――日本人の監督のもとに――雇用されていた」[*159]。

このような経緯の中で、お雇い外国人の一人として来日したイギリスのジョサイア・コンドルは、江戸時代まで存在しなかった西洋の「建築 Architecture」を日本の学生達に「教育」した。その中身とは、古代ギリシアのパルテノン神殿をそのはじまりとして、古代ローマ、ゴシック、ルネサンス、バロック、ロココと続く西洋の建築様式、つまり西洋の伝統である。建築様式は、西洋でも一九世紀になってから、ようやく体系化されている。そして、これをそのまま学んだのが、日本の近代建築の「第一世代」の辰野金吾らであった。

ここには、いかに西洋が文明として優れているのか、そうした西洋中心主義が表明されている。そのため、その西洋に較べて著しく劣った日本は、それを徹底的に学ばなければならない。

西洋人にとって、自国の伝統を教えることは、植民地に対する「文明化の使命」と、ほとんど同じ意味を持つ。弓削尚子の『啓蒙の世紀と文明観』によれば、一八世紀にドイツの教育者のJ・B・バセドウは、こう考えていた。

「世界の未開民族に対して、バセドウは、文明化された隣人が「教師」となって文明化を導くべきだと論じている。〔……〕「啓蒙のヨーロッパ」は、世界の遅れた諸民族の文明化を担うべきだという。十九世紀に植民地主義を正当化する論理としてしばしば説かれた「文明化の使命」という考え方がここに芽吹いている。「黒い伝説」に伝えられるスペインやポルトガルの残虐なコンキスタドール（征服者）とは異なる、「啓蒙された植民者たち」の使命である。もはや暴力支配によって力の優位を示すことはない。世界の進歩を導くヨーロッパの優位は、「科学」によっておのずと示されるのであった[*160]」。

またN・バンセルらの『植民地共和国フランス』では、「文明化の使命」は、このように記してある。「フランスの「文明化の使命」は、フランスが「教会の長女」〔フランスはメロヴィング朝のクロヴィス改宗のカトリックで、しばしば「ローマ教会の長女」と呼ばれてきたが、その語源には所説ある〕として自らに課すキリスト教的な使命と、全世界に幸福をもたらそうというフランス革命の使命とが、入り混じったものである」。

そして『植民地共和国フランス』では、被植民者に対する「西洋人の使命」が、こう示されている。

「彼方の植民地では、こうした使命による恩恵に浴しようとする人びとが、あなたを待っている。被植民者は「宿命によって」西洋人の保護監督下に置かれるのだ。彼らはいつの日にか、啓蒙された人類の仲間になることを期待しているだろう。唯一ヨーロッパ人のみが、歴史に意味をもたらし、世界を解き明かす知的・技術的な手段をもっているのである。人類全体の行く末をより良いものにしようという目的のもとに、この営みは達成されなければならない。したがって、アフリカ大陸やアジアの諸地域に入り込んでいくことはヨーロッパの義務なのであり、ヨーロッパ人の義務なのだ。こうした西洋の宿命は、非ヨーロッパ人の宿命に対応しているのであり（あちら側の劣等性こそが、こちら側の保護監督を要求する）、それに沿って各地で互いに異なる物語が作り上げられていく」。

「唯一ヨーロッパ人のみが、歴史に意味をもたらし、世界を解き明かす知的・技術的な手段をもっている」。何度も言うが、このような西洋中心主義が、お手本の「正体」である。

むろん、この時期に、お手本として輸入されたのは「建築」という概念だけではない。「建築家」、「建築設計事務所」、「設計料」、「建築学会」、「建築史」という考え方もまた、江戸時代には、全くないものばかりである。その全てが同じ頃に、西洋から入ってきた。

藤森照信は『日本の近代建築　上』で、コンドルの教えを受け、日本の近代建築の「第一世代」となった辰野金吾らの「使命」について書いている。

「ほぼ明治時代と重なる彼らの任務は、自分たちの文化の伝統とは無縁のところで成立したヨーロッパの建築を家伝の芸のように習得することが一つ、もう一つは建築家という職能を日本の社会に根づかせることであった」。

だが、「建築」という制度を日本に定着させることは、思いの外に難しい。西洋化したとは言え、どうしてもまだ、一部にかつての慣習が、根強く残っている。藤森照信は、それをこう書いている。

「江戸時代の日本の社会には建築家という職能も設計事務所という組織もなく、棟梁が設計から施工まで一貫して行っていた。開国後、来日した冒険技術者やコンドルが民間に事務所を開いているが、居留地の外国人やごく一部の西洋時事情に通じた日本人相手にすぎなかった。総工費の一割近くに当る設計料というものを別個に支払うのは、それまでの設計・施行一貫の出入りの棟梁の制度になじんだ日本人には余分な支出のように思えて、なかなか定着しないのである[*161]」。

西洋の伝統とその様式を学ぶこと――これはこの当時、何も「建築」だけに限った難問ではなかった。「美術」の場合にも、事情はほとんど同じだったからである。北澤憲昭は『美術のポリティクス』の中で、「江戸時代には「美術」という語は存在しなかった。現在の絵画や彫刻に類する造型は存在したものの、それらが「美術」の名のもとに概念化されることがなかったのだ」と書いている。北澤によれば「「美術」という日本語が登場するのは、一八七三年（明治五）のウィーン万国博覧会にさいしてである」[*162]。

また佐藤道信の「「美術」の制度とその内実」（『美術の日本近現代史』に所収）には、「美術」の由来について触れている箇所がある。

「「美術」という語は一八七三年（明治五）、翌年のオーストリア・ウィーン万国博覧会（万博）への参加を国内に呼びかける布達の出品規定で、初めて公式に使われた。［……］原語は、ドイツ語の kunstgewerbe（美術産業）。同時に第二二五区にも、Bildende Kunst（造型美術）の訳語として「美術」の語が使われている。以後の「美術」の制度は、すべてここから始まる」[*163]。

さらに『眼の神殿』の中で、北澤憲昭は「美術」という制度について、このように言っている。

「「美術」という語は、この「書画大展観」を主催した博覧会事務局ゆかりのことばであった。すなわち、「美術」という語が日本語の歴史に初めて登場するのは、ウィーン万国博に賛同出品するに際して翻訳された同博の出品分類においてであり、この出品分類は、明治五年（一八七二）、すなわち博物館が開館したのと同年の一月に発せられたウィーン万国博への出品を呼びかける太政官布告に付されていたのだ。「美術」は万国博覧会に際してドイツ語に付された官製訳語だったのである」。

結局、「美術」という概念もまた、「建築」と同様に翻訳語なのであり、「輸入品」なのである。『眼の神殿』には、このように書いてある。

「実際、たとえフェノロサが「美術」を普遍の相において捉えようとしていたとしても、その「美術」観がきわめて西洋臭の強いものであったことはすでにみたとおりだし、「美術」という概念自体、もとを正せば、西洋の文化的コンテキストの中で形成されたものであった。その形成過程を、ここではたどることはしないけれど、このことは、日本語の「美術」が生まれたいきさつを振り返れば容易に納得できるだろう。すでにみたように、わが「美術」は、文明開化と共に、西洋から出来合いの概念としてもたらされたのである[*164]」。

この北澤の意見を受けて、佐藤道信は、『明治国家と近代美術』の中で、「美術」という制度を、こう書いている。

「北澤憲昭氏が『眼の神殿』で明快に論述したように、「美術」という概念は明治期に作られた。それによって、近代の「美術」作品も歴史認識体系としての「日本美術史」も、「美術」家も、「美術史」家も、また美術館や美術学校・美術団体といった機構組織もすべて〝美術の制度〟として成立する[*165]」。

ただし、Architectureは、最初は「建築」とは訳されてはいなかった。佐藤道信による「「美術」の制度とその内実」には、これについての記述がある。

「また「建築」は、諸語の並用から、造家学会（一八八六年（明治一九年）が改称した建築学会（一八九七年）以降、「建築」の語に収斂していく。ただ建築の場合、実態としては「美術」より、むしろ工学領域を中心に展開した。今では「建築」も「デザイン」も、「美術」のジャンルになっているが、両者はともに図面に描かれる共通性から、当初の「美術」領域ではむしろ「図案」として扱われている」。

当初、「Architecture」という英語は、「建築」でなく「造家」と訳されていた。それを改変したのは、辰野金吾に続く、近代建築の第二世代に属する伊東忠太である。伊東によって、一八九七年に、「造家」という訳語から「建築」という訳語へと転換するのである。そこから、つまり一八九七年から、「建築」

という制度が本当の意味ではじまった。

『美術のポリティクス』の中で、北澤憲昭は、この経緯の理由について触れている。

「ここにいう「工芸」とは工業の意味であり、ここから当時、建築が工芸（「美術工業」）と同等の境遇にあったことがわかるのだが、建築はかかる中間性ゆえに、第一回内国勧業博以来、「美術」の一ジャンルと目されながらも、「美術の最下等なるもの」とみられていたのであった。伊東のめざすところは、それをまっとうな美術として一般に認知させることであり、そのためには工部大学校に由来する「造家」に代えて、その頃、美術用語として定着しつつあった「建築」を選ぶべきであると考えたのである」。

藤井正一郎他著『復刻版　日本建築宣言文集』には、この「造家」から「建築」への訳語の移行の経緯が記してある。

「わが国では、「アーキテクチュール」の訳語として、明治前半においては「造家」という言葉が主として使われていた。明治一〇年に、工部大学校に「造家学科」が設けられ、また明治一九年に、「造家学会」が設立されたという歴史的事実によっても、それがうかがわれる。［……］しかし、その造家学会が建築学会と改称したのは明治三〇年であり、東京帝国大学の造家学科が建築学科に変わったのは翌年の明治三一年であった」。*166

佐藤道信や北澤憲明の意見によれば、「建築」は、たとえ「最下等なるもの」であろうとも、「美術」に属するもの、という話になる。だが、私に言わせれば、「建築」は「美術」ではなく、あくまでも「工学」に属するものである。これは常識的に考えて、ごく当たり前の話である。建築は現実に建設されるものであり、建設には工学的な技術を必要とするからである。たとえば超高層ビルの建設には高度な工学技術を要するが、それを「建築」と称しても、一般的に「美術」と呼ぶ人は、ただの一人もいない。また超高層ビルほどでない他のビルディング・タイプであっても、「建築」には、何を手がけても、それ相応の工学技術を要する。一般的に、それを「美術」とは誰も言わない。絵画を見に行く時、美術、あるいは芸術をこれから見に行く、とはよく言う。けれども、建築に住んでいる人が、自分は美術、あるいは芸術に暮しているとは言わない。もしも、そのように言う人がいるとしたら、その人は、よほど特殊なタイプ、つまりただの「例外」である。

稲垣栄三の『日本の近代建築』には、「明治のはじめ、建築は芸術ではなく技術の一つとして採り入れられた」と明言された、決定的な箇所がある。

「ところで、日本での近代建築の形成期に、これと同様の活動形式をもとめようとすると、だれでも当惑してしまう。日本では、建築と他の造形芸術との間に、どのような形にせよ、共同・連繫の事実はないし、意志し意見を交換した形跡さえほとんどみとめることができない。建築はつねに（他の諸芸術も多かれ少なかれそうであるが）、独自の領域から目をそらすことなく、孤立の状態のまま、成育時代をおくったからである。かりに、明治中期の辰野金吾や伊東忠太による日本の伝統的建築様式への着目と、美術における日本美術院の誕生ということを、あるいは分離派建築会と文学における白樺派との活動を、相互に比較してみたところで、それはただの比較に終わってしまうのであって、共通の契機や共通の性格がかりに見出されたとしても、それぞれの現象自体は、相互に何の脈絡もなしに出てきたという事実を動かすことはできないのである。明治のはじめ、建築は芸術ではなく技術の一つとして採り入れられたのだから、この場合、むしろ他の技術・工学との関係をみるべきかもしれないが、それにしても事情はほとんど変わらない」。

稲垣栄三は、建築はあくまでも「工学」であり、芸術ではないとしている。『日本の近代建築』の中で、稲垣は同じ問題について、このように言っている。

「明治のはじめ、建築が機械や土木、電気とともに技術の一分野となって以来、建築を芸術の一領域とみるみかたは、大へん遠慮がちにしか育っていない。どのような「様式」でも、それを技術的に処理する道はあるわけだから、ヨーロッパで建築がどれほど芸術としての系譜をもっていたとしても、日本がそのような発達の道をみずから閉ざすことに不思議はなかったのである。大正のはじめに野田俊彦は「建築非芸術論」を発表して、日本のそのような進路をきわめて正確に指摘した。当時の多くの建築芸術論が一般に陳腐であったのにくらべると、この「非芸術論」は、日本の近代建築の大勢を看破している点で出色のものである」。

そして、稲垣栄三は、同じ『日本の近代建築』で、建築を芸術と称する捏造について、こう的確に書いている。

「日本の特異な文化形成のなかでは、ヨーロッパ的な意味での近代精神は、つねに発育不全にさらされていたといえるのである。しかし、技術の発達を追い求めることだけには満足せず、近代的な人間、創造的個人としての資格において建築を「創作」しようとする動きは、ちょうど「非芸術論」とおなじころから芽生えてくる。技術的な発達の側面の方に主要な目標をおく発達のコースからみれば、このような「創造」的建築家はアウトサイダーであり、あまり歓迎されぬ客である[＊167]」。

野田俊彦は一九一四年に「建築非芸術論」を書いた。しかし、そもそも建築は「工学」と考えられていたのだから、それでも野田が「建築非芸術論」を書かなくてはならなかったのは、それ以前に、建築を芸術だと言い出した人物がいるはずなのである。

それは、ジョサイア・コンドルである。藤森照信は『日本の近代建築 上』で、コンドルが教え子の辰野金吾らにこう言っていた、と書いている。

「教育を通してコンドルが日本の学生になんとか伝えようとしたのは一番深いところは、建築の本質についてで、彼はそれを〝美〟と考えていた。そしてその美は、ゴシックとかクラシックとかいう歴史的な建築様式の中にあると考えていた。それを製図版の上で産み出すことのできる者をアーキテクトというのである」。

ここで言う「美」を、すなわち「芸術」である、と考えてみるのは、実に容易いはずである。コンドルは、辰野金吾らに、「建築とは芸術である」と教えた。ただし、コンドルがそう確信していたのは、モダニズム、つまり近代建築ではない。コンドルがイギリスで暮し、建築を学んでいた時代には、まだモダニズム運動は始動していなかった。コンドルが学んだのは、イギリスの一九世紀半ばのヴィクトリアン・ゴシックなどのリバイバリズム、復古主義である。つまり、過去の歴史的な建築様式のリバイバリズムであり、一九世紀末に、その復古主義を否定して抬頭したのが、他でもないモダニズムなのであった。

繰り返すが、合理性、機能性、実用性を唱えるモダニズムの建築は、コンドルが教えた一九世紀の西洋の歴史的な建築様式の建築を否定するところに、その思想的な根幹がある。言い換えると、コンドルの主張する意味での「美」を否定してみせたのが、一九世紀末からのモダニズム運動になるのである。

モダニズムは、コンドルの言う歴史的な建築様式とは、すでに議論の前提段階というか、文脈がまるで異なっている。コンドルの唱える「美」という理念が仮りに正しいと仮定しても、しかしモダニズムの中からコンドル的な意味での「建築は芸術である」という考え方を引き出すのは、原理的に無理なのである。

これを踏まえて、藤井正一郎他編著『復刻　日本建築宣言文集』に所収の「1914　建築非芸術論――野田俊彦」の解説文を読むと、そこには、こう正しく書いてある。

「まず第一に、当時の西欧建築模倣の折衷主義的建築様式を否定し、新しい建築様式をつくりだすためには、「建築は芸術ではない」「建築物は実用品である」という徹底した論理を展開させる必要があったということである。すなわち、建築の目的が実用であるとする考え方は、ヨーロッパ近代建築のいわゆる「機能主義」的思想と呼応するものであり、生硬な形ではあれ、近代的合理主義の芽生えであり、そこからしか新しい建築様式は生まれ得ないという状況は、確かにわが国建築界の中にはあったのである」。

藤森照信は『日本の近代建築　下』で、野田俊彦の「建築非芸術論」について、こう書いている。

「こうした美に対する技術優位の気持ちを一つの論にまとめたのが、佐野、内田の指導で卒業論文を書いた野田俊彦で、『建築非芸術論』と題して発表する。「建築は芸術ではない」、「建築はただ完然なる実用品であれば可である。そのかたわら、美や内容への表現をも有せしめんとするのは、余計の事である」、「建築物を以て都市や自然の景色を装飾せんとするのは誤である」、「建築物は美しきものとせられ易い弱点を有していた」などと述べ、コンドル以来営々と建築は芸術であることを日本の社会に根づかせようと努めてきた日本の建築界にショックを与えた」。

この野田俊彦の「建築非芸術論」に対して、一九二〇年、大正九年に堀口捨己らにより「日本分離派建築会」が結成される。

藤岡洋保の『表現者・堀口捨己――総合芸術の探求――』には、野田俊彦の「建築非芸術論」をめぐり、このような記述が見られる。

「当時の建築界では、一般に建築は「工学」と「芸術」が結合したものと考えられていたが、分離派の会員には、そのうちの「工学」重視（すなわち「芸術」軽視）の風潮が強まってきたように思えたのである。それを象徴するのが野田の「建築非芸術論」だった」。

しかし「当時の建築界では、一般に建築は「工学」と「芸術」が結合したものと考えられていた」のがなぜなのか、それはかなり疑問である。また、なぜ分離派は、それをして、「工学」重視（すなわち「芸術」軽視）と考えたのか、これも、よくわからない。なぜならば、建築とは「工学」だからであり、「芸術」ではないからである。なので、建築とはそもそも、分離派が言うような意味での芸術ではないのだから、元々、軽視しようにも、軽視のしようがない。

『表現者・堀口捨己』によると、この一九二〇年、大正九年に創設された分離派建築会の名前の由来は、次のような理由によるという。

「「分離派建築会」という名称は、よく知られているように、オーストリア・ウィーンのセセッション（「分離派」と訳され、過去の建築様式を適用する設計方を否定し、現代にふさわしい表現を模索することを目的に、一八九七年に結成された芸術家の団体）に由来する。伊東忠太（一八六七－一九五四）の講義でその存在を知ったのがもとになっているが、セセッションの創立からは二〇年以上隔たっていたし、彼らはそのデザインを踏襲しようとしたわけではない。従来のやり方から「分離」する（否定しつつ乗り越える）ことがこの学生たちにとっては重要で、それを「分離派」という語に託したのである」。

また藤岡によればこの分離派建築会は、何度も言うが、建築を「芸術」であると称していた。

「分離派が建築の芸術性を重視していたことはよく知られている。彼らは、建築の芸術性について作品集一で異口同音に主張している。たとえば、「建築は一つの芸術である　このことを認めてください」（石本）とか、「建築は芸術でなければならないと思ひます。絵画や彫刻乃至は音楽と同じ意味で芸術であり得ます。」（堀口）」。

この上で藤岡は、「建築が芸術であるべきことを彼らが強く訴えていたのはまちがいない」としているが、石本喜久治のように「このことを認めてください」とお願いすれば、「はい、わかりました、今日から、建築を芸術といたします」というものではない。事実、藤岡も分離派の姿勢は、「建築の芸術性を高らかに謳いあげる彼らの姿勢はきわめてロマンティックなものである」としている。*168 まさに、その通りなのである。芸術ではない建築を、あくまでも芸術だと言い張るのは、ただそれだけならば、各人の自由である。ただし、それは、ただのロマンティシズムにすぎない。

この日本分離派が日本のモダニズム運動の始まりとされている。稲垣栄三の『日本の近代建築』には、こう書かれている。

「一九二〇（大正九年）年にいたって建築運動をようやく可能にしたのは、建築を芸術として創作することについての理論的な裏づけであった。長い間の思索と「瞑想」が、「創作」を単に希望すべき方法としてでなく、建築家として唯一の正しい態度としての確信に導いたのである。こうした思索の発展のあとは、次のような分離派建築会批判に対する反批判によってもうかがうことができる。「建築非芸術論」は大正期の合理主義の代表的な見解といってよいのであるが、これが大正期の青年建築家にとって克服せねばならぬ相手であったのと同時に、分離派にとっても当面打破すべき理論上の敵手であった」。

稲垣が指摘しているのは、先程の藤岡洋保の本にあるような、石本が「建築は一つの芸術である　このことを認めてください」とし、また堀口が「建築は芸術でなければならないと思ひます。絵画や彫刻乃至は音楽と同じ意味で芸術であり得ます」とする以外にも、堀口捨己が「芸術と建築との感想」の中で、「建築の芸術を是認したい」と主張している点である。

確かに、藤井正一郎他編著『復刻　日本建築宣言文集』に所収の堀口捨己による一九二一年の「藝術と建築との感想」を読むと、「建築は藝術であり得る、藝術であり得なければならない」、「眞の建築は藝術であつて眞の建築家は藝術家でなければなりません」、「建築の藝術を是認したいのです」という言葉が見られる。

だが、堀口の文面を読んでも、また稲垣の文面を読んでも、なぜ、日本分離派建築会の結成後に、堀口捨己が「是認したい」と言えば、建築が芸術となり得るのか、その明らかな「根拠」は、依然として存在しないままである。これは日本だけの話ではない。西洋においても、建築が芸術だという、その明確な「根拠」は、どこにも存在してはいないのである。

少なくとも、モダニズム以降の建築は芸術ではない。堀口のように、モダニズムになれば、建築は芸術であるという論理は、したがって成立しない。

論点を整理するために、堀口捨己の視点から、「建築 Architecture」と「日本の近代建築」を考えてみよう。格好の素材がある。堀口捨己が中心となって、数名で書き記した『建築史』である。分担執筆の記載がなく、最終責任者は最年長者の堀口捨己にあると考え、以下、この本に関しては「堀口によれば」として書いていく。この本では近代建築運動に到って、こう書き出している。

「しかし普通われわれが近代建築というのは、ちょうど美術のほうで、モダーン・アートを訳して近代芸術とか現代芸術というように、モダーン・アーキテクチュアの訳語として使われている。〔……〕すなわち19世紀末、工芸家や建築家の中から、手工業的な過去様式模倣から完全に離れて、新しい芸術を作ろうとする運動が起り（美術と手工作運動、アール・ヌーヴォー、ゼセェッションなど）、それが技術者たちのきりひらいてきた工業材料・工学技術と結びつくことで、近代建築にこれら新しい建築家の手で正しい発展をとげてゆくのである。こうした建築芸術の新しい創造的主張をもち、多くの場合新しい建築運動という形をとって実現されてくる建築をわれわれは近代建築（モダーン・アーキテクチュア）と呼んでいる。言葉をかえていえば、それは近代社会の建築をリードするものであり、近代社会の建築の軸となり主流となってゆくものである」。

すでに、この文の初めから、根拠のない恣意的な操作が見られる。どうして、「美術のほうで、モダーン・アートを訳して近代芸術とか現代芸術というように、モダーン・アーキテクチュアの訳語として使われている」と言えるのか？ まず堀口は、美術には芸術を芸術として保証する「制度（近代美術館）」があるのに、建築にはそれが「ない」ことはすっかりと知らないふりをして、「美術でそうなのだから、建築でもそうだ」という無理な理屈を展開している。その無根拠の大前提の故に、その後の文章も、「こうした建築芸術の新しい創造的主張をもち、多くの場合新しい建築運動という形をとって実現されてくる建築をわれわれは近代建築（モダーン・アーキテクチュア）と呼んでいる」という結論を容易に引き出せるわけである。それから堀口は、分離派建築会の記載の前に、野田俊彦の「建築非芸術論」を記述している。

「そして1915年には野田俊彦が「建築非芸術論」を発表し、建築の構造的・合理的・機能的面を強調した。これは折衷主義的建築芸術を否定し、近代建築の合理主義的立場を自覚し始めたものといえよう」。

このあたりは、野田俊彦の意図を的確に書いている。それから、いわばこの野田俊彦に挑戦する意味で、と言うよりも、野田に「折衷主義的建築芸術」の否定を先に書かれてしまったので、慌てて近代建築運動を唱えないわけにはいかなくなり、堀口らの「分離派建築会」の主旨を、こう書いている。

「1920年（大正9年）、東京大学建築学科の学生によって、「過去建築圏より分離すべての建築をして真に意義あらしめる新建築圏を創造する」ことを目的として、分離派建築会が生まれた。日本最初の近代建築運動であり、ヨーロッパにおけるウィーン・ゼツェッションにおくれること約20年、当時ドイツで盛んであった表現派の影響を受けつつ、過去様式からぬけでることをしなかったアカデミズムに対抗し、新しい建築芸術を主張した。会員は石本喜久治、堀口捨己、滝沢真弓、矢田茂、山田守、森田慶一で、のちに浜岡（蔵田）周忠、岡村（山口）文象も加わった[*169]」。

『復刻 日本建築宣言文集』には、野田俊彦の「分離派運動」も掲載されているが、そこで野田俊彦は、堀口捨己らの分離派建築会を批判して、このような正論を展開している。

「一體建築は作者のものか注文主のものかを考へて見たい。分離派の同人達はそれを作者のものだと考へてゐるらしい。建築家は自分で自分のものを設計する特別な場合を除外すると注文主に頼まれて注文主の要求を満足する様に建築しなければならないものである事は明白だと僕は思ふ」。

これに関連して、藤岡洋保は『近代建築史』の中で、野田俊彦の言う「芸術」と、分離派の言う「芸術」とが異なる、と書いている。

「分離派のいう「芸術」が、野田の否定した「芸術」とは異なるものだったことにも注意しなくてはならない。野田の「建築非芸術論」が批判する「芸術」は、装飾の付加や相称性の重視など、建築を美化する行為を意味しており、歴史主義の美学を念頭に置いたものだった。しかし、分離派、それも堀口のいう「芸術」は、線や面、色などの抽象的な要素の「構成」（コンポジション）によって美がつくられるという主張で、20世紀に主流になる、新しい美学だったのである[*170]。

これと同じ指摘は、『表現者・堀口捨己』にも、執拗に書かれている。

「野田のいう「芸術」と分離派の意味する「芸術」が実は異なっていたことには注意しなくてはならない。後述するように、野田が批判した「芸術」は歴史主義の美学を意味し、分離派のそれは、特に堀口の「芸術」は、線や面などの抽象的な要素の構成を指していた」。

確かに、野田俊彦が「建築非芸術論」で否定しようとした「芸術」とは、ジョサイア・コンドルが日本に導入して、辰野金吾らに教えた歴史主義の美である。そして、野田に触発されて、堀口捨己が言い出した「芸術」は、コンドルの主張していた「芸術」とは異なる。堀口はモダニズムの「芸術」がある、と信じていたからである。

藤岡洋保の説明によると、堀口のいう「芸術」とは、オランダの構成主義がそうであるような「抽象的な要素の「構成」（コンポジション）によって美がつくられるという主張」となるのだが、「構成」（コンポジション）による「芸術」は、あくまでピート・モンドリアンのような画家にとってそうなのであって、建築においては、たとえ、いくら「構成」（コンポジション）を活用しようが、その結末が「芸術」にはなり得ない。

なぜなら、これまでに何度も繰り返し説明しているように、モンドリアンの絵画には美術館という「制度」が存在しており、それを「芸術」であると正しく認定している。だが、建築にはその絵画のような「制度」がないのである。「制度」や「根拠」がないのに、どうして、建築を「芸術」と認定し得るのだろうか？　そのようなことは、あり得ない話である。

それから、念の為に言えば、藤岡の言うように野田俊彦の「芸術」だけでなく、堀口捨己の「芸術」の場合にも、同じく先達の「歴史主義の美学」としての「芸術」を厳しく批判して、近代建築としての「日本分離派会」へと至った側面が強くある。そのことは、忘れてはならない。それは堀口自身が『建築史』で、分離派建築会の創設は、「過去様式からぬけでることをしなかったアカデミズムに対抗し、新しい建築芸術を主張した」としている点からも、また他ならぬ藤岡保洋自身が『表現者・堀口捨己』で、「分離派建築会は日本最初の近代建築運動とされる。それは上掲の宣言文にもあるように、歴史主義を否定したことにもよる」としていることに、すでに明らかである。

よって、残念ながら、藤岡洋保の主張、つまり、堀口捨己が言うように、モダニズムの建築は「芸術」であるという考えは、ただの錯誤でしかない。藤岡の指摘は、むしろ、正しくは、こう言い換えられるだろう。「野田のいう「近代建築」と分離派の意味する「近代建築」が実は異なっていたことには注意しなくてはならない」。両者は、「歴史主義の美学」を否定し、近代建築を推奨した点では、見事に一致していた。だが、野田は「近代建築」に実用性の方を強く求めていたが、分離派のそれは、近代絵画が芸術であるのだから、近代建築もまた自動的に「芸術」である、という大きな錯誤していた」と。

むしろ、ジョサイア・コンドルの言う建築の「美」が、堀口の「建築は芸術である」という論理にすり替わって、コンドルから堀口へと権威者のポストが移動し、堀口捨己という新たな日本建築界の権力者が、日本の建築家達に、建築は芸術であるというアナクロニズムを、無根拠なまま押し付けてきたのだとした方が、ずっと理解しやすい。そして、建築界はそれを黙認して、建築は芸術であるという「無根拠な論法」を、驚くべきことにいまだに、ただ漫然と受け継いで正当化しているのである。

ところでジョサイア・コンドルは、なぜ、イギリスから、極東の日本にやって来たのだろうか？ コンドルは、ただ西洋的な啓蒙主義の「使命感」だけで日本にやって来たのではない。彼は、同時に、日本という未知の国を興味深く観察し、そこに神秘的な関心を強く寄せていたのである。問題は、コンドルの日本への「教育（啓蒙）」と同時になされた、西洋人としてのオリエンタルな「視線」が持っている意味である。

藤森照信は『日本の近代建築　上』の中で、コンドルが「設計の実務はロンドン大学教授にして叔父のロジャー・スミスとウィリアム・バージェスの許で身につけ」たことに着目している。そしてそこに、コンドルが来日した理由を解く鍵が潜んでいる、と考えている。

同じ本の中で、藤森は、ヴィクトリアンゴシックの建築家ウィリアム・バージェスについて、こう書いている。

「ヴィクトリアンゴシックは中世キリスト教世界への想いを精神的バックボーンとして始まっているが、彼は宗教性や倫理性よりは中世の造形への純美術的関心の方が勝っており、こうした耽美的な彼の中世趣味はたやすくキリスト教の枠を越えて東方の異教的な文化に好奇心をよびさまし、トルコ、インド、中国、日本への異国趣味へとつながらずにはおかなかった。彼の周囲には日本美術にとりつかれたウィリアム・ゴドウィンなどが集まり、ヴィクトリア朝デザイン界での東方趣味、日本趣味の先端グループを形成していた。青年期のコンドルはそこへ身を投じ、自分でも、「日本画を好み、平日、相阿弥の画がきし鷲、探幽の筆の雨中の鷲を愛し、其他種々の古画を集め、余暇さえあれば是を看るを上なき楽しみと倣し居れり」という具合だった」。

コンドルの叔父のロジャー・スミスも、東洋に傾倒していた。藤森は続けて、このように述べている。

「東方についてはロジャー・スミスも負けていない。彼はインドに関心が深く、かの灼熱の地に建つべきヨーロッパ建築については一家言あり、地中海方面のより南方的でかつ東方の影響を受けたスタイルに、ヴェランダをつけることを主張し、主張するだけでなくポンペイの美術学校の設計をヴェネチアンゴシックで試みている。時期からみて、コンドルがこの計画にタッチしていた可能性もある」。

このあたりの話から、藤森照信は『日本の近代建築　上』の中で、コンドルの来日の理由を、こう推論している。

「師の一人がインド、中国そして日本へと異国趣味の触手を伸ばし、もう一人がインド通だったとするなら、そこで学んだ多感な青年がいちばん遥かなる異国に向けてジャンプしたとしても不思議はない。コンドルの来日は、明治政府の招聘によるが、彼自身、東方そして日本の芸術文化への強いあこがれをもっていたのである」。

村松貞次郎の『日本近代建築の歴史』によれば、当時のお雇い外国人の来日の動機には、実にさまざまな事情があったようである。

「彼がなぜその輝かしい将来を捨てて極東の一小国日本に来たか、であるが、明治初年に来日したお雇い外国人の来日の動機には、宗教（キリスト教）的関心からの高邁な理想に燃えたものから一攫千金をねらった一旗組まで、それぞれのおもわくがあったようだ。中には本国での生活上の挫折感や徴兵忌避によるものもあった」。

そうした中で、コンドルの場合は、いささか、彼らとは事情が異なっていた、と村松は指摘する。

「しかし中には純粋な知的・芸術的好奇心や憧れに駆りたてられた人びともあった。コンドルの場合、まさにそうであったと思われる。これは来日後の彼の生涯を通しての活動・関心のあり方からしても断言できるところである。当時世紀末のヨーロッパには異国趣味が流行していた。とくに東方の中国、やがて日本への関心が高まっていた。有田の焼物、それを包装していた浮世絵への関心が、ヨーロッパの近代芸術、とくに絵画へ大きな影響を与えたことは有名な事実である。一八六二年ロンドン、一八六七年パリ、そして一八七三年(明治六)はじめて日本が正式に参加したウィーンの各万博を介しての刺激も多かった。建築においてもコンドルの学んだサウスケンジントン美術学校の近くに、日本人大工山添喜三郎らによって神社・家屋・土蔵が建てられ人気を博していた」。

このジョサイア・コンドルの「視線」こそが、ペリーの黒船の「視線」なのである。そして、やはりお雇い外国人の一人として一八七七年に来日したアメリカの動物学者のエドワード・S・モースが、その著書『日本その日その日』の中で記した日本の印象は、まさにコンドルの「視線」と同じ種類の「異国趣味」であった。

「朝飯が終るとすぐに我々は町を見物に出かけた。日本の町の街々をさまよい歩いた第一印象は、いつまでも消え失せぬであろう。——不思議な建築、最も清潔な陳列箱に似たのが多い見馴れぬ開け放した店、店員たちの礼儀、いろいろなこまかい物品の新奇さ、人々のたてる奇妙な物音、空気を充たす杉と茶の香り。我々にとって珍しからぬ物とては、足の下の大地と、暖かい輝かしい陽光とくらいであった[*171]」。エドワード・S・モースの『日本その日その日』の中のこの記述は、つまり大地と陽光以外は、この日本では、その全てが見馴れぬ「異国趣味」に満ち溢れている、ということである。

またドイツに生まれたオトフリート・ニッポルトは、国際法を専門とする人であるが、一八八九年（明治二二年）に独逸学協会学校専修科の招聘で来日している。そして彼もその著書『西欧化されない日本』の中で、伊勢神宮について、やはりコンドルやモースの「視線」のままに語っている。

「伊勢神宮に関しては、なお特筆すべきことがある。すなわちこの神宮は、二十年が過ぎると取り壊され、新しい素材によって全く同じように新築される。宝物の新社殿への引っ越しには、常に特別な祭典の形で、大群衆の下で執り行われる。取り壊された神殿の木材は小片に切り裂かれ——オハライと称する——遺物になって巡礼者たちに売られる。このオハライや、女神の名を印刷したオフダは、神宮の境内で売られ、信者はそれぞれ巡礼の聖なる思い出の品を持って家に帰る。というのは、これはある期間、罪を清める力をもっているのである[*172]」。

オハライやオフダ——オトフリート・ニッポルトの視線は、ジョサイア・コンドル、フランク・ロイド・ライト、そしてこれから述べることになるブルーノ・タウト、ヴァルター・グロピウス、それに今回のフレデリック・ミゲルーにまで至る西洋人のオリエンタルな「視線」そのものである。

エドワード・W・サイードの『オリエンタリズム　下』は、このような西洋による東洋への「視線」の正体を、巧みに説明している。

「オリエンタリストとオリエントの関係は、本質的に解釈学的なものであった。遠く隔たった、ほとんど見きわめのつかない文明や文化遺産の前に立ったオリエンタリズムの学者は、このつかみどころのない対象を翻訳し、共感的に描写し、内的に把握することによってその曖昧性を軽減させた。だが、オリエンタリストはいつもオリエントの外側に立ちつづけたのであり、オリエントはそれがいかに明瞭なものとされようとも、あくまでもオクシデントのかなたにとどまりつづけたのであった。こうした文化的、時間的、地理的な距離感は、奥深さとか神秘性、性的な期待感といった比喩によって表現された。「東洋の花嫁のヴェール」とか「神秘的なオリエント」といった表現が、日常会話のなかで用いられるようになったのである」[*173]。

N・バンセルらは、『植民地共和国フランス』の中で、このサイードの発言を引きながら、次のように書いている。

「エドワード・サイードはそのもっとも著名な書物のなかで、オリエンタリズムの原因と結果について議論している。オリエンタリズムは「他者」を、触れることのできない世界に封印するのだが、その世界は永遠に遅れていると決めつけられる一方で、西洋人に十分に夢見させるほどの異国趣味をもっている。東洋《オリエント》は魅了と反感の空間であり、それを鏡に西洋《オクシデント》はみずからを構築する。サイードが書き記すように、東洋《オリエント》はヨーロッパが作り上げたものなのだが、そのままヨーロッパの文化と文明の一部になってしまった。それは幻想《ファンタスム》や想像力《イマジネール》の領域ではなく、理論的生産や実践の領域である。しかしそこには、その場に生きる住民として、あるいは文化の担い手として、また主体としての「他者」は不在である。東洋は、非ヨーロッパ世界がいかなるものかを「例証」しているのであって、その役割はヨーロッパとは対極的なものを示すことである。したがって東洋を知り、描くことは、ヨーロッパ人にとっては逆説的にみずからを描くことにもなったのである」。

日本は開国後、とくに明治維新以後、西洋の近代という仕組みの中へと回収された。日本人は、それ以降、西洋の「伝統」の枠組みの中で生きるようになる。つまり「オリエンタリズムは「他者」を、触れることのできない世界に封印する」のだ。だから、西洋が「他者」を「他者」として認知することはない。

サイードの『オリエンタリズム』をはじめとして、これはよく言われることであるが、西洋は自らの「外部」を認めない。何らかの「外部」が発見されても、それらが、それ以前の西洋の文脈にない場合、それを正しく「他者」とは認めずに、ただ「異国趣味」としてのみ、西洋の「内部」に回収していく仕組みなのである。たとえばレイ・チョウが『標的とされた世界』の中で言うように、西洋の「外部」は、「驚異」とか「エキゾティズム」という言葉に還元されて、西洋の「内部」に消えている。

「私たちのここでの議論からすれば、(他者の目新しさに対する)「驚異」こそは時間性の政治的力学の情動的徴候であって、間違えようもなく外のものとの遭遇を存在する内部(「連続性」)として領有し、この内部が時を越えて無限に繰り返される差異化の過程の一部とすることに他ならない。たしかにこの無限の操作はさらなる差異化へとつねに開かれているが、しかしながらいまだに解決できない外部(「還元不可能な他者性」としての新世界)のはらむ原初の瞬間へと向けられることはけっしてない。そのような外部の代わりに、いまや「エキゾティズム」があるのだ[*174]」。

「サイードが書き記すように、東洋《オリエント》はヨーロッパが作り上げたものなのだが、そのままヨーロッパの文化と文明の一部になってしまった」とN・バンセルらが言っていた通り、明治以降の日本というオリエントもまた、完全に「ヨーロッパの文化と文明の一部になってしまった」のである。西洋からすると、そこではすでに、日本という名前の「主体としての「他者」は不在」である。日本はもはや、ただの「魅了と反感の空間であり、それを鏡に西洋《オクシデント》はみずからを構築する」ための「理論的生産や実践の領域」に過ぎない。

端的に言えば、日本は、ここからは、西洋の「翻訳」としてしか存在していない。日本が西洋の産業技術や文明を取り入れたことだけを言っているのではない。日本の「起源」や「伝統」についても、事情はこれと全く同じことになるのである。つまり明治以後、「東洋《オリエント》の起源や伝統はヨーロッパが作り上げたものなのだが、そのままヨーロッパの文化と文明の一部になってしまった」のである。

すると、西洋の技術輸入という現実的な側面に文明も加えて、黒船以降の日本の近代の「起源」は、西洋の近代の「起源」と、論理的に言って、全く同じものになっているはずなのである。繰り返すが、明治維新以後、日本は、技術的にも、文化的にも、西洋の「内部」に回収されている。西洋の文脈の中に生きている。となると、明治以降の日本の近代の「起源」もまた、西洋の近代の「起源」の場合と同じく、たった一つにならないと、論理的におかしい。

西洋において近代の「起源」を中世と規定するならば、そこから引かれた一本の不可逆な「直線」が重要なのであった。それはマティ・カリネスクが言うように、「ある時間的意識の枠の中でのみ、つまり直線的で、逆行せず、かならず前方へと流れる歴史的時間」である。この「直線」が、西洋の近代を規定する「構造」である。

そして明治以降の日本の近代では、西洋の近代の理念をそのまま輸入したのだから、論理的に言って、この西洋と同じ「直線」の構造を、その基底に据えているはずなのである。明治維新以後、日本は、西洋の近代のこの「構造」と、全く同様の、「直線的で、逆行せず、かならず前方へと流れる歴史的時間」を持つようになった。そのように考えなければ、西洋の権力構造と、明治からの日本の仕組みとの相関関係が説明できなくなる。

そうなると、これは本書で大変に重要なポイントなので、もう一度だけ繰り返すが、明治以降の日本の近代の「起源」もまた、西洋の近代の「起源」の場合と同じく、たった一つにならないと、論理的におかしいことになる。その「起源」が中世でも、ルネサンスでもどちらでも構わないが、近代の「構造」としての「直線」は、西洋にしても、日本にしても、同じように進歩史的な軸線となるはずなのである。

それは、たとえば山本雅男が『ヨーロッパ「近代」の終焉』の中で言うようなものである。

「明治以降の日本人の歴史感覚は、時代を絶えず拡大再生産するものというまさに進歩史的な色彩を強く帯びているように思われる[*175]」。

また永原慶二は『20世紀日本の歴史学』の中で、これを「普遍主義・進歩史的歴史観」としている。

「欧米の文明はいかにして創出されたのか、日本はそれを学ぶことによって先進国に接近することができるのか、そうした課題意識が啓蒙思想として、普遍主義・進歩史的歴史観を共有するものであったことは、明治前半の史学史を特徴づけている[*176]」。

つまり日本は、明治以降は、西洋を全て真似ているので、結果的に日本も、西洋の近代と同じように、たった一つの「起源」に依存しているのである。それは現在でも全く同じである。日本は戦後以降も、西洋がつくり上げた近代の理念を使い続けているからだ。そして、この事実から確認できるのは、フレデリック・ミゲルーが『ジャパン・アーキテクツ1945―2010』展で主張する、日本の戦後建築の

「起源」は複数あるというコンセプトが、この史的事実と照合した場合に、完全に破綻していることである。

何度も引用しているが、もう一度だけ、念の為に引用しておこう。ミゲルーは公式カタログ『新建築2014年11月別冊　ジャパン・アーキテクツ1945―2010』の「日本建築の来るべきアイデンティティ」の中で、こう書いている。

「日本建築はこのように起源を繰り返し創出するうちに、伝統を無理にでも再構築しつつモダニティをたゆみなく吸収するという矛盾を抱えたまま、その歴史を確立していったのではないか」。

しかし、ミゲルーが、いくらこう主張しても、ここまでの説明でもはや明らかなように、日本の近代の「起源」は複数ではない。なぜなら日本の近代の「起源」もまた、何度も言うようであるが、明治以降には西洋と同じく、たった一つだけになったからである。

確かに、明治以降、日本の「起源」や「伝統」が、時折、「再発見」されることがある。しかし、N・バンセルらによれば、サイードが「東洋《オリエント》はヨーロッパが作り上げたものなのだが、そのままヨーロッパの文化と文明の一部になってしまった」と言っているように、それはもはや、日本人による主体的な発見ではない。そうではなく、それは常に、西洋の「視線」によって発見され続けているのである。「日本的なるもの」とは、この意味ではすでに、日本人のものではない。それは、西洋が作り上げたものなのである。つまり「日本的なるもの」は、すでに西洋の文化や文明の一部になっている。

『ペンと剣』の中で、デーヴィッド・バーサミアンの「知的植民地支配」についての質問に対して、エドワード・W・サイードは、このように実に的確に答えている。

「それは、植民地支配下において、支配者が自分たちを見る視線を自分のなかに取り込んでしまい、彼らに教わり、彼らに支えてもらわなければ自分たちには何をする能力もないと信じてしまうことです。自分たちの社会や価値観に基づく評価は役に立たず、評価でなければ有効性がないという考えを持ってしまうことです。この問題はきわめてたちが悪く、奥深く浸透しているため、食い止めたり変えたりすることができるものかどうかさえ疑問です」[*177]。

日本は、明治以降、自分達の「伝統」ですら、支配者である西洋人に、「これがそうだ、これがあなたたち日本人の「伝統」だ」と、教えてもらうのである。繰り返すが、こうして西洋人が見つけたものだけが、「日本的なるもの」として認められて、日本の建築史に書き込まれることになる。

またサイードは『オリエンタリズム　上』の中で、このことを、次のように言い換えている。

「オリエンタリズムとは、オリエントを扱うための――オリエントについて何かを述べたり、オリエントに関する見解を権威づけたり、オリエントを描写したり、教授したり、またそこに植民したり、統治したりするための――同業組合的制度とみなすことができる。簡単に言えば、オリエンタリズムとは、オリエントを支配し再構成し威圧するための西洋の様式《スタイル》なのである」。

東洋が西洋にオリエント化されるのは、西洋と東洋の間の文化的な関係からではない。その両者の間に、政治的、経済的、軍事的な意味での、決定的な「力の差異」が存在するからである。

「オリエントはつくられた――あるいは私の言葉で言うと「オリエント化された」――ものだと考える場合、それは、もっぱら想像力がそれを必要とするからこそ起こることだと考えたりするのは、事実を偽るものである。西洋《オクシデント》と東洋《オリエント》とのあいだの関係は、権力関係、支配関係、そしてさまざまな度合いの複雑なへゲモニー関係にほかならない」。

東洋がオリエントと見なされるのは、西洋がその関係を力で仕立て上げたからであり、当然のことながら、話し合いの上での、民主的な合意からではない。

「オリエントがオリエント化されたのは、十九世紀の平均的なヨーロッパ人から見て、オリエントがあらゆる常識に照らして「オリエント的」だと認知されたからだけではなく、オリエントがオリエント的なものに仕立て上げられることが可能だった――つまりオリエントはそうなることを甘受した――からでもある。しかしそこには、ほとんど合意というものが見出されない。例えば、フローベールがひとりのエジプト人娼婦と出会ったことから、広範な影響を与えることになるオリエント女性像が創造された場合がそれである。そのエジプト人娼婦はみずからを語ることによって、自分の感情や容姿や履歴を紹介したのではなかった。彼、フローベールがその女性のかわりに語って、その女性を紹介＝表象したのである。フローベールは、外国人で、相当に金持ちで、男性であったが、これらの条件は、支配という歴史的事実にほかならない。この事実のおかげで、フローベールはクチュク・ハネムの肉体を所有するだけではなく、彼女の身代わりの話し手となって、彼女がどんなふうに「典型的にオリエンタル」であるのかを、読者に物語ることができたのである*178」。

黒船以降の日本という国は、支配者としての西洋の「視線」の中にしか、存在していない。日本は、自らのことを自らで語っているわけではない。日本という国は、西洋という支配者の「語り」の中にしか、登場して来ない。ペリーやミゲルーという名の「フローベール」が、日本人という名の「クチュク・ハネム」のかわりに語って、日本を「紹介＝表象」しているだけなのである。西洋は、日本を所有するだけでなく、日本の「身代わりの話し手」になって、日本がどんなふうに「典型的にオリエンタル」なのかを、同じ西洋人の読者に物語ってきたのである。こうして日本は自らを主体的に語る「語り」を、見事なまでに西洋に簒奪され続けている。「日本的なるもの」は、西洋の「視線」からはじめて生産される。「日本」は、あるいはその「伝統」は、日本人でなく、オリエンタリストによってのみ、ずっと生産されている。

明治以降、タウトやグロピウス、それに今回のミゲルーのように西洋人が度々に来日し、その時々において、彼らのような西洋人によって、日本の「伝統」が大きく語られて来ている。すなわち、西洋人によって日本の「起源」が、いつも強く語られて来ている。そして、それらの「視線」のこれまでの「総数」が、起源の「複数説」として蓄積されているのである。

たとえば2章で触れたロラン・バルトの『記号の国』を読み解いたピーター・P・トリフォナスは、自著『バルトと記号の帝国』の中で、こう書いている。

「バルトがもっている日本についての知識は、彼が読んだ日本の歴史や、実際に自分で、もしくはマスメディアを通じて見た日本のイメージから得たものに限られている。「日本」と呼ばれるテクストとイメージからなる西洋のアーカイヴにこのようにさらされることで、西洋文化に対置されるオリエントの文化の一部としての日本の神話ができあがる。それは、「日本の歴史」と呼ばれる歴史遺産を与えられ、それによって日本の文化的な違いを西洋人の頭でも理解できるものにする。つまるところ、「日本」というイメージ——その神話——は、西洋が発明したものなのだ。それは、実在する日本とおよそ似ても似つかない。それは西洋が見た日本の歴史である。日本の文化自体の外側で表象され、ヨーロッパに対置されるオリエント文化の一部として日本の神話がつくられる——バルトなら、異国情緒たっぷりのつやをつけると言うだろうが——のには理由がある。バルトが日本と呼ぶ記号の帝国の背後には何も存在しない、という見方もできるだろう。バルトの日本表象は、文化を読もうとする西洋人が解読不能なテクストに直面したときに感じる不安を映しだしている。この意味では、『記号の帝国』における日本は、空虚な記号の帝国と呼ばれるべきだろう[*179]」。

ピーター・P・トリフォナスの『バルトと記号の帝国』の次の部分は、サイードのオリエンタリズムの見解と、ほとんど同じである。

「「日本」と呼ばれるテクストとイメージからなる西洋のアーカイヴにこのようにさらされることで、西洋文化に対置されるオリエントの文化の一部としての日本の神話ができあがる。それは、「日本の歴史」と呼ばれる歴史遺産を与えられ、それによって日本の文化的な違いを西洋人の頭でも理解できるものにする。つまるところ、「日本」というイメージ——その神話——は、西洋が発明したものなのだ。それは、実在する日本とおよそ似ても似つかない。それは西洋が見た日本の歴史である」。

この文は、エドワード・W・サイードなら、たとえば、このように言う箇所であろう。

「簡単に言えば、オリエンタリズムとは、オリエントを支配し再構成し威圧するための西洋の様式《スタイル》なのである」。

あるいは、サイードなら、それを、このようにも言っているはずである。

「そのエジプト人娼婦はみずからを語ることによって、自分の感情や容姿や履歴を紹介したのではなかった。彼、フローベールがその女性のかわりに語って、その女性を紹介=表象したのである」。

ピエール・ルジャンドルは『西洋が西洋について見ないでいること』の中で、次のように発言している。

「われわれの歴史は、一個の「観測器具」を作り出してきた。それは、あらゆる眼差しを集約し、人間と人間社会の運命について西洋人が見ている、そして知っていると信じているものを見るように仕向けた。「見ていること、知っていること」の内実は変化する。けれども、一歩退きさえすれば、新手の言説の欺瞞も明らかである。そうした言説は包括的なヴィジョンなるものを説き、非西洋性を西洋の下部構造へ切り詰めようとしている。だが、実際のところ、今日の決まり文句と化したこのような考え方が行なっているのは、バロック期の芸術にまつわる表現を借りるなら「眼を作り直す」こと、何度目であるかもわからなくなった眼差しの改変なのである。言い換えれば、それは同じひとつの「観測器具」を調整することでしかない。けれども、まさに調整可能であるということが、この一望監視――それは、さまざまに更新されてきた西洋の「世界観」の製造者である――の特徴なのだ[*180]」。

しかしながら、一九六〇年代後半から、この「西洋近代」の一本の「直線」への疑義、つまり西洋の普遍主義、より端的には西洋中心主義への疑義が、非西洋人によってではなく、やはり西洋人によって唱えられはじめた。

たとえばニクラス・ルーマンは『近代の観察』の中で、モダンが未来への先延ばしであるとした上で、こう書いている。

「近代は（あえて言えば、古典的近代は）自己の予期が充足されるのを未来へと先延ばしにし、自己観察と自己記述に伴うあらゆる問題を、未来が《未だない noch nicht》ことによって回避しようとした。それに対してポストモダンの言説は、未来のない言説である[*181]」。

またジャン＝フランソワ・リオタールは、一九七七年の著書『ポスト・モダンの条件』の中で、西洋にとっての「モダン」を、次のように正確に捉えている。

「このメタ物語がはっきりとした仕方でなんらかの大きな物語――《精神》の弁証法、意味の解釈学、理性的人間あるいは労働者としての主体の解放、富の発展――に依拠しているとすれば、みずからの正当化のためにそうした物語に準拠する科学を、われわれは《モダン》と呼ぶことにする。だから、例えば、真理の価値を持つ言表の送り手と受け手とのあいだのコンセンサスの規則は、それがすべての理性的精神の合意の可能性という展望のなかに組み込まれたときに、はじめて受け入れられることになるだろう。そしてそれこそ《啓蒙》という物語だったわけであり、その物語においては、知という主人公は、倫理・政治的な良き目的、すなわち普遍的な平和を達成しようと力を尽くすのである。この場合には、一個の歴史哲学を含むメタ物語によって知を正当化しつつ、われわれは必然的に、現実の社会的関係を統御している諸制度の有効性をも検証しなければならなくなる。それらの制度も同様に正当化されることを求めているからである。こうして、正義もまた、真理と全く同じ資格で、大きな物語に準拠するようになる」。

リオタールによれば、「ポスト・モダン」とは、次のように、この「大きな物語」、あるいは「メタ物語」への「不信感」となるのである。

「極度の単純化を懼れずに言えば、《ポスト・モダン》とは、まずなによりも、こうしたメタ物語に対する不信感だと言えるだろう[*182]」。

ここでリオタールが、それはモダンへの「不信感」であると書いている点に、十分に注目すべきである。それは「メタ物語」の「否定」では、全くない。リオタールは「ポスト・モダン」との大きな門構えを見せて置きながら、しかしそこで、彼が本質的に主張しているのは、「メタ物語」への、ただの「不信感」

だけなのである。

もっと噛み砕くと、リオタールが主張しているのは、正確には、自分は「メタ物語」について若干の疑問があるのだが、それは本当のところは、どうなのだろうか?と囁いているだけなのである。

そして重要なのは、この「ポスト・モダン」を演出したのも、「モダン」を演出したのと全く同じ「西洋」である、という事実である。近年、「複数のモダニティ」とか、また「文化の多元主義」と言うのも、それもまた非西洋の主体的な態度でも、発信でもない。なぜなら「文化の多元主義」とは、これもまた、西洋がつくりだした「新しい概念」に過ぎないからである。よって「文化の多元主義」は、西洋と非西洋との間の文化の相対化を全く意味してなどいない。「ポスト・モダン」という用語でさえ、その根底にあるのは、相変わらずの西洋絶対主義である。

たとえば、これはフランスの文学者のポール・アザールが、一九三五年の『ヨーロッパ精神の危機』(原題は“La Crise de la Conscience européenne (1680-1715)”,「ヨーロッパ意識の危機」)の中で、次のように書いていることと、実によく似ているのだ。

「過去から現在へ。この第二の地すべりはどこから起こったのか。ヨーロッパの知的世界の一部が、ルネサンスから古典主義時代にかけて信奉された古代崇拝を断罪したのはなぜなのか。有名な新旧論争はこの変化の原因とよくいわれるが、実はその徴候にすぎない。あいう論争がなぜ起きたかを考えなければならないのだ」。

そのように書いてから、ポール・アザールは同じ本で、次のように続けている。

「ほかでもない、意識の底で歴史というものが破産したのである。歴史性の意識自体がなくなりかけていたのである。過去が棄てられたのは、変わりやすくとらえがたいもの、嘘にきまっているものとしか見られなかったからである。過去を知っているなどと言う人をみんな信用しなかった。思い違いをしているか、嘘をついているかどちらかだと思った。大なだれが起こって、あとにはもう現在しか確かなものは残らなかった。あらゆる蜃気楼は未来の方へ逆流せざるをえなかったのだ」[*183]。

ポール・アザールは、ヨーロッパの歴史が、あたかも破産するかのように書いている。だが、この本の原題が『ヨーロッパ人の意識の危機』と題されている点に十分に注意する必要がある。つまり、この一九三五年に出版された本の題名に込められた著者の意図は、全くの「逆説」なのである。著者はヨーロッパの歴史に確かにある危機感を抱いているが、それが真に崩壊するとは、一切、考えていない。著者は、西洋中心主義ではもはや限界であると、本心から心配しているわけでは、全くない。

むしろ、彼の真意は、そのまるで逆なのである。ヨーロッパの「危機」を殊更に唱えれば唱えるほどに、これはヨーロッパ中心主義と、その「歴史」の堅固さを唱える意思表明だからである。

どのように西洋の危機が訪れようが、事態の決定権は、変わらずに「西洋」の掌の中にある。西洋が、非永遠性へと置換されつつあるように見えるのは、リオタールの場合がまさにそうであったように、ただ西洋による気紛れな自己批判という範疇においてだけなのである。西洋がその伝統の根幹にある真理の希求を放棄したり、あるいは、それを本気で変更するつもりなど全くない。

すると「文化の多元主義」という場合も、仕組みとしては、これと全く同じ話になる。西洋は、自らのマーケットの発展先としての非西洋に着目している。つまりマーケットのためだけの関心である。しかし表向きは、まるで非西洋を新しい文化的な価値であるかのような素振りを見せる。

実際には、西洋は文化相対主義と言いながら、少しも非西洋を「他者」として認知などしていない。西洋は文化相対主義を本気では認めてはいない。つまり「ポスト・モダン」は、現実的なレベルでは、「複数のモダニティ」などでは、まるでないのである。

わかりやすい例を一つだけ挙げてみよう。「ワールド・ミュージック」が、その一つの例である。三省堂の「大辞林」には、この「ワールド・ミュージック」という文化現象が何一つとして、西洋中心主義からまるで変っていない事実が、実に端的に示されている。

「欧米から見た異文化圏、主にアフリカ・東洋・中南米の民族音学と欧米のロックなどが融合したポピュラー・ミュージック。1980年代以降プロモーターたちによって多くのグループが登場した」。

また「音楽用語辞典」には、この「ワールド・ミュージック」について、次のように正しく書いてある。「民族音楽を素材とした英語圏以外のポップスの総称として80年代初頭から使われ始めた。エスニック・ミュージックとほぼ同じ意味。西欧に限らず、アフリカ、アジア、東欧、カリブ海、南米などの音楽が新たに注目されつつある。スペインのジプシー・キングス、セネガルのユッスー・ンドゥール、シンガポールのディック・リー、イスラエルのオフラ・ハザなどが世界的な成功を収めている。それまで西洋主体であった音楽シーンに行き詰まりを感じてのムーヴメントという見方もできる」。[*184]

むろん、そうは言っても、「ワールド・ミュージック」が西洋と対等な「他者」になれるわけではない。「ワールド・ミュージック」もまた、西洋主体の産物であることに何ら変りないからである。そして、この非西洋を積極的に売り出しているのは、あい変わらずの「西洋の資本」である。その意味では、「ワールド・ミュージック」は正しくも「オリエンタリズム」の一種なのである。

フィリップ・V・ボールマンは『ワールド・ミュージック／世界音楽入門』の中で、西洋と非西洋との非対称性に言及している。

「西洋と非西洋との間隙《かんげき》は、音楽民族学の発端から研究者を悩ませてきました。この専門領域は実に、この間隙の中で起こる出会いのタイプを分類整理する試み——したがってこの間隙を定義する試み——によって展開してきた、とさえいえるかもしれません。それは歴史的な時期とこの学の焦点の絞り方にもよりますが、「高文化」と「低文化」、「口頭伝承」と「文字文化」、「大衆的」と「エリート的」、「歴史をもつもの」と「歴史をもたないもの」、「前近代的」と「近代的」、そして今日では、「モダン」と「ポスト・モダン」の間隙となっています。これらの用語および概念的な対語がすべて西洋起源であることに気づく時、このパラドックスはより悩ましいものにさえなります。これらの対語の中で、一方が調査する側にあてはまれば、もう一方は調査される側の立場に変換されます」。

このように、ボールマンが「ワールド・ミュージック」において、明らかに西洋による東洋の支配、オリエンタリズムを意識しているのが、わかるだろう。

さらに『ワールド・ミュージック／世界音楽入門』の中で、ボールマンは、このように書いている。

「世界音楽の商業レコードは最初LPで出され、一九九〇年からCDになりましたが、その売り上げはビッグビジネスになりました。そうしたビジネスとしてのレコード産業は、収集とレコーディングが西洋と非西洋との間の力の不均衡を生みだす、そのやりかたに新たな状況をもたらしました。ちょうど啓蒙主義時代にそうだったように、ネオロジズム（新造語）が、世界音楽の最新の再創造の証となっています。もし「フォルクスリート」（民謡）がヘルダーの造語において充分に包括的であったとすれば、「ワールドビート」も「グローバルポップ」も、そして「ワールド・ミュージック」こそ、レコード産業にとって充分に包括的な新造語でした[*185]」。

また「そうしたビジネスとしてのレコード産業は、収集とレコーディングが西洋と非西洋との間の力の不均衡を生みだす、そのやりかたに新たな状況をもたらしました」という指摘にも、ボールマンの本音がよく表われている。

「ワールド・ミュージック」が、多元文化主義の名を借りた西洋の資本主導の販売戦術であることは、塚田健一が「世界音楽と変容する伝統」（塚田健一他編『はじめての世界音楽』に所収）で、端的に述べている。

「また八十年代から九十年代にかけて世界の流行語となった「ワールド・ミュージック」ということばもまぎらわしい。「ワールド・ミュージック」という英語は訳せば「世界音楽」ということになるけれども、前者の名称は1987年ころ、諸民族の音楽の伝統的な要素と西洋的なポップスの語法とをフュージョンしたポピュラー音楽を売り出すために、レコード会社が商業戦略上考えだした名称なのである。しかもその意味するところはかなりあいまいで、その土地の伝統音楽でも一般のあいだではポピュラーになってしまうと「ワールド・ミュージック」と呼ばれたりする[*186]」。

西洋の普遍主義がもはや限界に達したとして、「複数のモダニティ」や「オルタナティブ・モダン」という言葉を、いまやたら使いたがる人がいるが、それが、前向きそうでいて、実は商業の匂いがする偽善である理由も、これと大きく関連している。

「ワールド・ミュージック」とは、文化多元主義に見えて、その実は塚田も言うように、「諸民族の音楽の伝統的な要素と西洋的なポップスの語法とをフュージョンしたポピュラー音楽を売り出すために、レコード会社が商業戦略上考えだした名称なのである」。

一方、東琢磨は『全－世界音楽論』の中で「ヨーロッパのマーケットとエキゾティシズム」について、こう書いている。

「イギリスにおける南アジア系、フランスにおけるマグレブ系など、各国の少数言語集団／地域性といったことを考えると、ヨーロッパも私たちが考える以上に複雑な多文化状況となっており、音楽にもそのことは反映している。［……］一方で、主流文化を支える層が「他なるもの」への関心をあまり持っていないアメリカと比べて、良きにつけ悪しきにつけ、エキゾティシズムの傾向が強いのも特徴となっている。「植民地」へのアンビヴァレントな趣向というべきか」[*187]。

東琢磨は「ヨーロッパも私たちが考える以上に複雑な多文化状況となっており、音楽にもそのことは反映している」としながら、「エキゾティシズムの傾向が強いのも特徴となっている。「植民地」へのアンビヴァレントな趣向というべきか」と続けている。つまり、ヨーロッパでの「全－世界音楽」は、「多文化状況」になど、なっていないのである。それは相変わらずのエキゾティシズムであり、その意味では、ヨーロッパはいまだ普遍主義のままなのである。

また、フランスの社会学者のアンドレア・センプリーニは、『多文化主義とは何か』という本を出している。では、このセンプリーニの主張、つまり多文化主義の場合は、どうだろうか？

「近代性という投企《プロジェ》は「普遍主義」から構築されたが、しばしばそれは、白人やヨーロッパ人の特徴をこともあろうか全人類のものであるとする単一文化の偽装でしかなかった。また近代性の投企は「平等な」公共空間から構造化されたが、多くの社会集団を実際には戸外に放り出したままであった。抽象的で機械のように取り替え可能な個人観に基づいたものだが、多様性という真の経験に従わざるをえず、承認の強硬な要求に直面し、公共空間の隅でかけられている圧力を受け、この空間のまん中で起こりつつある変化についにぼろぼろになってしまった。近代性という投企はもう一度根本からつくり直さなければ、多文化主義の挑戦に対して有効な回答を提示することは困難な状況にある」。

センプリーニは、近代性の単一文化主義、あるいは西洋中心主義を批判しながら、さらに、こう発言している。

「多文化主義の逆説的な性質——ある意味でこれは皮肉であるが——は、近代性《モダニティ》に約束を果たせと要求することで、自らがしかけた罠に近代性をはめたことだ。多文化主義は、近代性《モダニティ》が、普遍性や平等、正義や承認をもたらすはずではなかったか、これらはつねに、近代性の文明的な理念の基盤だったのではないか、と主張してきたからだ。こうして、近代性《モダニティ》は、自らの人質になったのである。近代性《モダニティ》はただ信じることのみ求められてきたのであるが、今度はその約束についてではなく、証拠に基づいて判断されることになった。こうして、近代性《モダニティ》は約束を果たすことがほとんどできなかったと判断されたのである[*188]」。

センプリーニの意見をよく読んでみよう。彼は、近代性は西洋人による単一文化主義だと批判している。だが、同時に彼は、その近代性を根底から否定しようとしているわけではない。「近代性という投企はもう一度根本からつくり直さなければ、多文化主義の挑戦に対して有効な回答を提示することは困難な状況にある」というように、多文化主義が、近代性の外側からではなく、その内側から生まれたものに過ぎないことを認めている。つまり、センプリーニは多文化主義と言いながら、本音では、リオタールによる「大きな物語」への「不信感」の場合と同様に、近代性に苦言を呈しているだけなのである。つまり、センプリーニもまた、結局は、西洋の近代主義者の一人に過ぎない。

センプリーニは、フランス革命による近代性の理念は、本来的には平等にあるのだから、単数でなく複数の文化が評価されるはずだ、と言う。つまり、センプリーニは、母国が起こしたフランス革命の「自由、平等、友愛」が、正しいかたちで、世界に広がっていくはずであり、この革命の原理原則からして、近代性においてそれがいまだになされていないのは、近代性が矛盾に陥っているためだ、と言っている。この発言は、素直に聞く範囲なら、実に正しいものである。

しかし、それならば、その近代性のプロセスで、彼の母国のフランスが、アルジェリアなどに植民地主義を行使して来た歴史的事実については、どうなるのか？　センプリーニは、ここで、それについては何も語ろうとはしない。また彼の母国のフランス革命が、民主主義の原点であると同時に、ギロチンと粛清を経て、ナポレオンの軍事クーデータと独裁政権へと至り、ヨーロッパ全土を巻き込んだ戦争へと至った事実も、完璧に無視したままである。またそのプロセスで、ナポレオンがエジプトから文化的な略奪を行った歴史についても、目をつぶっている。

その上で、近代性の「約束」だけを果たせと要求している。それが果たせないのなら失敗した、とするのである。

このセンプリーニの言い分——というか、それは、言い分というよりは、はっきりと西洋人特有の「欺瞞」にしか過ぎないのであるが——を、カナダの哲学者のチャールズ・テイラーは、その著書『近代——想像された社会の系譜』の中で、また別の角度から反復している。

「もしも近代を何らかの制度上の変化という観点から、たとえば近代的な官僚制度、市場経済、科学・

技術が拡大化してゆく過程として定義するならば、近代とは単一の過程であるという幻想からなかなか離れられないだろう。つまり、いかなる場所でも同じかたちで生じ、究極的には一つに収斂して、われわれ〔西洋〕の世界と同一のものとなる運命にある過程として、相も変わらず近代をとらえてしまうわけである。それにたいして私の考えの根底にある直感は、われわれは「多種多様な近代」について語らねばならないのではないか、というものである。私がここまでいろいろ事例を挙げてきたように、いまでは逃れられない形式となりつつある制度がいくつかあるが、しかしそれは実際に組み立てて動かすやりかたは多様なかたちをとっているのではないか、ということである」。

そのように書いてから、テイラーは同じ『近代』の中で、このように言っている。

「こうした違いが重要であることがわかれば、われわれ〔西洋人〕に理解できないことがたくさんあり、しかもこの違いをわれわれはうまく言葉で説明することすらできない、と謙虚に洞察できるようになる。これをひっくり返してディペシュ・チャクラバーティの簡にして要を得た表現を用いれば、「ヨーロッパを地方化する」作業に取りかかることはきわめて重要なのである。「ヨーロッパを地方化する」とはすなわち、近代とはヨーロッパを範型とする単一の過程であるという見かたを、われわれ自身がついに乗り越えるということである。つまり、ヨーロッパ型の近代は確かに他に先立って登場した第一のモデルであり、これを模倣することで何か新しいものを生み出そうとする対象でありつづけたが、しかし現在では当然ながら多数あるなかの一つのモデル、多様な世界のなかの一つの地方にすぎない——このようにわれわれが理解するようになる、ということだ。そしてその先には、おそらくこのような多様な世界が整然と平和裡に立ち現われてくるのではないかと、(少々儚い希望ではあれ)われわれは期待しているわけである」[*189]。

これに反して、アメリカの歴史家のノーマン・J・ウィルソンは、その著書『歴史学の未来へ』の中で、チャールズ・テイラーがここで大きく取り上げているディペシュ・チャクラバルティの『ヨーロッパの地方化――ポストコロニアル思想と歴史的差異』を、このように批判している。

「現在のところ、最も広範に議論されたポストコロニアルの著作は、ディペシュ・チャクラバルティの『ヨーロッパの地方化――ポストコロニアル思想と歴史的差異』である。副題が示しているように、ポストコロニアルはデリダをはじめとするポストモダニストに負っている。書名はまた、ポストコロニアリズムがヨーロッパの知的ヘゲモニーを拒否しているということも示している。あるいはおそらく、より適切な言い方をするならば、それはヨーロッパの知的伝統の役割を拒否する試みなのであろう。チャクラバルティは明らかにマルクスとハイデガーに負うところがある。驚くべきことに、この本の終章では、この本が地方化したはずのまさにヨーロッパの知性の歴史にこの本自身を位置づけている。「ヨーロッパを地方化することは、ヨーロッパ思想を遠ざける企てでは決してありえない。なぜなら、ヨーロッパ帝国主義が終焉したとき、ヨーロッパの思想はわれわれ全員への贈り物になるからだ[*190]」」。

ノーマン・J・ウィルソンは、要するにチャクラバルティが「この本の終章では、この本が地方化したはずのまさにヨーロッパの知性の歴史にこの本自身を位置づけている」というように、地方化を主張するヨーロッパ自身が西洋主義に陥落していると、その欺瞞を批判しているわけである。

またノーマン・J・ウィルソンはこれに続けて、「ヨーロッパを「地方化」することは、新しいことなのだろうか。また、そもそも必要なことなのだろうか」と疑義を呈した後で、「さらに、ポストコロニアルの立場に立って「ヨーロッパを地方化すること」は、たんにオリエンタリズムのもうひとつの姿になるだけなのではないだろうか」と、チャクラバルティの提案がそもそも錯誤している点についても、鋭く指摘している。

実はこれと全く同じことが、チャールズ・テイラーに対しても言えるのである。テイラーは、ディペシュ・チャクラバルティを高く評価している。その彼自身がまさに「われわれは「多種多様な近代」について語らねばならない」と確かに書いている。そして、テイラーによれば、それは「近代とはヨーロッパを範型とする単一の過程であるという見かたを、われわれ自身がついに乗り越える」ことである。

しかしこれは、読んでいて、実におかしな文章なのである。なぜなら、テイラー自身が繰り返し書いているように、西洋の単一性を「乗り越える」主体は、相変わらず「われわれ［西洋人］」となっているからである。「多種多様な近代」について雄弁に物語るのも、非西洋人ではなくて、やはり「われわれ［西洋人］」なのである。

つまりチャールズ・テイラーの言説は、論理的な仕組みとしては、相変わらずの西洋中心主義の、すなわち「ヨーロッパを範型とする単一の過程」のままなのである。非西洋人が、主体的になって単一性を変えるのではない。単一性を変えると強く主張しているのは、あくまでも「われわれ」、つまり西洋人なのである。反省する主体は、これまで通りに、西洋人のままである。われわれ（西洋人）が単一の近代をつくり上げた。そして、それを複数に修整すると言い出すのも、同じ、われわれ（西洋人）である。この言説では、サイードによるオリエンタリズムの議論ですでに明らかだったように、非西洋人は、どこにも、語り手として存在していない。語り手は、ここでも、西洋人だけである。

上森亮の『アイザイア・バーリン　多元主義の政治哲学』では、「かつてバーリンは、「私の見解とチャールズ・テイラーのそれとの主要な違いは、彼は基本的に、キリスト教徒として、そしてヘーゲル主義者として目的論者だということである。…テイラーは本質というものを信じているのではないかと思うが、私は信じていない」と述べたことがある」と言う記載があるが、バーリンが正しく指摘するように、テイラーは、本質的には、典型的な「ヘーゲル主義者」なのである。[*191]

酒井直樹はその著書『死産される日本語・日本人』の中で、まず、西洋を、このように規定している。

「つまり、西洋は特殊を規定する普遍の契機を代表するのだ。もちろん、西洋はそれ自身ひとつの特殊でもあるが、同時に西洋は普遍的な極を構成し、この極との対照で非西洋は自己を特殊として認知することになる。この点で、西洋は世界のあらゆる場所に遍在することになるのである」。

その上で酒井直樹は、ユルゲン・ハーバーマスにすら、「西洋中心主義」があると指摘している。

「この、西洋と呼ばれる仮想された同一性についての見解は別に新しいものではない。にもかかわらず、たとえばユルゲン・ハーバーマスが西洋合理主義について述べるとき、まったく同じ枠組みが用いられる。ハーバーマスは密かに普遍性の主張と西洋的世界了解を結びつける。この主張の意義を明確化するために、前近代と近代という歴史‐地政的対に依存し、非西洋の神話的世界了解と西洋合理主義のコントラストを強調する」。

さらに酒井直樹は同じ本の中で、ハーバーマスの「自民族主義」について、こう述べている。

「ハーバーマスは〈われわれ〉のなかに再び認識論的自信を樹立するために、自ら認識論的自信に満ちた議論をする。すなわち、現在最も説得力があり、厳密なこの語——エスノセントリック（自民族中心主義）——の規定によれば、彼は単刀直入に〈自民族中心的〉なわけだ」[*192]。

こうして酒井直樹は、西洋人としてのハーバーマスの限界を鋭く突いている。ハーバーマスの西洋中心主義については、後半の議論でまた詳しく述べることになるが、これは、チャールズ・テイラーと同じ矛盾——所詮、彼らは、われわれ（西洋人）に過ぎない、そこからは、抜け出せない——に、ハーバーマスも見事に陥落しているからである。

インドに生まれたG・C・スピヴァクは『サバルタンは語ることができるか』の中で、このようなテイラーやハーバーマスのような西洋を代表する良識的な知識人が、如何に自身が所属する西洋的な欺瞞に自らで陥落しているのか、そこからなぜ、彼らは抜け出せないままなのか、そのことをまるで指摘するかのように、こう発言している点には、十分に注意すべきである。

「今日西洋から生じてきているもっともラディカルな批評のいくつかは、西洋という主体あるいは主体としての西洋を保持しようという、あるいはひとつの利害にもとづいた欲望の所産である。複数形で表示された「主体効果（subject-effects）」の理論はあたかも主体の主権を掘り崩そうとするものであるかのような幻想をあたえるが、実際には大概の場合、この知の主体を隠蔽するための覆いを提供している。**主体**としてのヨーロッパの歴史は西洋の法、経済、イデオロギーによって物語化されたものであるにもかかわらず、この隠蔽された主体はそれが「地政学的規定をもたない」と言いつくろう。主権的主体についての広く喧伝されている批判は、このようなしかたでもって現実にはひとつの**主体**を立ち上げているのだ[*193]」

つまり、西洋人のチャールズ・テイラーやユルゲン・ハーバーマスが、いくらラディカルに西洋中心主義を自己批判しようとも、結局のところ、それは「西洋という主体あるいは**主体**としての西洋を保持しようという、あるいはひとつの利害にもとづいた欲望の所産」に過ぎないのである。テイラーの言説は、

「複数形で表示された「主体効果（subject-effects）」の理論はあたかも主体の主権を掘り崩そうとするものであるかのような幻想をあたえるが、実際には大概の場合、この知の主体を隠蔽するための覆いを提供している」。彼らの言説のように、「主権的主体についての広く喧伝されている批判は、このようなしかたでもって現実にはひとつの主体を立ち上げている」のである。

ヴェルナー・ハーマッハー――は『他自律　多文化主義批判のために』の中で、「多文化主義」も「文化」と同様に、つまりは「ヨーロッパの言語を語っている」と言っている。

「しかし文化多様性の理念、そしてとりわけその多様性を願望できるという理念は、民主主義の概念がそうであるように、ヨーロッパ-北アメリカ的文化に属しており、記述的カテゴリーとしても、いわんや定言的カテゴリーとしても、それ以外の文化の中には登場してこなかった。「文化」なる概念と同様、「多文化主義」なる概念もまた、ヨーロッパ言語を語っているのである」[*194]。

またハンス・ベルディングは『美術史の終焉』に所収の「現代美術と現代の美術史に関する諸省察」の中で、「ポストモダン」について、こう書いている。

「このようなものすべてのために「ポストモダン」という用語は使われる。「モダン」という語は今では自己記述としては使えない。それは我々の現在に言及するのではなく、すでに過去となった様式、いわゆるモダニズムを指すのである」。

むろん、今となっては、過去となったスタイルとは「ポストモダン」の方である。ベルディングは、同じ論文の中で、こうも述べている。

「現代人は、ただそこからの出口が見えないという理由で、我々の社会を明白に特徴付ける、この様式と価値の多様性《プルラリズム》とともに生きねばならない」。[*195]
しかし、ハンス・ベルディングの主張する「多様性《プルラリズム》」とは、すでに述べた「多文化主義」と、ほとんど同じ――つまりは、「ヨーロッパ言語を語っている」――ものなのである。
このような「ポスト・モダン」は、結局は「モダン」と、本質的に何も変わらない。つまり、その「ポスト」の意味する「多様化」という如何にも口当たりの良い言葉ですら、「ヨーロッパを範型とする単一の過程」の、ただの変種に過ぎないからである。
室井尚は、ヴィレム・フルッサーの『写真の哲学のために』に載せた、「解説／文化の大転換のさなかに」において、こう書いている。
「なぜならここで問題になっているのは明らかに「自由な主体」とそれをめぐる「近代的」な諸前提それ自体だったからである。ポストモダニズムはこれらの前提を解体するが、その解体作業それ自体がこれらの前提なしには成り立たない。「大きな物語の凋落」というスローガンがそれ自体【大きな物語の凋落】という大きな物語」へと変貌し、「自由な主体」の不在が逆に「自由な超主体」の幻想を作り出す。［……］ポスト・モダニズムのパラドクスはこの点に存在しているのであり、それゆえにその後において政治的リベラリズムの全面的勝利を生み出していくという皮肉な結果を招いたのである」。[*196]
【大きな物語の凋落】という大きな物語」とは、「われわれ［西洋人］」が、西洋を自己批判しただけの話であり、実際には、それまで通りに、世界の出来事の決定権は全て「われわれ［西洋人］」の範疇にあると、あらためて念を押しているに過ぎないのである。
テリー・イーグルトンは『ポストモダニズムの幻想』の中で、同じことを、このように言い換えている。

「ポストモダニズムでは「統一された自我」の歴史がしばしば問題にされるが、それはまったく非歴史的な歴史であるだけでなく、ポストモダニズムがことあるごとに非難する歴史的筋書き《グランド・ナラティヴ》に酷似したものである」。

そして、イーグルトンによる批判の矛先は、ジャック・デリダへと向かう。

「ポストモダンの理論にとって、歴史とは同じ過ちの際限ない繰り返し以上のものではない。やや誇張した言い方をすれば、こうした歴史観を整理したのがジャック・デリダであった。彼はこの分野にやや遅れて登場し、プラトン、あるいは、創世紀のアダムより連綿と続く、統一的自我の概念と、その形而上学的誤りの歴史を記述してみせた。ピーター・オズボーンも「メタナラティヴの死を語るナラティヴは、自らが葬るはずのいかなるナラティヴより、ずっと壮大なメタナラティヴを作りあげた」と指摘する。ポストモダン文化は変化、流動性、オープン・エンド、不安定性を評価するにもかかわらず、ポストモダニズ理論は、ソクラテスからサルトルにいたる多種多様な思想のうち、あるひとつの共通点だけを単調に繰り返し批判する。こうやって、一般に均質的だとされる西洋史は、ポストモダニストの手によって、さらに均一化されることになる」[*197]。

イーグルトンの発言のポイントは、「メタナラティヴの死を語るナラティヴは、自らが葬るはずのいかなるナラティヴより、ずっと壮大なメタナラティヴを作りあげた」という点にある。

これは、室井尚の言う「「大きな物語の凋落」というスローガンがそれ自体「【大きな物語の凋落】という大きな物語」へと変貌し、「自由な主体」の不在が逆に「自由な超主体」の幻想を作り出す」と、全く同じことを言っている。

このように西洋の自民族中心主義は、どこまでも強靭である。この西洋中心主義は、非西洋を西洋化する。そしてそれこそが、ペリー以来の西洋の「視線」なのであるが、一九三〇年代になると、ここにブルーノ・タウトの「視線」が加わって来るのである。

宮元健次の『桂離宮　ブルーノ・タウトは証言する』によれば、一九三三年五月三日に、タウトは夫人とともに、「ナチスに追われてドイツを脱出した」。そして「日本到着の翌日にあたる五月四日、タウトは早くも桂離宮を拝観する」。タウトの案内は、「おそらくタウトを日本に招待した「日本インターナショナル建築会」の上野伊三郎《うえのいさぶろう》が準備したことであろう」[*198]。

磯崎新は『始源のもどき』の中で、このタウトこそが伊勢神宮を、日本の建築史に浮上させたと書いている。

「建築史上の関心からはマイナーで、さらには明治以来国家神道の中心に置かれたために扱うことさえ畏れられていたイセの神宮に、突然近代建築家の関心を集めたのはブルーノ・タウトが『ニッポン』（一九三三）、あるいは『日本の家屋と生活』（一九三六）で提出した簡明に図式化されたイセの神宮建築の評価であった」。

伊勢神宮を、現在のような神話的建築に押しあげたのは、日本人ではない。西洋人のブルーノ・タウトである。そしてそれを為したのは、西洋の植民地主義の「視線」である。それが、日本美を「再発見」する、ということの、本当の意味である。これは幕末の黒船がしたような、暴力による日本美の「再発見」とは全く異なるように見えて、実は構造的には、ほとんど同じ仕組みに基づいている。『忘れられた日本』の中でタウトは、このように述べている。

「日本精神の最高の建築的創造が伊勢神宮と桂離宮とであることは、まったく疑いをさし挟む余地のない事実である。日本はこの両者において、国際的意義をもつ卓抜な建築を創造した。つまりこれらの建築は、すぐれているが故にのみ、日本において最も国民的な建築となり得たのである」[*199]。

またタウトは『ニッポン』においては、伊勢神宮と桂離宮とを不気味なほどに大絶賛している。たとえば「伊勢神宮」については、次の通りの記述である。

「日本がこれまで世界に与えた一切のものの源泉、まったく独自な日本文化をひらく鍵、完成せるかたちのゆえに全世界の賛美する日本の根原――それは外宮、内宮、及び荒祭宮《あらまつりのみや》をもつ伊勢神宮である」。

『ニッポン』では、「桂離宮」について、タウトは、桂離宮を西洋のパルテノン神殿と比較すら行っている。

「私が日本に着いた翌日、つまり、私が初めて朝から晩までを日本で過ごした最初の日に、私は京都郊外にある桂離宮をつぶさに拝観するという最大の幸福をもった。それからあとで日本の旧い建築に接して得たさまざまな経験から推すと、第十七世紀の竣工したこの建築物こそ実に日本の典型的な古典的建築であり、アテネのアクロポリスとそのプロピレアやパルテノンにも比すべきものである。私は日本を訪れる数週間前に、旅行の途次たまたまギリシャのアクロポリスを観ているので、両者から受けた印象が実に強く似通っていることを断言できる」。

また『ニッポン』では「伊勢神宮」についても、タウトはパルテノン神殿との比較を行っている。

「ところが当時のすぐれた創造的精神は今日でもなお死滅していないのである。日本には太古の日本的建築が如実に存在する。古来二千年にわたって西洋建築に影響を与えているアテネのアクロポリスとこれを比較してよければ、日本はいわば日本のアクロポリスをもつ、――即ちそれは伊勢神宮である。しかし伊勢神宮――なかんずく外宮が最もすぐれている、――アクロポリスのような廃墟ではない。二十一年毎に絶えず造替せられて、日本人の眼前にいつも新鮮な姿を示している、これはまさに世界無二の事実である。また材料、構成及び釣合の純粋なことも、余の世界のとうてい示し得るところではない。日本人は伊勢神宮を国民の聖祠として崇敬している、まして日本の建築家ならば特にこれを建築の聖祠として尊崇してよい。この建築の美しさを絵画や写真で示すことはまったく不可能である、世界の建築家達はみずから親しくここへ詣でねばならないであろう。日本という国土の成就したこのあくまで独創的な業績は、独創的なるが故に全世界の所有する作品になっているからである。まことに外宮は建築の聖祠である[*200]」。

これと似たようなことは、タウトの『日本美の再発見』にも書いてある。伊勢神宮について、彼は、「日本がこれまで世界に与えた一切のものの源泉、あくまで独自な日本文化をひらく鍵、完成した形の故に全世界の讃美する日本の根源――それは外宮《げくう》、内宮および荒祭宮《あらまつりのみや》をもつ伊勢である」としている。またこの本では、桂離宮について、タウトは、「私は、桂離宮のこの旧い建築において、私が現代建築の重要な基礎として確立した理論が、間然するところなく実証されていることを知った」としている[*201]。

また『日本の家屋と生活』でも、伊勢神宮を、やはり、タウトは高く評している。

「伊勢神宮こそ、全世界で最も偉大な独創的建築である。〔……〕伊勢神宮は全体としてこのうえもなく簡素にすら見える。しかしこれはまったく理性的なものが意識的に最高の醇化を達成した結果にほかならない[*202]」。

田中辰明はその著書『ブルーノ・タウト』で、「タウトは来日するとその翌日一九三三年五月四日に、京都郊外にある桂離宮を訪ねた。桂離宮は、江戸初期に後陽成天皇の弟の八条宮、(のち桂宮)智仁《としひと》親王が造営した別荘である。源氏物語になぞらえた回遊式庭園や、書院、茶室が、往時の姿のまま残っている」と書いている。また「桂離宮については、すでに建築家岸田日出刀《ひでと》が『過去の構成』(一九二九年)に、「モダーンの極致である」と記しており、タウトが初めてその美を発見したわけではない」としている。*203

だが、この岸田日出刀の評価についての、田中辰明の主張は、的外れである。岸田日出刀の宣言がタウトより早かったことは認めよう。だが、それでも西洋人のタウトの発言の方が、日本にとっては圧倒的なインパクトがあった。

磯崎新は『建築における「日本的なもの」』において、次のように書いている。

「桂にかかわる著作のなかで、ブルーノ・タウトの桂評価の功績を認めないものはまずいない。だがここに共通しているのは、外国人の建築家に先鞭をつけられてしまったことへの、後発者のうらみごとといった調子である」。

また磯崎は『建築における「日本的なもの」』で、森蘊の著書『桂離宮の研究』の「タウト氏の著書が一般に読まれるようになってから、桂離宮の価値認識は改められ、一躍日本美術史学否日本全国民の注視を浴びるように至った」と言う箇所を引用している。

しかし、磯崎新の指摘するのとは違って、問題の核心部分は「外国人の建築家に先鞭をつけられてしまったことへの、後発者のうらみごと」にあるのではない。日本人が真の意味で先鞭をつけることなど、黒船以来の原則からして、元々あり得ない話だからである。日本という主体ではなく、西洋という主体が常にこの国を、繰り返し「開国」させ続けているからだ。日本人による「伝統」や「日本的なるもの」の発見など存在しない。近代の日本において、その「伝統」を発見する主体は、繰り返すが、常に西洋人の「視線」だけである。

ところで、ここで想起するのが、SANAAによる『ルーヴル・ランス美術館』である。『ルーヴル・ランス美術館』は、フランス北部のマルヌ県のランスにある。それは、ガラスとアルミの建築である。二〇〇五年のコンペティションで、最終段階で日本のSANAA（妹島和世＋西沢立衛）が、イラク生まれのザハ・ハディドと一位を同点で競った。

ジャック・ラングの『ルーヴル美術館の闘い』によると、次のような経緯で、SANAAの一位が決定している。

「二〇〇五年九月、SANAAのプロジェクトが、県会議員の票決で僅差をもって勝利を得た。賛成二二票（社会党、緑の党）、反対二二票（国民運動連合、フランス民主連合、国民戦線、フランス共産党）であったがペルシュロン総裁の票は二票として数えるので賛成票を優位に立たせたのである」。

最終的には審査委員長のペルシュロンがSANAAの案を実施作に決めて、二〇一二年に建物は完成している。

「カーサ・ブルータス」2013年11月号によると、『ルーヴル・ランス美術館』の建設の背景には、次のような事情があった。

「そもそもどうして、〝もう一つのルーヴル〟を開館することになったのか。ここから話をしよう。フランス政府は2003年、文化芸術の首都一極集中を避け、民主化および地方分散化する政策を発表。これに基づきルーヴル美術館の分館建設が決定した。立候補した6都市のうち、元炭鉱の町ランスに白羽の矢が立ったのが04年。翌年には120ものプロジェクトの中からSANAAが見事コンペを勝ち抜いた。ザハ・ハディッド、スティーヴン・ホールらを退けての勝因はもちろん、ルーヴル側にSANAAの提案がぴたりと合致していたからだ。［……］美術に触れる機会の少なかった一般人にもアクセスしやすいこと、森を含む20ヘクタールもの広大な敷地を生かすこと。これらの要求に対しSANAAが出した回答は、ガラスとアルミによる平屋の建物が雁行してつながる構造だった」[*204]。

しかし美術館の「地方分散化」は表向きの理由である。実際には、さびれた炭鉱町を観光地として立て直す起爆剤が、この『ルーヴル・ランス美術館』に課せられた、真の役割だからである。だから、その使命は文化的効果だけでなく、当然のように経済的な効果が大きく求められている。フランク・ゲーリーの『ビルバオ・グッゲンハイム美術館』（一九九七年）と、ある意味では同じブランド美術館としての政治学が、ここにも強く作動している。

ジャック・ラングの『ルーヴル美術館の闘い』には、SANAAの選定について、このような記述がある。

「実をいうとこの日本人ユニットはすんなりと選出された訳ではなかった。議員たちはこの受賞プロジェクトには派手さもなく、メディア受けもしないのではと思っていたのである。おそらく彼らはグッゲンハイム財団がスペインのバスク自治州にある港町ビルバオに建設した有名な美術館を基準に考え、さらにザハ・ハディドの彫刻を思わせるような建築デザインにより近い建物、すなわち「新たなビルバオ」を求めていたのであろう。ヴォア＝デュ＝ノール紙でこの日本人のデザインについて批評したダニエル・ペルシュロンの論評どおり、彼らもまた日本人のプロジェクトにありがちな「平凡さ」を危惧したのだった」。

そのように記してから、ジャック・ラングは、自らの意見を強く主張し始める。「アンリ・ロワレットと私自身はまったくその逆のことを考えていた。「新たなビルバオ」という発想は名案ではないと。すなわち、ランスに建設されるその建物は目を引くような外観にこだわるのではなく、その内容にこだわることこそ大切なのであるから。私は妹島和世の設計した作品をいくつか目にしていた。その一つである最新作「金沢21世紀美術館」はすべてがシンプルで透明感があり理に適っているのである。またドイツやデュッセルドルフやデンマークにある建物も見に行った。ほぼミニマルアートともいえる洗練されたシルエットの建物は美しく、バランスがとれていて機能的であり、それらは私には強い印象を与えたのだった。私は確信を得た。ランスは景観にすんなり溶け込んだ、シンプルで親しみやすい、つまり建物の奇抜さで人の気を引くビルバオとは対極の美術館を必要としたのである」。

しかし、まさにこのジャック・ラングの唱える議論こそが、「ビルバオか、それともアンチ・ビルバオか」という意味において、相変わらずフランク・ゲーリーのビルバオを「基準値」として論じているものなのである。アンチ・ビルバオというアイデアも、「ビルバオ」と同じ「ブランド戦略」の変種に過ぎない。つまり、それこそゲーリーの「ビルバオではない、新しいタイプの、そしてより強力なブランドの希求」を意味しているからである。

これに関連して、ジャック・ラングは「ルーヴルはパリやランス、アトランタ、アブダビなど、受け入れる場所ならどこでも名を連ねる」と明言している。ルーヴルと言う「ロゴ」の、この露骨な切り売りを、ルーヴルという「ブランド」の売買であると言わずして、何と言えばいいのか？

ルーヴル美術館の館長アンリ・ロワレットは、ＮＨＫ総合テレビで放映された『ＳＡＮＡＡの冒険』の中で、このように語っている。

「ザハ・ハディドは確かに天才的な建築家です。しかしこの敷地にはふさわしくないと思いました。ザハの設計案はバロック建築のような壮大なイメージですが、私たちが求めていたのは、もっと控えめで落ち着いた建築でした」。

テレビ番組の『SANAAの冒険』では、それまでヨーロッパでは無名だったSANAAが「なぜヨーロッパで評価されたのか」、その理由についてSANAAの建築に、「欧米の知識人は日本の伝統に通じる美しさを指摘する」からだと言及している。また、ロワレット館長は同じ『SANAAの冒険』の中で、SANAAの建築を、こう述べている。

「簡潔で抑制されたSANAAの建築の美しさには、日本的感性を感じます。思い浮かぶのは、貴族の邸宅です。シンプルな平面構造、となり合う空間へ続くオープンスペース、その透明感はまさしくルーヴル・ランスと共通しています。日本人にとっては普通の感覚かもしれませんが、我々、ヨーロッパ人には魅力的で衝撃的なのです」。

『SANAAの冒険』は、この場面で桂離宮の映像カットを、意図的に流している。[*205] ロワレット館長の言う貴族の邸宅とは、桂離宮のことだからである。そのSANAAのランスのガラスとアルミニウムの軽快感、雁行する箱の連なりが、時空を超えて桂離宮とこの建築とを見事に接続している。西洋人は、現在も、日本を「文化的な植民地」であると見做している。「ジャポニスム」と見做している。それ故に、彼等は「日本的なるもの」が大好きなのである。だからこそ、桂離宮を連想させるSANAAの案が好まれるわけだが、むろん、今更、言うまでもなく、それは本当の意味で、日本の建築をフランスが受け入れている、という意味ではない。

その上に、ここでは、西洋人と日本人との「共犯関係」が成立している。なぜならSANAAもまた、西洋人による文化的支配の欲望、つまりは「コロニアリズム」や「エキゾティズム」に、自らの意志で、自らのデザインで、積極的に加担しているからである。『ルーヴル・ランス美術館』を見れば、もはや明らかなのであるが、SANAAは自らで西洋に支配されたがっている。

ありていに言えば、オリエンタリズムのことなど、彼らには、どうでもいいのだ。彼らは、被支配者の立場で構わないから、ただひたすら西洋の文化に認められて、そこに取り込まれたい。西洋による文化的凌辱に、むしろ積極的でありたい。しかしこれでは、黒船の時と、同じ構図のままである。

SANAAは自らで西洋に支配されたがっている——それを証明する証拠品がある。『ja 97 SPRING 2015』での、妹島和世＋西沢立衛「自由な空間へ」の西沢立衛の発言が、それである。

「躯体ができて印象的だったのは、部屋がずれて繋がっていって、外からみると雁行した平面に見えるんですが、この雁行が意外に効果があるんだなということでした。フランク・ロイド・ライトとか桂離宮みたいなもので、自然の中を斜めに建築が横切って行くというのは、不思議なダイナミズムがあって、建築と自然の関係という意味でも雁行は面白いと思いました[*206]」。

また『美術館をめぐる対話』に所収の、妹島和世との対話の中で、西沢立衛は自らの建築について、こう発言している。

「僕らの建築がもっている、あっけらかんとした開放感、もしくは空間的な透明感というものは、どこかで日本の昔のお寺とか民家とかがもっていたもの、例えば縁側とか、障子とか、もしくは伽藍《がらん》配置とか、そういうものと連続していると思います。ヨーロッパの人間からすると、彼らの歴史のなかではほとんど知らなかった透明感なのかもしれません」。

西沢立衛は、このように自分から、西洋人による「文化的コロニアリズム」に、積極的に加担する発言を平気でしている。そしてその上で、『美術館をめぐる対話』の中で、西沢立衛は「でも、僕らのクライアントの人たちはみんな、アメリカ人にしてもヨーロッパ人にしても、感覚の根本的違いを感じつつも依頼してくれるので、それはありがたいです」と、実に驚くべきことを言っている。さらに、妹島和世に至っては、次のような、実に無頓着な発言を平然としている。

「そうですね。彼らはやっぱり、異文化への理解とリスペクトがありますよね。また逆に、そういう感覚的違いがあるからこそ、日本人に依頼してくるというのもあるのかもしれません」。

ヨーロッパ人やアメリカ人が、本気で日本人の建築家を「リスペクト」するわけがない。もし、SANAAが本気でそう考えているのなら、彼らの無頓着さには、もはや、ただ驚愕するしかない。

このような西洋人＝支配者と日本人＝被支配者との「共犯関係」は、エドワード・W・サイードの『オリエンタリズム』という書物が、支配する西洋と、支配されている東洋という対立でしか語られていないという欠点を、見事に補うものである。つまり、東洋もまた、SANAAに顕著なように、意識的に西洋に支配されたがっている、ということがあるのだ。

小暮修三はその著書『アメリカ雑誌に映る〈日本人〉』の中で、サイードの「オリエンタリズム」に対して、支配する側の「西洋」と支配される側の「東洋」の二項対立を、あまりに単純すぎるとして批判している。

「しかしながら、サイードのオリエンタリズム批判に関してもいくつかの批判点がある。代表例をあげれば、静的な二項対立としての「西洋」と「東洋」という扱い方、「真理」をめぐる理論的あいまいさ、普遍的・人道的原理の前提化、そして両者間のヘゲモニー闘争の不在などだろう」。

そのように前置きして、小暮修三は『アメリカ雑誌に映る〈日本人〉』の中で、こう続けている。『オリエンタリズム』では、「西洋」による植民地支配が、あたかも「西洋」植民地主義者だけの一方的な力の行使であるかのように批判されている。そのために、サイード自身の言葉を借りれば、「あらゆるヨーロッパ人は（略）結果として人種差別主義者であり、帝国主義者であり、ほぼ完全に自民族中心主義者である」と見なされる。他方、「東洋」は、「ヨーロッパの対話者ではなく沈黙した他者」として位置付けられる。すなわち、固定化された「支配－被支配」の構図でだけ、「西洋」と「東洋」の関係性が捉えられているのである。そのため、ホミ・K・バーバは、「サイードには、植民地主義の権力と言説が、常に植民地主義者の手中に完全に収められているように暗示されており、それは歴史的・理論的単純化である」と指摘している」。

小暮修三は同じ本の中で、サイードの『オリエンタリズム』の問題点を、さらに、こう書いている。「少なくとも『オリエンタリズム』では、いわゆる「主人（西洋）－奴隷（東洋）」という二項対立に基づいて、「西洋」の一方的な支配的特徴が強調されており、そこからは必然的にオリエンタリズムをめぐる両者の密接な共犯関係やヘゲモニー闘争についての考察が抜け落ちてしまっている」。

さらに小暮修三は、酒井直樹による、次の発言を引用している。

「すなわち日本は、西洋によって認識されることによってのみ、自らの〈自己〉を意識して与えてきた」という前提の下、「このことは西欧の言葉において日本のアイデンティティを位置付けることにすぎず、それが翻って、普遍的言及点としての西洋の中心性を確立することになっている」[*207]。

つまり、小暮修三の指摘の中で最も刮目すべき点は、一つは酒井直樹が言うように、日本が西洋の規定の中にしか存在し得ないという視点であり、これは、それこそ、小暮が二項対立として批判するエドワード・W・サイードの視点を使用しながら、本書で私が繰り返し言ってきたこと――西洋の「視線」の中にしか、日本という伝統の語りはないという主張――と、突き詰めると同じような論点となるのである。

ただし、西洋と東洋という二項対立に関しては、SANAAの場合のような被支配者側の「支配されたいとする逆説的な欲望」――つまり、これこそが西洋と東洋の共犯関係である――があるので、その意味では、SANAAは、サイードの『オリエンタリズム』の二項対立を、自らの「したたかさ」で、いくばくかでも解消するのに貢献している。さらに、そしてその意味で言えば、『ジャパン・アーキテクツ1945-2010』展への出品物をフランスに買い取って欲しい日本の建築家達もまた、オリエンタリズムの立派な「共犯者」だと言えるだろう。

4
桂と伊勢

すでに述べてきた黒船、あるいは西洋の「視線」による開国、つまり日本の「再発見」は、日本においては、第二次世界大戦後の一九五〇年代に起きた「伝統論争」の場合にも、かたちを変えて現われることになる。

それについて語る前に、日本の敗戦後の時代を振り返って見てみよう。一九四五年八月一四日、ポツダム宣言を受諾し、日本は無条件降伏した。その翌日の一五日に昭和天皇が終戦の詔勅を読み上げた。いわゆる「玉音放送」である。イアン・J・ビッカートンはその著書『勝者なき戦争』の中で、無条件降伏について、「第二次世界大戦におけるドイツ（そして日本）への無条件降伏要求は、前例のないことであった」としているが、それでは「無条件降伏」とは、具体的には何か？

「無条件降伏とは、まさしく完全な条件なき降伏という意味である。戦勝国は、敵国の軍事力の破壊、そして政治・軍事機構にほかならない敵国政府の解体を求める。これは戦争終結の時期を一方的に決定する勝者の宣言なのである。戦争の軍事的終結と政治的終結が同時に起こるのだ*208」。

簡単に言えば、無条件降伏とは、完全な「勝者の宣言」であり、それは全て「勝者」のために行われるのである。
こうして一九四五年八月三〇日には、連合国最高司令官ダグラス・マッカーサーが来日し、九月二日、日本はその降伏の調印をした。「連合国軍最高司令官総司令部」の略称が「ＧＨＱ（General Headquartwes）」である。この場合の「連合国」には極東委員会、アメリカ、イギリス、中国、ソ連、フランス、オランダ、オーストラリアその他の諸国が含まれている。

雨宮昭一の『占領と改革』によれば、「マッカーサーは連合国最高司令官」であり、同時に「アメリカ太平洋陸軍総司令官」であったから、「連合国が占領をしているという形をとってはいたが、現実にはアメリカ政府が拒否権やＧＨＱに命令できる緊急中間指令権（極東委員会の事後承認を必要とはしたが）をもっていたのである」。つまり、「連合国の占領といっても、実質的にはアメリカ政府の政策が日本を支配していた」のだ。「それは、日本がアメリカによる空襲と原爆によって敗戦を迎えたということの端的な表現であった」からである。

ただし「実際に政策の実施を担ったのは連合国最高司令官マッカーサーであるが、ワシントンからの命令や統合参謀本部の指令を実施するにあたってはＧＨＱがかなりの裁量権をもっていた」ことには、注目しておく必要はある。[*209]

藤原彰は『日本近代史　Ⅲ』の中で、これと同じ事柄、つまり日本の占領が実質的にはアメリカによるものだった事実を、このようにまとめている。

「ＧＨＱの上部機関は軍事的にはアメリカの統合参謀本部であり、また占領政策については連合国を代表して日本を占領するという形式をとりながらも、実質的にはアメリカ政府の指揮下に置かれていた。それは最高司令官がアメリカによって任命されたものであり、九月二二日アメリカ政府が発表した「降伏後における米国の初期の対日方針」によれば、「主要連合国に意見の不一致を生じた場合においては、米国の政策に従うものとす」と定められていたから、事実上アメリカの単独の占領であり、その政策によって占領行政が行われたのである」[*210]。

『日本の歴史 下』の中で、井上清は「アメリカの単独占領・直接統治」と明記し、では、その「事実上の単独占領であるアメリカの、対日占領の窮極の目的は何であったか」と、アメリカによる占領のかなり本質的な部分を露骨なまでに語っている。

「ここには、四十年来の宿敵日本帝国主義をうちやぶったアメリカ帝国主義が、日本の反米的再起をおさえ、日本を「アメリカの目的を支持する」忠実な属国につくりかえるという意図が、きわめて率直に明らかにされている」[*211]。

敗戦国の日本は、文字通りの意味でアメリカの「植民地」になった。ジョン・ダワーは『敗北を抱きしめて 上』の中で、オリエンタリストとしてのマッカーサーについて、こう書き記している。

「マッカーサー元帥にとって、日本は異教徒の「東洋的」社会であり、キリスト教伝道の任務をもつ「白人」によって隅々まで支配されて当然の存在なのであった。「白人の責務」という言葉で知られる植民地主義的なうぬぼれが厚かましくも実行された最後の例が、日本占領だったのである」。

ジョン・ダワーの『敗北を抱きしめて 上』の言い方では、日本の占領は「新植民地主義支配」である。それは、彼らにとっては、異国趣味だけでなく、「白人の使命」なのである。

「マッカーサー元帥とその司令部がいかに高尚な心でいたにしても、彼らは新植民地主義支配の領主として、対抗者もなく批判もされない状態で、新しい領地を支配したのである。天皇とその官吏が不可侵であったのと同じように、マッカーサーたちもまた不可侵の存在であった。占領軍は権力構造の頂点にあった。占領軍はたんに敗北した敵のうえに君臨しただけでなく、自分自身が内部に厳格な階級制度をもち、また自分が信奉する白人支配の鉄則をも表現していた[*212]」。

本間長世他編『日米関係史〔新版〕』に所収の原康「6章　戦後の日米経済関係」によれば、当初の占領政策は、ポツダム宣言から読み取れるように、非軍事の民主的な小国であった。

「つまり、日本は国民の生活を最低限維持できるだけの経済活動と賠償を支払うために必要な産業活動だけを許され、ゆくゆくは貿易も認めてやろう、という考え方であり、占領政策が描いていた日本の経済像は、農業と軽工業を中心とする国家の建設であった、とみることができる[*213]」。

これを波多野澄雄は「サンフランシスコ講和条約」(『日本の外交　第2巻　外交史　戦後編』に所収)の中では、「ヴェルサイユ型」という言い方をしている。

「冷戦以前に想定された対日講和とは、戦時の米ソ協調の延長としての「一つの世界」を前提に、日本の再侵略の芽を摘むことを主要な目的とした峻厳なもので、いわば「ヴェルサイユ型」であった。例えば、米国務省極東局が四七年の段階で作成していた講和草案は、日本軍国主義の復活阻止を最大の眼目とし、経済活動の制限、厳しい賠償義務、戦争犯罪人の処罰、軍隊の保有禁止、軍事研究や航空機生産の禁止、条約履行を監視する機構の設置など戦時の四大国協調を前提とした規定が並ぶ懲罰的な講和構想であった[*214]」。

ところが占領から二年後に、この事情が大きく変わることになる。一九四七年に、米ソ冷戦が本格的にスタートしたからである。アンドルー・ゴードンは『日本の200年　新版　下』で、この冷戦について、次のように書いている。

「日本で改革がピークに達した時期は、米ソ関係の緊張がピークに達した時期でもあった。1946年にイギリスのウィンストン・チャーチル首相は、ヨーロッパでは東西両陣営を隔てる鉄のカーテンが下りつつある、と指摘する有名な演説をおこなったが、そのころから国際政治では冷戦が表面化するようになった」[*215]。

一九四六年三月五日にイギリスのチャーチルは、アメリカのミズーリ州で、いわゆる「鉄のカーテン」演説を行った。歴史学研究会編『世界史史料11　二〇世紀の世界II　第二次世界大戦後　冷戦と開発』には、この演説が記録されている。

「バルト海沿岸のシュテッティンからアドリア海のトリエステまで、ヨーロッパ大陸をまたぐ鉄のカーテンが下りてしまった。その線の向こう側に、中・東欧の古き諸国の首都が並んでいる。ワルシャワ、ベルリン、プラハ、ウィーン、ブダペスト、ベオグラード、ブカレスト、そしてソフィアである。これらすべての有名な諸都市、そしてその周辺の人々は、私がソヴェトの圏域と呼ばねばならないものの中に位置し、それらすべては何らかのかたちで、ソヴェトの影響力に従属しているばかりか、とても強固で、多くの場合においてますます強まるモスクワのコントロールの下にあるのだ」[*216]。

海野弘は『二十世紀』で、チャーチルの鉄のカーテン演説と冷戦の関係について触れている。

「一九四六年三月、すでに内閣を辞していたチャーチルは、ミズーリ州フルトンを訪ねていた。ここのウェストミンスター大学から名誉学位を受けたので、授与式に出席し、講演をした。チャーチルはここで、バルト海のシュチェチンからアドリア海沿岸のトリエステまで「鉄のカーテン」が下りており、中欧・東欧はその向こうに入ってしまい、共産主義世界と民主主義世界が引き裂かれている、と指摘した。［……］チャーチルの演説は、〈冷戦〉をはっきり口にしたものであり、〈鉄のカーテン〉と〈冷戦〉は切り離せないことばになった[*217]」。

中村政則の『戦後史』によれば、一九四七年には、米ソによる東西の対立は、かなり明らかなものとなっていた。

「一九四六年三月五日、イギリスの前首相チャーチルは米国ミズーリ州フルトンで「バルト海かのステッチンからアドリア海のトリエステにかけて鉄のカーテンがおろされている。この線の背後はモスクワの支配に服従している」と演説した。その約一週間後、スターリンは『プラウダ』の記者に、「チャーチルは戦争挑発者だ」と語った。ついで一九四七年三月のトルーマン・ドクトリン（米国のトルコ、ギリシャへの軍事援助発表）から同年六月のマーシャル・プラン（欧州経済復興計画）をへて米ソの対立は本格化した。とくに一九四七年七月、ソ連がマーシャル・プランへの不参加を表明し、ついで九月ソ連の圧力で東ドイツ、ハンガリー、ポーランド、チェコスロヴァキアなどの東欧諸国が欧州経済復興計画《マーシャル・プラン》から排除されて以後、ヨーロッパの東西分裂、冷戦状態は決定的となった[*218]」。

また木畑洋一は『二〇世紀の歴史』の中で、冷戦のスタートを、こう定義している。

「このように脱植民地化が進行していた第二次世界大戦後の世界は、冷戦の時代でもあった。冷戦について普通抱かれているイメージは、西側陣営（資本主義陣営）を率いるアメリカと東側陣営（社会主義陣営）を率いるソ連という二つの超大国の間の争いというものである。四七年春のアメリカ大統領トルーマンによるトルーマン・ドクトリンと、同年秋のコミンフォルム（共産党・労働者党情報局）でのソ連共産党幹部ジダーノフの報告が、そうした性格をもつ冷戦の幕開けを示した宣言とみなされることが多い。トルーマンは、各国は二つの生活様式（多数者の意志にもとづく自由な体制と多数者を力で強制する少数者の意志にもとづく体制）のなかから一つを選ばなければならないと論じた。一方、ジダーノフは、アメリカなどの帝国主義的で反民主主義的な陣営と、ソ連などの反帝国主義的で民主主義的陣営との対立について語ったのである[*219]。

また『現代日本政治史1　占領から独立へ　1945〜1952』の中で、楠綾子はこの冷戦について、こう語っている。

「一九四六年末から翌年初頭にかけて、トルコやイランで生じた緊張は、第二次世界大戦末期に顕在化した米英とソ連の対立をほとんど決定的なものとした。一九四七年に発表されたトルーマン・ドクトリンは、善悪二元論的に共産主義を自由民主主義と対置し、米国は西欧の共産化を許さないという断固たる姿勢を打ち出した。三カ月後の六月には、マーシャル（Gerorge C. Marshall）国務長官がヨーロッパ復興に対する援助方針を明らかにし（マーシャル・プラン）、これをソ連が東欧諸国とともに受け入れを拒否したことによって、戦後ヨーロッパの分断地図はほぼ確定した[*220]」。

一九四七年のトルーマン・ドクトリンは、歴史学研究会編『世界史史料11　二〇世紀の世界II　第二次世界大戦後　冷戦と開発』の「ギリシアおよびトルコに関するトルーマン大統領の議会向け特別教書」で、このように書いてある。

「アメリカの外交政策の目標の一つは、われわれと他の諸国民が圧政に脅かされることなく生活を営むことのできる状況を創り出すことにある。…世界史の現時点において、ほとんどすべての国は二つの生活様式の中から一つを選ばなければならない。〔……〕第一の生活様式は、多数者の意思に基づき、自由な諸制度、代議政体、自由な選挙、個人的自由の保障、言論と宗教の自由、そして政治的抑圧からの自由によって特徴づけられている。〔……〕第二の生活様式は、多数者を力で強制する少数者の意思に基づいている。それはテロと抑圧、統制された放送、形ばかりの選挙、そして個人の自由を押さえつけることなどによって成り立っている」。

そして一九四八年には、ベルリンが封鎖される。それは、メアリー・フルブロックの『ケンブリッジ版世界各国史　ドイツの歴史』に、こう書いてある通りの事態である。

「一九四八年六月の通貨改革、つまりドイツマルクの導入は、ソ連が受け入れを拒否するような条件のもとで提案された。ソヴィエトは、ドイツマルクとは別の独自通貨を導入したうえで、西側が強引な政策をとったことを口実として、ベルリンへの水陸の交通をすべての封鎖し、ソ連占領区の中心に位置するこの都市への西側占領国の立ち入りを遮断しようとした。英・米・仏の西側占領国は、空輸という手段でベルリン封鎖に対抗し、一九四八年秋、冬から一九四九年春まで、必要物資を空から運び込んだ[*221]」。

同じ頃、日本では対日講和に関しての期待が高まっていた。その中で、冷戦が勃発したのである。雨宮昭一は『占領と改革』の中で、こう書いている。

「四七年二月パリで講和会議が開かれ、連合国とイタリア、東北欧四ヵ国（ハンガリー、ブルガリア、ルーマニア、フィンランド）との間で講和が成り、その次は日本とドイツだということで期待が高まる。ところが、その一ヵ月後の三月一二日に冷戦の始まりといわれるトルーマン・ドクトリンが発表された。〔……〕トルーマンは「いまや世界は二つの生活様式によって分断され、ほとんどすべての国家の人民にいずれか一方を選ぶことを要求している」、「直接間接の侵略によって国民に強制された全体主義体制」から「自由な制度と国家的独立」を守るために、「自由なる諸国民を援助することこそ、その政策になければならぬと信じる」と述べて、トルコやギリシアへの軍事援助を発表した。その五日後の三月一七日、マッカーサーの早期講和声明が出される。〔……〕四七年六月にはマーシャル・プランが発表されて、アメリカの資金を投入してヨーロッパの復興を援助する方針が示される。一方、GHQではなくアメリカ政府では、国務省極東部長のヒュー・ボートンを中心に対日講和案が完成しつつあった」。

米ソ冷戦の突入により、日本占領政策が再検討されざるを得なくなる。「講和はこのときから四年、敗戦からは六年待たなければならないことになる」。ただし、「早期講和の動きは終わったが、アメリカの内部では占領政策の転換が起きていた」。

『占領と改革』の中で、雨宮は、対日講和の転換について、より具体的に書いている。それは、講和条約を遅らせるという考え方である。

「ケナンは、戦勝国が敗戦国を一緒に警戒するボートン案を、米ソ協調という「大戦外交」の枠組みに立つものであるとして、「冷戦外交」の立場から批判した。〔……〕四七年一〇月、ケナンは早期講和に反対して、日本経済の復興をはかって共産主義勢力への抵抗力をもつ経済的、社会的体質をそなえる必要があると主張した。占領政策を従来の路線から転換して日本を「友好国、信頼できる同盟国」として再建すべきであると言っているのである」。

ケナンによるアメリカ国家安全保障会議の文書「対日政策に関する勧告」を引き合いに出し、雨宮は、対日講和の転換をこう書いている。

「それは対日講和の延期と占領政策の重点を経済復興に移したものであった。アメリカが日本の経済と安全保障について長期にわたってかかわることを、戦後はじめて正式に決定したものである」。

これと同じことを、遠藤誠治らはその著書『安全保障とは何か』の中で、こう説明している。

「こうした状況下で日本国内でも、戦前からの政治エリートを中核とする保守勢力と社会主義に親和的な革新勢力が対決を強めていたが、冷戦を開始したアメリカは占領中の日本を東アジアでの主要な同盟国とすることとし、四八年三月訪日した外交官ジョージ・ケナンが日本の経済自立支援と西側志向強化を優先する方針を示した。この方針を吉田茂首相など日本の保守勢力も歓迎し、アメリカの支援を得ながら、革新勢力に対してイデオロギー的、経済的に対抗し、体制の安定と経済復興の実現を図った」。[*222]

ダグラス・マッカーサーは、ジョージ・ケナンと異なる考えを表明していた。増田弘の『マッカーサー』によれば、すでに述べたように、マッカーサーはまだ一九四七年には、対日講和の早期解決を考えていたのである。

「第二次公職追放（経済・言論・地方パージ）が開始されてから二ヵ月を経た一九四七（昭和二二）年三月一七日、マッカーサーは外国人記者団との会見で、「今や日本と講和すべきときが来た」と言明した。この発言は、ワシントンの事前協議もない突発的なものととらえられたが、マッカーサーからすれば、以前の発言の繰り返しにすぎなかった。たとえば二月二〇日、彼は陸軍省に長文の書簡を送り、「日本は現在すでに民主的な統治形式によって治められており、国民はその実体を吸収しつつある」と指摘し、「歴史は軍事占領というものが最大限にみても一定期間以上は効果を上げ得ぬことをハッキリと教えている」と強調していた」。

しかし、このマッカーサーの発言は、トルーマンの意向に沿うものではなかった。トルーマン・ドクトリンは、この五日前に宣告されていたからである。

「東西冷戦の開始を告げる「トルーマン宣言」が発せられて、わずか五日後の発言というタイミングが問題であった。イデオロギーとポリティクスの観点から「対ソ封じ込め」という新政策がワシントンから提起されたのであるから、占領地の一行政長官にすぎない立場からすれば、事態の推移を見守るべきであったろう[*223]」。

吉田裕編『日本の時代史26　戦後改革と逆コース』には、マッカーサーの対日占領政策が、こう記されている。

「しかし、冷戦の開始が直ちに対日占領政策の決定的転換に結びついたわけではなかった。冷戦の主戦場はあくまでもヨーロッパだったからだが、対日占領の責任者であるマッカーサー元帥の政治姿勢も少なからぬ影響を与えていた。マッカーサーは、共和党を支持する保守主義者だったが、対日占領政策に関しては、当初の非軍事政策を忠実に実行しようと考えていたからである。ただし、マッカーサーのこの非軍事化政策は、沖縄に対する軍事政策と一体のものだった。マッカーサーは沖縄を「不沈空母」化し、ここに戦略的な軍事拠点を確保できれば、アメリカの安全保障政策には何の支障もないと考えていたのである[*224]」。

だが、一九四八年には南北朝鮮が明確に分断し、一九四九年には中華人民共和国が成立、一九五〇年には朝鮮戦争が勃発すると、冷戦は、ヨーロッパだけでなく、アジアの大問題になっていく。藤原彰は『日本近代史　Ⅲ』の中で、冷戦と対日政策の転換について、このように述べている。

「冷たい戦争はアジアの情勢にも大きく影響した。GHQは本国政府の冷戦政策に呼応して、占領政策の反ソ反共性を明確に示し、日本の保守反動陣営に復活と再編の機会を与えることに努力を集中しはじめたのである。四八年一月、米陸軍長官ロイヤルは、「日本を共産主義に対する防壁にする」と演説し、こうした政策転換を明らかにした。日本にたいするアメリカの民主化、非軍事化の方針は次第に転換しはじめたのである」。

本間長世他編『日米関係史〔新版〕』に所収の原康「6章　戦後の日米関係」によれば、冷戦勃発によって、アメリカの占領政策は、次のように転換されることになる。

「こうした内外の情勢をふまえて、アメリカは「完全に自立できる程度に強力で安定し、かつ、予想される新たな全体主義的戦争の脅威に対する障壁となり得る自足自給民主主義日本を確立する」（一九四八年一月、ケネス・ロイヤル米陸軍長官）方向に政策を転換することになった」。

波多野澄雄の「サンフランシスコ講和体制」では、アジアの冷戦にともない、占領政策は「ヴェルサイユ型」から「冷戦型」に転換したとしている。

「連合国側の早期講和を妨げた要因は、米ソ対立そのものにあるというよりも、肝心の米国の対日政策が「封じ込め」路線に大きく傾くなかで、早期講和の意義が見直されるようになったことにあった。〔……〕国務省政策企画室長として、四七年から実質的に対日政策を担ったジョージ・ケナンは、講和の前提として、総司令部による早急な改革路線を改善し、共産主義の浸透力に対抗できる日本の経済力・社会的体質の強化が急務と説いた。国内的脆弱性が克服されるまで講和は待つべきであった。講和内容についても、日本の経済的・社会的自立を妨げ、反米感情を刺激する恐れのある懲罰条項を避け、寛大な講和を目指すべきとした。それは「ヴェルサイユ型」講和から「冷戦型」講和への転換であったが、国際軍事裁判の早期終結論に見られるように、こうした主張が、日本を「友好的、信頼できる同盟国」として育成するという長期的観点から説かれていたことが重要である」。

しかし、これで解決したわけではない。いったんは見直しとなった講和を、では何時にするか、である。「米側では、講和草案が四九年末までに固まっていたが、問題はやはり講和後の安保保障であった」。この点において「軍部と国務省の対立の克服は容易ではなかったが、五〇年五月に講和問題担当の国務省顧問となったダレスの調整能力が発揮される」。

五百旗頭真編『戦後日本外交史　第3版補訂版』には、このジョン・フォスター・ダレスの経歴について、こう書いてある。

「トルーマン大統領は、講和問題で政府内を調整し、関係諸国との交渉にあたらせるために、野党共和党の前上院議員ダレスを国務省顧問に任命した（1950年4月）。ダレスは祖父と叔父を国務長官に持つ家系に生まれ、自らもウィルソン大統領の顧問としてパリ講和会議に出席し、戦間期には渉外弁護士として国際舞台で活躍するなど国際経験豊かな共和党員として知られていた*225」。

植村秀樹は『「戦後」と安保の六十年』の中で、国務省と軍部間の対立を、ダレスが解決したと指摘している。

「一九四九年秋にはアメリカとイギリスは対日講和をすすめることで合意していたが、アメリカ軍部はこれに反対していた。トルーマン大統領は、弁護士で上院議員をつとめたこともあるダレスを国務省の顧問に任命して、日本との講和交渉にあたらせた。そんな折に朝鮮で戦争がはじまり、ダレスはこれを講和を促進させる機会ととらえた。問題はやはり軍部であった。軍部が望むだけの部隊を、望む場所に、望むだけの期間にわたって維持できるような協定を日米間で結ぶことで、軍部を納得させた。それが対日講和に同意する条件だった[*226]」。

社団法人日米協会編・五百旗頭真他監修『もう一つの日米交流史――日米協会資料で読む20世紀』に所収の楠綾子「第3章　戦後日米関係の再生　1948－1960」によれば、一九四〇年代の末の東アジアの緊張が、アメリカに対日講和を決めさせた。

「1948年夏から1949年にかけて、朝鮮半島の南北分断の固定化、ソ連の核実験成功、そして中華人民共和国の成立と、東アジアでも冷戦構造がはっきりと姿を現した。そうしたなかで1949年秋、米国政府は対日講和の推進を決断した。占領の長期化によって反米感情が高まり、日本を共産主義陣営に走らせてしまうことを懸念したためであった。したがって、米国はソ連抜きの講和（多数講和）をも覚悟していた[*227]」。

五百旗頭真編『戦後日本外交史　第3版補訂版』には、「講和問題は、1949年の秋、米英両国が講和実現の方針を確認したことにより、再び本格的に動き出すかに見えた」とある。繰り返すが、国務省は日本人の反米意識を怖れ早期講和を考えたのだが、軍部がこれに反対した。軍部は日本の基地などの軍事的な活用を強く欲していた。この対立を解消して、対日講和を決定付けたのは、一九五〇年六月二五日の朝鮮戦争の勃発である。

同書には朝鮮戦争の勃発が、日米関係にどれほど大きな影響を与えたのかが記されている。

「朝鮮戦争は戦後日本の進路に多大な影響を与えた。1950（昭和25）年6月に戦争が勃発すると、7

月、マッカーサーは日本政府に7万5000人からなる警察予備隊の創設を指令する。この予備隊は、後に保安隊、さらに自衛隊に改組されて日本の再軍備の基礎となった。また、この戦争に関連した米軍の巨大な需要（朝鮮特需）は、戦後日本を経済復興に導く強力なカンフル注射の役割を果たした。〔……〕しかし外交の観点から見て重要なことは、この戦争によってアメリカから見た日本の価値が急上昇したことである。すでに冷戦の進展とともに、アメリカ政府は日本の対ソ戦略上の価値を認識するようになっていた。日本は、その工業力、人口、地理的位置から見て、敵の手に渡ればアメリカの防衛にとって危険であるし、味方として利用できれば、きわめて有効な戦略的拠点になるという認識である。そうした認識は、朝鮮戦争勃発までは、まだどこか抽象的なところがあった。しかし、いざ東アジアの戦略上の要衝である朝鮮半島で戦争が始まると、日本の軍事戦略的価値は具体的に実証されることになる。端的に言って、もし日本という後方支援基地がなかったならば、アメリカを中心とする国連軍は朝鮮半島で戦線を維持することができなかったであろう」。

日本は東アジアの緊張のための前線基地として機能する。そのためには、対日講和と同時に、日米安全保障条約が求められる。こうして、冷戦と朝鮮戦争などを大きな契機とし、連合国による日本の占領は一九五二年に解かれることになった。それは、アンドルー・ゴードンが『日本の200年　新版　下』の中で書いている通りである。

「1951年9月、サンフランシスコで開催された対日講和会議に48カ国の代表が出席し、いまだ公的には継続していた日本との交戦状態を正式に終結する条約に調印した。日本の占領は、1952年4月の講和条約発効をもって正式に終わった」。

しかしこれは全面講和ではない。たとえばアメリカと冷戦状態にあったソ連が調印しなかったからである。そして日本は、その講和条約締結後も、ゴードンが正しく指摘しているように、「しかし、一部の人びとが「第二の不平等条約」と形容した日米安保条約は、その後数十年にわたって激しい論争と政治闘争の焦点としてとどまりつづけることになる」のである。つまり日本は、講和以後も日米安保条約によって、アメリカに「占領」され続けることになった。

五百旗頭真は朝鮮戦争が講和に繋がったとするが、それがなくても、中華人民共和国が成立したことで、事態は同様だったという考え方もある。たとえば「朝鮮戦争と日本の安全保障」（蓑原俊洋編『「戦争」で読む日米関係100年』に所収）での、楠綾子の意見が、それである。

「独立後の日本に米軍が基地を配備することについては、朝鮮半島で戦争が勃発しようがしまいが、日米間で合意が成立したであろう。中国の共産主義勢力の脅威が増大した東アジアにあって、米軍部は日本の基地を自由に使用できる状態の継続を欲していた。吉田首相は、冷戦下で国連が機能しない以上、安全保障はアメリカに委ねるほかなく、アメリカの防衛保証を確実に得るためには、基地をアメリカに提供する必要があると考えていた[*228]」。

この見方も、確かに一つの見解である。たとえばジョン・ダワーは『吉田茂とその時代　下』の中で、このように言っている。

「このようにして朝鮮戦争の始まる前に、アメリカと日本はすでに、日本がのちに冷戦下の軍事行動に参加する三つの構成面に本気で取り組んでいたのである。それは在日アメリカ軍基地、産業の再軍事化、日本再軍備である。吉田は、この計画のうち、アメリカ軍基地と産業再軍事化には賛成したが、日本再軍備にははじめのうち反対した。六月二五日の朝鮮戦争の勃発は、以上の計画の進行を加速しながら情勢を変化させ、日本は、名目上カモフラージュした国家警察予備隊を創設して本物の軍の再建に一歩を踏み出した。だがその後になっても、吉田は公式には再軍備が現実に進行していることを否定し、非公式には急速な軍備拡大を抑制することによって、再軍備反対論を主張しつづけようとした[*229]」。

では仮りに、朝鮮戦争の勃発がなくても、講和は早まっただろうか？　この問いの答えは「否」である。これに関しては、武田晴人が『高度成長』で、一九五二年のサンフランシスコ講和条約の発効をめぐり、こう書いているのが、正解である。

「それは、五五年体制に転換期を迎えるまでの、朝鮮半島における熱戦を含む東西対立の所産であった。というのは、この講和条約が調印された五一年九月前後に、西側諸国は冷戦体制を前提とした軍備強化と同盟の紐帯《ちゅうたい》明確化に動いていたからである。［……］つまり、日本の独立は、アメリカの対アジア・太平洋地域に対する戦略展開の一コマとして実現したものであった[*230]」。

このような経緯を経て、一九五二年のサンフランシスコ講和条約発効へと向かった。むろん対日講和後に取り交わされた日米の安全保障条約は片務的なものである。アンドルー・ゴードンは『日本の２００年新版　下』の中で、それを「基地」の存在に表象させている。

「サンフランシスコ講和条約の締結から2時間後に、アメリカと日本は、広範な議論を招いた日米相互安全保障条約（日米安保条約）に調印した。この条約はアメリカが、日本国内に基地を確保し兵員を駐屯させるのを認めるものだった。在日米軍の任務は、極東の平和と安全の維持とされ、条約の前文はこの任務の一環として日本防衛にも言及していた。しかし条約は、本文では、日本の基地提供を義務づけるのみで、在日米軍に日本防衛を義務づけていないことから、「片務的」であると批判された。このことに加えて、条約が日本国内での「大規模な内乱及び騒擾の鎮圧」を在日米軍の出動目的として規定したことや、「片務的」な条約の期限が明示されなかったことも、さまざまな議論を呼んだ。しかし、アメリカ政府と多くのアジア諸国からみた場合、在日米軍は、日本をふくむ極東の平和と安全を維持することとならんで、日本を封じ込める機能も担う存在だった」。

これは完全に、アメリカの軍部の意向を十分なまでに汲んだ安全保障条約である。豊下楢彦は『安保条約の成立』の中で、一九五二年一月号のアメリカの『フォリアン・アフェアーズ』誌で、「太平洋の安全保障」と題された論を書いたジョン・フォスター・ダレスが、安保条約について「アメリカは日本とその周辺に陸海軍を維持し、あるいは日本の安全と独立を保障する、いかなる条約上の義務も負っていない」と明言した。〔……〕このダレスの言葉は、安保条約の核心をみごとに表現したものであろう」と書いている。豊下は、その上で、この「安保条約」のアメリカ主導について、かなり詳しく述べている。

「まず、安保条約の第一条では、米軍の日本駐留は義務ではなく米国の「権利」と規定されている。〔……〕ダレスのいうように安全を保障する義務を負ってはいない。しかし、他方において同じ米軍は、日本の「内乱」に介入し「鎮圧」することができるのである。〔……〕第二条では、日本はアメリカの「同意」なしに「第三国」に、基地はもちろん軍隊の「通過の権利」もあたえてはならないことが規定されている。〔……〕第三条では、米軍の配備を規律する「条件」が行政協定で決定されていることが謳われている。〔……〕要するに、米軍には「治外法権」が保障されているのである。〔……〕第四条では、条約の有効期限について、国連やその他の安全保障措置が「効力を生じた」と日本ばかりではなく米政府も「認めた時」に失効すると規定されている。つまり米側には、この安保条約によって日本を〝無期限〟に縛る権利があたえられているのである」。

「批准」を入れると、全五条の条約である。これが、米国の一方的なものであるのは、もはや言うまでもない。豊下は、安保条約は「ダレスの最大の獲得目標であった「望むだけの軍隊を望む場所に望む期間だけ駐留させる権利」を、文字通り米側に〝保障〟した条約なのである」としているが、まさにその通りである。

豊下は同じ本の中で、これは明らかに「植民地主義」的な条約であると言っている。

「しかし問題は、条文の規定内容だけにとどまらない。なにより重要なことは、このように〝植民地的〟ともいえる基地協定・駐軍協定を押しつけられながら日本側は、米軍駐留は日本の「希望」にこたえて米側があたえる「恩恵」であり、前文に述べられた「自国の防衛のため漸進的に自ら責任を負う」という「再軍備」の義務をはたすまでは、日本は米側にいかなる「貢献」もなしていない、というダレスの〝論理〟をうけいれたことであった。こうして米側は、今日にいたるまで長期にわたり、この「安保タダ乗り論」によって日米関係を〝拘束〟することができたのである」。

『安保条約の成立』によれば、ダレスは「対日講和条約草案」の際に、日本に対して「もし日本が希望するならば、〔米軍駐留を〕同情的に考慮するだろうと公開の席でのべた」。ただしダレスは、こうも、付け加えている。

「「安保保障にたいし頼むにたる貢献をなす能力を有する国は、「無賃乗車」をしてはならない」と強調した。ここに、今日にいたるまで日米関係を〝規定〟してきた「安保タダ乗り論」の〝起源〟をみることができるのである」[*231]。

米国は日本を守っているのだ、なぜならば、日本がそれを希望しているからだ、ならば日本がその好意にタダ乗りしてはいけない。無賃乗車はいけない——これがダレスの論理である。つまり、これこそが「勝者の論理」である。

サンフランシスコ体制とは「じわりじわりと効いてくる酸性物質」である——「二つの「体制」のなかの平和と民主主義」（『歴史としての戦後日本　上』所収）の中で、ジョン・W・ダワーは、そのように言っている。

「基本的には、サンフランシスコ体制は、日本をアメリカにたいして心理的かつ構造的に従属させ、じわりじわりと効いてくる酸性物質のように、一年また一年と日本のプライドを腐食させていった。日本にたいするアメリカの支配の構造を恒久化するという二面的な効果をもつことは、アメリカの政府内では、内密にではあるが率直に認識されていた。根っからのソ連嫌いで知られていた吉田でさえも、ソ連を日本にとっての直接的な脅威とみなしていたわけではなく、主権の回復をはかり、アメリカによる保護の約束を取りつけるための対価として、アメリカの軍隊と軍事基地が日本にとどまりつづけることを、しぶしぶ受け入れたにすぎなかった」。

またダワーは、同じ論の中で、米軍の基地は「日本自身が敵対的な再軍備に走るのを現場でチェックする抑止機能」でもあったとしている。

「沖縄をふくむ日本に置かれた米軍と米軍基地の最重要使命は、あるアメリカの高官が後に証言したとおり、日本そのものを防衛することではけっしてなく、アメリカの力をアジアに広げ、「他の地域でのアメリカのコミットメントを支える」ことにあった。多くの観察者にとって、このようなアメリカの軍事的プレゼンスには日本にたいする外からの脅威への抑止効果もあった、とする議論は、これにたいする反論、すなわち、基地がなければ外からの脅威は無きに等しいのに、基地があるおかげで脅威はかなり大きくなっている、もしも米ソ間で戦争が起これば日本はかならず巻き込まれるだろう、とする主張よりも説得力に欠けると思われた。と同時に、日本列島の各地に米軍を駐留させることは、日本自身が敵対的な再軍備に走るのを現場でチェックする抑止機能を築く意味ももった。日本の軍事計画をアメリカの世界戦略に従わせることは、日本にたいするアメリカの長期支配を保証するための、もう一つの、より巧妙な方法だったのである[*232]」。

つまり、吉田が主権回復のために講和条約後に調印した在日米軍の基地は、日本を、ソ連や中国などの共産主義国に対する反共の防波堤にさせると同時に、日本それ自体が、それらの共産主義国へと大きく傾いていかないように、つまりは、日本が中国のような共産主義国家だけにはならないように、日本人の動向を監視する役割をも担っていたのである。それは、アンドルー・ゴードンが「在日米軍は、日本をふくむ極東の平和と安全を維持することとならんで、日本を封じ込める機能も担う存在だった」と言っていた通りである。

事実、アメリカは、サンフランシスコ講和条約締結以後も、暗黙裡に日本をずっと植民地のように都合よく支配し続けている。またダワーは『昭和』で、日本の占領の長期化に関して、すでに楠綾子が指摘したことに近い意見を、率直に述べている。

「アジアにおける第二次大戦が終結してから六年八カ月後の一九五二年四月、日本の占領は正式に終了し、日本はアジアでのアメリカの同盟国として国際社会に復帰した。占領は太平洋戦争自体の二倍近い期間にわたってつづいていたことになる。［……］占領が終わったとき、大半の観察者、とりわけ日本側の観察者の目には、不当に長過ぎた占領と映った。じっさいのところ、日本の主権を回復すべきだというワシントン側の主要な論拠のひとつは、それ以上遅らせれば、アメリカにたいする日本の善意はじわじわと薄れ、日本がソ連に擦り寄っていく可能性が高まるだけだというものだった」[*233]。

アメリカが一九五一年に対日講和の締結を決断し、翌年の一九五二年にそれを発令した判断は、日本にとってだけでなく、おそらくアメリカにとっても正解であった。楠綾子や、ジョン・W・ダワーが指摘している通りなのである。対日講和をあまりに延期し続けると、国内に反米感情が本当に起きて、日本が西側陣営から離れ、東側の共産主義陣営へ傾斜していく危険性は、実際にあったからである。

その条件は、すでに戦後すぐに、日本人に十分に与えられていた。赤澤史朗は『岩波講座　日本通史第19巻　近代4』に所収の「戦中・戦後文化論」の中で、こう述べている。

「第二の開国は、GHQの命令による思想・文化統制撤廃を機に急速に進行する。そこにまず最初に生じたのは、戦時中に監禁されていた「もう一つの戦前」の復活であった。復活した「もう一つの戦前」とは、何より自由主義であり、マルクス主義である。戦時中大学の教壇を追われていた自由主義やマルクス主義の学者は大学に復帰し、発禁とされていた書籍は復刊され、自由主義やマルクス主義のイロハを説明した啓蒙書は続々と刊行される。こうした概説書や啓蒙書は、特にこれまでその種の思想に接したことのない若い人々に、新鮮な衝撃をもって受け止められたのであった。自由主義もマルクス主義も、異なる枠組みに基づくとはいえ、西欧諸国に比べて日本社会の後進性を認め、当面の日本の「近代化」を肯定するという共通性をもっており、その限りではマルクス主義まで含めて一種の近代主義の思想であったと言えよう。つまりここに提示されたのは、輝かしい「近代」の姿であった[*234]」。

事実、敗戦後間もなくの日本の建築界は、マルクス主義への傾斜が顕著に見られた。戦前の右翼主義的な傾向から一転して、左翼主義的な言説が主に知識人の中で、目立っていた。そして建築界にも、そうした傾向を持った人たちはいた。これは、たとえば、建築から封建的なものを除外して、純粋に機能主義を報じる、という傾向である。

たとえば一九四七年に結成された「新日本建築家集団（NAU）」は、要するに建築界における左翼化の、一つの表われである。その内容は西村唯が artscape の「Artword アートワード」のコーナーの、「新日本建築家集団（NAU）」という項目で書いている通りである。

「1946年、相次いで結成された建築運動団体が、建築界の民主化のために集結し、47年6月に結成されたのが新日本建築家集団（NAU）である。初代委員知長の小泉嘉四郎をはじめ、当時の有力な若手建築家や研究者が主導的な役職に就いた。「『民主日本の建設』に建築技術者として参加する」と設立主旨を謳い、建築生産組織や建築経営組織の確立を目指した。NAUニュースの発行のほか、多くの部会がつくられ、精力的に活動を展開した。部会の活動内容としては、歴史部会と理論部会が共同で開催した浜口隆一の『ヒューマニズムの建築』をめぐる討論会や、設計部会において《全造船会館》《新日本文学会館》《八幡製鉄労働会館》の共同設計が行われた。会員は一時期800名に達したNAUの活動だが、50年代に入って運動は急速に弱体化し、自然崩壊してしまう。主な理由は、朝鮮戦争の勃発、レッド・パージ、ビルブームなど社会情勢が変化したことにあると言われている[*235]」。

丹下健三と藤森照信の著書『丹下健三』は、NAUについて、それが主に左翼系を中核とした集団である事実を、こう記している。

「丹下の周囲で起きた最初の〝戦後〟は、都市と建築の運動である。［……］敗戦の翌月の1945（昭和20）年9月、高山英華を中心に、国土会が結成され、翌年6月には日本建築文化聯盟へと発展解消する。これが戦後最初の建築・都市の運動体で、メンバーは、丹下健三、市川清志、内田祥文、本城和彦、武基雄、吉阪隆正、小坂秀雄など。戦時中から高山らはドイツを手本にした企画院の国防国土計画と地域計画にかかわっており、その成果を下敷きにして焼け跡の再建に乗り出そうというのである。高山のまわりに東京の若手が集った形となる。特高の圧力によって潰された青年建築家クラブの〝残党〟高山を軸とするグループらしく、主張は激しくて、最初から土地の国有化を掲げている。［……］国土会＝日本建築文化聯盟に少し遅れて、いくつもの左翼系運動体の結成を見る。青年建築家クラブの京都の〝残党〟西山卯三も、敗戦後すぐに仲間を呼びかけ、組織化は遅れるが、翌1946（昭和21）年6月、関西建築文化聯盟の旗を掲げる。［……］同じ6月、日本民主建築会が結成され、メンバーは、今泉善一、梅田穣、頭師嘉彦、竹村新太郎、平松義彦、海老原一郎ほか。山口文象は欠くが、旧創宇社系の非転向で戦中をしのいだマルクス主義者を中核とする。［……］この3団体を軸にしていくつかのグループが団結して、1946（昭和21）年9月、全日本建築民主協議会を結成するが、足腰が弱くて具体的動きにはいたらない。そこで翌1947（昭和22）年6月、再結成する形で新日本建築集団（略称：NAU＝ナウ）を旗揚げする。今度は大成功で、10月に東大で開かれた創立記念講演会には500人が詰めかけ、そして最盛期には800人の会員を擁するにいたる[*236]」。

また磯崎新は『日本建築思想史』の中で、建築家や建築ジャーナリストの、戦前から戦後の転向について発言している。

「実際、戦争直後にいろんな人が転向したわけです。日本主義から国際主義へ、右翼から左翼へ。〔……〕戦争直後の占領期間が一〇年くらいありました。この間に経済や政治分野で活躍する多くの人間は、戦争中追放されていました。そうした人たちが戦後に復活します。どちらかというと、社会主義、民主主義を問わず対象モダニズムの系列の人たちです」。

またNAUが「左翼的である」ことについては、磯崎は、同じ本の中で、事実関係を告白している。

「食寝分離論で知られる西山卯三は日本共産党の文化部長に近い存在です。建築評論家の宮内嘉久、ジャーナリズムでいえば川添登。この辺の人は、終戦直後の建築の左翼運動の渦中にいました。彼らは前川さんを担いで建築運動NAU（新日本建築家集団）をはじめます」。

磯崎新は、豊川斎赫編『丹下健三とKENZO TANGE』では、このあたりのNAUの事情を詳細に語っている。

「一方で、戦後にできたNAUの構成メンバーは戦前の共産党員でしたので、建築業界内でNAUのメンバーといえばまとめて日共のことだったのです（笑）。NAUには五期会より一世代上の神代雄一郎さん、池辺陽さんといった方々が参加していて、NAUをサポートしていたのが高山英華さん、前川國男さんでした。岸田日出刀さん、丹下さんは入っていなかったように思います。〔……〕NAUにいた中心的なイデオローグは西山卯三と浜口隆一で、僕の理解では、西山卯三の『これからのすまい』の背後には日共の主流派（所感派）があり、浜口さんの『ヒューマニズムとしての建築』は排除された側（国際派）の理論に基づいていたと思います」[*237]。

繰り返すが、一九四六年に「日本建築文化聯盟」、「住文化協会」、「日本民主建築会」が相次いで結成されて、それらの統合として一九四七年に「新日本建築家集団（NAU）」が結成されたのである。NAUについて、『日本近代建築の歴史』の中で村松貞次郎は、こう述べている。

「これらの建築団体は昭和二十二年（一九四七）六月拡大合同して「新日本建築家集団（NAU）」を結成した。その会員数は一時七〇〇名にも達し、全国各地に支部を設けた。日本の建築運動史上でも最大の組織だった。多くの部会に分かれて討論・研究活動が行なわれ、また設計部会では主として共同設計の方式で全造船会館（昭和二十四年）など幾つかの労働組合関係の建物を建てたが、理屈だけではろくな建築はできぬ、という標本のようなものだった。最大の組織はまた弱みでもあった。極論すれば戦犯以外はすべて自称〝進歩派〟の時代だった。今日から見て首をかしげるような人物も何くわぬ顔で名を連ねていた。〝民主主義〟の皮相な合言葉のもとで、大同団結主義がとられていたのである」。

だからこそなのだろう、NAUは確かに脆かった。村松は、その崩壊の過程についても述べている。

「靭帯はもろくも解けはじめた。昭和二十三年四月にはじまったベルリン封鎖、二十四年の中華人民共和国の成立、そして昭和二十五年六月の朝鮮戦争の勃発など一連の東西対立、冷戦の激化に伴って、わが国が強制的に自由主義陣営に繰り込まれ、日本共産党中央委員会の占領軍による追放にはじまるレッド・パージなどの思想的弾圧が強化された。NAUの会員の中からは、にわかに夢から覚めたように脱落する者が多くなった。その理論的な分野で指導的役割を果していた大学教授連がまず大量に脱落した。また朝鮮戦争の特需ブームは、建築家の手を動かし口を休めることになった。現実面からもNAUは分裂・崩壊した」。

『日本近代建築の歴史』の中では、NAUの分裂以後のことにも、村松は言及している。

「こうしてNAUはその内・外において分裂を深め、建築家は悪夢から覚めたように、にわかに立ち働くようになった。朝鮮戦争の特需景気による建築ブームがその契機となった。戦前派近代建築家たちの復活も目ざましかったが、それより一世代若い、丹下健三を先頭とする建築家たちが時代の若きスターとして登場した。じつは彼らこそNAUの中核をなしていた人びとだったのである」。

村松貞次郎は同じ本の中で、冷戦構造と朝鮮戦争、並びに朝鮮特需と建築家の関わりについて、「文字通り〝他人の不幸を足場にして〟日本の経済復興は急テンポに進んだ。朝鮮戦争の特需ブームである。すなわち昭和二十五年後半から日本の経済は回復期に入った。〔……〕建築の技術についていえば、それは戦中・戦後の空白期を経て、ほとんど忘れてしまっていた鉄筋コンクリートなどの技術の再学習と、その間に欧米諸国、とくにアメリカで開発されていた建設技術の急速な摂取とではじまった」と書いている。

対日講和のために、ダレスが登場して来るのも、ちょうど、この一九五〇年六月の朝鮮戦争勃発の頃からである。一九五一年には講和は調印され、一九五二年に、それは発効されている。これで日本は、一応の主権を回復する。この頃に、日本の戦後建築界も、イデオロギー闘争への関与ではなく、アメリカの経済と政治の動向とうまく歩調を合わせて、急速に左派から右派へ、革新主義から保守主義へ見事に変貌していくのである。このあたりの建築界の保守主義への転換を、ただ教科書的にだけ記述してみるのなら、布野修司が『戦後建築の終焉』で言う状況が生まれたからである。

「NAUの崩壊からビル・ブームにかけて、リビング・キッチンに片流れ屋根あるいはバタフライ屋根を特徴とする「ブロイヤー調」とも「新建築スタイル」ともいわれた、少壮建築家の小住宅が住宅のスタイル・ブックを賑わし、一方、日本電建に代表される金融公庫住宅スタイルの住宅がさかんに建てられつつあった「住宅ラッシュ」のなかで、清家清の「森博士の家」（一九五一年九月）が発表された。それは、戦後初めて、建築家が積極的に畳を取り入れた住宅として注目される。いわゆる「新日本調」と呼ばれるスタイルが現われるのは、それを契機にしてである」。

布野修司は、さらにここに、建築界だけではない、文化全般における「日本回帰現象」を鋭く読み取っている。

「時を同じくして、講和条約が締結（一九五一年九月）され、黒沢明の『羅生門』がヴェニス映画祭で大賞を得（一九五一年九月）ているのは、偶然とはいえ、ふり返ればきわめて象徴的な符号であった。日本の国際社会への復帰、急速な経済復興を背景とした安定ムード、自立への期待のなかで、様々な分野において、一連の日本回帰現象が現われてきたのが一九五〇年代の前半である」。

具体的には、この「日本回帰現象」とは、どのようなものだったのか？　布野修司は、これに関してもこのように発言している。

「若い建築家たちが敏感に時代の推移を嗅ぎわけながら日本調の住宅をつくりだす一方で、戦前からの大家が活躍しはじめる。また、最小限住宅やローコスト・ハウスに取組む建築家たちの作品にも、微妙に、新日本調の影が落ちはじめる。いわゆるジャポニカ（ジャパニーズ・モダン）・スタイルのデザインが海外でもてはやされ、懐古趣味の日本調デザインに眼が向けられていったのがその時代である[*238]」。

日本の建築家が、丹下健三を中心に自国の文化を唱える「伝統論争」を起こしたのは、サンフランシスコ講和条約の発効から三年後の一九五五年のことである。artscapeの「Artword アートワード」のコーナーの塩原裕樹の「伝統論争」の項目には、その論争の経緯が実に簡便にまとめてある。

「1955年から56年の『新建築』において、当時の編集長であった川添登が仕掛けた論争で、多くの建築家を巻き込み、建築における現代と伝統の関係性についてさまざまな見解が論じられた。伝統論争の始まりとされるのは、『新建築』の55年1月号によせられた丹下健三の論考「近代建築をいかに理解するか」である。この中で丹下は、「美しきもののみ機能的である」と述べ、素朴な機能主義的建築観を批判する一方、伝統的な形態をそのまま用いることも否定した。個別の作品解説ではないこのような独立した論考は、当時の編集長である川添登が、丹下に依頼したものと言われている。これをきっかけに翌56年までに、篠原一男、池辺陽、吉村順三、さらには芸術家の岡本太郎などが同誌で伝統について論じた。背景には戦後10年が経ち、日本の過去の芸術、建築を現代の視点から捉え直そうとした、当時の伝統に対する熱気がある」。

伝統論争の中核には、丹下健三と川添登がいた。やがて、それは「弥生的なるもの」と「縄文的なるもの」とに分裂していく。塩原裕樹の記述は、このように続いている。

「しかし、さまざまな持論が並立した「伝統論争」は、現在では、丹下と白井晟一の論を対極とする構図で論じられることがほとんどである。白井は56年8月号において、論考「縄文的なるもの」を発表し、その中で、これまでの論争では、伝統が貴族文化である弥生系に片寄って捉えられるとし、素朴で民族的な「縄文的なるもの」とは区別されるべきとした。この論文は、伝統に対し、複数の系譜の存在を明快に述べた点で、画期的なものであった。その後、「伝統論争」と呼ばれることとなる誌面上のにぎわいは、明確な解答を出すことなく終わる。しかしそのことが、伝統とは個々の中で理解し、創出されるべきだということを、現代の建築家に意識させることとなる」[*239]。

布野修司は『戦後建築の終焉』で、この「伝統論争」を、実にうまくまとめている。

「すなわち、日本建築の伝統、日本的デザインの問題は、当時、実に様々な問題の絡み合う、絶好の主題であったといっていいのである。いわゆる伝統論争はかならずしも、特定の個人の間における論争ではない。もちろん、ある平面においては、ソーシャリスト・リアリズムの立場を代表する西山卯三とモダニズムの立場を代表する丹下健三の対立とみられているし、ある平面においては、丹下健三と白井晟一を二極とする構図においてとらえることもできる。しかし、それは単に個々の対立に還元しうるものではなく、より大きな、戦後建築の行方を左右し、確認する全体的な問題であったといってよい。事実、実に多くが、モダニズムと伝統について語っている。近代建築の理念やスタイルをア・プリオリに前提とし、移入してきたそれまでの過程とは異なり、日本のコンテクストにおいて、近代建築を具体的にどう理解するかがきわめて広範に問われたのである」。

しかし、この布野の「近代建築の理念やスタイルをア・プリオリに前提とし、移入してきたそれまでの過程とは異なり、日本のコンテクストにおいて、近代建築を具体的にどう理解するかがきわめて広範に問われたのである」という言い方については、布野がいったい何を言っているのか、少なくとも私には全く理解できない。なぜなら、本書ですでに繰り返し言ってきたように、この「伝統論争」も、布野自身が「ジャポニカ（ジャパニーズ・モダン）・スタイル」の延長として見ているように、またしてもの「オリエンタリズム」だからである。

たとえ「伝統論争」が、「縄文的なるもの」と「弥生的なるもの」という対概念を引き出したとしても――つまり、民衆的なものと、貴族的なものという対概念を提示していたとしても――、それが縄文だろうが、弥生だろうが、日本の伝統に注意を傾けさせた最大の原因が、やはり黒船以来の西洋人の「視線」であることに何ら変わりはない。そしてオリエンタリズムの中では、それが貴族的であろうと、民衆的であろうと、何の関係もない。西洋は、このどちらも「他者」とは認めずに、ただ「異国趣味」としてのみ、愛でるだけだからである。

では、何が重要なのか？　結論を言えば、この「伝統論争」の前年の一九五四年に、ワルター・グロピウスが来日していることが、大変に重要なのである。またグロピウスがタウトを反復するようにして、桂離宮や伊勢神宮を訪ね、それに言及していることが、この「伝統論争」に決定的な影響を与えたのである。言い換えると、ブルーノ・タウトの時のように、日本の建築家がここでも「伝統」を再発見したのではない。彼らはただ、グロピウスの「視線」に倣っただけなのである。

この意味で言えば、大川三雄らが、その著書『図説　近代建築の系譜』で言っていることが、私には、とてもよく理解できる。

「また、一九五四（昭和二九）年に来日して桂離宮などを見学したワルター・グロピウスの、日本建築にはバウハウスが追求してきた近代建築のすべてがある、といった発言などにも刺激され、伝統的建築を再評価する声が高まっていった。簡明な意匠、構造と表現の一致、自然との調和などが価値づけられていったのである。評価された伝統の多くは数寄屋に通じる弥生的なものであったが、そのなかで白井晟一（一九〇五～八三）は一九五六（昭和三一）年に、伊豆の民家・江川邸を取り上げ、「縄文的なるもの」（一九五六）

を書き、民家につながるたくましい骨太の建築、荒々しい架構などを評価して伝統の幅を広げ、松井田町役場（一九五五）などをつくっていく[*240]」。

丹下健三と藤森照信の『丹下健三』には、伝統論争について、このような記載がある。

「広島ピースセンター、東京都庁舎、国立国会図書館コンペ案、香川県庁舎、この4作品は、工事中から、時にコンペ案や基本設計の段階で日本の建築界を揺さぶり、その揺れのなかから言葉と理論が抜き出す。ピースセンター完成の1955（昭和30）年から翌年にかけての2年間、丹下の4作品を前提とした論争が日本の建築界をにぎわす。［……］いわゆる伝統論争である。発火点はもちろんピースセンター」。

また『丹下健三』では、後述する吉村順三のニューヨーク近代美術館の展示にも、伝統論争との関連で大きく注目している。

「アメリカ建築界との関係も忘れるわけにはいかない。ニューヨーク近代美術館（MoMA）は、1954（昭和29）年、日本の建築展（The Architecture of Japan）の一環としての書院造りを中庭に新築展示する。前川、坂倉、レーモンドから推薦された吉村順三が、園城寺光浄院客殿をベースに設計し、日本からの材料を運び、日本の大工棟梁が建てた純日本建築で、そのモダンな表情は、かつて1900年にシカゴ万博の日本館〈鳳凰殿〉がライトやグリーン&グリーンの目から鱗を落としたように、グロピウス、ルイス・マンフォード、ジョンソンといったリーダーたちに新鮮な印象を与えた」。

そして、この「ニューヨーク近代美術館の展示と併行し、1954（昭和29）年5月、グロピウス夫妻が「グロピウスとバウハウス展」のために来日し、念願の日本滞在を果たす」と、グロピウス来日を記述している。

実際に、モダニズムの巨匠のグロピウスの発言は、日本の建築界に対して、かなりのインパクトを持っていた。一九五二年の講和条約の発効後も、アメリカは、事実上、日本を占領しているようなものである。その上で、一九五四年にアメリカから、モダニズムの巨匠グロピウスの来日である。そしてグロピウスによる桂離宮や伊勢神宮という、タウト以来の、日本美の「再発見」である。これが、日本の一九五〇年代の伝統回帰と、まるで無関係なはずがない。

クラウディア・デランクは『ドイツにおける〈日本＝像〉』の中で、一九五四年のグロピウスの来日について、こう書いている。

「グローピウス（1883‐1969）はブルーノ・タウトのように亡命先として日本を選んだわけではなかったが、七十歳を越えてから日本への旅という長年の念願を叶えることとなった。［……］はじめグローピウスはイギリスに亡命し、一九三七年になってアメリカに渡り、ハーバード大学の教授となった。そして定年の一年後、一九五三年にかれは東京の国立近代美術館長であった浜口隆一宛てに書いている。「日本への今回の旅は東洋を自分の眼で見たいというわたしの念願を叶えてくれるでしょう。わたしは旧き日本文化に対しつねに敬愛の念を抱いておりました」。ロックフェラー財団が彼と夫人のイーゼに、文化交流プログラムの一環として三か月間の日本滞在の機会を与えてくれた。バウハウスの教授法は日本ではすでに一九二〇年代以来重んじられていたので、グローピウスも多大な敬意をもって迎えられ、かれに対し、多彩な視察のプログラムが用意された。かれ自身も数回の講演を行ない、展示パネルを用いた「グローピウスとバウハウス」と題する展覧会が東京の国立西洋美術館で催された」。

クラウディア・デランクは「ロックフェラー財団が彼と夫人のイーゼに、文化交流プログラムの一環として三か月間の日本滞在の機会を与えてくれた」と書いているが、この指摘は、かなり重要である。後で詳しく述べることになるが、グロピウスの来日は、当時、トルーマン大統領の指示を受けていたジョン・フォード・ダレス、またダレスの指示を受けたジョン・D・ロックフェラー三世の仕掛けた、反共のための「文化政策」の一環だったからである。

一九五〇年からは朝鮮戦争の勃発により、冷戦はアジアでも緊迫していた。ロックフェラー三世は、その期間に吉田茂と講和条約の会談をしていたダレスの依頼で来日し、日米文化交流の主軸にいた。ロックフェラー三世に課せられた使命は、対日講和だけでなく講和後も、日本が共産主義化せずに、西側に止まるようにすることにあった。そして、グロピウスの来日も、ダレスとロックフェラー三世の、対日講和以後の「文化政策のプログラム」に完全に組み込まれていたのである。言い換えると、日本の「伝統論争」も、大きな枠組みからすれば、アメリカが仕掛けた反共のための「文化戦略」として起きたのであり、当時の日本の建築家は、そこへと引き込まれていたのである。

デランクは、グロピウスがロックフェラー財団のチャールズ・フェイスに宛てた手紙を紹介している。

「わたしが一生をかけてそのために闘ってきたことの多くは日本建築の中に暗に存在している」。

デランクも書いているが、一九五六年に出版された『グロピウスと日本文化』を読むと、一九五四年のグロピウスの来日時の様子がよくわかる。[*241] それは一九五四年五月から八月までの、ほぼ八〇日間の日本滞在であった。東京では、清家清の自邸を見学し、関西では伊勢神宮と京都御所、竜安寺の石庭、桂離宮などを見学している。

グロピウスは『グロピウスと日本文化』の中の「今昔調和へいま一歩　日本の「建築」などを見る」に

おいて、このように述べている。

「桂離宮は私が世界中で見た最も美しいものの一つであった。使われている材料は高価なものではなくむしろ寄せあつめであり大きなスペースも使っていないが、そうした制約の中でかえって豊かな想像力が発揮されている。フスマを一つ一つあけるごとに、一部屋一部屋がちがった感じであり、建築にとって大切な建築と周囲の環境との関係も屋内と戸外とのつづき具合が実になめらかに結びついている。また、畳の上にすわって生活するここの住居者と室内の構造、調度がぴったりと一致してよく調和を保っている」。

箱根では清家清、池辺陽、谷口吉郎、吉阪隆正らが参加した討論会も開かれた。この箱根討論会は「伝統と現代建築」と題されていたが、丹下健三もそこに参加している。[*242] この討論会も、一九五五年に「伝統論争」が仕掛けられる準備の一つだった。

一九六〇年には、ワルター・グロピウスや、丹下健三、石元泰博の企画による『桂・日本における伝統と創造』が出版されている。一九六〇年は、日本で、世界デザイン会議が開かれた年である。

八束はじめの『メタボリズム・ネクサス』には、この桂離宮の写真集について書いている箇所がある。「彼が1956年会議に参加したのは、次回の会議を東京に招致するためであったが、柳にはその他にもう一つの仕事があった。彼は丹下に依頼されて、ある写真集の出版のためにその写真をバイヤーのもとに運んだのである。バイヤーはそのブックデザインを手掛けることになっていた。写真はシカゴのインスティテュート・オブ・デザインに学んだ日系アメリカ人写真家石元泰博の作品で、その本は『桂――日本建築における伝統と創造』と題され、4年後のデザイン会議の年に、丹下のテクストとワルター・グロピウスによる短い序文をつけて公刊された。1954年の訪日の際に日本の古建築と新しい作品に強い印象を与えられていたグロピウスは東京会議開催のために尽力をしたに違いない」。

磯崎新も『建築における「日本的なもの」』の中で、この桂離宮の写真集に言及している。

「ブルーノ・タウトが来日の翌日に「桂離宮」へと案内されたように、ジャポニカの時代になると、近代建築を創った建築家達も必ずそこへ案内されることになる。ワルター・グロピウスはその時の印象を手がかりに、石元泰博の写真、丹下健三の文『桂』に序文をつける。この序文は単純にタウトの記したものをなぞっているに過ぎない」。

丹下健三とグロピウスが文章を寄せて、石元泰博が撮影した『桂・日本における伝統と創造』の中には、八束はじめや磯崎新が言うように、確かにグロピウスによる「日本における建築」という序文が掲載されている。この本は、一九六〇年に出版されているが、グロピウスへの原稿の依頼などは、一九五五年七月にすでにスタートしていた。

「桂離宮建設における共同作業では——その記録は今でも残っているが——、今日の建築界を悩ませている設計と施工の致命的な分業にくらべ、設計者と施行者の健全な結びつきが示された。〔……〕桂離宮の設計を考えだした精神、とくに建物における初期の部分(古書院)のそれは、きわめて明晰である。人間とその生活態度とが設計上の考え方の焦点となっている。設計者の心には、虚栄も見せびらかしの壮大好みもなく、ただ美しい生活を盛るための均衡のとれたうつわを創造しようとする望みがあるばかりだった」。モダニズムの建築は虚飾を嫌う。このモダニズムの精神と同じものを、グロピウスは桂にも見つけようとしている。

「生活空間の大きさは、人間のスケールにあわせてひかえめにつくられている。渋い色の壁に囲まれた部屋々々の空虚感が強調されているのは、デザインのうえで慎重に意図された要素にほかならない。すなわち、人間の姿を浮き出させるために、協調的な背景を提供しようとするものである。職人の腕もみごとで正確であるにちがいないが、土色をした自然のままの素材によって、人間と自然との一体が表現されている。その美的効果は、光と影、滑らかさと粗さの単純な対比によって、また正方形、矩形、縞目の並置によって達成された、純粋で構築的なものである。しかしこれらの方法のどれ一つも美学上の抽象ではない。みな日々の生活に即した意味ふかい現実である」。

またグロピウスはこの序文で、日光東照宮に言及している。

「ふしぎなことに、同時代の桂離宮とあい対して、権力を誇る徳川幕府の日光霊廟では、柱におけるひかえめな態度とは対照的な、虚飾に満ちた演出がみられる。そこでは圧倒的な装飾の豊富さによって、自己を栄光のうちにおこうとする将軍たちのために、職人の技巧が誤って濫用されている。それは全体としての建築構成の明晰さを破壊し、うぬぼれと自賛の刻印だけを残している。これにくらべ、桂離宮における崇高な表現の印象は、見る人を高い精神的領域に引き上げずにはおかない」。[*243]

グロピウスは、徳川時代の日光東照宮を批判して、その代わりに桂離宮を高く評価している。これはタウトの『ニッポン』と全く同じ「視点」である。タウトは『ニッポン』で、それをこう書いている。

「ところが京都や日光或は鎌倉寺などで今日寺院になっている昔の将軍の居館は、これに比べると実に酷しい相違を示している。そこに見られるものは豪華の限りをつくした浮麗の美のみである。柱には厚く漆が塗られまた金箔を貼ったものもある、それればかりか床さえも漆塗りである。建物には至るところに高価な彫刻や絵画が嵌めこまれて、建築的構造というものはまったく埋却させられている。もちろんこのような建築物にも、芸術的能力は多分に示されている。しかし桂離宮で日本の古典的建築を見た眼には、これらの建築物は建築でもなければ日本的でもない。建築でないというのは、建築的構造が雑然とした装飾物の堆積のなかに埋没してしまっているからである。また日本的でないというのは、様式全体がすべてシナからの輸入だからである」。

またタウトは『忘れられた日本』では、日光東照宮を、いかもの、と言っている。

「このことは多くの日本人が、一般には非常に高く評価されている芸術品をも、無造作にいかものであると極めつけるのとよく似ている。それだから日光廟の建築などはいかものの最も甚だしいものと見做《みな》されているのである。しかしこの評価は実際にも正しい。たとえ日光の社廟に、見事な工芸的作品が数多く付随しているにせよ、建築的観点からどの程度まで日本趣味的、即ち『味』があるか、また控え目な落ち着いた厳しさ、つまり『渋さ』をもっているかという段になると、これは確かにいかものに違いない。［……］日光の建築はこれによって或ることを意図した――換言すれば世人に甚大な尊敬と熱烈な讃美とを強したのである」。

クラウディア・デランクは『ドイツにおける〈日本＝像〉』の中で、タウトとグロピウスの意見の一致――つまり桂への讃美と、日光東照宮の否定――について述べている。

「グローピウスは一九三六年に出版された『日本建築の基礎』を一九三八年以後は知っていた。かれはタウトと同じく、桂離宮の「厳格にして品格のある様式」（グローピウス）を優れた建築の例として称揚した。先例にならってグローピウスもまた日光の建築物を日本建築における悪しき例として引き合いに出している。「ここでは卓越した職人芸が濫用された結果、過剰な装飾の狂宴が現出したのだ」。松本重治が刊行した『グロピウスと日本文化』によれば、グローピウスが日本旅行中に日光を訪れた形跡はまったくと言っていいほどない。この点からグローピウスが日本建築に対するタウトの観点を受け継いでいることが知れる。かれには、現場へ行って自分なりの印象を得る機会があったにもかかわらずである。古典的なギリシア建築をもって、伝統的な日本建築の諸例との比較に耐えうるあろう西洋の唯一の建築と評価する点でもグローピウスは、桂離宮をアテネのパルテノンと同列に置いたタウトと一致している」。

デランクの記述の通り、グロピウスは日光東照宮を見ていない。当時、国際文化会館の専務理事だった松本重治も参加した、グロピウス会編の『グロピウスと日本文化』をあらためて確認してみても、やはりグロピウスは来日時に、日光には訪れていない。その上で、将軍でなく、日本の貴族の様式を尊重するタウトの見解を、グロピウスはそのままに引き継いでいる。

その一方で、グロピウスは『桂・日本建築における伝統と創造』に所収の序文「日本における建築」の中で、タウトと異なって、桂離宮を絶賛しながらも、一部、その欠点についても言及している。

「民衆の人間的理想と美徳および彼等の普通の生活様式をその精神に示しながら、桂離宮は日本建築の発展の最高峰を証している。もともと桂離宮の形成は伊勢神宮(平安貴族の寝殿造)、武家住宅(書院造)および平明な農家の流れを同時に受けついでいる。桂離宮の影響は、西欧文明がこの力強い伝統を混乱させるようになるまで、田園や都市の家々に顕著に残っていた。[……]しかし桂離宮にさえも、部分的には多少の衰退の跡がみられる。われわれは、この独特な建物の本質的なものと付随的なものとを、十分明瞭に見わけ、さらにそれが日本の伝統に与える影響を——同じく新しい視覚表現を求めるとき、われわれ近代人の精神に与える影響をも、誤りなく見わけるために、この衰退の跡を確認しなければならない」。

その上で、グロピウスは桂離宮の持つ「近代性」を、タウトと同じく讃美している。

「しかし、この真に建築的な傑作から、今日なおわれわれの受けとる偉大な教訓を割引きしうるものはなにもない。桂離宮がわれわれの感情にうったえてくるのは、ここで、史上ただ一度だけデザインが、人間と、その生活様式と、そしてその存在の現実とに、かたく結びついているからである。賢明な、経験を積んだ心でなければ、こうしたすぐれた実例を生みだすことはできない。これは、真に人間らしいスケールの建築空間を創造した日本人の天才の偉大な実例である。ここでは精神が物質に打ちかっている。考えかたの偉大さが全き単純さによって表わされ、形なきものが形あるものによって表わされている。この日本住宅の原型にみられる、時を超えた近代性は驚くべきものである」。

クラウディア・デランクは、グロピウスがタウトと同様に、日本建築の「近代性」に言及しているのを指摘している。

「グローピウスは、日本建築史に二本の系譜をみるタウト流の理解から出発し、とくに日本を旅する中で、畳や障子などの交換可能な構成単位をそなえた伝統的な日本の簡素で「モダン」な側面が実証されたと考えようとした。伝統的な日本建築に対するこうした一面的な理解は、今日でもなお西洋からやって来る大半の観察者の注意を、とりわけ建物の簡素さに収斂させていくが、グローピウスはそうした理解を日本へ旅する以前に形成していて、日本に来てその確証を得たのであった」。

さらにグロピウスは、『桂・日本における伝統と創造』の序文において、日本の建築家が、その伝統を尊重するように呼びかけている。

「こうして、古い日本建築の印象は私にとってたいへん深いものであったので、私のことを反逆者、改革者と考え、それらしい行動をとるだろうと期待していた日本の建築家仲間には、意外だったであろうが、私は彼等に、日本伝統的な建築の偉大な精神を破棄しないように願ったのであった。なぜなら私は、いまもなおそのなかに、生活の近代的方向に対する新しい可能性が満ちているのを感じたからである」。

グロピウスは、基本的に、タウトの「趣味」を「保持」する役割を堅く護持している。「日本的なるもの」を再発見するのは日本人でなく、一九五〇年代においても、やはり西洋人の「視線」である。グロピウスは、このような自分の歴史的な使命をよく理解している。

ワルター・グロピウスは、一九一八年一一月のドイツ革命後の、新しい共和国の都市ワイマールに創設された「バウハウス」の初代校長であった。バウハウスは、当初はウィリアム・モリスに倣い、手仕事を主軸として一九一九年にスタートした。しかし一九二一年に、オランダの構成主義、デ・スティルのドゥースブルフによるバウハウスへの介入があり、一九二三年からバウハウスは構成主義へ転じている。一九二五年にはワイマールからデッサウに移転し、一九二六年にグロピウスの設計で、構成主義の『バウハウス校舎』をつくっている。一九二八年にグロピウスは校長の座を退いて、一九三七年にアメリカへ亡命した。バウハウスそのものは、一九三二年にベルリンに移転したが、一九三三年にナチスによって閉鎖されている。

グロピウスとタウトの二人には、バウハウス創設以前からの親交があった。クラウディア・デランクは『ドイツにおける〈日本=像〉』で、これについて書いている。

「タウトとグローピウスは一九一九年には芸術のための社会主義的な労働評議会に属していたが、これは画家や彫刻家、建築家、作家からなる表現主義者の団体であった。その団体の内部にタウトは「ガラスの鎖」なるものを設立していた。これは一連の「回状」といったもので、労働評議会の建築家の間で未来の建築についての理念を協同して明確化するために書かれた。発信人たちは仮名をもっていて、「ガラス」（タウト）や「アンコール［ワット］」（ハンス・ルックハルト）、「尺度」（グロピウス）などがあった」。

ジョン・V・マシュイカの『ビフォー　ザ　バウハウス』には、この芸術労働評議会のことが、さらに詳しく記されている。

「マルセル・フランシスコーノやジリアン・ネイラー、バーバラ・ミラー・レイン、ほかのバウハウス研究者たちが記しているように、グロピウスの芸術の急進主義的宣言は、水泡に帰した一九一八年一一月のドイツ一一月革命に結成された急進的な「芸術労働評議会（Arbeitstrat für Kunst）」のブルーノ・タウトやオットー・バルトニングそしてアドルフ・マイヤーなどかれの仲間たちの意見と一致していた」。

事実、タウトの『建築綱領（Ein Architektur-Programm）』を参照することで、グロピウスはバウハウスの重要な綱領をつくりだしている。

「グロピウスの考えは、芸術労働評議会のメンバーであるバルトニングやブルーノ・タウトとの接触から多くを吸収していた。一九一九年二月にグロピウスが芸術労働評議会の議長に就任したあと、かれは、一九一八年一二月にタウトが執筆した小冊子『建築綱領（Ein Architektur-Programm）』から多くの言葉を引用し、一九一九年四月に公にしたバウハウスのユートピア的なバウハウス綱領に利用した。この件について、グロピウスは一九一九年二月に、友人で古くからの工作連盟会員であるオストハウスに手紙を書き、「バルトニングとタウトの言葉には深く共感し、まるで自分の心から語られたもののようだ（tief sympatisch und aus meinem Geist）」と述べた、と建築史家ヴィンフリート・ネルディンガーは記している」。[*244]

またケネス・フランプトンの『現代建築史』にも、芸術労働評議会とガラスの鎖のことは、詳しく記載されている。

「一九一九年、スパルタクス団の反乱が鎮圧されて、「芸術のための労働者評議会」の目覚しい活動も頓挫した。そのために、この集団のエネルギーは、手紙という手段をとって、交換されることになった。これが「ガラスの鎖」と言われるものである。ブルーノ・タウトの発案によるこの「ユートピア回状」は、一九一九年十一月、「われわれの誰もが頻繁に、形式にとらわれずに、気力の充実するがままに[…]同志の面々と分かち合おうという、さまざまな理念に形象を与え、そして手紙を書くことにしようではないか」という呼びかけによって始まったのである。この回状には十四人の同志が加入したが、後年、重要と見なされる作品を作ったのは、その半数でしかない。タウトは自称グラース（ガラス）といい、ほかにグロピウスはマース（物差し）、フィンスターリン（プロメテ）とブルーノの弟マックス・タウトがいた。なお、マックス・タウトは本名を使った」。

一九一七年一〇月のロシア革命の影響を受けて、一九一八年一一月にはドイツ革命が起きた。このドイツ革命に連動した「芸術のための労働者評議会」や「ガラスの鎖」などの紆余曲折が、戦前ではタウトの来日、戦後はグロピウスの来日というかたちで、見事に接続されている。まるで、第二次世界大戦を挟んで、タウトからグロピウスへと「ユートピア回状」を回すように、日本の近代の「起源」を想起させる立役者が、タウトからグロピウスへと手渡されたかのようである。

グロピウスは『建築はどうあるべきか』の中に、「日本の建築」という論を収めている。これは、日本に来た翌年一九五五年他に「エール大学建築ジャーナル」に掲載されたものだが、グロピウスはここで、

「伊勢神宮」に強く言及している。

「日本建築のもっとも古い例のひとつに伊勢神宮があります。この神殿は神道の最古の聖所で、その起源は神話の時代にまでさかのぼり、日本の皇室と結び付けられております。現在まで、この神社は二十年ごとに建て替えられることになっており、そのためいつでも完全な状態で見られるのであります」。

「わたくしは、すべての細部の絶対的な完全さに魅惑されてしまいました」と、グロピウスは伊勢神宮をかなり讃美している。

「日本人は見苦しい部分を修理するだけでは決して満足しないで、木造の外部や、茅葺の屋根や、金色の金具が腐朽の徴候を示したら、ただちに隣りの敷地に建物全体を新しく建てたのであります。神宝を収めた新社殿は、遠くからしか見ることができません。それは幾重もの門のなかに囲まれ、天皇だけしか通ることを許されないからです。しかし、われわれは古い社殿を見ることを許されましたので、この国の最も古い建築法を研究することができました。そしてわたくしは、すべての細部の絶対的な完全さに魅惑されてしまいました」。

また「桂離宮」についてては、その単純さ、明快さ、そして素朴さを、やはり大絶賛している。

「こうした民主主義精神の最もかがやかしい実例は、京都の桂離宮であります。これは一六二〇年に着工され、偉大な茶人小堀遠州（一五七九～一六四七）の精神的影響のもとに働く一団の人びとによってつくられました。建築主は皇族でありましたが、華麗さもなく、不必要なぜいたくさもありません。偉大な簡素さと抑制された手段によって、真に高貴な建物が創造され、そこには自由と平和の感覚が内在する本質として存在いたします。われわれは今日でも、この建物にすさまじいばかりにひきつけられるのを感じます」[245]。

何度も言うが、これらの文は、いくら読んでみても、一九三〇年代のタウトの桂と伊勢の讃美の、一九五〇年代におけるグロピウスによる「反復」である。そして、グロピウスが来日した翌年にはじまった伝統論争で、「桂」と「伊勢」が、「弥生」と「縄文」に置き換えられて発見されている。だが、重要なのは、それが桂か伊勢なのか、あるいは縄文か弥生なのか、ではない。問題は、それを再発見する主体が誰か、である。その答えを言うならば、日本の「伝統」を「再発見」するのは、ここでもやはり、西洋の「視線」なのである。それが弥生、つまり貴族的であろうが、縄文、つまり民衆的であろうが、同じことである。西洋から見れば、それらがどちらでも「異国趣味」であることに、何ら変わりはない。西洋人が狩野派の絵を愛でようが、大衆の浮世絵を愛でようが、それが異国趣味であることに、変わりがないのと同じである。日本に主体はない。西洋にしか主導権は存在していない。

それ故に、布野修司が言うように「日本のコンテクストにおいて、近代建築を具体的にどう理解するかがきわめて広範に問われたのである」となるはずがないのである。何度も言うが、黒船以降、日本人による主体的な伝統解釈など、論理構造から言って、何一つとして存在してはいないからだ。

磯崎新は「ワルター・グロピウスはその時の印象を手がかりに、石元泰博の写真、丹下健三の文『桂』に序文をつける。この序文は単純にタウトの記したものをなぞっているに過ぎない」としていた。この表現はやや批判的に聞こえるが、グロピウスとしては、何一つ間違えていない。それが、正解だからである。グロピウスは、故意にタウトをなぞっている。

この本は一九六〇年の出版であるが、エッセンスはすでに来日の一九五四年に出尽くしている。そして、ワルター・グロピウスの「合図」によって、丹下健三はその来日の翌一九五五年に、「伝統論争」を国内で焚き付けた。

槇文彦他編『丹下健三を語る』に所収の豊川斎赫による「往復書簡　丹下健三×ウォルター・グロピウス　ヒューマニズムとユルバニスムを照射する伝統論」を読むと、丹下健三とワルター・グロピウスの関係が、実に緊密であったことがわかる。

「丹下健三とウォルター・グロピウスという二人の世界的な建築家の交流について、これまで語られることは少なかった。ここではまず、両者の関係を時系列的に整理すると、直接の接点はＣＩＡＭ第八回ロンドン大会（一九五一）に遡る。丹下健三は広島平和記念公園のコンペ（一九四九）で一等を獲得し、一九五一年のＣＩＡＭに招かれたのがそもそもの契機であった。翌一九五二年二月には、渡米していた浜口隆一とロックフェラー財団のファーズ人文科学部長との交渉の末、国際文化会館を通じて、グロピウス夫妻が日本に招待されることとなった。［……］一九五四年に来日したグロピウスは日本の伝統建築に触れ、丹下を含む日本の建築家たちに日本の伝統建築の良さを説いた。そしてグロピウスはアメリカに戻るや否や、丹下をサンパウロビエンナーレ（一九五七）の審査委員として推挙している。また一九五五年七月、写真家・石元泰博の桂離宮の写真集出版に際して、解説を依頼された丹下はグロピウスに話を持ちかけ、四年の歳月を経て丹下、グロピウスの解説文のついた写真集“KATZURA”(MIT Press, 1960)を出版するに至った。［……］さらに丹下は一九五九年秋にＭＩＴ客員教授として渡米してグロピウスと再会し、ジョージ・ケペシュやケヴィン・リンチといった情報科学の最先端に触れ、その後の「日本の都市空間」の礎を得ることとなった」。

豊川斎赫は、石元泰博の桂離宮の写真集にグロピウスが文を寄せた経緯について、一九五五年七月を振り返り、こう書いている。

「そもそもこの話は石元が一九五三年に来日し、MoMAのディレクターであるアーサー・ドレクスラー、吉村順三とともに桂離宮を訪れたことに端を発する。〔……〕丹下は一九五五年七月二九日付でグロピウス、シャルロット・ペリアン、ジオ・ポンティ、アンドレ・ブロック、フィリップ・ジョンソン、マックス・ビルといった世界的なモダン・アーキテクトたちに石元の「桂」の写真を送付し、写真集“KATZURA”への投稿を依頼している。この結果、最も好意的な反応を示したのがグロピウスで、グロピウスからグラフィック・デザイナーのハーバート・バイヤーに相談した結果、石元の写真をベースに、解説を丹下とグロピウスが執筆し、レイアウトをバイヤーが担当することになった。この写真集はその後、出版社の変更等を経て、一九六〇年にMITと造型社から出版されることとなった[*246]」。

このように、丹下健三とワルター・グロピウスとの間には、繰り返すが、想像以上に緊密な関係があった。しかし、さらに言うならば、丹下健三が一九五五年に「伝統論争」を引き起こしたのは、ただグロピウスによる伝統の再発見の「合図」だけによるのではない。それだけでは、丹下健三は動かない。この「合図」は、グロピウスだけでなく、もっと大きな力、つまり「アメリカ」から来ているのである。

これはいくつもの断片的な証拠品から十分に証明できるのだが、グロピウスを動員したのは、ロックフェラー財団である。ロックフェラー財団というより、それはロックフェラー三世である。そして、ロックフェラー三世もまた、ジョン・フォード・ダレスに動員されている。さらに言えば、ダレスは、トルーマン大統領に動員されている。

丹下がその頃に鋭敏に感じていたのは、グロピウスやロックフェラーやダレスまでをも動員させる、アメリカの文化戦略と組織力、そして強大な政治力学への驚きだっただろう。言い換えると、冷戦下におけるその反共の「文化戦略」、「ソフト・パワー戦略」である。それこそが、「伝統論争」の背景にあるものなのである。NAUのメンバー達は、こうして、一九五〇年代には、左派から右派へと、共産主義陣営から自由主義陣営へと、「伝統論争」を介して、アジア冷戦と反共のための、アメリカによる対日政策の中心部へと誘導されていった。

豊川斎赫の『群像としての丹下研究室』には、「「伝統論争」と同時期に在籍していた丹下研OBの多くは、研究室内で丹下の口から伝統論を聞いた記憶を持たず、雑誌発表時にはじめて自ら担当した物件と伝統論の関係に気づいた者もいた」と書かれている。*247 一九五五年に丹下健三が建築雑誌で伝統論争の火ぶたを切るまで、丹下は伝統について、それほど大きな関心を周囲には示していなかった。だが、丹下の一九五五年の論文「伝統と創造について」には、今度は一転して、伝統への強い関心が語られている。

「それについて、私は建築家ですから建築の例で申し上げますと、最近、日本建築の海外進出ということがさかんにいわれています。たとえば勧学院という書院造りの一つの典型を現代の目で多少修正したのをニューヨークの近代美術館に持って行って、大変な好評を博したといわれております」。

丹下は、この論文で、ニューヨークの近代美術館、MoMAの中庭で一九五四年から五五年まで展示された、吉村順三による書院造りに言及している。またそれと、タウトやグロピウスが桂離宮を誉めたことをなんとか繋げようとしている。

「そういう状態になってまいりますと、ヨーロッパやアメリカには石造りや煉瓦造りの古い建築しかないのですが、日本には昔からの古い木造の柱と梁によって空間が構成されているような、非常に空間的な感じの建物があるのであります。それを、この建築こそわれわれの探していたものだと、それを見なおし、日本の古い建築を受け入れはじめたのは、当然といえば当然なのであります。たとえば、ブルーノ・タウトが来て桂離宮にベタ惚れしたのも、グロピウスが来て同じ状態になるのも、そういうことであります」。

また丹下は、「アメリカや一部ヨーロッパの日本熱」があると強調して、それを自らで「ジャポニカ－スタイル」というオリエンタリストが好む言葉で評している。

「そうして、その出来上がった現代の目で日本の建築を見て「それは現代の目にかなっている。なかなかよろしい」といっているわけであります。これがアメリカや一部ヨーロッパの日本熱のいわれであります。それなら一つわれわれも現代の目で日本の古い建築を演奏してごらんに入れようと、外国に持って回っているのが先ほどのアメリカ近代美術館に建った書院造りであります。それはちょうど先ほど申しました、現代の耳でバッハを弾いている演奏家の立場とかなり似ている問題をもっているのであります。ちょっと話がそれるかもしれませんが、ついてですからジャポニカ－スタイルというはなはだ軽蔑的に使われている言葉がありますが、そのジャポニカ－スタイルというのはどういうことなのかをお話ししましょう。すでに形式化された現代の目でものを構成する、その場合に、そのすでに形式化された目でそれにかなう日本の古い要素を拾いあつめてきまして、それで一つのものを構成しようというものを、ジャポニカ－スタイルと申します[*248]」。

この丹下の論文は、グロピウスの来日の翌年の一九五五年に発表されたものである。丹下はまず、外国人が日本の建築を「現代の目で日本の建築を見て「それは現代の目にかなっている。なかなかよろしい」

といっている」としている。次に、「それなら一つわれわれも現代の目で日本の古い建築を演奏してごらんに入れようと、外国に持って回っているのが先ほどのアメリカ近代美術館に建った書院造りでありま す」と言っている。

一九五四年七月一二日の朝日新聞の記事には、このニューヨーク近代美術館での「書院造り」の展覧会の記事が掲載されている。ニューヨーク近代美術館で展覧会が開かれたのは、一九五四年である。記事のタイトルは「アメリカの日本建築　面食らうほど好評　発見された近代性　簡素な表現が受ける」である。そしてそこには芦原義信の発言が記載されている。そのコメントはこのように書き出されている。

「ニューヨーク近代美術館の中庭に今春三月以来建築を急いでいた桃山時代書院造り、六十坪の日本建築が完成し、二十日から公開の運びになった[*249]」。

また「東京文化財研究所」のホームページには「ニューヨーク近代美術館中庭に書院造り建築の展示を計画」という一九五三年一一月の記事が掲載されている。

「ロックフェラー三世から毎日新聞社長に、ニューヨーク近代美術館中庭で日本家屋の展示会を開きたいと申し出があり、日米協会が主体となって計画を進めている。その間近代美術館の建築主任アーサー・ドレックスラーが来日、古代建築を視察の結果、書院造りを選ぶことに決り吉村順三に一任、細部考証は関野克が担当することになった。会期は明年五月からの予定[*250]」。

ここで、ニューヨーク近代美術館での日本家屋の展示が、アーサー・ドレクスラーの発案というよりも、ロックフェラー三世からの強い申し入れであるという事実の方に、私たちは、より大きな注意を傾けなければならない。なぜならば、すでに述べたように、一九五四年にグロピウスを日本に招待したのはロックフェラー財団だったからである。その二つの出来事が、繋っていないわけがない。

柳田由紀子は『太平洋を渡った日本建築』の中で、この書院造りのイベントの経緯について、実に詳細に書いている。

「MoMAが『ハウス・イン・ザ・ガーデン』シリーズをスタートしたのは、戦後間もない一九四九年のことだった。MoMAは一九三二年の『近代建築《モダン・アーキテクチュア》展』以来、アメリカ建築のモダニズムを啓蒙してきたが、中でもこの企画は、美術館中庭（設計・フィリップ・ジョンソン他）に実際の住宅を展示するという画期的な試みだった。シリーズ第一弾は、バウハウス出身のマルセル・ブロイヤーによる核家族用住宅（一九四九年）。翌年の第二弾には、西海岸モダニスト・ハウスや集合住宅を手がけたグレゴリー・エインの郊外型モデルルームが、摩天楼に囲まれた三〇〇坪の中庭に登場した。〔……〕そのMoMAが、シリーズ第三弾にして最終回用に企画したのが「日本家屋」だった。MoMA建築デザイン部長のアーサー・ドレクスラーは、日本家屋の特徴を、「柱と梁による基本構造、空間の融通性、屋内外の一体感、構造自体が生む優れた装飾性」と指摘した上で、「現代建築との共通点」を説いた」。

MoMAの中庭に「日本家屋」を展示する企画は、ドレクスラーによるものであった。ただし、ドレクスラー一人の発案ではない。ロックフェラー三世がそのバックにいる。

事実、柳田由紀子は『太平洋を渡った日本建築』の中で、ドレクスラーとロックフェラー三世が、講和条約発効の翌年の一九五三年に、この企画のために取材で来日したと書いている。

「一九五三年、取材を目的に、ドレクスラーと日本家屋プロジェクトの強力な後見人、ジョン・D・ロックフェラー夫妻が来日する。一行は二ヵ月にわたり京都、奈良、伊勢など、日本各地を訪問。その結果、大津三井寺（長等山園城寺《おんじょうじ》）の光浄院客殿を展示用のモデルにすることを決定した」。

ここにはドレクスラーやロックフェラーというアメリカ人が、日本の建築の「伝統」や「起源」を再発見しようとする意識が、タウトの時のように作動している。『太平洋を渡った日本建築』には、このプロジェクトには、実現のために、吉村順三ら、専門家が結集したとある。

「建築家に選ばれたのは、日本の伝統に立脚しながらも独自の建築世界を構築した建築家、吉村順三（一九〇八～一九九七年／当時東京芸大助教授）。他に自考証に関野克《まさる》（東大教授、文化財保護委員会建造物課長）、施工に十一世伊藤平左ェ門（慶長年間から続く名古屋の宮大工の家系）、作庭に佐野旦斎（代々京都竜安寺の庭を管理した家系）が選抜された」。

プロジェクトの資本集めには、「日米協会」が黒幕のように暗躍している。むろん、それはアメリカの意向に沿っての協力である。

「ＭｏＭＡでの会期は、翌一九五四年から一九五五年の二年間。日本側は施工に向け、日米協会が音頭をとって資金を調達し、建物をＭｏＭＡに寄贈する方針を立てた。協賛に外務省、文部省、日本商工会議所他、寄付金総額一八〇〇万円強。今、この献金リストを見ると、まるで日本経済新聞の株式欄を眺めているような錯覚に陥る。日本銀行をはじめとする全国主要銀行、建設、保険、石油、鉄工各社など、日本を代表する企業がこぞって名を連ねているのだ。それは、まさに国家事業の様相である」。

吉村順三は、この展覧会にかなりの力を入れていた。柳田の本によれば、吉村はこの企画について、こう語っていたという。

「日本のいいところを世界の人に見せたかったんです。（中略）情熱があったから、これを見れば日本がわかるという、エッセンスだけを拾ったんです。一番いい材料でちゃんとつくろうということで、庭だって庭師を連れて、苔の付いた石を梱包して運び、庭も全部設計して持って行ったんです」。

柳田の『太平洋を渡った日本建築』によると、吉村らは「国内でわざわざ一旦組み立てられた」ものを「完成の姿を確認した上で、改めて建物を解体し、建築資材をニューヨークに送った」のである。そして「一九五四年、件の建材がニューヨークに届けられ」ると、「吉村を筆頭に、庭師の佐野旦斎、伊藤平左ェ門下の大工らがマンハッタンに乗り込んで、寝ずのがんばりで組み立てた。MoMAでの棟上式は、同年四月。書院造りの建物（木造平屋総檜造り、檜葺き屋根＝五六・六坪、付属施設を合わせて全七十二・九坪）は、この時、「松風荘」と命名された」。

このMoMAの日本家屋の展示は、アメリカでかなりの好評を博したようである。『太平洋を渡った日本建築』によれば、六月二〇日の初日には「長蛇の列が出来た」というからだ。

「この日、五番街にはMoMAのある五三丁目から何ブロックにもわたって長蛇の列が出来た。長蛇の列は、初日に限らず、その後も続いた。冬季休暇を挟んだ二年間の総入場者数は、二二万三二二四人（一九五四年六月一六日〜一〇月二一日、一九五五年四月二六日〜一〇月一五日）。これはMoMAの予想の三倍に当たる記録だった」。

柳田は、この日本家屋の展示が好評を博したのは「占領期に日本に駐在した多くのアメリカ軍人による日本美術の輸入や日本文化の紹介など、〝民族の大移動〟がもたらした草の根的な日本理解という下地もあった」としている。[*251] 柳田の言う「占領期に日本に駐在した多くのアメリカ軍人による日本美術の輸入や日本文化の紹介」とは、磯崎新が『建築における「日本的なもの」』で書いていた「占領軍の兵士たちにとって、日本駐留は新たな文化接触だった」、そして「チョウチン、センス、ゲタ、ユカタなどの日常的物品が戦果品の代替としてスーブニールされた」ことである。

しかしながら、それこそが、「ジャポニスム」であり、「オリエンタリズム」なのである。戦勝国の兵士が、占領した日本から、日本美術や日常的な物品を持ち帰る。それが下地となって、MoMAの展示へと繋がる。むろん、それはアメリカの対日政策の下地でもある。アメリカ＝支配国と日本＝被支配国との間の非対称性が、この「日本家屋」に見事に表象されている。しかも、西洋と東洋という二項対立ではなく、吉村順三が「日本のいいところを世界の人に見せたかった」と言っていることに明らかなように、この展示は支配国と被支配国との見事な「共犯関係」になっている。

磯崎新は、その著書『建築における「日本的なもの」』の中で、「文化的コロニアリズム」について、このMoMAの展示を通して、こう書いている。

「ニューヨーク近代美術館（MOMA）は、一九三二年の「近代建築」展以来、アメリカにおけるモダニズム・プロモーションの元締め役をはたしつづけているが、この時期、中庭に実物大の住宅をつくり、デザインの啓蒙活動をしていた。最初はバウハウスの最若年スタッフだったマルセル・ブロイヤーの住宅で、これはバウハウスのアメリカへの移転だけでなく、そこでの産出物が中産階級の住まいの典型をつくりだしたことを示す企画だった。ついで建築デザイン部長アーサー・ドレクスラーは吉村順三に、光浄院客殿のうつしを実物大で展示することを依頼した。モダニズムがアメリカにヨーロッパより移転して、国際様式と呼ばれたとしても、ここには何人かの巨匠と呼ばれた建築家の個人的署名のデザインがあっただけで、統括されるような趣味はなかった。当時モダニズムは方法として理解されていたとしても、デザイナーが容易に従うようなスタイルにはなっていない。ジャポニカはそんなデザインの空白を埋めるのに絶好の主題であるとみえた。光浄院客殿のうつしは同時に一八九三年のシカゴ万博の日本館を想起もさせた。フランク・ロイド・ライトが開眼したといわれるこの鳳凰堂の悪趣味なコピーにたいして、より洗練された眼によってえらびだされた書院造りの傑作をほんものとしてMOMAに展示する。ライトがアメリカ的伝統の一部を形成していることをその初源にもどって反復する。半世紀あまりを過ぎてみると、この「日本趣味」は戦果品であった。しかしモダニズムを補完することの可能な洗練された趣味でもあった」。

ここで、磯崎が「この「日本趣味」は戦果品であった」と言っている点に注意すべきである。むろん、これは直接的な略奪ではない。しかしこの上なく、この展示はアメリカによる日本の支配を表象している。ドレクスラーとロックフェラー三世の二人は、強力に繋がっていた。しかし、ロックフェラー三世には、さらに大きなバックがいた。繰り返すが、対日講和でトルーマン大統領に抜擢された、ジョン・フォード・ダレスである。

松田武の『対米依存の起源』には、そのあたりのことが、このように書かれている。

「米国政府の特使として対日講和条約の交渉に尽力し、時の人となったのが、ジョン・フォスター・ダレスであった。[……]ダレスは、ソ連と冷戦を戦う上で、米国にとってドイツと日本が最も重要な国であると捉えていた。彼は、「世界の将来は、ソ連が戦争に訴えることなく、西ドイツと日本をその支配下に置くことができるか否かに大きくかかっている」と考えており、ドイツと日本が、世界各地における共産主義との聖戦に確実に勝利する鍵を握っていると述べた。彼は米国の世界戦略の主たる目的が、日本を西側諸国の一員に留めておくことにあることを片時も忘れなかった。なぜならば彼は、米国の国益と安全保障にとって日本を、自由に利用することのできる東アジアの最も重要な国と見なしていたからであった。［……］ダレスにとって、日本がソ連の支配下にはいることは、ソ連が、太平洋地域における米国の支配権に「挑戦」できること、そして究極的には、米国の西海岸も同じ運命をたどることを意味していた。そうなれば、「世界戦争の勃発と米国が敗北する確率はいっそう高くなる」というのであった。また、冷戦の闘志ダレスは、「侵略国がいかなる国であれ、その国による世界支配を阻止するために、日本から米国と国際連合の政策への積極的な支援」を取り付けるつもりでいた。ダレスによれば、日本を西側に留めておくことによってはじめて、それが可能となった」。

一九五〇年六月二二日の吉田茂とダレスの会談は不備に終わる。そのためダレスは、日本に対する戦術の一つとして「文化政策」を考え出した。松田武の本によれば、ダレスは吉田との最初の会談を行った一九五〇年に、早くもジョン・D・ロックフェラー三世に対して、「対日講和の文化担当」の顧問になるよう要請している。

「そこで、ダレスは、五〇年一二月にジョン・D・ロックフェラー三世に「ダレス講和使節団」の一員として日本へ行くことに関心はあるかと尋ねた。ダレスは、三五年からロックフェラー財団の理事を務めていた。そして彼は、五〇年に同財団の理事長に任命され、五三年にアイゼンハウアー政権の国務長官に就任するまで理事長の職にあった。ダレスは、ジョンよりも一八歳年上で、彼とは互いに信頼し合う緊密な関係にあった」。

ダレスの意図は「米国講和使節団の軍事的な意味合いを薄めること」にあった。松田は、そのことを、こう書いている。

「ダレスは、ロックフェラー三世を、文化担当の顧問として講和使節団の一員に迎えることにした。というのは、ダレスは、軍事や経済問題だけでなく、日米間の長期的な文化関係を強化させたい米国が望んでいることを、日本国民に知ってもらいたかったからである。しかし、ダレスの心の意図は別のところにあった。それは、ロックフェラーの任命により講和使節団の目的の裾野が広がり、米国講和使節団の軍事的な意味合いを薄めることができるという点にあった[*252]」。

藤田文子の『アメリカ文化外交と日本――冷戦期の文化と人の交流』には、同じことが、こう書かれている。

「ロックフェラーと日本をさらに深く結びつけたのは、対日講和条約の交渉を担ったジョン・フォスター・ダレスだった。ダレスは一九三五年からロックフェラー財団の理事、一九五〇年からは理事長をつとめ、ロックフェラーとは懇意な間柄だった。五〇年末にダレスから、講和使節団の訪日に同行し、日米間の文化・教育・広報活動の今後について検討するように要請されたロックフェラーは、日本への関心が活かされると同時に国家的意義をもつ任務の遂行に使命感を燃やした」。

藤田文子によれば、一九五一年一月末から約一か月、ロックフェラーは日本に滞在して、帰国してから「米日文化関係」という報告書をまとめ、四月半ばにダレスに渡した。ロックフェラーはその中で「日本文化に対する関心がアメリカで増大しつつあることを日本人に知らせる必要があると指摘している」。また「広報活動の当面の目的は、「日本が自由主義陣営の一員としての立場を維持し、強化するように促すこと」であった[*253]。

だが、松田武の本には、藤田の本より、もっと、はっきりとしたロックフェラー三世の目的が書かれている。すなわち「ロックフェラー提案の主なねらいは、日本の「知的および精神的な空白状態」をなくし、「日本の共産化への圧力を弱める」ことにあった」からである。

「ロックフェラーは、知識人の共産化を避けるために、今すぐ適切な措置が講じられるべきだと考えていた。彼は、日本の知識人に慎重にかつ注意深く接近すれば、彼らは親米的リベラル派になる可能性が大であると読んでいた。ロックフェラーは、日本における文化冷戦の脈絡において日本の知識人対策を最優先に考えたのである」。

日本が占領から解き放たれて、再び独立国となったサンフランシスコ講和条約は、ロックフェラーの報告書から五ヶ月後の一九五一年九月八日に調印されている。その二カ月後の一一月、ロックフェラー三世は再び日本を訪れている。そしてその翌年の一九五二年四月二八日に講和条約は発効された。ＭｏＭＡの日本家屋の展示のために、ドレクスラーを伴ってロックフェラー三世が来日したのは、その翌年の一九五三年のことである。

楠綾子は「第3章　戦後日米関係の再生　１９４８－１９６０」（『もう一つの日米交流史』に所収）で、一九五一年に来日したダレスにロックフェラー三世が随伴していたと書いている。

「１９５１年初頭、講和交渉のために来日したダレスは、ニューヨーク日本協会（Japan Society Inc., New York）会長のロックフェラー3世（John D.Rockfeller）を伴っていた。４週間の滞在中、ロックフェラーは科学から社会福祉、教育、法律、政治学など学会の指導的地位にある人々と会談を重ねた」。

ロックフェラーは、それから何回も来日した。楠綾子の論には、こう書いてある。

「ロックフェラーはその後なんども日本を訪れ、そのたびに知識人をはじめさまざまな人々と会談をこなし、日米間の交流のありかたを模索した。日米協会での講演が実現したのは、1952年4月の来日時である。4月25日、サンフランスコ講和条約が発効し日本が独立を回復する3日前であった」。

また楠綾子は同じ論の中で、文化人類学者のルース・ベネディクトの『菊と刀』に言及している。

「戦後まもない時期の米国人が日本を理解する一つの手がかりとなったのは、文化人類学者ベネディクト（Ruth Benedict）が1946年に出版した『菊と刀（*The Chrysanthemum and the Swaord: Patterns of Japanese Culture*）』であった。太平洋戦争中に彼女自身が戦時情報局（ＯＷＩ）でおこなった研究成果を基に、一般読者向けに書き下ろされたこの著作は、日本文化を西洋文化とは根本的に異なる特殊なものとして描いている。日本に関する情報が極度に乏しい――日本研究者は数えるほどしかいなかった――なかで、オリエンタリズム的二分法を基本構造とするわかりやすさに平易で流麗な文体も手伝って、この著作は敵国日本に関する情報提供の役割を果たしたのだった」。

ベネディクトの一九四六年の『菊と刀』が、オリエンタリズムである点を、楠綾子は鋭く、そして正しく突いている。つまりアメリカは、オリエンタリストとして日本を観察していたのである。そして多くのアメリカ人は、現実に日本を一度も見ておらず、テクストでしか日本のことを理解していないベネディクトの「テクスト」の中に、「日本」を発見していた。

これは、どこか、テクストでしか日本戦後建築を知らないミゲルーの「テクスト」によって、今後、多くのフランス人が日本の建築を知ることになる構図と、とてもよく似ている。すると、ベネディクトのテクストの中にしか「日本」が存在しないように、ミゲルーの「テクスト」の中にしか、「日本の戦後建築史」も存在しないことになるだろう。その両者に真の意味で存在していないのは、西洋のしかるべき他者としての「日本」なのである。

楠綾子は同じ「第3章　戦後日米関係の再生　1948-1960」で、ニューヨーク近代美術館（MoMA）の吉村順三による展示に触れている。

「そうした事情から、1940年代から50年代にかけての時期、米国の日本文化への関心はエキゾチックなものに対する好奇心が中心であった。例えば芸術の分野では、建築家の吉村順三が1954年、ニューヨーク近代美術館（MoMA）のモダニズム建築の展示企画に参加し、園城寺光浄院客殿をモデルにした「松風荘」を設計した。吉村は東京芸術大学卒業後、米国でチェコ出身のモダニズムの建築家レイモンド（Antonin Raymond）に師事し、その推薦でMoMAの企画に参加することになったのである。米国の美術館の中庭に和風建築を建てるという、日本人として初めての経験を、吉村は午餐会の場で「日本文化を米国の人々に紹介する重要な使命であった」と位置づけてスピーチを締めくくった（吉村講演、1954年9月24日）。なお、このプロジェクトの実施に際しては日米協会が醵金協力した。「松風荘」は展示終了後にフィラデルフィアに移築されている。吉村はその後もニューヨーク日米協会の建物、ジャパン・ハウスを設計するなど、米国でも活躍した」。

吉村順三をMoMAなどに推したのは、戦後すぐに『リーダーズ・ダイジェスト東京支社』を設計したアントニン・レーモンドであった。ここでもレーモンドが日本とアメリカの間に立って、政治的な役回りを演じている。さらに『私と日本建築』に所収の一九五三年の「日本建築の精神」で、レーモンドは確かにこう書いている。

「今日では伝統的日本建築を導いてきた古代の原則が、西洋の建築家達により再発見された原則に殆ど合致するという事実が、よく知られている。［……］ニューヨークの近代美術館は、それを明らかにしようと特に努力しており、具体的には近い将来、ニューヨークで、日本住居が展示されることになった。その住居は、日本でデザインされ、作られ、これまで述べてきた点を強調する。日本建築の展覧会と共に展示される」。

吉村順三はレーモンドに師事していた。この吉村の展示の三年前の一九五一年に、レーモンドの『リーダーズ・ダイジェスト東京支社』が竣工している。

鈴木博之の「レーモンドのもたらしたもの」（『建築と暮らしの手作りモダン　アントニン&ノミエ・レーモンド』に所収）によれば、吉村はレーモンドに霊南坂の自邸に、強引に押しかけてスタッフになった。

「吉村順三は、レーモンドが霊南坂に建てた自邸を雑誌で見て、その所在地を探し求めてついに見つけ出し、その門を叩いたのだった[*254]」。

吉村順三の『火と水と木と詩』には、アントニン・レーモンドとの出会いが、こう記されている。

「その頃、学校の教室で、外国の雑誌を見ていましたら、とても面白い好きな住宅がでてきたんです。それは住宅の模型写真でしたが、そこに「アントニン・レーモンド・東京。」と書いてあったんです。これは東京にあるに違いないと思って、学生ですから暇はありましたので、たぶん山の手の方に家はあるだろうと思い、毎日のように歩いて、ついにその家を発見したんです[*255]」。

藤田文子の『アメリカ文化外交と日本』によれば、一九五一年一一月に発足した「文化センター準備委員会」の常任理事には、リーダーズ・ダイジェスト社日本支社長のスターリング・W・フィッシャーがいた。そのためにリーダーズ・ダイジェスト東京支社の中に、準備委員会の事務局がつくられていた。

楠綾子は同じ論の中で「心理作戦（Pychological warfare）の展開」として、ダレスやロックフェラー三世による「文化戦略」の目的について分析している。

「1950年代から60年代にかけての米国は、知識人対策を対日対策の一つの柱として位置づけていた。日本社会においては、知識人の権威や影響力が大きく、かれらに多くみられた平和主義・中立主義、反米傾向、マルクス主義への親和性が日米関係の障害となると憂慮されたためであった。1951年に来日したロックフェラー3世が重視した問題の一つも、日本の知識人の思想的傾向だった。彼が帰国後の4月にダレスに提出した、日米文化関係に関する報告書は、知識人を対象とする文化交流プログラムの必要性を訴えている。そしてその具体的計画として、米国の総合的な情報センターとしての役割を担う文化センターの設立や学生を対象とする国際会館の設立、人物交流などが挙げられた」。

「日米協会」が、アメリカのために政治的に暗躍した事実については、渡辺靖の『アメリカン・センター』で、明晰に書かれている。

「アメリカにとって、終戦直後の広報・文化活動の、もう一つの舞台となったのが、すぐに事務局機能を再開していた日米協会だ。とりわけ、アメリカが冷戦を明確に意識し始めた一九四〇年代終盤以降は、日米協会での講演が、事実上、アメリカの対日政策発表の場となることが少なくなかった。一九四八年一月には、ケネス・ロイヤル陸軍長官が「日本は共産主義に対する防壁」と演説し、一九五一年に二月には、トルーマンの特使ジョン・ダレスが「対日講和方針」と題する講演を行った。日米協会でのこの午餐会が、ダレス来日中、唯一の公式行事であり、そこにはアメリカの即時再軍備要求を拒否した吉田茂首相の姿をもあった。まさに、日米両国の政財界の要人が直接懇談できる数少ないチャンネルの役割を担っていた[*256]」。

ロックフェラー三世の思惑は、六本木の『国際文化会館』に結実する。竹内隆俊編著『日米同盟論』に所収の中島啓雄の「第一章　知的交流に見る戦前・戦後初期の日米関係の断絶と継続」には、次のような記載がある。

「占領下の1951（昭和26）年1月から2月にかけて、まもなく国務長官に就任するジョン・フォスター・ダレス（John Foster Dulles）特使（ロックフェラー財団理事長）を団長とする講和使節団が来日した際、旧友ロックフェラー3世も文化問題の顧問として来日し、松本は彼と再会した。ロックフェラー3世は同年10月から11月にかけても、私人として日本を再訪した。ロックフェラー3世の二度の来日を通じて、松本との間で「文化センター（Culture Center）創設の話が持ち上がった。ロックフェラー訪日中の同年11月、長年、日米文化交流に尽力してきた樺山愛輔を委員長とする文化センター準備委員会が発足した。1952年（昭和27）年7月、ロックフェラー財団の助成が日本側も募金活動で1億円を集めることを条件に決定し、1952年（昭和27）年8月、国際文化会館は法人格を獲得した。その後、日本での募金活動を経て、1955（昭和30）年4月、「日本人と米国人その他諸外国人」（寄付行為第3条）との知的交流の場として、ついに国際文化会館（International House of Japan）が六本木の地に開館した」。[*257]

『国際文化会館』の設計者の一人は、吉村順三であった。前川國男と坂倉準三が、その設計共同者になっている。ここでも、MoMAの書院造りの建築家が選定されている。またこの吉村は、後に、ロックフェラー三世の自邸『ポカンティコヒルの家』（一九七四年）も設計している。

アメリカは、日本が共産主義に傾かないように、注意深く、日本を監視していた。そして、そこに、アメリカは、日本の文化に関心を持っている、という戦略的な布石を投じていた。

サイードは『オリエンタリズム　上』の中で、幕末にはイギリスによる支配が、やがてアメリカに置き換えられているのを、次のように書いている。

「十九世紀初頭から第二次大戦までは、イギリスとフランスとがオリエントとオリエンタリズムを支配していた。第二次大戦以降はアメリカ合衆国がオリエントを支配するようになり、かつてのフランス、イギリスと同様のやり方でオリエントに対するアプローチを行っている。この近接関係の力学は、ことごとく西洋《オクシデント》（イギリス、フランス、アメリカ）の「東洋に対する《オリエント》」優越を証拠立てるものだとしても、その生産力は巨大なものであって、この近接関係の内側から、私がオリエンタリズム的と呼ぶ大量のテクストが出現したのである」。

しかし結局、それはオリエンタルな日本の「再発見」であり、これが占領時のスーブニールにはじまって、一九五四年のグロピウスの来日や桂の再発見、また一九五四年からのＭｏＭＡの中庭の『松風荘』となり、そして一九五五年からの「伝統論争」になっていく。

つまり、一九五〇年代の日本の「伝統論争」とは、何度も言うが、それが縄文だろうが弥生だろうが、構造的にはアメリカが発見して、アメリカが支援し、アメリカによって醸成されたものなのである。

5　黒と戦災

何度も言うが、フレデリック・ミゲルーは『ジャパン・アーキテクツ1945－2010』展において、太平洋戦争の日本の敗戦による「戦災」を、展示のスタート地点としている。事実、朝日新聞の文化欄で大西若人は「焼け跡からの再発見」と書いている。それをよく踏えた上で、一九四五年の空襲について考えてみよう。

一九四五年、日本全土は連合軍の空襲によって無惨な焼け野原になった。ニーアル・ファーガソンはその著書『憎悪の世紀　下巻』の中で、アメリカ空軍の爆撃について述べている。

「日本に対する空爆作戦は、一九四二年四月のドゥーリトル空襲に始まり、空母ホーネットから飛び立ったB－25爆撃一三機の小編隊で東京空襲に成功している。だがそれまでかなり危険な中国の空軍基地に頼らざるを得なかったアメリカ軍が、飛行距離という障害を克服できたのは、戦争の最終局面に入ってからだった」。

日本への空襲を指揮したのは、ファーガソンによれば、アメリカのカーティス・ルメイであった。

「新型B－29「超空の要塞《スーパー・フォートレス》」を投入し、安全なマリアナ諸島の基地に配備されていたカーティス・ルメイ将軍（一九〇六〜九〇）の第二〇爆撃機コマンドは、日本の諸都市を情け容赦なく破壊し、きわめて燃えやすい紙と竹と木でできた家屋が灰と化した。一九四三年八月に大きな被害をもたらしたレーゲンスブルク空襲に参加して生き延びたルメイは、高高度から昼間に精密爆撃をおこなうという戦略を中止し、低高度から夜間に絨毯《じゅうたん》爆撃をする戦略にいち早く変更した。B－29爆撃機は三〇〇機あまりの大編隊を組んで飛行し、あちこちに死と徹底的な破壊をもたらした」。

三月九日から一〇日にかけては、東京大空襲であった。ファーガソンはルメイの言葉を使いながら、こう書いている。

「一九四五年三月九日、東京は最初の波状空襲（東京空襲）に見舞われ、八万から一〇万の命が奪われた。ルメイはその様子をあからさまに描写している。「敵はあぶられ、煮られ、焼かれて死んだ」」。

それから、空爆は日本全土に及んでいく。ニーアル・ファーガソンの記述は、こうである。

「五か月のうちに、ほとんどすべての大都市の市街地の約五分の二が焦土と化し、約二五万人が命を落とし、三〇万人あまりが負傷し、八〇〇万人が住む家を失った。東京のほか、六三の都市が焼け野原になった」[*258]。

マイケル・D・ゴーディンは『原爆投下とアメリカ人の核認識』の中で、ファーガソンと同様に、アメリカ空軍のルメイ将軍による発言を、やはり引用している。

「陸軍航空軍（AAF）の戦略を構築したカーティス・E・ルメイ将軍（Curtis E. LeMay）は後に回顧録でこう述べている。「死について、軍事的にもたらされる死について新しいものは何もない。われわれは、［一九四五年：引用者註］三月九日夜から十日未明にかけて、東京において、広島と長崎で一瞬のうちに殲滅させた人たちよりも多くの人々を死ぬまで炙り、煮えたぎらせ、焼き尽くしたのだ」」。

このような酷たらしいことを、よく平然と言えたものである。ルメイの神経の鈍磨さには、ただ唖然とするばかりだ。マイケル・D・ゴーディンは、さらに「実戦に使用された原爆二発の組み立て責任者」ノーマン・ラムゼー（Norman Ramsey）の発言を書いている。

「毎週のように、日本への一連の通常爆撃で二万トンの爆弾が投下されていたのだ。比率からすれば（実際には七月、八月あたりの話だが）、推定では数日で原爆一発に匹敵する規模に近かった。ということで、現場にいた多くの人々の目から見れば、原爆は、その後に証明されたような、非常に強力な兵器だとは考えられていないなかったのである」[*259]。

現場にいたいったい誰が、そう考えてはいなかった、と言うのか？　アメリカ軍の責任者か？　それとも、アメリカ軍の兵士たちだろうか？　通常爆弾も原爆も大きく変わらないなどというのは、無抵抗の状態で、空から爆弾を投下された日本人からすれば、たまった話ではない。

ロナルド・シェイファーは『アメリカの日本空襲にモラルはあったか』の中で、ルメイについて記述している。

「爆撃機が離陸後しばらくして、ルメイ将軍は、第二一爆撃軍の報道検閲官で広報将校のセイント・クレア・マケルウェイと、ニューヨーク誌の記者とともに、この空爆に託す希望について話し合っていた。ルメイは、東京が「焼き払われて、地図からも一掃され」、その地域のあらゆる工業標的が破壊され、都市が無力化されることを欲していた。「もしこの空襲が私の思う通りに功を奏するなら、我々は戦争を短縮できる」と彼が言うと、マケルウェイも同意した」。

ルメイは、東京がこの世から抹消されることを願っていたのである。そのために、彼は、平然とした顔で空爆を続けた。ルメイには、罪悪感の欠片すらない。しかも、空爆されたのは、非戦闘員である。この東京大空襲と、ナチスのアウシュヴィッツと、いったい、どこがどう違う、というのか?

A・C・グレイリングは『大空襲と原爆は本当に必要だったのか』の中で、カーティス・ルメイの発言を引用している。

「日本への地域爆撃の責任者であるカーティス・ルメイ将軍も、同僚たちと同じ気持ちだった。彼は東京への焼夷弾爆撃を容赦のない言葉で記している。「われわれは、広島と長崎で蒸発させた者を合わせたよりも多数の人間を、三月九日から十日にかけての夜に東京で焼き殺し、沸騰《ふっとう》させて殺した」」。

またA・C・グレイリングは、ルメイの無差別殺戮の開き直りについて、こうも書いている。

「彼は次の発言で有名である。「当時、日本人を殺すことは私にとってはたいしたことではなかった……戦争に負けていたら、私は戦争犯罪人として裁判にかけられていただろう……軍人は誰でも自分の行為の道義性について考える。しかし、戦争とはすべて不道徳なものであり、それを悩んでいたらよい軍人にはなれない」[*260]」。

戦争はそもそも不道徳なものなのだから、何をしても許されると、そうルメイは考えているようだ。だが、どんな戦争にも法があり、ルールがある、という当たり前のことを、どうやらルメイは知らないらしい。このような人間は、もはやただの「殺人者」でしかない。だがルメイは自分自身では、最後まで軍人のつもりでいるのである。

荒井信一の『空爆の歴史』の中には、カーティス・ルメイ将軍の、とても人間とは言えない残虐な発言が引かれている。

「われわれは東京を焼いたとき、たくさんの女子どもを殺していることを知っていた。やらなければならなかったのだ。われわれの所業の道徳性について憂慮することは——ふざけんな（Nuts）」。

また『空爆の歴史』には、「ルメイは、一般市民を焼き殺す焼夷弾攻撃が人道に反することを知っていたが、戦争の必要をそれに優先させた。ルメイが現場指揮官として効果的な戦術を考案し、大量殺戮を実行した責任は明らかであるが、直接には上官（アーノルド）に命じられ任務を遂行したのであった」とある。そして「東京大空襲の前月に行われたドレスデン爆撃の非人間性が問題になったとき、アーノルドは「ソフトになってはいけない。戦争は破壊的でなければならず、ある程度まで非人道で残酷でなければならない」と語った」という。

ロナルド・シェイファーの『アメリカの日本空襲にモラルはあったか』によると、ハリー・F・カニンガム大佐は、こう言っている。

「日本政府はすべての男性、女性および子供たちが「国民義勇隊」に加入するよう命じていると指摘した。結果として、好むと好まざるとにかかわらず、彼らはもはや一般市民などではなく、アメリカに武器を向けるよう命令されている日本軍の一員なのである。よって、日本国民の全員が「まさしく軍事的標的」である」。

ロナルド・シェイファーは、ハリー・F・カニンガム大佐が、「我々にとって、日本には一般市民などいない」と言っていると、書いている。

「我々軍人は手加減するつもりもなければ日曜学校のピクニックを装うつもりもない」とカニンガムは断言

した」。我々は戦争を、全面戦争をやっているのであり、これはアメリカ兵の生命を救い、戦争という苦悩を短縮し、恒久平和の実現を求めるものである。我々は敵がどこにいようと、最短時間で最大多数の敵を見つけだして殺害するつもりである。我々にとって、日本には一般市民などいないのである」。

ナチス・ドイツのルドルフ・ヘスは『アウシュヴィッツ収容所』という本を残している。ヘスは、アウシュヴィッツで罪のない人々を大量殺戮した強制収容所の所長である。むろん、ヘスのしたことは到底許されるものではない。だが、次のようなルドルフ・ヘスの発言を、カーティス・ルメイの発言と比較してみるのは、決して無駄ではない。

「今、私はなぜ虐殺命令を、女子供にたいするこの残虐な殺人を、拒まなかったのかという非難がたえず私にむけられる。だが、それについて、私はすでに、ニュールンベルクで答えた。〔……〕一人の爆撃隊長が、ある都市に、軍需工場も、守るべき施設も、重要な軍事施設もないことを正確に知りながらその町の爆撃を拒否したなら、彼はどうなるだろうか。もし彼が、自分の爆弾はもっぱら女子供を殺すだけなのだと知って拒んだら、どうなるか？　必ずや、彼は軍法会議にかけられるだろう。〔……〕にもかかわらず、今、人はその比較を認めようとはしない。しかし、私はその二つの状況は比較されうるとの見解に立つ」。[*261]

念のために言っておくが、私は、何もヘスの言い訳を聞きたいわけでは全くないのである。そのような言い訳は、彼の行った残虐行為を、ほんの少しでも和らげるものではないからだ。しかし、その前提で、なお私が知りたいのは、それならば、なぜ日本の大規模な無差別爆撃については、カーティス・ルメイの平然とした言い分は、戦後も平気で通用しているのか、ということなのである。

日高義樹の『なぜアメリカは日本に二発の原爆を落としたのか』によれば、ルメイは、原爆投下の責任者でもあった。そして、すでに書いたように、東京空襲などでは、非戦闘員がいるとわかっていて、ルメイは焼夷弾の絨毯爆撃を行使したのである。日高は「原爆投下の責任者であるカーチス・ルメイ将軍は、日本に対する大がかりな通常爆撃を行っていた」と書いている。

日高義樹が、カーティス・ルメイに、取材で直接に問い掛ける機会があった。すると、彼は、このように答えたという。

「ルメイ将軍は、のちに「皆殺し作戦」と呼ばれた絨毯《じゅうたん》爆撃について後悔している様子はまったくなかった。原爆投下についていっさい口をつぐんでいるアメリカ軍の首脳と違ってルメイ将軍は、東京大空襲について「日本に戦争をやめさせる任務を全《まっと》うしただけだ」とためらいなく語った」[*262]。

アメリカの空爆は、むろん、通常の絨毯爆撃だけではなかった。一九四五年八月六日に広島に、九日に長崎に、新型爆弾が投下された。歴史学研究会編『世界史史料 20世紀の世界I ふたつの世界大戦』には、アメリカのトルーマン大統領が原爆投下一六時間後に出した「広島原爆投下に関する大統領声明」が載っている。

「一六時間前、アメリカの戦闘機が日本の重要な陸軍基地の一つの広島に爆弾を投下した。その爆弾はTNT二万トン以上の破壊力を持っていた。戦争史上かつて使用された最大級の爆弾である英国製「グランド・スラム」の二千倍を超える破壊力を持っていた。〔……〕日本人はパールハーバーへの空からの攻撃で戦争を開始した。彼らは何倍もの仕返しを受けたことになる。〔……〕それは原子爆弾である」[*263]。

極めて非人道的な声明文である。同書の林義勝の「解説」によると、「アメリカの世論は、八月九日のラジオ演説でトルーマンが列挙した真珠湾、アメリカ人捕虜などへの残酷な取扱いへの報復として、またファシズムを打倒する「良い戦争」に勝利をもたらしたものとして、原爆投下を正当化する見方が依然として根強い」と書いている。[*264] しかし、それが非戦闘員に原爆を投下して構わない正当な理由には、絶対にならない。

私の質問は、繰り返すが、実に単純な内容である。なぜ、ルメイの場合は、残虐な無差別爆撃を許されたままでいるのか、である。実は、この問いの答えは、実に簡単なものなのである。ルメイが「勝者」の国の兵士だからである。そして常に、勝者が「歴史を叙述」するからである。

ただ、この日本やドイツを完全に焼き尽くすという連合軍の考え方は、決して、ルメイのような現場にいた将校だけの独断的な判断ではない。それは、たとえば、イギリスのウィンストン・チャーチルの考え方でもあったからである。ジョン・W・ダワーの『容赦なき戦争』には、その事実が、こう書いてある。

「英米の計画立案者たちは、実は真珠湾が攻撃される何カ月も前から、敵国の都市爆撃の効果をひそかに認めており、四二年の夏にイギリス空軍は一面を火の海とする新しい武器、焼夷弾を使ってハンブルクを焼き払い、二年前の報復を始めた。早い時期からイギリス軍の指導者たちは、通常の軍事、産業目標に加えてドイツの人口密集地域を爆撃目標とし、一般市民の戦意を打ち砕くことを支持していた。また真珠湾攻撃後、チャーチルは、日本人を粉砕し、その町を破壊し、あるいは市街地を焼き払うという構想に、何度も積極的な賛意を表わしている。四三年八月のケベック会議後、イギリス情報相は、連合国側がドイツも日本も「爆撃し焼き尽くし、とことん破壊する」つもりであると報告し、その後それは現実の展開となったのである」。

ダワーによれば、それはチャーチルだけでなく、アメリカのジョージ・C・マーシャル陸軍参謀総長の考え方でもあった。

「日本の都市を火の海と化すという考えは実際、真珠湾攻撃の少し前から米軍内部では台頭していた。当時、ジョージ・C・マーシャル陸軍参謀総長は、「日本の人口密集都市の木と紙でできた家屋を焼き払う、無差別焼夷弾攻撃」を想定した計画を立てるよう部下に命じている」。

さらに言えば、当時のアメリカ世論には、「日本人絶滅の願望」があった。そのことについて、ジョン・W・ダワーは、こう書いている。

「アメリカの世論調査によれば、国民の一〇〜一三パーセントは一貫して日本人の「絶滅」あるいは「根絶」を支持しており、同様の割合で日本敗戦後の厳しい懲罰を支持している（「目には目を」「処罰・拷問等）。よく引用される四四年一二月の調査では、「戦争が終わったら、日本に対してどういう処置をとるべきだと思うか」という問いに対し、一三パーセントの回答者が、「日本人の全員殺害」を希望し、三三パーセントが国家としての日本の崩壊を支持している」。

アメリカによる日本人の絶滅感情については、ジョン・W・ダワーの本に、このような記載もある。

「世論形成、政策決定レベルからアメリカ国民の姿勢を分析した知識人たちは、この日本人絶滅政策に対する支持は、きわめて強力なものと判断した。多分、世論調査に示された以上であろうとも考えられた。たとえばバターン死の行進のニュースが公開される数週間前の一九四四年の元日に、ワシントン駐在イギリス大使が本国外務省に対する週間報告の中で、すでに「当地において一様に見られる日本人絶滅感情」について言及している。政治記者、政治家、軍事専門家など様々な分野の人々も、この観測の正しさを裏づけている」。

当時のアメリカの日本人への凄まじい憎悪について、ダワーはこう書いている。

「また四三年のベストセラーは、日本に対する戦いは「肉体も精神も死に絶え、国土は枯れ果て、男たちは死に女子供は別れ別れになって他国の人々の間に消えていくまで」続けられるべきだとしている。歴史に精通する者にとっては、紀元前一四六年にローマに滅ぼされたカルタゴが日本のあるべき姿として想起された。ローズベルト大統領の首席補佐官ウィリアム・レーヒ提督は、四二年九月ヘンリー・ウォレスに対して、日本を「われわれのカルタゴ」と表現している。その意味するところは「とことんやって、徹底破壊すべし」ということである。その数カ月後、「コリアーズ」誌は、「日本を破壊すべし」と題した論説を掲載している。その題名は大カトーがローマ元老院で演説した際に、八年間にわたって必ず「カルタゴを破壊すべし」という言葉で結んだという故事によるものである」。

ジョン・W・ダワーによれば、一九四三年五月からの委員会で、日本人の「絶滅感情」は、さらに高まったという。

「一九四三年五月以後数カ月にわたって、アメリカ政府内にはじめて設置された省の枠を超えた委員会が、戦後の日本をどう扱うべきかに関する研究を行なったが、その海軍代表自らが、ハルゼー提督の口ぐせ、「ジャップを殺せ、殺せ、もっと殺せ」の文字通りの信奉者であったことが明らかにされている。彼は「日本民族のほぼ完全なる根絶」を要求し、その理由としてこれは「どちらかの民族が生き残るかの問題であり、白人文明が危機にさらされている」ことを挙げている。チャーチルは同月のワシントンへの訪問において、両院の議院を前に演説を行い、「日本の大都市や軍事施設を灰燼に帰するという必要不可欠な過程」について語っている。「世界に平和がもどる前に、それらを完全に灰にしなければならないから」と言うのである。大統領の息子で自信家のエリオット・ローズベルトは、四五年にヘンリー・ウォレスに対し、アメリカは日本の民間人の半分を亡ぼすまでは日本への爆撃を続けるべきであると述べている。大統領の息子がこうした非公式の場でもらす一方で、戦争動員委員会のポール・V・マクナット委員長は、四五年四月に一般大衆に向かって、自分は「日本人絶滅にまったく」賛成であると述べた。それは日本の軍人という意味か、あるいは国民全体化かという問いに対しては、後者であると答え、それは「日本人をよく承知しているから」こそだと言っている[*265]。

五百旗頭真『日本の近代6 戦争・占領・講和 1941〜1955』によれば、一九四三年三月にはアメリカ国務省の領土小委員会が、早くも戦後処理について動き出していた。対日政治方針にも議論が割かれ、六案が出された。その中には、次のような「国家壊滅・民族奴隷化論」が、確かに存在していた。

「戦時中のアメリカには、「よきジャップは死んだジャップのみ」といった言いぐさがあった。識者や政府高官にも、近代日本史は、他国との条約にサインすることで油断させつつ対外戦争と侵略を繰り返す歴史にほかならない、との見方が有力であった。日本が存在する限り悪をなすのなら、その国家を壊滅させて民族を奴隷化するのが世界のためだという感情論が生まれる。戦争中これを支持するアメリカ国民は決して少なくはなく、世論調査をみると、大体三分の一の支持があった。政府高官にも感情的な発言が皆無ではなかったが、しかし、それはすぐに消える。「文明と人道」を語るアメリカが、カルタゴ抹殺のような処断はできないと考えられた[*266]」。

確かにスティーヴン・ピンカーの『暴力の人類史 上』にも、このように書いてある。

「第二次世界大戦中のアメリカで、戦争に勝ったあと日本人をどうすべきか問う世論調査を行ったところ、一〇〜一五パーセントが絶滅させるべきだと回答した[*267]」。

またマーチン・ファン・クレフェルトの『戦争の変遷』によれば、ルーズヴェルトやチャーチルには、戦争を欲する異常性と悪魔性が、もともとあったようである。

「「なぜ人は食べるのか」とか「何のために人は眠るのか」と問うのが馬鹿げているのとまったく同じように、多くの意味で戦争は手段ではなく目的なのである。いつの時代にも戦争に対する嫌悪感を伴う恐怖を語る人がいれば、その一方で、戦争のなかに、自己の経験のなかでの最高のものを見出す――老後に、戦争中の手柄話を物語って子供や孫たちにうんざりさせるほどにまでなる――人もいる。最近のモノで、かつ西洋文明世界の例をほんのいくつかあげれば、ロバート・E・リーは、「戦争が恐ろしいのはいいことだ。さもなければ戦争ばかりしてしまう」と言い、セオドア・ルーズヴェルトは何よりも善き戦いを愛し（このテーマについてルーズヴェルトは詳細に論じている）、機会が巡ってくると義勇騎兵隊《ラフ・ライダーズ》を率いてキューバ戦線のスペイン人狩りに出かけた。ウィンストン・チャーチルは、若い頃、世界各地の戦争に首を突っ込み、第一次世界大戦直前には女友達に、戦争に参加すると自分がいかに興奮するか、ぞくぞくしてくるかを書き送っている。一九四五年、第二次世界大戦の終結が迫ると、チャーチルは自殺したい気分に襲われたということである。ジョージ・パットンは日記に、戦争が「好きで」たまらないと書いている[*268]」。

カーティス・ルメイのような人間が、平気で大量殺戮が行使できたのは、チャーチルやマーシャルのような、本来は常に冷静であるべき首脳までが、ルメイと同じような異常な精神の持ち主だったからである。アメリカ国民も同様であった。ある意味で言えば、ルメイは、そうしたアメリカの全ての異常心理の「代弁者」なのである。

こうして一九四五年に、日本は、ただ焼け野原になっただけではない。その焦土は、チャーチル、マーシャル、ルメイ、アーノルドのような残忍なものの考え方、つまり敵は非戦闘員でも無差別に殺しても構わないという、アメリカをはじめとする連合軍の「憎悪の投影」なのである。それこそが、一九四五年の日本の焦土に深く塗り込まれているものである。そして、このあまりにも悲劇的な「焦土」こそが、『ジャパン・アーキテクツ1945－2010』展での、フレデリック・ミゲルーが提案した、日本の戦後建築の「起源」だったはずである。ミゲルーは、その「焦土」を、意図してこの展覧会のスタート地点に選択した。それならば、それ相応の、ミゲルーの回答が期待されるところである。

ところが、実際の金沢のミゲルーの展示を見る限りにおいては、焦土への回答など、何もないのである。それどころか、そこには、一九四六年に生まれた一木努の、「戦災」とは全く無関係な欠片のコレクションが、ただ飾られているだけである。

ここに、日本の「焦土」の意味――それは、何だったのか？　なぜ、非戦闘員まで焼き尽くし、そして、大量に殺戮したのか？　なぜ、この残虐さは、いまだに、どこからも責められないままなのか？　これは、戦後七〇年が経とうが、戦後一〇〇年が経とうが、正しい回答など出て来ようがないアポリアであるが――を、真摯に考えようとするフランス人のミゲルーのスタンスは（これは到底あり得ないことなのであるが）、何一つとして提示されていない。その歴史認識のほんの片鱗すら感じられない。

また、これとは別個に、一九四五年の「戦火」を日本の戦後建築史の「起源」としたことに、重要な問題点がある。『新建築2014年11月別冊　ジャパン・アーキテクツ1945－2010』に寄せた「日本建築の来るべきアイデンティティ」という小論の中で、ミゲルーはこう書いていた。

「日本建築のアイデンティティを問おうが、歴史をつまびらかにしようが、しかるべき概念・批評によって時代を区分しようが、どのみちその起源、始まりがどこにあるのかという難問に突き当たる。建築文化はこの起源をどこかに定めることで、おそらくは日本の固有性を立証するのである」(傍点引用者)。

つまり、ミゲルーは、一九四五年の日本の戦災を「起源」とすることは、「日本の固有性を立証する」ことだと明言しているのである。

大西若人は「焼け跡からの再発見——日本の現代建築の「起源」を考える」としていたし、ミゲルー自身も「第二次世界大戦による破壊のすさまじさは、この国を徹底的に打ちのめし人間の精神をも傷つけた」としている。

その上でミゲルーは、「この起源をどこかに定めることで、おそらくは日本の固有性を立証する」とまで言っている。ここがとても重要なポイントになるので繰り返しておくが、一九四五年の戦災を「起源」とする設定を、ミゲルーは確かに「日本の固有性」だと言っているのである。

けれども、このミゲルーの設定は本当に正しいものか？ 一九四五年の焦土は、日本の戦後建築史の「起源」と言えるのか？ そしてそれが、本当に「日本の固有性」なのか？

この問いの答えは、当然のように、「否」である。なぜならば、同じ一九四五年には、日本だけでなく、たとえばドイツが、やはり連合軍の空爆で、徹底的に破壊されているからである。

ミゲルーが言うように戦災の「破壊」や「焼け跡」が戦後日本建築の「起源」となり得るのなら、戦災の「破壊」や「焼け跡」は、同時に戦後ドイツ建築史の「起源」でもあるはずだ。それとも日本の焦土と、ドイツの焦土とは、どこが、どのように違うというのだろうか？

第二次世界大戦の空爆による都市の破壊は、日本の諸都市以外にも、いま述べた通りドイツの諸都市など、いくつかの事例が他に存在しており、空爆による壊滅的な「破壊」は、決して日本に特殊に、独自に、そして固有に起きた出来事ではない。

なるほど、「焼け跡からの再発見」という主題は、日本の都市において確かに重大な出来事である。だが、同時にドイツの都市においても、それは同じように重大な出来事だった。それは、史実なのである。つまり、空爆による破壊は、完全に日本に固有な事柄ではないのである。だとすれば、それをもって日本の戦後建築史に固有な「起源」とするのは、かなりおかしな話である。ここには説得力どころか、設定としてのスタート地点から、論理的に大きな矛盾を抱えている。

もしも、ミゲルーの言う通りなら、何度も言うが、ドイツの戦後建築史の「起源」も、同じく「焼け跡からの再発見」になるはずである。だが、ミゲルーはすでに、それを「日本の固有性」と言ってしまっている。

仮りに一九四五年に限定しなければ、空爆で破壊された国は、日本やドイツの他にもある。たとえばポーランドがその一例であり、その首都のワルシャワである。

ワルシャワの徹底的な破壊とは、どのようなものか？　ケヴィン・リンチは『廃棄の文化誌』の中で、ドイツ軍による、このワルシャワの破壊の凄まじさを記述している。

「台頭してきたポーランドの首都ワルシャワを壊滅しようとしたナチの試みの失敗は、教訓的であった。ドイツ軍は、ワルシャワを永久に破壊する命令を受けていた。使用可能ないかなる断片も残されてはならなかったのである。最初に、ナチの残虐行為から生き延びた人びとは強制収容され、街区はことごとく燃やされ、縮小され、破壊部隊によって潰された。高度な訓練を受けた軍事力は、数週間にも及ぶ途方もない作業を組織的に遂行した」[*269]。

また荒井信一の『空爆の歴史』にも、ワルシャワの爆撃が記されている箇所がある。

「ワルシャワ戦ではドイツ軍は五回の降伏勧告をつきつけたが、市民と一体化したポーランド軍はそれを拒否した。九月二五日から三日間、ドイツ空軍は降伏を強要するためはげしい爆撃を行った。爆撃が最もはげしかった二五日だけで四八トンの破壊爆弾と七二トンの焼夷弾が投下された。ワルシャワ爆撃は、いかなる都市もこれまで経験しなかったテロ爆撃となった。爆撃機の不足したドイツ軍は、ユンカース52型輸送機を動員した。投下に必要な設備のない民間機だったので、大量の焼夷弾を石炭用のシャベルですくいワルシャワ上空にばらまいた」。

では、連合軍によるドイツ空爆の場合は、どうだったのか？　川口マーン惠美は『ドレスデン逍遥』の中で、一九四五年二月一三日から一五日のイギリス空軍とアメリカ空軍の三回の空爆によって、ドレスデンがどれだけ破壊されたのか、について書いている。まず、二度の空襲の被災があった。

「この二度の空襲で、ドレスデンには、千四百七十七トンの爆弾と千百八十一トンの焼夷弾が投下された。焼夷弾は、べったりくっついて燃え続ける膠化《こうか》燃料のみならず、さらに残酷なナパーム弾も使われたといわれている。死者の数については諸説あるが、多くみても三万五千人というのが妥当だろう。焼け出された人は三十五万人だった」。

そして、三度目の空襲である。『ドレスデン逍遥』によれば、事実は、こうである。

「三度目の攻撃はアメリカ空軍によるものだった。攻撃は十二時十七分から十三分間続き、もうたいして焼くべきものがなかったが、それでも、四百七十四トンの爆弾と、三百トン弱の焼夷弾が投下された。そして、エルベ河畔で蠢いていた被災者は、機銃掃射で狙い撃ちにされた。その死者の数はわかっていない」[*270]。

すでに空爆で被災している人々まで、機動掃射で狙い撃ちにする。どう考えても、連合軍は、もはやまともではない。連合軍はドレスデン市民を意図的に殲滅しようとしていた、としか思えない。

荒井信一の『空爆の歴史』にも、ドレスデンの空爆が記載されている箇所がある。

「ベルリン爆撃の一〇日後、東ドイツのドレスデンが空爆された。ドレスデンは、ドイツ東部ザクセン州の首都であり、ルネサンス以来の文化遺産をほこる文化都市であった。一九四五年二月一三－一五日、連合国のはげしい空爆を受けたが、それはドイツ降伏の一二週間ほど前であった」。

では、ベルリンの場合は、どうだったのだろうか？　同じ『空爆の歴史』には、ベルリンの空爆についての記述がある。

「一九四五年二月三日、九〇〇機以上のB17がベルリンを空爆した。随伴した戦闘機は輸送施設を機銃掃射した。爆撃手の何人かは雲の切れ間から目標を視認し、空軍省の建物やフリードリヒシュトラッセ駅などの軍事目標を爆撃したが、二万五〇〇〇人にのぼるおびただしい死者数が雄弁に物語るように全体としては無差別爆撃であった」。

イエルク・フリードリヒの『ドイツを焼いた戦略爆撃１９４０－１９４５』には、ベルリン空襲は、このように書かれている。

「町はズタズタになり、人々はその外観に慣れる必要があった。通りの名を示す標識は火災と爆風ではがれていた。「焼けた建物が並んでいる様子はどこも同じように見えました」。航空機雷が落ちた所は崩れて平らになり、爆弾の破片が当たった箇所には無数の穴が開いていた。「私は、生きたものの気配をまったく感じさせない通りを歩きました」[*271]。

またロジャー・ムーアハウスは、その著書『戦時下のベルリン』の中で、ベルリンの破壊についてこう書いている。

「ベルリンは……恐ろしい光景を呈していた。雲一つない空から満月が照っていたので、被害の恐るべき規模を見ることができた。穴居人のいるゴースト・タウンが、この都市の残っているすべてだ。私たちはもっとも有名ないくつもの大通りに沿って車を走らせた。堂々とした館《やかた》、すべての素晴らしい城、君主の宮殿、国王の図書館、テンペルホーフ、ウンター・デン・リンデン沿いの建物——そのどれもほとんど残っていなかった」[*272]。

A・C・グレイリングの『大空襲と原爆は本当に必要だったのか』には、連合軍のジョージ・バーナード・ショーによる、自分達のドイツ爆撃は、「ナチの最悪の行為」に較べれば、さほどのことはない、とする発言がみられる。

「われわれはドイツの都市に二〇万トンの爆弾を投下したが、最大の爆弾のいくつかは間違いなく幼児施設や学校や病院に落ちている。戦争のこうした手段の禁止が提案されたとき、反対し拒否したのはわれわれだった。わが連合国のソ連が絞首刑にしたばかりのナチの最悪の行為が、ロンドンの郵便ポストほどの大きい爆弾をベルリンやブレーメンの保育園で爆発させることより恐ろしいと、われわれは主張できるのだろうか……ドイツの新聞にこれを転載してほしい。われわれは完全に冷静さを失ったわけではなく、公正な国際法廷に向き合うまでに行ないを正す方法を知っている者もいる。そのことを、われわれの敵は知っておいたほうがいい」。

この連合軍のジョージ・バーナード・ショーの意見は、到底受け入れられるものではない。ナチスが大量殺戮をした、だから、ドイツの市民も死んでいい、という言い分は通らないからである。

それにしても、いったい誰が、この第二次世界大戦を始めたのだろうか？　つまり、それは何時、始まったのか？　普通は、ナチスがポーランドを侵略したから、と考えがちである。

たとえばエルネスト・マンデルは『第二次世界大戦とは何だったのか』、第二次世界大戦の開戦は、ドイツによるものだと断定している。

「帝国主義の膨張とその矛盾が第二次世界大戦の根底にある歴史的原因であるとすれば、戦争を意識的に開始したのは、特定の帝国主義大国――ドイツ――であり、ドイツ支配階級の中の特定の部分、すなわち、軍需生産と最も直接に結びつき、第三帝国の建設においてヒトラーを助けるという点で最も責任のあった集団であった」。

またエルネスト・マンデルは、同じ本の中で、ヒトラーが戦争を始めたと書いている。

「その時点から、イギリス帝国主義は気乗りしない同盟国フランスを引き連れて、東欧におけるドイツのこれ以上の拡張に力で抵抗する決意を固めた。ヒトラーはこのことを知った。だが、彼はドイツがなお二、三年は享受していた最新兵器における優位性を利用せずに済ましたくなかった。彼は、一九三九年九月一日にポーランドを攻撃することによってイギリスとの戦争という危険を意識的に冒した。自らの決定の結果、ヒトラーは、九月三日以降、イギリスとフランスとの戦争状態に入った[*273]」。

エルネスト・マンデルの言い方だと、ヒトラーが第二次世界大戦を開始した、ということになる。

さらにリチャード・ベッセルは『ナチスの戦争1918－1949　民族と人種の戦い』で、第二次世界大戦の勃発を、ヒトラーが開始した戦争だとしている。

「それにもかかわらず、ドイツが一九三九年九月に開始した戦争は、少なくとも最初の段階では従来の戦争と同じに見えた。前回の戦争とほぼ同じ列強がかかわるヨーロッパ大陸の戦争で、ドイツは再び「最大の敵」フランスと対決することになる。やがて現実のものとなる大規模な人種戦争を想像するよりも、大衆の意識を支配しているのは第一次世界大戦の記憶だった」[*274]。

このように、マンデルとベッセルは、第二次世界大戦はヒトラーが始めた戦争だとする。しかし、歴史的な記載は、これとは、少し違っているようである。

荒井信一の本には「ヨーロッパにおける大戦は、ポーランドに侵入したドイツ軍に対し一九三九年九月二日、英仏が宣戦布告したことから始まる」と書いてある。ロジャー・プライスの『ケンブリッジ版世界各国史　フランスの歴史』の本でも、答えは全く同じである。

「一九三九年九月一日にドイツ軍がポーランドに侵攻すると、フランスは二日後にドイツに宣戦を布告した。国民の間には熱狂的雰囲気はほとんど見られなかった。国民の多くは第一次世界大戦の大量殺戮を覚えており、その後威力を増した空爆に対しては首相のダラディエさえ恐れを抱いていたのである」[*275]。

田中正人は「第六章　二つの大戦のあいだで」（柴田三千雄他編『世界歴史体系　フランス史　3－19世紀なかば～現在──』に所収）で、その経緯を、より詳しく記載している。

「一九三九年三月十五日にドイツがチェコスロヴァキアに侵入し、前年のミュンヘンの平和はくずれさった。これ以降、フランスそしてイギリスは対独強硬路線に転じ、有事の際のポーランド、ルーマニア、ギリシア支援を確認した。八月二十三日の独ソ不可侵条約によって二正面作戦から解放されたドイツは九月一日、ポーランドにたいする電撃戦を開始し、一カ月で作戦を完了した。同日、フランスは総動員令を発し、二日の議会は満場一致で軍事予算を可決した。三日にイギリス、フランスがドイツに宣戦布告して、五年間近くに及ぶ第二次世界大戦が開始された[*276]」。

またメアリー・フルブロックの『ケンブリッジ版世界各国史　ドイツの歴史』には、こう書いてある。「一九三九年九月一日、ドイツ軍はポーランドに侵入した。ポーランドと相互援助条約を結んでいたイギリスとフランスは、九月三日、ポーランドとの誓約を守り、ドイツに宣戦布告をした。こうして、二〇世紀で二度目の大戦が始まった」。

海野弘は『二十世紀』の中で、これらとはやや異なった意見を述べている。

「第二次世界大戦は、第一次世界大戦とちがって、はじまりがはっきりしない。ヨーロッパでは一九三九年九月のドイツのポーランド侵攻が一つのはじまりかもしれないが、ソ連にとっては一九四一年のドイツの侵攻、アメリカにとっては一九四一年十二月のパールハーバーからであり、中国にとっては一九三一年、日本が満州国をつくった時にはじまった、といえるだろう。〔……〕第二次大戦は、ばらばらに、あいまいにはじまった。第一次大戦がきちんと終わっていないで、それが第二次大戦までつながっているのだ、という考えもある。そして第二次大戦という熱い戦争が終わると、冷たい戦争（コールド・ウォー）がすぐさまはじまった。二十世紀はずっと戦いつづけていたのであろうか」。

いずれにしても、ヒトラーのポーランドへの侵攻がまず先にあった。だが、第二次世界大戦は、やはり、正しくは、フランスとイギリスがドイツに宣戦布告したから始まったのである。ドイツはヨーロッパへ領土拡大を行使した。だが、他国への侵攻を、さらに「戦争」にまで拡大化したのは、フランスとイギリスの責任である。

ロジャー・プライスは、この戦争を、「奇妙な戦争」と言っている。

「宣戦布告後、長期間にわたって戦闘のない「奇妙な戦争」（イギリスでは「いかさま戦争」と呼ばれた）が続いた。英仏両軍はマジノ線に沿って完全な防衛体制を維持し、その間に――ポーランド防衛が戦争目的だったにもかかわらず――ポーランドはドイツ軍に蹂躙された」。

田中正人の論にも、やはり「奇妙な戦争」と言っている部分がある。

「防衛戦略をとるかぎり、敵の攻撃がない場合には前線での活動はひかえられる。連合軍は援軍を送ることなく、ポーランドの敗北を座視した。フランス軍は、ザール地方に少しのあいだ進出しただけで撤退した。フランス兵は四月まで動かないままで、戦闘なき戦争が八カ月間つづいた。これを「奇妙な戦争《ドロール・ド・ゲール》」と呼ぶ」。

アントニー・ビーヴァーは『第二次世界大戦1939－1945 上』で、この「奇妙な戦争」についてこう書いている。

「「第二次世界大戦」はドイツのポーランド侵攻によって口火が切られたが、西部戦線では当初、無風状態がかなり長いあいだ続いた。いわば名ばかりの戦争で、英語では「フォウニー・ウォー」、フランス語では「ドロル・ド・ゲル」、ドイツ語では「ズィッツクリーク」と呼ばれた、いわゆる「まやかし戦争」である。宣戦布告をしながら、当事国が実際には干戈《かんか》を交えないこの時期は、ヒトラーの当初計画よりかなり長期間持続した[*277]」。

またベイジル・リデルハートは『第二次世界大戦　上』で、この英仏と独との間の膠着状態を「『らし《フォ》からぬ戦争《ニー・ウォー》』」としている。

『らしからぬ戦争《フォニー・ウォー》』とはアメリカの新聞が言い出した言葉である。生き生きしたアメリカ造語の例に漏れず、言い得て妙なこの言葉は英国でもすぐに使われるようになり、そして一九三九年のポーランド崩壊から、翌年春ヒトラーの西部攻勢開始に至る期間の状態を示す言葉としてすっかりと定着してしまった。〔……〕この言葉は、英仏軍とドイツ軍との間に、事実上戦闘が行なわれていないのだから、この戦争はまがいものであるという意味を含んでいた[*278]」。

さらにアンドレ・モロワの『ドイツ史』には、「奇妙な戦争」について、それは、ヒトラーによる故意の心理作戦だったと、こう書いている。

「この間、西方戦線では、一九四〇年に入っても、開戦したのに動きのない不可思議な事態、いわゆる「奇妙な戦争 dôolole de guerre」の状態が数か月間、続いていた。ヒトラーは自分のほうは準備を完璧に調えながら、敵方の世論を「pourrir」〔訳註・「腐る」の意〕させようと考えたのであった[*279]」。

しかしこの「奇妙な戦争」は、やがてフランスの「奇妙な敗北」となる。歴史家のマルク・ブロックは、この戦争にフランス軍の参謀将校として従軍していた。『奇妙な敗北　1940年の証言』という書物の中で、ブロックは、この戦闘について書いている。

「ヒトラーは闘いの計画を立てるにあたって、心理学の専門家を周りに配していたという。この描写が真実かどうか、私にはわからない。だが信じられないことだとは思われない。確かにドイツ軍があれほどの技量をもって行なった空爆は、神経の感受性とそれを動揺させる手段について、入念な知識があったことを示している」。

では、「神経の感受性とそれを動揺させる手段について、入念な知識」のある空爆とは、具体的にどのようなものなのだろうか？　マルク・ブロックは、この戦闘の、確かに「奇妙な」雰囲気について詳しく書いている。

「地面に「刺さっていく」かのような、飛行機のうなる音を一度でも聞いた者なら、決して忘れることはないだろう。飛行機はまさに地上を爆弾で覆いつくそうとしているのだ。このきんきん響く長い叫びは、単に死と廃墟のイメージと結びついているから恐ろしいのではない。この叫び自体が、あえて言うなら、そのまさしく音響学的な性質から、生けるものすべてを引きつらせ、パニックに陥らせるのだった。しかもこの響きは、あわせて作られた振動器で、わざと音が増殖されるようになっていたという。空爆はドイツ軍にとって、破壊と虐殺の手段だとしか考えられていなかったからだ。爆弾の落下地点がいかに密集していると思っても、弾丸は比較的に少数の人間にしか命中しない。ところがそれとは反対に神経に与える衝撃は、きわめて遠くにまで広がり、広範囲にわたって軍隊の抵抗への能力を著しくそぐ。敵の司令部が私たちに向けて、飛行機による波状攻撃をしかけてきた主要な目的がこのことにあったのは、疑いない。結果は敵の期待を上回るほどだった*280」。

ヒトラーの作戦とは、実際に、飛行機のうなる音を増殖させて、敵に心理的なダメージを与えるものである。ただ実際には、この心理的な作戦が、フランスの敗北の要因ではない。

ウィリアム・H・マクニールは『戦争の世界史　下』の中で、フランスの敗因を、このように書いている。

「一九三九年にヨーロッパで戦争が勃発したあとでさえ、なおフランスとイギリスは、東部戦線でナチスドイツが実行してみせた電撃戦には、西部戦線において周到に準備した防御による持久戦《ジッツクリーク》で対抗すれば足りると想定し、いずれは海上封鎖がドイツ経済に打撃をあたえ、ヒトラーに対するドイツ国内の支持が弱まるのをじっくり待つつもりでいたのである。動員計画は、一九一四年～一八年と同様の長期戦を予測して、その予測に基づいてたてられていた。戦略もまた、前大戦の特徴となった無益な攻勢による大量流血を繰り返すことだけは断固回避する決意のもとにたてられた。とりわけフランス陸軍が過小評価していたのは戦車縦隊の威力であった。それが航空優勢に支えられて、戦意を欠いた敵軍の後方に突き抜けたとき、どれほど組織を攪乱し志気を崩壊させるかがわかっていなかった。その結果、一九四〇年五月にかれの生涯最大の勝利をおさめたのである[*281]」。

イギリスのウィンストン・チャーチルは、1940年に「我々は海岸で戦う」という演説を行った。ポーランドが、フランスが、そして次にイギリスまでもが、ナチスに追い詰められている。チャーチルは悲鳴にも似た演説をしている。だが、チャーチルが呼びかけているのは、イギリス国民にではないのである。彼はこの旧世界の決定的な危機に際して、新世界、つまりアメリカ合衆国に向けて、必死の救援を求めているからだ。

「大英帝国とフランス共和国は、その大義名分と困難のもと一丸となり、よき戦友として力の限り助け合いながら、命をかけて祖国の土地を守ろうとしている。ヨーロッパの広大な面積と、多くの古く名のある国家が、ゲシュタポや、その他のナチスの憎き組織の手にすでに落ち、また落ちようとしているが、我々はひるみも、止まりもしない。我々は最後まで戦う。我々はフランスで戦う、我々は海で戦う、我々はますます自信を持って、ますます力強く空中で戦う、我々はいかなる代償を払おうと、我々の国土を守るのだ。我々は海岸で戦う、我々は上陸地点で戦う、我々は野で、街で戦う、我々は丘陵地帯で戦う、我々は決して降伏しない、そして、そんなことになるとは一瞬たりとも信じてはいないが、もし、このイギリス本土、またはその一部が征服され、飢えることがあっても、海の向こうに広がる我が帝国は、武装し、イギリス艦隊に護衛されながらこの戦いを続け、ついには、神の思し召す時に、新世界が、力の限りをふりしぼって、旧世界の救出と解放に乗り出してくれるだろう」。

同じ一九四〇年に、シャルル・ド・ゴールは亡命先のロンドンから「フランスの抵抗《レジスタンス》の炎」という演説をしている。ド・ゴールが助けを求めたのも、やはりアメリカ合衆国であった。これら二つの演説は、ジェイコブ・F・フィールド『戦争と演説』に収められている。

「私を信じてください! 私は、状況をよく知ったうえでお話ししています。フランスは何も失ってはいません。敵が我々を負かしたのと同じ手段をとれば、いつか勝利はやってきます。[……]なぜなら、フランスは独りではありません! 独りではありません! 独りではありません! フランスの背後には、広大な帝国領土があります。海の覇権を握り、戦いをつづけている大英帝国と結束することができます。イギリスと同じように、アメリカの巨大な工業力も無尽蔵に利用することができます」[*282]。

一九四〇年にフランスはドイツに敗れて、その占領下に入るのを余儀なくされる。この敗北に衝撃を受けたフランス人は自信を失い、第一次大戦の英雄のペタン元帥に全権を与えてしまう。そして首都をパリからフランス中部のヴィシーに移して、フランス史上で最悪の「ヴィシー政権」が生まれる。

歴史学研究会編『世界史史料　20世紀の世界1　ふたつの世界大戦』には、一九四〇年一〇月一〇日の「ペタン元帥の演説」が載っている。

「フランスは四カ月前に史上最大の敗北を喫しました。実際、破局は、政治的制度〔第三共和政〕の欠点や欠陥が軍事的次元に反映したものにすぎません。フランスの歴史上、ここ二〇年間ほど国家が隷属的状態にあったことはなかったと、私が言うと皆さんは驚くでしょう。さまざまな方法で、国家は隷従させられていました。経済的利益の追求で結束した集団によって、そして、労働者階級を代表するとまことしやかに言い張る政党や労働組合によって、相次いで、ときには同時に国家は隷従を強いられたのです。〔……〕この体制は、大股で政治革命に進みましたが〔人民戦線政府の改革をさす〕、戦争と敗北が早められただけでした。先の大戦に勝利して私たちの力と寛大さが認められたのに、我が国の外交は、すぐに苛立つナショナリズムと常軌を逸した平和主義の刺激を交互に受けて、無知無能と化し、私たちを深淵に導くのみでした。私たちは、深淵にいたる坂をころがり落ちるのに、一五年もかからなかったのです」。

ペタンはこの敗北の要因が、第三共和政にあると言っている。松沼美穂は『帝国とプロパガンダ』の中で、このヴィシー政府について、かなり詳しく説明している。

「一九四〇年五月にドイツ軍の侵攻を受けたフランスの政府内では、内閣首脳レノーは政府を北アフリカに移しイギリスとともに抗戦を継続することを望んだが、ペタン元帥とヴェガン将軍を筆頭とする休戦派が徹底抗戦派に対し優勢になった。六月二十二日に締結された休戦協定により、大西洋岸からドイツ国境に至る西・北部、国土面積の約六割がドイツ占領下に置かれ、残りの部分をヴィシーを首府とするフランス政府が統治することになり、また巨額の占領費の支払いが義務づけられた。しかし、フランス政府の主催は名目上はフランス全土ならびに海外領土全域に及び、海軍と、休戦軍と呼ばれる一〇万人の陸軍がそのもとに残された。ヴィシー政権は、フランスの正統政府として、イギリス以外の主要国に承認された。むろんドイツの圧力は明白だったが、少なくとも四二年一一月にドイツ軍がフランス全土を占領するまでは、ヴィシー政権がかなり広範な裁量を行使したことを、これまでの研究は明らかにしてきた」。

繰り返すが、フランスは、大戦でドイツに負けた。だが、敗戦後も、名目上はペタン元帥がフランス政府を統率しているような形式になっていた。こうしてフランスは、「フランス国家」になる。松沼美穂は、さらにこう続けている。

「休戦後の七月十日、議会は第一次世界大戦の救国の英雄ペタン元帥に全権を付与し、彼を国家主席とする「フランス国家」が成立した。この政府は、共和政と議会制民主主義と共産主義を敵視するさまざまな政治勢力が、国家と社会の崩壊という事態を反撃の好機に転じようと、国民の大多数の信頼を集めたペタンのもとに集合したものだった。極右から王党派、カトリック教会、高級官僚、社会主義者までを含んだこの寄り合い所帯は、のちの歴史家によって「多元的な独裁制」とも評され、反独・親独両派を擁していた。ただし、フランス史上はじめての極右が政権に参加したことは重大な特徴である。議会は無期休会となり代議制が廃され、ペタンの個人崇拝がフランスを覆うことになる」。

松沼美穂によれば、この傀儡政権は、ペタン元帥の独裁のような様相を呈していた。やがて、ペタンは「フランス革命」に対置して、「国民革命」と言い始める。彼は共和政を否定し、そして異分子を全て排除した「純粋なフランス」に戻ろうとした。

「この政権が祖国再建の理念および政策として打ち出したのが、「国民革命」(Révolution Nationale)である。

敗因は共和政と資本主義に起因する国内対立と無秩序に帰され、「自由・平等・博愛」に代わる「労働・家族・祖国」のスローガンのもと、道徳と伝統の復興、資本主義的階級対立の否定、社会の基礎単位としての家族の重視などが掲げられ、普遍的人間の平等という共和政的価値観に代わる、権威と階層制に基づく秩序が標榜され、国家を危険に曝す異分子――ユダヤ人、外国人、フリーメーソン、共産主義者、加えてさまざまな反体制勢力――を排した純粋なフランスの回復が目標とされた」[*283]。

ペタンの独裁については、アンリ・ミシェルも『ファシズム』の中で、こう指摘している。

「ヴィシー政権は、公式にはファシズムを否定していたが、政権内にはファシズムの特徴が随所にみうけられた。偉大にして無邪気であるとのふれこみにのせられて民衆がペタン元帥によせる個人崇拝には、ムッソリーニへのイタリア国民の個人崇拝にまさるともおとらないものがあった」[*284]。

もう少し、このヴィシー政権について、わかりやすく噛み砕いてみよう。ロジャー・プライスの本には、フランスの敗戦後のペタン政権とドイツの企みは、このように書いてある。

「六月一六日に辞任したレノーにかわり翌一七日に首相となったペタンは、ドイツに休戦を求める意志をラジオ放送によって国民に表明する。この表明は、休戦以外の選択肢はない、徹底抗戦によってフランスを完全な焦土にしたくない、という多くの国民の思いを反映していた。そのために、ヴェルダンの英雄神話を見にまとったペタンが「国の苦難を和らげるために私の全身全霊を捧げたい」とラジオで呼びかけたとき、国民は深い感謝と感動の念を抱いた。休戦協定が発効するには六月二五日まで待たなければならなかったが、このラジオ放送以後、本格的な戦争が行われることはなく、だれもがこれで敗戦が確定したと信じた」。

ロジャー・プライスも言うように、フランス国民自身の多くが、自分たちの意志でペタン元帥に敗戦の処理を委ねたのである。その一方で、フランスを占領したドイツの統治の仕方も、実に巧妙であった。

「ドイツ側が示した休戦条件はきわめて苛酷なものだったが、フランスに戦争を断念させるために多少の配慮は払われていた。ドイツはフランス政府に形式的な主権を与え、イギリスや植民地に亡命政府をつくらせるかわりにフランス国内にとどまらせたのである。しかし、これはドイツの国益のためだった。植民地に対するような間接統治を行えば、フランスの役人や警官を利用することによって、ドイツの人的資源を大いに節約することが出来たからである」。

重要な点なので何度も言うが、ペタンは、それまでのフランスの共和政に反対した。ロジャー・プライスは、こう続けている。

「ペタンはそれまでの共和政の標語、「自由、友愛、平等」の代わりに「労働、祖国、家族」を掲げたが、このことは彼の思想をよく示している。ペタンの夢は、伝統的社会における勤労と誠実という美徳、家族とのコミュニティーへの帰属意識、社会的序列の尊重を回復することだった」。

「国民革命」と「対独協力」は、ドイツが支配するヨーロッパにおいて、フランスが将来ともに生き残るために生まれた。渡辺和行は「第七章　現代のフランス」（福井憲彦編『新版　世界各国史12　フランス史』所収）の中で、それについて、こう書いている。

「ヴィシー派は、共和的秩序の一掃による社会改造をめざし、ドイツと協力してフランスの状況の悪化を防ぎ、ドイツ中心のヨーロッパのなかでフランスの位置を確保しようとした。国民革命と対独協力はここから生まれた。一九四〇年十月、ペタンはヒトラーと会見して、仏独両国の「協力の原則」を誓った」[*285]。

ペタンとしては、ドイツに協力しさえすれば、将来にわたって、ドイツがフランスを援助してくれると期待していたのである。しかし、それはあまりにも甘い見通しだった。ロジャー・プライスが言っていたように、また柴田三千雄が『フランス史10講』の中で、次のように言う通り、実際には、ヒトラーは、ただペタンとフランスを都合よく利用していただけだったからである。

「ヴィシー政権は一九四〇年七月一〇日、混乱のなかでヴィシーに集められた上下両院の約三分の二の議員がペタン元帥に新憲法発布の全権を与え、その翌日に生まれた政権である。国名が「フランス国」に変わり、国家首席にペタンが就任した。多少の法律上の疑問点はあるが、この混乱期にその合法性を問題にする意見は国内にはほとんどなく、国際的にもイギリスをのぞいて全世界がこれを承認し、アメリカ・ソ連はヴィシーに大使館をおいた。[……]一〇月になると、ペタンはドイツへの「協力」(コラボラシオン)を表明する。これが戦後問題となるのだが、ヴィシー政府としては、ドイツがやがてイギリスをも征服して勝利をおさめることは確実だと判断し、その将来のヨーロッパ体制のなかでフランスができるだけ有利な位置を占めることを考えたのである。また苛酷な休戦条件は、今後まだ交渉の余地があると判断した。これらはすべて誤算だった。ヒトラーとしては、フランス政府が北アフリカに逃げて戦争を継続するのを防ぐことだけが当面の重要事項だったようである*286」。

同盟国のイギリスを見捨て、フランスだけが生き残るために、フランスはヒトラーと手を組んだ。そして、ヒトラーのような男に頼ったフランスは、見事にそのヒトラーに騙されたのである。

ミシェル・ヴィノックは『フランスの肖像』の中で、ペタンとフランスが、「ドイツが最終的な勝利を収めたときにナチスの指導者がフランスに寛大な扱いをしてくれるだろう」と願って、「ヒトラーと手を握ろうとした」と正直に言っている。

「そして、必要とされたペタンはフランスの指導者になった。それは不幸な出来事だった。ある誤解によって――歴史はこの種の誤解により人間を弄ぶことがあるが――、フランス人は一九四〇年の敗戦の後、この英雄が自分たちの名誉を救ってくれるものと想像したのだ。「ヴェルダンの勝者」は、この軍事的敗北とドイツによる占領を、「国民革命」なるものを遂行する機会だと捉えた。そうすることで、共和国の価値の大半を清算して、ドイツが最終的な勝利を収めたときにナチスの指導者がフランスに寛大な扱いをしてくれるだろうとあてにならない期待をしつつ、ヒトラーと手を握ろうとしたのである[*287]」。

ヒトラーの方は、フランスを、完膚なきまでに見下していた。ヒトラーにとってフランスは、ただの「雑魚」であり、「ま抜けな使い走り」にすぎなかったからである。それは、アントニー・ビーヴァーが『第二次世界大戦1939−45 中』の中で、こう書いている通りである。

「誰もが時節に固執し、一歩も退かないことから生じるフランス社会の深い亀裂は、ドイツに敗北したことで、深刻の度をいっそう増していった。戦前はひとつにまとまっていた右派も、いまや分派だらけだった。今回の敗北を恥辱と受け止め、ドイツの支配に抵抗したいと考える勢力も一部にあったものの、その人数はきわめて少なかった。他のファシスト諸派は、ドイツにここぞとすり寄った。腰の退けたあんな協力姿勢では、全然物足りないのだと、かれらはペタン老元帥にさえ反発した。ジャック・ドリオの「PPF（フランス人民党）」、マルセル・デアの「RNP（国家人民連合）」、ウジェーヌ・ドロンクルの「MSR（社会革命運動）」などは、いずれもナチ党が掲げる「ヨーロッパ新秩序」というスローガンに支持を表明し、「第三帝国」とともに歩むことで、フランスはふたたび列強の地位を回復できるはずだと信じていた。だがかれらはやがて、老元帥以上の幻滅を味わうことになる。なにしろドイツは、雑魚が何を言おうと、なにをやろうと、歯牙にもかけなかったから。ナチ党にとってかれらの位置づけは、レーニンが言うところの、「ま抜けな使い走り」がせいぜいだった[*288]」。

渡辺和行は「ふたつの世界大戦とフランス社会」（谷川稔他編著『近代フランスの歴史』の中に所収）の中で、「対独協力」の〝中身〟について書いている。

「ヴィシー派は共和的秩序の一掃による社会改造を目指し、ドイツと協力してフランスの状況の悪化を防ぎ、ドイツ中心の欧州の中でフランスの位置を確保しようとした。国民革命と対独協力はここから生まれた。四〇年一〇月、ペタンはヒトラーと会見し、仏独両国の「協力の体制」を誓った。［……］ヴィシー政府は、休戦協定によって対独協力を義務づけられた。それは、政治・行政・経済・軍事・文化などのさまざまな領域にまたがっていた。政治的対独協力の典型は「ユダヤ人狩り」である[*289]」。

何度も言うが、問題の核心にあるのは、フランス自身の保身である。そのためならフランスは、昨日までの仲間を平気で見捨て、ヒトラーと平気で手を組んでしまうのである。そしてフランスは、実際にドイツの言いなりになって、最悪の「ユダヤ人狩り」を行使した。

渡辺和行は、別の論文「第七章　引き裂かれたフランス」（柴田三千雄他編『世界歴史体系　フランス史　3——19世紀なかば〜現在』に所収）で、ヴィシー政権による「ユダヤ人狩り」について明記している。

「真っ先にあげるべき政治的対独協力は、「ユダヤ人狩り」であろう。ヴィシー期は、ドレフュス事件以来の反ユダヤ主義が吹き荒れた時代である。ドイツが占領地区でユダヤ人取締法を出したのにならって、ヴィシー政府も一九四〇年十月に自由地区で同様の法律を制定した。ヴィシーの法律は、ユダヤ人を宗教ではなく人種で定義した点と、外国籍のユダヤ人を強制収容所に監禁した点と、アルジェリア在住のユダヤ人のフランス国籍を剥奪した点で、ドイツのそれより苛酷であった」。『奇妙な敗北』を書いた歴史家マルク・ブロックは、フランスに住むユダヤ系である。マルク・ブロックには『封建社会』や『王の奇跡』などの重要な業績があり、「アナール学派」の実質的な意味での創設者の一人であった。

アナール学派とは何か？　ミリ・ルービンの「いま文化史とは何か」（ディヴィッド・キャナダイン編著『いま歴史とは何か』に所収）には、このように書いてある。

「[第二次世界大]戦後の世界で、「高等研究実習学院第六部門」に国家から指名された歴史家たちは、新たなヨーロッパ史学を創出した。ここでの見解は、大部分、マルク・ブロックやリュシアン・フェーヴルといったそれ以前から活躍していた歴史家に負っていた。ブロックやフェーヴルは、第一次世界大戦後にアメリカの研究や基金に後押しされて、民衆に関する歴史学、生活、労働、死の周期に関する新たな歴史学や、共同作業の歴史学を作り出そうとした」。

彼らは一九二九年に『社会経済史年報』を創刊したが、この雑誌が戦後に『アナール』に改名される。ミリ・ルービンの「いま文化史とは何か」には、こう書いてある。

「「アナール派」が目指したのは、ナショナリスト的、軍事主義的、分裂的、地域的アイデンティティの犠牲にはならない歴史学で、フランス的、ドイツ的、イタリア的というよりもヨーロッパ的特色をもった、長期的でゆったりとした深層構造を発見しようとする歴史学であった。彼らの歴史学は、エリートよりも大衆を扱おうとし、経済学や人口学、フランス式の伝統ある[人文]地理学といった科学的方法を組み込んだ、あらゆる面で、それは出来事から構造へ、事件史から問題史へ移行しようとした」。

ミリ・ルービンによれば、この「ヨーロッパ的特色をもった」、つまりヨーロッパ的な「アナール学派」は、やがて、歴史学以外の、他の分野にも大きな影響を与えていくことになる。

「そして一九六八年頃から、「アナール学派」は、過去のヨーロッパ人の思想的系譜を発展するという仕事に大々的に乗り出した。「人間科学館」で歴史家の隣人となったのは、クロード・レヴィ＝ストロースや彼の弟子たちといった人類学者であり、エミール・バンヴェニストといった社会学者であり、後にはジャック・デリダといった哲学者であり、ピエール・ブルデューといった社会理論家であった[*290]」。

しかし、桜井哲夫の『占領下パリの思想家たち』によると、マルク・ブロックは、一九四一年、同じ歴史家のリュシアン・フェーヴルから、一緒に刊行していた雑誌『アナール』のことで、次のような申し入れを受けていた。

「リュシアン・フェーヴルと共に刊行していた歴史雑誌『アナール』の運命が問題となった。ユダヤ系の共同発行者がいる雑誌では、発行停止になる可能性があるからだ。フェーヴルは、全所有権を譲ってくれと要請した。ブロックは、最初それを拒否した」。

桜井によれば、マルク・ブロックがフェーヴルに宛てた手紙には、こう書いてあった。

「私の名前の削除は、（われわれの仕事の）放棄になるだろう。この点について、だれも思い違いなどしないはずだ。わがフランスの読者も、外国の読者もだれも思い違いなどしない」。

しかしマルク・ブロックは、リュシアン・フェーヴルのさらなる要請で雑誌『アナール』から離れることになる[*291]。信頼していた親友に裏切られたブロックは、レジスタンスに参加して、一九四四年六月一六日にナチスの手によって銃殺された。

リュシアン・フェーヴルが、マルク・ブロックにしたことは、致命的な失態である。これは歴史学者として、フェーヴルのモラルが試された、とても重要な場面であった。しかし、リュシアン・フェーヴルは、その重大な局面において、絶対にやってはいけないことをしたのである。すでに手遅れである。何をしようが、もはや取り返しがつかない。どのような言い訳をしようと、アナール学派は一番大事な時に、フランス人であることを誇りにしているユダヤ系の友人を切り捨てた。この学派は、その非道さを基礎にして誕生し、いまも平気な顔で活動をし続けている。アナール学派とは、そうしたフランスの歴史学派なのである。

渡辺和行は「第七章　引き裂かれたフランス」で「アルジェリア在住のユダヤ人のフランス国籍を剥奪した」と書いているように、ヴィシー政権では、植民地のアルジェリア在住のユダヤ人も弾圧されている。[*292]先に、アナール学派の隣人の一人とされたジャック・デリダは、その一人であった。

ブノワ・ペータースは『デリダ伝』の中で、ヴィシー政権の誕生による、植民地アルジェリアのユダヤ人の運命について、こう述べている。

「かくしてフランス軍の完敗から間を置かず、ペタン元帥が望んだ［全体主義・親独の］「国民革命」はアルジェリアにこよなく適した土壌を見出すことになる。まったくドイツ軍は占拠していないのに、地元の指導者たちは、多大な熱意を見せた。反ユダヤ主義の諸運動を満足させるため、ユダヤ人排斥的［反セム的］な処置が本国よりも迅速に、またより過激にとられた」。

元々、フランスには悪しき反ユダヤ主義の土壌があった。しかしそうだとしても、フランス本国だけでなく、植民地のアルジェリアまで、いや植民地だからこそ、ヒトラーの思惑通りの展開になったのである。
『デリダ伝』では、デリダの兄弟が弾圧された事実が、こう記述されている。

「一九四〇年十月三日の法律は、とりわけ公的な役割において、ユダヤ人がいくつかの職業に就くことを禁じた。二パーセントの就業者制限が自由業に設けられる。翌年には、より厳しくなる。十月七日、内務省ペルートンがクレミュー法を廃止した。〔ペタン元帥下〕のヴィシー政権の一連の措置は「恐るべき驚き、予見できないカタストロフィー」であった。「それは内部での流刑、フランス市民権の外への追放、アルジェリアのユダヤ人たちの日常生活を転覆させる惨劇《ドラマ》であった」」。

ブノワ・ペータースによれば、その後、植民地のユダヤ人にとって、事態はさらに最悪の方向に向かうことになる。

「事態は急激に悪化した。一九四一年九月三十日、「ユダヤ人問題委員会」総監のグザヴィエ・ヴァラ〔元カトリック活動家の政治家〕のアルジェリア訪問の翌日に、初等および中等教育におけるユダヤ人生徒を一四パーセント以下に制限する法律が制定する。本国フランスにはない措置であった」。

周知のように「クレミュー法」とは、アルジェリアに暮す外国人にフランス人としての国籍を認定するものである。ヴィシー政府は、それを廃止した。この廃止によって、デリダの兄と妹が弾圧されたのである。『デリダ伝』には、こう書いてある。

「一九四一年十一月に、兄ルネの名が除外生徒リストに載せられる。ルネは二年間の学習機会を失うことになり、他の何人もの同級生がそうしたように、いっそのこと学業を放棄しようかとも考える。まだ七歳の妹ジャニーヌもまた学校から追い払われる[*293]」。

ムスタファ・シェリフとの対話『イスラームと西洋』では、デリダは、アルジェリア時代を、こう語っている。

「私はアルジェリアのユダヤ人として生まれました。アルジェリアのユダヤ共同体は、一八七〇年のクレミュー法によりフランス国籍を得ますが、一九四〇年にそれを失います。ヴィシー政権期の十歳の時にフランス市民権を失い、数年のあいだフランスの小学校から排除されていた私は、当時の呼び方で〈赤貧のユダヤ人〉なるものに属していたのです（赤貧のユダヤ人は、アルジェリアのフランス人に対してよりも、むしろ当時のアルジェリア人のうちに、より強い連帯感を見出していました）。それは、私という存在における大地震のひとつ、私の存在におけるアルジェリア的地震のひとつです」[*294]。

デリダにとって、迫害は、「大地震」に匹敵するものであった。また彼は、当時のことを『言葉にのって』の中では、このように言っている。

「それから、私は、リセの第六年級に入りました。一九四一年でした。入学者数制限法が私のリセで実施されたのは、一九四二年の十月、連合軍による北アフリカ上陸作戦のほんの少し前のことです。その法律は、それ以前にすでに実施されていて、私の妹と兄は、学校から追い出されてしまいました。私の方は、私の知らない理由によって、さらに一年が与えられていたのですが、新年度の最初の日、ベン・アクタヌーンのリセで、学監が私を部屋に呼んで、「きみは家に帰りなさい。きみの両親が説明をするだろう」と言ったのです」。

『言葉にのって』では、さらに続けて、インタヴューにこう答えている。

「私は、そのことをまったく予想していなかったし、何もわかりませんでした。その当時、私の中でいったい何が起こったのかを思い出そうと努力してみるのですが、だめです。なにしろ、私の家でも、どうしてこうした事情になったのか説明してくれなかったのですから。一人のドイツ人兵もいなかっただけに、アルジェリアの多くのユダヤ人にとって、それはなおさら理解しがたいものであったと思います。フランス本土におけるよりもさらに容赦のないものであった、フランスのアルジェリア政策による率先した行動であったのです。アルジェリアのユダヤ人教師は、全員彼らの学校から追放されました。そうしたユダヤ人社会にとって、事態は依然として謎に満ちたものであり、何ひとつ説明のない自然の災害のように、おそらくは受け入れられることなしに耐え忍ばれたのでしょう[*295]」。

ここでは、「大地震」が「自然災害」になっている。しかし意味するところは、全く同じである。ブノワ・ペータースは『デリダ伝』で、アルジェリアにおいて「またしても、本国を上回る行政管理の熱意が発揮されたのである」とし、「デリダは、この排除が自らの実存を揺さぶる「ひとつの地震」であったことを、後年繰り返すようになる」と書いている。

「たとえデリダがひとの重大さを誇張することを自らに禁じているとしても、そこで起きていたのはヨーロッパのユダヤ人たちが受けた迫害に比べても「恥知らず」なことであっただろう。後年、デリダはこのトラウマの経験が彼自身の最も深きところに刻まれたこと、そしてデリダの人となりを構築するのに大きな役割を果たしたことを認めることになる。自分の記憶からなにも消し去りたくないと思う彼のような者が、どうしてこの一九四二年の朝を、ベン・アクタヌン中高学校から「とてもアラブ的な肌の黒いユダヤの子ども」が追い払われた朝を忘れたであろうか」。

またエリザベート・ルディネスコがジャック・デリダにインタヴューした『来るべき世界のために』の

中では、デリダは、このように発言している。

「私は一九四二年にベン・アクタヌーン校から追放されました。匿名の『行政的』措置について私は何も理解していなかったし、誰も私に説明してくれませんでした。これはたんにそうしたひとつの措置であっただけではなく、そのときに受けた傷はまたそれはそれで別物で、けっして癒合しませんでした。同級生や道端の悪餓鬼ら、子供たちの嘲りは日常茶飯事でした。ときおり「汚いユダヤ人」にたいして脅しや拳骨もありました。私は自分のことを「汚いユダヤ人」だと思っていたでしょうか……」。

エリザベート・ルディネスコに対して、デリダは、アルジェリアにおける、フランスの植民地主義について語っている。

「少しばかりアルジェリアに戻りましょう。そこでの教育システムは、少なくとも原理上、権利上は「本国《メトロポール》」のそれと完全に同一のものでした。同じ規範、同じ価値、同じ言語モデルでした。あの学校は共和主義者たらんとしていました（「民主主義者」よりもむしろ「共和主義者」！）。「共和制」は、周知のように、「民主制」よりも「植民地主義的」、すなわち普遍的価値の名において拡張主義的でありえます。民主制と共和制という、この巧妙で脆弱な対立になお少しでもこだわればの話ですが。あの共和主義的な学校はもちろんアルジェリアおよびアラビア語へのあらゆる参照を排除しました。あらゆる暗示を、と敢えて言いたいくらいです。あの学校はアルジェリア人たち自身を排除しようともしたのです！　確かに小学校では「生粋の」幼いフランス人とほぼ同じ数の幼いアルジェリア人がいましたが、大抵の場合アルジェリア人たちは学業を継続できませんでした。高校でも、まして大学でも」。

では、デリダは学校の追放後、どうしたのか？　『来るべき世界のために』では、そのことは、こう述べられている。

「私がベン・アクタヌーン校を追放されたとき、私の両親は「町の」マイモニド高校に私を入学させました。これはカスバとの境にある、アルジェ寺院裏の通りの名から取っているのですが、「エミール・モーパ」とあだ名されていました。そこではこの地方のすべてのユダヤ人教師が、そうしたすべての除け者《バリア》のための教育の場を創設するために集まっていました。彼ら自身、同僚たちからほんのささやかな抗議も得られずに（「本国」と同じです！）、排除された者でした」。

デリダは同じ本で、ユダヤ人の大量虐殺や強制収容所について、このように話している。

「歴史的災厄に関して、もしよかったら、ちょっとだけアルジェリアについて話を戻してみましょう。アルジェリアでは反ユダヤ主義がつねに猛威を奮っていました。よく知られたことですが、いわゆる「ナチス・ドイツによるフランスの」占領期には辛辣さをむきだしにし、それから戦後は潜在的に拡散していました。［……］二次大戦中のアルジェリアでは、反ユダヤ主義は普段の生活や法制のなかで荒れ狂っていたのです。総督は大変な熱の入れようでした。彼はヴィシーが取ったいくつかの措置を先取りしたりさらに重くしたりしていました。とりわけ国民教育や公職に関してはそうでした。こちら側で私たちにそれほどのことが起こっているにもかかわらず、ヨーロッパで何が行われたのか、あるいは何がなお行われているのか、あの歳で私は、私たちは（いずれにせよ当時私が置かれた環境では）知りませんでした。多くの人たちと同じように、私は悪事の規模《ムズュール》がどれくらいなのか見当もつかなかったし、もっとあとになってはじめて、しかも徐々に、言うなれば桁外れ《デムズエール》［の悪事］を測る《ムズュレ》ようになったにすぎません」*296。

またデリダは、『たった一つの、私のものではない言葉——他者の単一言語使用』では、ナチスに占領された当時のフランスのアルジェリアのことを、こう書いている。

「一つの市民権は、本質的に、こんなふうに芽生えるものではない。これは自然なことではない。だが、その巧妙さと不確かさは、最近になって獲得されたものの記憶の中に市民権が書き込まれるとき、まるで特権的な啓示の閃光におけるように、いっそうはっきりと姿を現す――たとえば、一世紀足らずの後に、同じアルジェリアのユダヤ人の身に起きたフランス市民権の喪失がそれである。[……]それこそが確かに、いわゆる「占領下」のケースであった」。

フランスがドイツに占領された時、アルジェリアのフランス人は、ドイツでなく、フランスによって迫害されたのである。そのように、デリダは、続けて書いている。

「そう、「いわゆる」だ。というのも、実際には、それは伝説だからである。アルジェリアは、かつて一度も占領されたことはない。私が言いたいのは、アルジェリアがかつて占領されたことがあったとしても、それはドイツ占領軍によってではもちろんなかったということである。アルジェリアのユダヤ人に対するフランス市民権の取り消しは、それに続いて起きたすべてのことともに、ただフランス人のみによって引き起こされた事態なのである。フランス人はまったく独自に、自分の頭で考えて、そのことを決定したのだ。連中はずっと前からそのことを夢見ていたにちがいなく、まったく独自にそのことを実行したのである」。

そしてデリダは、当時の幼少期の自分自身を振り返りながら、このように書いている。

「その当時、私はとても幼く、市民権というものが何を意味する[vent dire]か、そして市民権の喪失ということが何を意味するかを、たぶんあまりよく理解していなかった――すでにあまりよく理解できなくなっていたのである。だが私は、あの排除――たとえば幼いフランス人たちには保証されていた学校の外への――が、先ほどきみに話した同一性の障害と関係があり得るということを疑わなかった。私はまた、そのようなさまざまな「排除」が、言語のあの帰属あるいは非‐帰属の上に、すなわち、言語へのあの加盟の上、人が平然と呼ぶものへのあの割り当ての上に、その刻印を残しにやって来るということを疑わなかった[*297]」。

デリダの発言に見られたように、ヴィシー政権時代の植民地アルジェリアにしても、フランスの本国（メトロポール）にしても、フランスのユダヤ人は、大変なことになっていた。

渡辺和行は『ホロコーストのフランス』で、当時、フランスのユダヤ人が、フランスに何をされたのか、その歴史的な事実を詳しく書いている。まず、フランスのドランシーにあるユダヤ人収容所について、である。

「ドランシー収容所は、フランスにおけるユダヤ人迫害のシンボルである。大戦中にフランスで収監されて強制収容所に送られた七万六〇〇〇人のユダヤ人のうちの六万七〇〇〇人、じつに八八パーセントのユダヤ人がここドランシーから東方の絶滅収容所に向けて旅立った。つまりドランシーは、フランス社会からユダヤ人を隔離する集合センターであったのみならず、絶滅収容所への出国ロビーでもあった。ドランシーは、いわばアウシュヴィッツへの「控えの間」であり、フランスにおけるショアーの象徴空間だった」。

ドランシーとは「パリ東北四キロメートルに位置するセーヌ‐サン‐ドニ県の小郡役場の所在地」のことである。ここには「六万四五〇〇人ほどの市民が住んでいる」。このドランシー収容所は、「絶滅収容所への出国ロビー」であった。『ホロコーストのフランス』では、一九四一年の「ユダヤ人狩り」が記されている。

「一九四一年は、組織的な「ユダヤ人狩り」が始まったときでもある。五月と八月と十二月の三度、ドイツとフランスの協力のもとにユダヤ人の一斉検挙がなされていた。九〇〇〇人弱のユダヤ人が逮捕され、フランス国籍のユダヤ人も一七〇〇人ほど含まれていた」。

さらに『ホロコーストのフランス』では、一九四二年夏のことが書かれている。フランスは、ドランシーから絶滅収容所に、ユダヤ人を送り出したのである。

「一九四二年一月二十日に、ナチの「ユダヤ人問題の最終的解決」が決定されていた。三月下旬には、一一一二人のユダヤ人を乗せた最初の移送列車がドランシーを発ち、絶滅収容所への追放が始まった。ガス室は前年の十二月に完成していた。〔……〕ドイツ軍は、一九四二年六月七から占領地区の六歳以上のユダヤ人に黄色星章をつけることを命じる政令を出した。数日で八万三〇〇〇個の黄色星章が配布された。こうしてユダヤ人は可視化され、七月十六日のパリでのヴェル・ディヴ事件を迎える」。

ヴェル・ディヴ事件では、「一万三〇〇〇人のユダヤ人が大量検挙された」。これらがフランスという国がやった「対独協力」の正体である。つまりフランスも、ヒトラーによるユダヤ人絶滅計画の、まぎれもない協力者だったのだ。*298

また渡辺和行は別の著書『ナチ占領下のフランス』の中で、ヴェル・ディヴ事件までの仏独警察によるユダヤ人検挙の「リハーサル」について、こう述べている。

「ヴェル・ディヴ事件の前に、仏独警察はユダヤ人検挙の「リハーサル」を行っていた。一九四一年五月十四日に、パリに住む外国人系ユダヤ人三千七百四十七人がフランス国内の収容所へ入れられた。逮捕されたユダヤ人がパリ市民と接触するのを避けるために、収容所に向かう列車は「伝染病の印の黄色の旗」を掲げた。〔……〕ついで八月下旬に、二千四百人のフランス警察とドイツ野戦憲兵隊とが協力して四千二百三十二人が逮捕された。フランス共産党員によるテロがはじまったときである。ユダヤ人は共産主義者と同一視され、パリ近郊のドランシー収容所に送られた。世論は無関心であったが、フランスのために戦った退役軍人のユダヤ人が同じ運命にあったことには胸を痛めた。〔……〕最後に十二月十二日、アベッツによって一斉検挙が提案された。仏独警察の協力で、七百四十三人のフランス国籍のユダヤ人が逮捕された。四一年の三つの検挙の経験が、七月十六日にいかされる」[*299]。

ラウル・ヒルバーグの『ヨーロッパ・ユダヤ人の絶滅〔上巻〕』には「移送」という章があり、その中にフランスのことも記されている。

「フランスでは、ユダヤ人絶滅過程は、独仏休戦条約の産物であった。一九四〇年六月にヴィシーで政府の仕事を引き継いだフランス当局にとって、敗北は決定的だった。それは撤回不可能だったのである。四〇年から四四年まで、勝者と被征服者のあいだの不平等な関係は、次々とやってくる容易に反対できないドイツの命令に表われていた。フランスにおけるユダヤ人の絶滅は、そのようなドイツの命令の一つであった」。

ラウル・ヒルバーグは同じ本の中で、フランスから、いったいどこの絶滅収容所へと大勢のユダヤ人が送られたのか、それを克明に記している。

「移送者の中心的な目的地はアウシュヴィッツであり、ここには六万九〇〇〇人が到着した。ルブリン

（マイダネク）には二〇〇〇人、ソブビルには二〇〇〇人、カウナスには一〇〇〇人近く、ブーヘンヴァルトとベルゲン＝ベルゼンにはそれぞれ数百であった。生き残ったのは三〇〇〇人以下であった」[*300]。

さらに、緻密な記録がある。マルセル・リュビーはその著書『ナチ強制・絶滅収容所』で、ユダヤ人の「フランスからの強制輸送」を、こう記録している。

「一九四二年六月二十二日から一九四四年八月十七日まで、ドランシー発の輸送列車六二本が、六万三〇〇〇人のユダヤ人を運び去っていった。ほかの収容所から出発した一一本の列車を加え、合計七万三八五三名のユダヤ人が連れ去られたことになる。そのうち、わずか二五六四人だけが帰還するだろう。行政的には完全にドイツ管轄内にあったノール県とパ＝ド＝カレー県のユダヤ人を合わせると、連行されたフランス・ユダヤ人の総数は、七万五七二一人（うち一万一〇〇〇人は未成年者）にのぼる。［……］一九四二年がユダヤ人にとってもっとも恐るべき年であったことがわかる。その年の三月二十七日から十一月十一日までのあいだに、四三本の輸送列車が四万一九五一人のユダヤ人を、いずれもアウシュヴィッツへと運び去ったのである（うち帰還者、八〇五名）。翌四三年、アウシュヴィッツ行き一三本、ソビブル行き四本、計一七本の輸送列車が、一万七〇六九名を輸送（うち生存者、四六六名）。一九四四年には、アウシュヴィッツ行き一二本、コヴノ（カウナス）行き一本、ブーヘンヴァルト行き一本、合計一四本の列車に、一万四八三三人が乗せられている（うち一二八九人が帰還）」。

このように、マルセル・リュビーはこの残虐な歴史を、あえて「数字」によってのみ書いている。

「こうして、およそ七万六〇〇〇人のユダヤ人が、旧フランス国内から連れ去られた。その三分の一弱、二万四〇〇〇人がフランス国籍であり、のこる三分の二は外国籍ユダヤ人——ポーランド籍二万六〇〇〇人、ドイツ籍七〇〇〇人、ロシア籍九七〇〇人、ルーマニア籍三三〇〇人、オーストリア籍一五〇〇人、ギリシア籍一五〇〇人、ハンガリー籍一二〇〇人――である。〔……〕フランス全体のユダヤ人人口に占める割合でいうと、その二四パーセントが抹殺されたことになる（フランス籍ユダヤ人の一六パーセント、外国籍ユダヤ人の三〇パーセント）」。[*301]

フランスで、ヴィシー時代の「対独協力」が問題になったのは、ロバート・O・パクストンの『ヴィシー時代のフランス』が、重大な契機となった。この本の訳者の一人である渡辺和行が「訳者あとがき」で、それを「パクストン革命」としている。

「本書の意義は、「パクストン革命」という言葉に象徴されている。この言葉は、フランス現代史家のジャン＝ピエール・アゼマが二〇〇〇年に出版された論文で用いた言葉であり、ヴィシー研究のコペルニクス的転回を指し示す言葉として、記録にとどめられることだろう。ヴィシー時代の歴史研究が今日の活況を迎えるには、アゼマの言う「パクストン革命」が必要であった。その革命は一冊の書物から始まった。それが本書であり、その著者が、米国の歴史家ロバート・パクストンなのである」。

そのパクストンの『ヴィシー時代のフランス』には、フランスが加担した虐殺とフランスの反ユダヤ主義について、次のように詳しく書いてある。

「最終的に、少なくとも七万五七二一人のユダヤ人がフランスから移送されたが、その多くはフランスの伝統的な庇護を頼ってやって来た外国籍のユダヤ人たちであった。フランス国籍を持つ者約二万四〇〇〇人もこの恐ろしい旅路をともにしていた。移送から帰還したのは二五六四人にすぎなかった。〔……〕一九四二～四四年の非人道的な移送に果たしたヴィシーの責任は、おそらく、ドイツ側の資料が示唆する以上に大きかっただろう。というのは、フランスの文化的反ユダヤ主義は、同化ユダヤ人を受け入れていたことが示すように、ナチの人種的反ユダヤ主義とはまったく異なっていたからである。［……］そのうえ、一九四〇年と一九四一年のフランスの法律が、最終解決をはるかに容易なものにした。一九四二年夏までにおよそ二万人のユダヤ人が、一九四〇年一〇月四日法に基づいて、非占領地区にあるフランスの強制収容所に収容されていた。また、一九四一年六月二日法が命じたすべてのユダヤ人とその資産の実勢調査によって、逃亡することがより困難になった。フランスのすべてのユダヤ人が強制加入させられ、ユダヤ人の福利と代表権を唯一認められた組織、フランス・ユダヤ人総連合が、一九四一年一一月二九日に創設されたことで、ユダヤ人はいっそう明瞭に識別されるようになった。職場からの追放や企業の「アーリア化」は、ユダヤ人をさらに貧窮に追いやった。最後に、政府の公式の態度や俗物新聞の存在が、ヴィシーの反ユダヤ主義にお墨付きを与えていたが、ナチの人種的反ユダヤ主義は、まさにそのことから利益を得たのである」。

パクストンは『ヴィシー時代のフランス』の中で、このようにも書き加えている。

「たしかに、ヴィシー政府には、差別をジェノサイドに発展させるような計画はなかった。［……］とはいえ、ヴィシー政府が独特の軽蔑心と差別的手段をもって特定の集団を選り分けようとしていたという事実に変わりはない。これらの手段は、より非人道的な最終解決の計画が実行に移されるときには、ドイツ側を大いに助けたのである[*302]」。

このようなヴィシー政権時代のユダヤ人への残虐な対応について、一九九三年にミッテラン大統領の時代になって、フランスは、ようやく向き合うことになる。渡辺和行の「第七章　引き裂かれたフランス」

には、これに関する、次のようなくだりがある。

「ミッテラン大統領は、ナチス占領下のフランスでフランス人の手によっておこなわれたユダヤ人への迫害を記憶しつづけるために、毎年七月十六日を国民の日とする法案に署名した。一九四二年のこの日、パリでユダヤ人の大量逮捕がはじめておこなわれたのである（ヴェル・ディブ事件）。その実働部隊となったのが、フランス人警察官とフランス人民党の青年たちであった。この日逮捕された約一万三〇〇〇人のユダヤ人たちは、「最終的解決」のため強制収容所へと送られた」。

こうして一九九三年から七月一六日が「ユダヤ人迫害の日」と決められた。渡辺和行の『ナチ占領下のフランス』によれば、一九九四年にピエール・ペアンの『フランスの青春』の出版によって、ヴィシー時代のミッテランの過去が暴露された。

「一九三〇年代のミッテランが、クロワ・ド・フの青年組織と接触して外国人排斥のデモに参加したこと、ヴィシー期のミッテランが国民革命に共鳴して、フランス戦士団で捕虜の再就職斡旋の仕事をしてペタンから勲章をもらったこと、ユダヤ人迫害に無関心であったことなどが論点となっている」。

また渡辺和行の『ホロコーストのフランス』の中には、シラク大統領の謝罪についても書かれている。

「一九九五年の七月十六日のヴェル・ディブ事件五周年の日に、パリ一五区のヴェル・ディヴ（冬季競技場）のあった場所で、ジャック・シラク大統領が、フランスからのユダヤ人追放にかんして「過去の過ちを認めること、国家によって冒された過ちを認めること」を求め、「時効のない負債」の存在をフランス人に語った。七月十六日は、一九九三年から「ユダヤ人迫害の日」という記念日になっていた。ミッテラン大統領が制定したものである」。

『ホロコーストのフランス』によるとシラク大統領は、このように演説している。

「これらの暗い時代は、わが国の歴史を永久に汚したし、わが国の過去と伝統に対する侮辱であります。誰もが知っているように、占領軍の犯罪的な狂気じみた行為は、フランス人によって、フランス国家によって後押しされたのです。啓蒙の祖国、人権の祖国、歓待とアジールの国であるフランスは、その頃、取り返しのつかないことをしていたのです。フランスは、約束を破って、保護を受ける人を死刑執行人に引き渡しました。……わが国の歴史の暗い時代を包み隠さないこと、それは、人間および人間の自由と尊厳を守ることです」。

同じ渡辺の本には、一九九七年の「ユダヤ人迫害の日には、リオネル・ジョスパン社会党第一書記が、七月二十日に声明を発した」とある。

「この一斉検挙は、フランス人によって決定され、立案され、実行されたのです。政治的責任者、行政官、判事、警官、憲兵。これらの人々にその責任の一端があるのです。この大罪を行うにあたっては、一人のドイツ兵も必要ではなかったのです。この犯罪は、われわれの国民的良心に刻まれるべきです。この現実がいかに残忍で許しがたいものであるとしても、それを想起することは、ヴィシー体制と共和党とを、対独協力派と抵抗派とを、慎重派と行動派とを混同することではありません。二年前にジャック・シラク大統領が言及したように、政府が、わが国の行政が、当時、取り返しのつかないことをしでかしたことを厳粛に認めることが大切なのです」。

ハンナ・アーレントは『アイヒマン論争　ユダヤ人論集2』の中で、一九四〇年六月二二日の独仏休戦協定について、こう言っている。

「ペタンがコンピエーニュでフランス国旗のもとでたたかった人びとをふくめてフランスに住んでいるすべての難民をナチに引き渡さなければならないとする独仏休戦条約の恥ずべき条項に署名したあの日、ペタンは三色国旗をずたずたに引き裂き、フランス国民の存在を抹殺した。この抹殺も、ドイツと同様、かなりのフランス民族による是認、さらに多くの人びとによる暗黙の容認をもってうけいれられた。問題の難民の大部分がユダヤ人だということは、なんといっても周知の事柄だったのである。ヴィシー政府は、フランス人がスペインの強制収容所を黙認するという恥ずべき行為、第三共和政による難民処遇の恥ずべき行為、最後に戦闘なき敗北という恥ずべき行為を容認したのとおなじ無関心を当てにすることができた。ヴィシー政府は、さらにそれ以上にフランスの地にもともと巣くう反ユダヤ主義の伝統を当てにすることができた。フランス人は難民のための強制収容所をユダヤ人用の強制収容所――そして移送収容所――に転用したとき、この伝統を誇らしくも心に留めていたのである。フランス国民《ネイション》は滅んだ。残っているのは、自分たちの肉体的な絶滅と引き換えに爆弾とサボタージュをもってたたかっているフランス民族《ピープル》である」[*303]。

ヴィシー政権下で、フランスは、フランス国籍だけでなく外国籍も含めたユダヤ人達に、人間として非道なことを行っていた。しかしフランスの過ちの核心にあるのは、アーレントも指摘している「無関心」である。というか、「暗黙の容認」であり、「同調」であり、「保身」である。

しかし、このホロコーストは、フランス人の「無関心」だけではすまされない。ホロコーストは、ただナチだけの独創性によるものなのではない。なぜなら、それは事実として、他でもないフランスを含む、西洋の、長年にわたる「植民地主義」と深く繋がっているからである。

ダン・ストーンはその著書『ホロコースト・スタディーズ』の中で、フランスなどの西洋の植民地主義と全体主義との関係を考察している。

「これまでのナチによるヨーロッパの「占領」に重点が置かれてきたのに対して、歴史家はようやく「植民地化」について、特に東欧におけるそれについて、語り始めた。彼らはナチによる「植民地化」計画を、ヨーロッパ列強による海外植民と直接比較し、この場合はヨーロッパ大陸帝国の建設に植民地モデルを適応したのだという」。

その上でダン・ストーンは、クリストファー・ブラウニングが、「最終解決」に関係する著書の中で語っている箇所を引いている。

「ドイツには生存圏《レーベンスラウム》が必要だというヒトラーの信念は、他のヨーロッパ諸国が海外に建設したような帝国を、ナチは東欧に建設しようと試みたことを示唆している。これは、ヨーロッパ人が征服した海外の先住民に対してのみ行ってきた支配方法と人口削減政策を、ナチ政府は支配下のヨーロッパ住民に対して、特に東欧のスラヴ人に対して、遂行する用意があったということを意味していてもおかしくはない」。

フランスやイギリスなどの西洋による植民地主義は、こうして確かに、ヒトラーの全体主義に繋がっていた。ダン・ストーンは、同じ『ホロコースト・スタディーズ』で、ロバート・クリブが、こう発言しているのを引いている。

「西洋人が植民地の先住民に対してしたことと、東欧におけるナチの政策には、明らかに類似性がある。そこでは、病気と飢えに加え、強制移住と広範囲な殺害は、実際の人口構成を変えることを意図していた」。

ヒトラーの、植民地主義についての考え方は、実に明快であった。ダン・ストーンは、こう書いている。

「ヒトラーが大英帝国を崇拝していたことは、歴史家には知られている。ヒトラーは側近たちとの会話の中で、アメリカのインディアンの抹殺について語ったり、ウクライナ人やロシア人を安易に「ニグロ」や植民地の臣民たちと比較したりしている」。

このように前置きした後で、ダン・ストーンは、ヒトラーが「ロシアを植民地として支配する」と言っていた、と書いている。

「世界の覇権を求める闘いは、ヨーロッパではロシアの獲得が左右する。これがあれば、封鎖されてもヨーロッパは最も安全な場所となる。……スラヴ民族は、自ら人生を決定することはできなくなる。ロシアはわれわれのインドである。イギリスが少人数でインドを支配するのと同じように、われわれはロシアを植民地として支配する。われわれは植民地の人びとが望むように、ウクライナ人に頭にかぶるスカーフだとか、ガラス玉のついたネックレスを宝石として与えるのだ」。

ダン・ストーンは同じ本で、「ハンナ・アーレントは、『全体主義の起原』において、植民地主義はヨーロッパのファシズムの基盤となったと述べたが、研究者は今、彼女の言う「ブーメラン理論」を実証的に検証し始めた」と言っている。*304

確かに、ハンナ・アーレントは『全体主義の起原2　帝国主義』の中で、ヨーロッパの植民地主義が全体主義の温床になったと書いている。

「本書が扱っているのは、イギリスのインド支配清算をもって終る厳密にヨーロッパ的な植民帝国主義である。本書が語っているのは国民国家崩壊の物語であって、それは後の全体主義運動と全体主義政権の抬頭に必要なほとんどすべての要素を含むことが明らかになっている。帝国主義時代以前には、世界政治などというものは存在しなかった。またもしこれがなかったら、地球支配などという全体主義の主張は意味をなさなかっただろう」[*305]。

木谷勤は『帝国主義と世界の一体化』で植民地主義の一つの完成が、一九世紀末から二〇世紀初めに欧米列強による「帝国主義」を生み出した、としている。

「十九世紀末から二十世紀初めまでは帝国主義の全盛期といわれる。それを特徴づけたのはまず、世界の工業先進国や軍事強国がそれぞれ植民地や従属国で支配と勢力範囲の拡大に努め、世界の分割が一応完了したことであった。これを数字で示せば、一八七六年から一九一四年までに列強八カ国は、約二億七〇〇〇万人の住む二七三〇平方キロメートルの植民地を新たに手に入れ、その結果、以前に領有した分に加え、地球の総面積の半分以上を占め、世界人口のほぼ三分の一が住む土地を植民地として支配することになった[*306]」。

またハンナ・アーレントは『アイヒマン論争　ユダヤ人論集2』の中で、フランスの植民地のアルジェリアでの反ユダヤ主義について、こう書いている。

「こうしたフランス人植民者は、アルジェリアにおける反ユダヤ主義の主要な源泉になった。彼らは原住民一般に反感をもっていたが、現地のユダヤ人に平等があたえられると反ユダヤ的になった。彼らの影響力と統制によって、一八八〇年代には、アルジェリアの新聞のほとんどすべてが反ユダヤ的な立場をとるようになり、クレミュー令に反対するようになった。一八八二年には、「ヨーロッパ人がユダヤ人を根絶するためにはあらゆる手段が肯定され、用いられるべきだ」と弁じ立てる看板が町に掲げられた」。

なぜ帝国主義や植民地主義は、全体主義と繋がるのか？　パトリシア・オーウェンズは『戦争と政治の間』の中で、この帝国主義と全体主義のかなり根深い関係について、このように述べている。

「戦争末期には、ナチスは、「すべては許されている」という帝国主義的原理を「すべては可能である」というはるかにラディカルな信条に変えていた。とくに終戦が近くなると、ヒトラーの行動の多くは、もはや軍事的必要性という功利主義・自己利益的な目的によって制約されることはなくなった。迫り来る全面降伏という通常は軍事的緊急事態にあっても、死の収容所の残虐な効率性が低下することはなかった。その原因は、ヒトラーの人格や精神的問題だけに帰せられるものではない。帝国主義的暴力がヨーロッパの中心地に移動し、ナチスのイデオロギーと結びついたとき、その性格と範囲が変化したのだ。植民地における大量虐殺とヨーロッパの戦場における民間人の扱いは、たしかに結びついていた。しかし、前者を生み出した制度化された行動は、いまや制御を失ってしまったのである」[*307]。

パトリシア・オーウェンズが言うように、「ナチスは、「すべては許されている」という帝国主義的原理を「すべては可能である」というはるかにラディカルな信条に変えていた」のである。「帝国主義的暴力がヨーロッパの中心地に移動し、ナチスのイデオロギーと結びついたとき、その性格と範囲が変化した」。そして「植民地における大量虐殺とヨーロッパの戦場における民間人の扱いは、たしかに結びついていた」。フランスをはじめとする西洋の「植民地主義」と「帝国主義」が、ヒトラーの「最終解決」に発展した。ヴィシー政府がドイツに協力したという以前に、フランスの大量殺戮への加担は、平等を理念としたフランス革命が、実は人権を踏みにじる植民地主義を行使していたという矛盾の中に、すでに内包されていたのである。だとすれば、フランスは、対独協力者でなく、歴史的に視点から総括すれば、ホロコーストの実行部隊の一員ですらあると言える。

念の為に言っておくが、ナチとヨーロッパの植民地主義の相関関係については、大量虐殺においても、類似性が見られるのである。ユルゲン・ツィンメラーは「ホロコーストと植民地主義」(石田勇治他編『ジェノサイドと現代世界』、石田勇治他訳、勉誠出版、二〇一一年に所収)で、その事実を、こう記している。

「植民地主義とナチズムの構造的類似性は、ヘレロ戦争との連続性を示唆するにとどまらない。というのも、ナチ・ドイツの膨張・絶滅政策が、人種と空間というその中心的構想において、ヨーロッパ植民地主義の伝統と一本の線でつながっているからだ。この伝統はナチ・ジェノサイドでも確認できる。ただしナチ・ドイツによる東ヨーロッパでの大量殺害を、アメリカ、オーストラリア、南部アフリカでの征服戦争の模倣に過ぎないと見なすのであれば、それは誤りである。だが極端に過激な一変形と捉えることは妥当である」。

ユルゲン・ツィンメラーは、「植民地主義とナチズムの構造的類似性」を指摘している。彼はさらに、こう書いている。

「民族全体を根絶やしにするというナチ・ドイツの背景には、ヨーロッパの植民地主義とともに、空間のイメージが人種構想と結びつき新たな展開を遂げたという経緯がある。その差し当たりの終点に、一九四一年の「飢餓計画」とパルチザン殲滅戦のジェノサイド的殺戮、そして組織的なガス殺が位置づけられる」。

またユルゲン・ツィンメラーは、フランスなど西洋人による植民地での虐殺とナチの虐殺との相似性を、実に鋭く指摘している。

「植民地でのジェノサイドに、ナチ・ジェノサイドと根本的に異なるカテゴリーは見られない。ナチ・ジェノサイドと比べて、それほど組織化、官僚主義化、中央集権化されていないだけだ。植民地的ジェノサイドの様々な形態は、ナチ・ドイツの殺害計画において再発見できる。パルチザンに対するジェノサイド的な殺戮、放置による意識的な絶滅政策がその例である」[*308]。

このように、ヒトラーの全体主義の思想は、それ以前の、フランスなどのヨーロッパの植民地主義を大きな苗床にしていた。その意味では、ホロコーストと植民地主義とは、繰り返すが、決して無関係な二つでない。

いや、それどころか、フランスやイギリスの植民地主義さえなければ、その後の、全体主義もなかったのである。フランスやイギリスは、ドイツに憎悪の念をたぎらせている。けれども、その憎悪する敵を全体主義へと駆り立てたのは、他ならぬ、フランスやイギリス自身なのである。フランスやイギリスと、ドイツとは、この意味で「鏡像関係」にある、とさえ言えるだろう。

そして、そのように考えれば、これは重要な点なので繰り返し言うが、フランスのヴィシー政権が一九四〇年以後にナチスによるユダヤ人の殲滅計画に協力をしたのも、意外でも何でもなくて、如何にも頷ける話となる。そしてフランス人は、ヴィシー政権の時代に、あれだけの非道な対独協力をしておきながら、いざ、ナチスが危機になると、今度は、ベルリンやドレスデンを殲滅にかかる連合軍の側に、平気な顔をして回って見せる「離れ業」を、やってのける図太い神経の持ち主なのである。

確かに、アドルフ・ヒトラーは六〇〇万人の罪のないユダヤ人を犠牲にした。第二次世界大戦での、アウシュヴィッツの所業は極めて残虐非道な行いである。それは到底許されるものではあり得ない。しかし、だからと言って、ヒトラーを抑え込むために、連合軍が、ベルリンやドレスデンの非戦闘員である一般市民にまで、壊滅的な攻撃をしても構わない、という理屈には決して至らない。

ドイツ市民全員に、その罪がヒトラーと同等にあるわけではない。ベルリンやドレスデンを消滅させるほどに破壊し、非戦闘員を含むドイツ市民を無差別に爆撃しても構わない、との論法には絶対にならない。連合軍の破壊は、十分に残虐なものであり、連合軍はそれを冷徹に行使した。この連合軍の行為は、当然のこと、全く正当化され得ない。

ドイツの占領から解放されるまでのフランスは、フランス国と自由フランスに分裂していた。だが、「歴史認識」として、フランス国や自由フランスが、いまの「フランス」と無関係である、とは言えない。なぜなら、一九四四年にフランス共和国臨時政府が発足した時点で、ドゴールの自由フランスは、アメリカやイギリスなどの連合軍と事実上の同盟関係にあったからである。

ロジャー・プライスの『ケンブリッジ世界各国史　フランスの歴史』には、このような記載が確かにある。

「一九四三年六月には、「フランス国民解放委員会」が創設された。創設メンバーはレジスタンス指導者とオリオルやマンデス・フランスなどの第三共和政の政治家だった。また、この委員会は、北アフリカで編成されて連合軍から武器を供与されていた約五〇万人規模の軍隊を擁していた。このフランス国民解放委員会は共和国臨時政府を名乗るようになる。他方、ドゴールは、フランス国内でのみずからの権威と、とくに戦後の民主主義の再建のためであれば、政治信条を抜きにして妥協した。そのため彼は多くのレジスタンス組織に支持された。これに加えて、ドゴールは戦後のフランスを共産党の支配から守る決意を示した。こうして、ドゴールは連合軍首脳によってフランス国民解放委員会の最高指導者の資格を認められた」。

ドゴールは、連合軍から、「フランス国民解放委員会の最高指導者の資格」を認められていた。この事実は、決定的である。つまり、連合軍が日本やドイツの諸都市を破壊したことは、「歴史認識」の上で、間接的にミゲルーの母国のフランスによる空爆でもあったと言えるのである。また、やはり同じく「歴史認識」の上で、フランス人としてミゲルー自身にも、そうしたフランスの過去の行為がまるで無関係であるとは、どのように考えても言えないのである。

日本も確かに近隣のアジア諸国に対して、残忍な侵略戦争を行使した。それは現在でもなお、当時の被害者に対し、十分に謝罪するべき重大な罪である。だが、だからと言って、日本を故意に殲滅するほど、アメリカ軍が非戦闘員まで無差別に爆撃してもいい、という理屈には到底ならない。

繰り返すが、日本の空爆に、ミゲルーの母国フランスがまるで無関係であったとは言えない。その理由はすでに述べたように、日本の爆撃より以前に「ドゴールは連合軍首脳によってフランス国民解放委員会の最高指導者の資格を認められた」からである。そしてミゲルーもまた、これに無関係であると言えない。

これは、その当時に、ミゲルーがその場にいたとか、いなかった、という問題ではない。これはあくまでも、「歴史認識」の問題だからである。たとえば一九五九年に生まれた私は、日本が他国へ侵略する非道な戦争に参加していない。しかし「歴史認識」としては、その侵略に、私は無関係ではいられない。「歴史認識」としては、この私にも、その非道な行為に一定の責任があるからである。

これと同じように、一九五七年に生まれたミゲルーには、同じく「歴史認識」の観点から、第二次世界大戦中にヴィシー政権がしたこと、また自由フランスのドゴールの判断に、一定の責任がある。また全体主義を生み出したフランスの植民地主義にも責任がある。日本やドイツの無差別な空爆にも、さらに言えば、広島と長崎への原爆投下にも、ミゲルーは一定の責任を持っているはずなのである。

何度も言うように、ミゲルーの企画による『ジャパン・アーキテクツ1945-2010』展のセクション1は、色彩を「黒」とし、日本の焦土からスタートしている。この焦土には、フランスが間接的に関与している。フランス人のミゲルーもまた、「歴史認識」の上で、その責任がある。ならば、その態度が、この展示の冒頭にしっかりと表われるべきである

だが、実際には、ミゲルーはまるでこれに無頓着なのである。日本の焦土について、ミゲルー自身の「歴史認識」は、この展示の「黒」のセクションには、語られている様子がまるでなかった。そこに展示されているのが、焦土の中から拾った建築の欠片ならまだ理解できる。しかし、そうではない。繰り返すが、そこに置かれていたのは、一九四九年に生まれた一木努によって、一九六六年以降に拾われた建築の欠片ばかりだからである。

しかも最悪なのは、それらの欠片が、あたかも焦土の欠片の展示であるかのように〝見せかけている点〟である。これは、ほとんど「文化的な偽装」である、とすら言えるであろう。

仮に、焦土の欠片のつもりはない、と言うのなら、なぜ最初の部屋を「黒」などとしたのか？　なぜ、一九四五年をスタートとして、セクション1で焦土にスポットを当てたのか？　その上で、なぜ焦土とはまるで無関係な一木努の建築の欠片を平然と置いたのか？　日本の戦後建築の「起源」を、一九四五年の「戦災」だなどとしたのか？　私には、まるで、これらの意味がわからない。

いずれにしても、このミゲルーの展示は、あらゆる角度から見て、何もかもが破綻しているとしか、言いようがない。だが、これは公共建築での公共的な展示なので、フランスの国立近代美術館の副館長が、

いまさら「失敗しました。私が、あまりにも無頓着でした」では、済まされない話である。

先に、フランスが植民地主義を長く行使していた国なのに、その「歴史認識」が、フレデリック・ミゲルーの展示には、まるで感じ取れないと書いた。ミゲルーは、自分自身の重大な「歴史認識」は棚上げにしたまま、日本の戦後建築の展覧会に平気で取り組んでいる。この展示を見ると、そうとしか言いようがない。

しかし、どうして、このようなことに、なってしまうのか？　この理由も、実に簡単に説明できる。ポンピドゥー・センターの副館長のフレデリック・ミゲルーは、ルーヴル美術館の館長アンリ・ロワレットと同様に、ただ単に、一人の「オリエンタリスト」として、日本の建築の「起源」に、あるいは「伝統」に、漠然とした関心があるだけだからである。それ以外のことに、彼らの思考は全く及んでいないのである。

それに加えて、『ルーヴル・ランス美術館』の時系列的で教条主義的な展示、この『ジャパン・アーキテクツ１９４５－２０１０』の時系列的で教条主義的な展示を見ると、彼らフランス人がいまだに、リニアな思考を持つ西洋中心主義者であることは、もはや明瞭な話である。

日本の戦後建築史を回顧する大規模な展示をキュレーションしておきながら、ミゲルーは一番に大事なことは忘却したままである。その一方で、彼はスーブニールとしての「ジャポニカ・スタイル」のコレクションには、実に強い執念を見せている。その点に関しては、異常な執着心がある。なぜか？　それは、この展覧会が、相変わらずのオリエンタリズムでしかないからである。

そして、この『ジャパン・アーキテクツ１９４５－２０１０』展こそが、勝者による「歴史の叙述」なのである。それこそが、相変わらずの「大文字の歴史」なのである。ありていに言えば、これこそが、西洋による、いまだ文化的に継続中の「植民地主義」の表象なのである。

ところで、この「植民地主義」は、フランス国籍のル・コルビュジエが、かつてフランスの植民地アルジェリアで行ったことを、どこかで思い出させる。バンジャマン・ストラはその著書『アルジェリアの歴史』の中で、フランス人が、暴力によって強引に制圧したアルジェリアの植民地化の経緯について、こう書いている。

「一八三〇年から一八七〇年。アルジェリアの地に到着したフランス軍にとって、当初はことは比較的簡単であった。「原住民」と植民者、土着民と侵略者、未開人と「文明人」が存在した。征服時は諸支配関係が規律をなしていた。続いて野望の時代が始まる。なぜなら「平定」だけでは十分ではないからである。この地で数ヶ月を過ごすと、将校や役人たち、それに本国の知識人はすべての点――行政、原住民共同体の運命、この国の活用――について一つの見解を持つようになる。軍隊はいち早く他者を発見することに専心する。この他者は彼らに不審を抱かせ、彼らを困惑させ、とりわけ彼らに抵抗する。軍人たちは征服したばかりで何も理解していないこのアルジェリアを内側から捉えようと試みる*309」。

フランスは、植民地主義の原則論から、そこに決して、自分達と異なる「他者」は明確に認めない。ただそれを、テクストにするのである。

平野千果子は、谷川稔他編著『近代フランスの歴史』に所収の「植民地帝国フランス」の中で、アルジェリアについて、こう記述している。

「新たに建設される植民地帝国の中心アルジェリアは、植民地化の当初から他の植民地とは異なる位置づけをされてきた。征服戦争が一応の終了をみた一八四八年からさまざまな公文書で「アルジェリアと植民地」というように、一般の植民地と別扱いをされている。四八年当時の「植民地」は大革命前からの植民地だけだが、一九世紀以降はその他の地域にもフランスは進出していく。それでも「アルジェリアと植民地」という認識は大きく変わることはない。後には「パリをセーヌが流れるように、フランスを地中海が流れる」と、アルジェリアがフランスの一部であることを象徴する言い回しも生み出される。この地はなぜ特殊なのだろうか」。

この問いの答えは、実に簡単明瞭である。「アルジェリアがフランスの一部」だからである。これについて、平野千果子はこう答えている。

「最大の理由は地理的にフランスにきわめて近いこと、そして入植者が多いことである。この二つは緊密に関連している。地中海の向かい側という近さに加え、地中海性の気候でヨーロッパ系の人々にも暮らしやすいという条件が、入植者の多さにつながったからである。フランスは歴史的に人口の伸びが小さく、もともと外部への移住は少なかったが、アルジェリアだけは例外であった。入植はすでに征服戦争の最中からおこなわれている。居住可能な植民地アルジェリアは貧しい労働者にとっては希望の地ともされ、労働者対策の一環として政府が積極的に送り出しを図ったこともある。失敗を繰り返しながらも、定住者は確実に増えた。入植者の増加と並行して、現地の人々は土地を剥奪され、生活を破壊されていった歴史があることも忘れてはなるまい[*310]」。

ビアトリス・コロミーナはその著書『マスメディアとしての近代建築』の中で、フランスの植民地のアルジェリアの首都アルジェに、このモダニズムの巨匠のル・コルビュジエが、初めて訪問した時のことを書き記している。

「ル・コルビュジエの人格形成で重要な部分を占めている旅行では（別に慣習的に理解される「人格形成期」のことをここで言っているのではなく、彼の全人生について言っているのだが）、この非規範的な方法はとりわけ明白だ。旅とは「他者」との遭遇可能性を意味している。一九三一年の春、ル・コルビュジエの最初のアルジェへの旅行中、彼はアルジェリア娘のヌード・ドローイングを描き、またオリエンタル・バザールの衣服に囲まれて肌をさらしている現地人の絵はがきを購入している」[*311]。

ロジャー・プライスの『ケンブリッジ各国史　フランスの歴史』によれば、ル・コルビュジエが初めてのアルジェリアへの旅行に出かけた一九三一年は、「アルジェリア征服一〇〇周年と「植民地帝国拡大」を祝し、国際植民地博覧会が鳴り物入りで開催された」年だった。N・バンセルらの『植民地共和国フランス』には、この国際植民地博覧会の意味について、実に明晰に記されている。

「一九三一年の国際植民地博覧会は、二〇世紀フランスの最大のイベントの一つであった。博覧会では、国民が集い、絆を深めた。これほどのイベントが、一般にはほとんど忘却されてきたのは、なぜだろうか。この植民地博覧会は、いかにも共和主義者が企画し、賞賛し、誇らしげに語ったプロジェクトだった。［……］一九三一年の国際植民地博覧会は、本国における帝国のプロパガンダの到達点であり、また、共和国と植民地の倒錯した関係性を象徴する出来事だった。［……］博覧会の常設展示場では、フランスが帝国領土で達成したものの数々が、丁寧な解説つきで並べられていた。［……］これに対して、博覧会のさまざまな展示場で紹介されている「原住民」の文化は、見世物にされている」。

ビアトリス・コロミーナは先の著書の中で、アルジェでのル・コルビュジエの行為を、こう分析している。

「さて、ではもしもル・コルビュジエがドローイングによって「異邦人の家に入っていく」のなら、それではここにある「家」は写真の対象たりうるのだろうか？　描くことによって、彼は異邦人の家としての写真に入っていったのであり、そのイメージを描き直すことで、その空間、都市、そして他者のセクシュアリティを占有し、再属領化したのである。ドローイングを描き、写真を撮ることとは、植民地化の道具だろう」。

アルジェリアはもとより、一九世紀から二〇世紀前半の西洋にとって、植民地主義は、ごく当たり前のものであった。そしてこの西洋の「植民地主義」は、歴史的に見ると、ドイツや日本の都市を壊滅させた「空爆」と、実は大きく繋がっているのである。

それを明快に教えてくれるのは、荒井信一の『空爆の歴史』である。そこには、こう書いてある。

「飛行機による最初の空爆」は、いったい何時からはじまったことなのか？　それは、「トルコ領リビア（トリポリ、キレナイカ）の植民地化をめざしたイタリア・トルコ戦争（一九一一－一二年）」において、イタリア軍が飛行機から投下した手榴弾からであった。

ここが肝心な点であるが、空爆による「戦災」と「破壊」とは、ヨーロッパの「植民地主義」によって規定され、その上で、はじまったものなのである。つまり空爆の「視線」の彼方には、「植民地主義」が存在しているのである。荒井信一は、この事実を『空爆の歴史』の中で書いている。

「ヨーロッパの強国が植民地戦争や原住民の反乱を鎮圧するために飛行機を使ったのは偶然ではなかった。帝国主義の時代には、一九世紀末からの第二次産業革命の結果、重工業（特に機械・科学・電気工業）が発達し、武器に応用され、軍事技術の面で非ヨーロッパ世界との格差が決定的に拡大した。ヨーロッパ中心的な人種主義的世界観が普及したのもこの時代であった。［……］その結果生まれた軍事テクノロジーの格差を前提にすれば、植民地での使用がもっとも有効とされ、空爆の軍事的価値が大きく評価された。「未開」側の対空戦力がゼロに近いことを考えれば、攻撃側の人命節約効果も無視できない要素であった。一九一九年、イギリス空軍参謀長ヒュー・トレンチャードは「植民地の法と秩序は、在来の守備隊よりも機動隊の優れた空軍によるほうが安上がりで効果的に維持できる」（大意）と述べて、植民地での使用の経済的効果にも注目した」。

空爆がまず植民地において行使されたのは、それが「効率的だった」からである。欧米は、植民地なら、空爆をいくらしても構わない、と考えたのである。そして、彼ら――アメリカ、フランス、イギリス――にとっての日本とは、これまで見て来たように、ペリーの黒船の来航から、ずっと「植民地」も同然の国である。ドイツは例外としても、連合軍が、日本への激しい空爆をほとんど疑問視しなかったのは、空爆が植民地からスタートした事実と、まるで無関係とは言えない。

しかし爆撃した勝利者側の如何なる正論――たとえば、ドイツは残虐だった、日本は残忍な侵略国だ、真珠湾を奇襲した、バターン死の行進をやった、日本の兵隊は相当に抵抗し続けた、アメリカには戦死者を増やさないために、戦争を早期に終わらせる必要があった、日中戦争では日本も空爆した、だから東京などへの空爆は仕方がない――などをいくら並べたてようが、空爆による破壊が、それがどこの国の行為であろうと、人間としての「悪行」であることに、何ら変わりはない。

それ故に、「空爆」という名の「植民地主義」から、「空爆」された日本の「戦災」だけを掬い取り、それを日本の戦後建築の固有なスタート地点として規定するフレデリック・ミゲルーの無神経な方法論には、やはり、あらためて大きな違和感を覚えずにはいられないのである。

それに加えて、『ジャパン・アーキテクツ1945-2010』展において、空爆による「破壊」を暗示するセクション1の部屋を「黒」とするミゲルーの選択にも、私は、大きな違和感を感じる。なぜならば、歴史的に見て、「黒」とは必ずしも「死」のイメージだけを表象するものではないからである。それなのに、空爆の焦土からすぐに「黒」を連想し、選定するのは、あまりにも安直にすぎる発想である。

実際、黒には様々なイメージが表象されている。たとえばジョン・ハーヴェイは、その著書『黒の文化史』の中で、このように書いている。

「だが、歴史をふりかえると、黒にはつねに疑問がつきまとっている——黒は、色としてどのような存在なのだろうか。それは、スペクトルのなかにある特定の色ではない。スペクトル内の単一の光としては、ありようがないのである。一方、アリストテレスは、有彩色は白と黒のはざまで作られると確信し、後のゲーテにも影響を与えた。濃密な存在なのかそれとも虚無なのか、色なのかそれとも陰翳《かげ》なのか——こうした曖昧性が、黒に対蹠的な意味を与えていった。肥沃な土壌か焼け残った燃え殻か、流行の衣裳か寡婦の喪服か、夜の闇に包まれた性の神秘かはたまた死や抑鬱や悲哀か」。

この本によると、黒は、古くから、神、アラビア、胆汁（メランコリー）、黒人と多様な意味合いをもっている。[*312] 黒は、歴史的、文化史的に必ずしも「死」だけを表象するものなのではない。戦災＝黒だというのは、単にミゲルーの、極めて凡庸な選択にしか過ぎない。

たとえばジュリア・クリステヴァは、その著書『黒い太陽　抑鬱とメランコリー』の中で、メランコリーと黒い胆汁の関係について、次のように書いている。

「四大体液や四つの体質など、ヒポクラテスの概念を借用してはいるが、アリストテレスはメランコリーを病理学から引き出して性格のなかに位置づけただけでなく、とりわけ、人体の調整原理とみなされていた熱から、そして mesotes つまり対立するエネルギーの同士によって制御される相互作用からメランコリーが生じるとしたのである。このギリシアのメランコリーについての概念は、今日では奇妙なものに思われる。というのも、この概念は、黒い胆汁の幸福な対立物である泡（aphros）で隠喩的にあらわされる「十分に配合された多様性」（eukratos anomalia）を前提しているからである[*313]」。

また「黒人」という連想も、しばしば、この黒という色からなされる。ジョン・ハーヴェイの『黒の文化史』には、「奴隷であること、また黒人であること」という章で、奴隷制度と黒人について、イギリスの劇作家ウィリアム・シェイクスピアを引きながら、こう述べている。

「南欧諸国にはアフリカとの長い交流の歴史があったものの、シェイクスピア以前のイングランド芸術にあって、かの地の人々が取り上げられることはほとんどなかった。逆に言えば、シェイクスピアとその時代から、アフリカは端倪すべからざる土地になったのである。かの地が、この偉大な劇作家にヒーローを、次にヒロインを与えて、わけても著名な二つの戯曲が生まれた。イングランドが奴隷貿易に乗り出し、やがて支配することになる前に知られていたアフリカの姿は、シェイクスピア作品を通じてうかがい知ることができるのである」。

ハーヴェイは、シェイクスピアと黒について、こうも書き加えている。

「シェイクスピアは総じて、黒という色を注視していた。彼の悲劇的作品には、ギリシアのそれにも増して、人間を密に取り巻く計り知れない闇の感覚が見受けられる。マクベス夫人が「きておくれ、暗闇の夜、／どす黒い地獄の煙に身を包んで、早く、ここへ」と声をあげ、オセローが「起きろ、どす黒い復讐、うつろな洞窟から起き出してこい！」と叫ぶ。また、『リア王』には「ゴロゴロ言うな、この黒い悪魔め！おまえにやる食べものなんかあるもんか」というエドガーによる突拍子もない台詞があり、『終わりよければすべてよし』では「傲慢の黒いガウンの上」という、修道服《カソック》のイメージへの言及がある」。

エドワード・W・サイードも、やはり人種とオリエンタリズムの関係について言及している。『オリエンタリズム　下』の中で、彼は、こう言っているからである。

「オリエントの後進性、退行性、西洋との不平等といった命題は、十九世紀初頭に人種差別理論の生物学的根拠をめぐる諸観念といともたやすく結びついた。したがって、キュヴィエの『動物界』、ゴビノーの『人種不平等論』、ロバート・ノックスの『黒人種』といった書物に描かれた人種の分類は、潜在的オリエンタリズムのなかに自発的な支持者を見出したことになる。さらに、こうした諸観念には、先進的人類と後進的人類、つまりヨーロッパ人＝アーリア人種とオリエント＝アフリカ人種という区分の「科学的」妥当性を強調するかのように亜流ダーウィニズムが付け加わった。こうして、十九世紀後半、親帝国主義者および反帝国主義者の双方によって議論された帝国主義の問題全体が、人種、文化、社会を先進的なものと後進的な（つまり従属的な）ものとに分類する二項式の類型学を推し進めたのである」。

実際に一八世紀のフランスは、たとえばフランス領アンティル諸島で、黒人奴隷により大きな富を得ていた。たとえば藤井真理は『フランス・インド会社と黒人奴隷貿易』の中で、その史実をこう記述している。

「それでは、サン゠ドマング島 Saint-Domingue をはじめとするフランス領アンティル諸島における、砂糖やコーヒーのプランテーション経営の成功は、何によって支えられたのか。それを支えたのが、アフリカから運び込まれた奴隷の労働だったことは周知の事実であり、近年めざましく進展している黒人奴隷貿易史研究により、新世界の繁栄をきずいた労働力的基礎が明らかになっている」[*314]。

黒人奴隷については、ジェームズ・M・バーダマンが『アメリカ黒人の歴史』の中で、かなり詳しく書いている。

「「奴隷制度」というと大西洋をはさんだ大陸間の奴隷売買がまずイメージされるが、さまざまなかたちの制度がアフリカ大陸内にすでにあった。ローマ時代の奴隷制度の定義をそのままアフリカに当てはめるのはふさわしくないかもしれないが、「奴隷」が自由に売り買いされるという点においては、ほぼ同義で使ってもかまわない。奴隷は職業選択の自由はなく、雇い主を選ぶこともできない。また、婚姻や資産に関する権利は持たず、子どもたちもまた奴隷としての身分を継承することになる。ヨーロッパ人がやってくる前のアフリカ大陸内での奴隷制度は、貧しい家族の子どもの養子縁組などで奴隷となることもあった。しかし、最も一般的なのは、種族間の抗争で捕らえられ、囚人として奴隷になることだった」。

ヨーロッパ人が奴隷制度を進めたというより、実態は、ヨーロッパ人とアフリカ人の奴隷商人が手を組んで、アフリカ人の奴隷商人が、同じアフリカ人を、「大量に奴隷化」していたのである。

「しかし、需要が増してくると、市場での奴隷売買が始まった。そのような奴隷市場は、北と東へのイスラム奴隷売買ルートと関係があった。この傾向を助長したのは、ヨーロッパの貿易商たちが、銃をアフリカの奴隷商人たちに売ったという事実であった。部族の領土拡大の野心を実現するために火力の使用はエスカレートしていく。そして、そのことは種族間での抗争を激化することへつながっていった。ヨーロッパ人が主導的に奴隷制度を進行させていったというよりも、ヨーロッパ人と手を組んだアフリカ人の奴隷商人たちが、ほかのアフリカ人たちを大量に奴隷化していったのである」。

奴隷制度は、やがてアフリカの支配からヨーロッパの支配へと移行していく。そしてそれは、「戻ることのできない扉」と言われるようになる。

「アフリカの支配からヨーロッパの支配への移行は「戻ることのできない扉」という表現で象徴的に語られた。アフリカから連れ去られ、沖合で待つ奴隷船に運ぶための小舟に乗せられるまで拘留される部屋の扉が、「戻ることのできない扉」であった。いったん奴隷がこの扉を通り抜けると、二度と故郷の村へは戻ることができない。奴隷は、未知の世界へと連れていかれる。そのような扉であった[*315]」。

ツヴェタン・トドロフは『われわれと他者』の中で、それが一八世紀の著作のこととはいえ、フランスという「われわれ」とそれ以外の「他者」について、こう書いている。

「ヨーロッパ文明をその頂点とする価値の厳密な階梯への信仰は百科全書派の多くに共通している。ただしまだそこでは人種理論が存在しているとは言えない。私たちはそこではまだ文化の分類にとどまっており、肉体の分類にはいたっていない。ところでビュフォンは教育の効果について懐疑論者であったことでも有名である。人間存在は確かに変えられうるものだが、この変化には長い年月を要する。奴隷に関する考察にすでにビュフォンのこの教説の結論がみられる。彼によれば、黒人は劣った人間であり、したがって結局のところ奴隷の境遇に貶められても当然なのである。ビュフォンはこの点についての彼の所説を、労働能力による、また黒人たちが発汗するときに発する臭いの程度による奴隷の形態論をふたたびおこないつつ始めている。ともかくそこには価値判断がまったく入り込んでこない。次に、ビュフォン自身も言っていることだが、黒人たちの運命に同情し涙する。ただし黒人が奴隷であるからという理由からではなく、主人の奴隷に対する扱いがひどく、食事を与えなかったり、殴打したりするからである。こうした行き過ぎは避けられるであろう。奴隷制事態を廃止することはまったく問題にならないのだ」[*316]。

またレオン・ポリアコフは『アーリア神話』で、フランス人の黒人差別に関して、比較解剖学のジョルジュ・キュヴィエの『動物界』を例にしている。

「……ニグロ人種は地図上の南部に閉じ込められている。その皮膚は黒く、髪はちぢれ、頭蓋は圧縮され、鼻は平べったい。出っ張った鼻面、厚い唇ははっきりと猿に近い。ニグロ人種を構成している集団はつねに野蛮な状態にとどまっている……」。

このジョルジュ・キュヴィエは、その人種差別の一方で、白人種の優位について、雄弁に語っている。「結果として、文明の進歩は「コーカサス人種」の特性でありつづけている。「われわれはこのコーカサス人種に属しており、これは頭の形の卵形の美しさによってきわ立っている」。このように前の世紀から、西欧の中に居場所を選び、白人種に価値を付与する進歩の思想が存在していたのである」[*317]。

ジョルジュ・キュヴィエの黒人種に対する見解は、弓削尚子の『啓蒙の世紀と文明観』にも見られる。「比較解剖学者、古生物学者でもあるキュヴィエは、顔面角を精神の発達の指標とみなせると考えた。すなわち、顔面角が大きければ大きいほど、精神的・知的な能力も上位にある、というのである。キュヴィエは、顔面角を測定し、黒人とオランウータンの角度は同じで、黒人とヨーロッパ人の違いは、カンペルの数値より五〇%大きいという結果を公表した。これに基づきキュヴィエは、「コーカサス」は知性と文明において最高のかたちをなしているとし、黒人はもっとも低い段階にあるとした」。

フランスの啓蒙思想家ディドロとダランベールの『百科全書』には、「ニグロ」の項目があった。弓削尚子は『啓蒙の世紀と文明観』で、それを、こう紹介している。

「彼らは、皮膚の色によって区別されるだけでなく、その顔のあらゆる特徴、例えば大きく平らな鼻、厚い唇、縮れ毛によってもほかの人間と異なっており、人類の新しい独立した種を構成しているようにみえる。赤道から南極に向かうとき、肌の黒色は薄くなっていくが、その醜さはそのままである。……ギニアのニグロのなかでも偶然に正直な人びとに会うことがあったとしても、大多数は方縦、復讐心が強く、盗みや嘘は平気である。彼らの強情さは、罰を与えても決して過ちを認めないほどである。死に対する恐怖さえも彼らの心を動かさない」。

このように「黒」という色の中には、フランスをはじめとする西洋の植民地主義が、あるいは裏返しの西洋の優越感、西洋中心主義が、かたちを変えて存在していた。これはミゲルーが、「黒」からそのような自国の、あるいは西洋の歴史を意識したのか、し得なかったのか、という話ではない。西洋人の視線には、「植民地主義」としての「黒」が否応なく潜在化している、という意味なのである。

こうして、やはり金沢21世紀美術館の『ジャパン・アーキテクツ1945-2010』展において、セクション1の「黒」から連想するのは、西洋人による「コロニアリズム」である。そしてそれは、日本に対しても同様に作動している。なぜならここでは、フランス人が、日本の「起源」や「伝統」に深く関わる、このような種類の展示をすることで、明らかに「日本趣味」を愛でようとしているからである。

磯崎新は『建築における「日本的なもの」』の中で、グロピウスが序文を寄せた石元泰博の『桂・日本における伝統と創造』を取り上げ、「コロニアリズム」について、このように書き記している。

「新和風＝ジャパニカが、占領者アメリカの視線に属する「日本趣味」であったのにたいして、石元泰博の撮影した「桂」離宮は、その暴力的なカメラワークによって、対象を解体し、そして再構成する正統的なモダニズムの手法にもとづいていた」。

この文の前半の「日本趣味」の話は、実によく理解できる。しかし、後半、つまり「石元泰博の撮影した「桂」離宮は、その暴力的なカメラワークによって、対象を解体し、そして再構成する」という文面の意味が、私には、全く理解できない。石元の写真には、まるでジャパニカを乗り越える力、支配を越える能力があるかのように書かれているからである。しかしオリエンタリズムにおいて、支配者に取り込まれないものなど、何一つとして存在しない。よって、石元の写真にオリエンタリズムの限界を示し得る力など、あるわけがない。

また磯崎新は、同じ本の中で、続けて、このように発言している。

「「弥生的な美」はまさにアメリカ的モダニズムが日本占領の戦果品としてニューヨークMOMAに持ち帰り、吉村順三の設計したロックフェラー邸に到るものであるならば、岡本太郎を経由して、ヨーロッパ的モダニズムが発見した「縄文的な美」には、占領者の視線に抵抗する民族的な土着のダイナミズムがひそかに託されることになる。建築界にも相応の言説がうまれた。弥生的ジャパニズムを「伝統的」、縄文的土着主義を「民衆的」としてくることになった。縄文的な土着主義こそが民衆のエネルギーを表示する。［……］アポロ的／ディオニソス的に文法は、占領がやっと解除され、コロニアリズムに対抗する運動がおこりはじめたなかにあっては、植民地主義的帝国主義とそれに対する反米闘争という政治的文脈に巻き込まれてしまう」。

ここには「岡本太郎を経由して、ヨーロッパ的モダニズムが発見した「縄文的な美」には、占領者の視線に抵抗する民族的な土着のダイナミズムがひそかに託されることになる」とあるが、オリエンタリストからすれば、単に弥生だけ愛でて、縄文は差し控える、などということは、あり得ない。異国趣味は全てを回収するからだ。弥生も取り込まれるし、縄文も取り込まれる。西洋がそう思えば、全てが取り込まれる。そこに例外は存在しない。

またここには「占領がやっと解除され、コロニアリズムに対抗する運動がおこりはじめた」とあるが、日本にコロニアリズムに対抗する力が、かつて一度として存在したことなどあったのか？　これもまた、実に疑わしい話である。オリエンタリズムとは、サイードも言うように「力の差異」である。だからそこにおいて、「日本的なるもの」を回避することなど、日本には不可能である。弥生だろうが縄文だろうが、反米闘争だろうが、全ては、すでに西洋の文脈に取り込まれている。そしてこの理由は、歴然としている。アメリカを含む西洋と日本は、非対称の関係にあるからである。

重要な点なので、これは何度でも言うが、近代日本において、「日本的なるもの」は、あくまで西洋の「視線」からのみ規定し得るのであり、日本の主体による発見では全くあり得ない。

日本の「近代」には、その「近代技術主義」の受容においても、あるいは「日本的なるもの」においても、西洋の主体による決定事項だけしか存在していない。「日本的なるもの」は、その全てを西洋が決定する。西洋が、伊勢が「日本的だ」と言えば、それが「日本的なるもの」となる。同じように西洋が、縄文が「日本的だ」と言えば、それが「日本的なるもの」となる。

それ故に、ミゲルーが、金沢の展覧会では「戦災」が日本の戦後建築史の「起源」だと言えば、それが――たとえ、それが論理的には、大きく破綻して、まるで使い物にならないガラクタの思考にしかすぎないとしても――「起源」になってしまうのである。そうなる仕組みが、明治以降、すでに出来ている。それこそが、日本と西洋（むろん、ここにアメリカも含む）との関係が、いまもなお「非対称性の大きな枠組みの中にいる」ことの証拠である。

日本は、明治以降、この大きな西洋の「枠組み」の外側に出ることは、絶対に不可能だった。西洋の「枠組み」の中で、日本は西洋からの「評価」を受けるしかなかった。あくまでも西洋という「枠組み」がまず先にあって、結果としての日本への「評価」である。日本がプレーしているのは、西洋の決め事の中でのゲームでしかない。ゲームのルールは、西洋だけがつくることができる。ルールの変更も西洋だけが可能である。日本は、その西洋の内部に存在している。西洋の外部に、近代の日本は存在していない。なぜなら、西洋にとっては、歴史的に言って、西洋の「他者」などが、決して存在してはならないからである。

言い換えると、これは「歴史」を叙述する主体とは、いったい誰になるのか、という問い掛けである。さまざまな歴史家がいて、さまざまな歴史観があり、歴史論争があるとしても、最終的に、決定的な歴史を叙述するのは、常に勝者である。つまり、支配者である。

結果、「歴史とは何か」と言えば、その答えは実に簡単であり、それは西洋人（アメリカ人を含む）の権威的な歴史家による「大文字の歴史」なのである。

「建築史」も、この例外ではない。いま述べたのと全く同じロジックが、「建築史」でも、実にはっきりと作動しているからである。たとえばケネス・フランプトンはイングランド生まれで、コロンビア大学で教鞭を取る、世界的なレベルでの建築界の権威者である。その彼が、西洋人であるという事実は、決して偶然ではない。そして、権威者たるフランプトンの叙述による著書『現代建築史』には、世界中の数多くの建築家の中から、先進諸国の、主に欧米の、世界的なスター建築家が故意に選定されている。むろん、それは全てがフランプトンの恣意的な選択だけによるのではない。そのような選定が「正当なものである」という、他の西洋の建築史家の共通認識が、厳然と存在しているからである。そのルールの下に、フランプトンもまた「大文字の建築史」を叙述しているのである。

さて、ここで、いま述べたイングランド生まれのケネス・フランプトンの権威ある『現代建築史』と、フランス生まれで、パリの国立近代美術館の副館長という要職にあるフレデリック・ミゲルーの叙述による、今回の『ジャパン・アーキテクツ1945‐2010』展とを比較してみよう。フランプトンの書籍は、「現代建築史」である。それに対して、ミゲルーの展覧会は、「日本の戦後建築史」である。フランプトンが「現代建築史」、ミゲルーが「日本戦建築史」と、その射程はまるで異なっている。けれども、この両者はともに、西洋という勝利者による「歴史の叙述」であるという点においては、全く同じ仕組み――仕組みと言わずに、はっきりと「権力」とした方がわかりやすいだろう――によって描かれたものなのである。

そこで扱う対象は、フランプトンは世界であり、ミゲルーは日本である。しかし、世界であろうと、日本であろうと、それが西洋人によって編纂されている以上、その全てが、西洋の「視線」の中に、何もかも回収されている事実――つまり、これら二つが、ともに「勝利者による建築史」であるということ――

には、何ら変わりはない。

E・H・カーの『歴史とは何か』には、「歴史」とは、要するに「歴史家が叙述するものである」と語っている部分がある。

「事実というのは、歴史家が事実に呼びかけた時にだけ語るものなのです。いかなる事実に、また、いかなる順序、いかなる文脈で発言を許すかを決めるのは歴史家なのです」。

この場合のE・H・カーの言う「歴史家」とは、「勝者」の国の「歴史家」のことである。そしてその勝者の国の「歴史家」は、勝者の国の権威に沿うべく、「勝者の歴史」を叙述する。

「シーザーがルビコンという小さな河を渡ったのが歴史上の事実であるというのは、歴史家が勝手に決定したことであって、これに反して、その以前にも以後にも何百万という人間がルビコンを渡ったのは一向に誰の関心も惹かないのです。みなさんが徒歩か自転車で三十分前にこの建物にお着きになったという事実も、過去に関する事実という点では、シーザーがルビコン河を渡ったという事実と全く同じことであります。しかし、それはおそらく歴史家が無視するでしょう」。

Aという任意の人物がルビコンの川を渡ることなど、歴史家にとって何の意味もない。それが、ジュリアス・シーザーでなければ、「歴史」にはならない。

『歴史とは何か』の中で、E・H・カーは「勝者の歴史」について、こう書いている。

「歴史というのは一つの闘争の過程で、そこではいろいろな結果――われわれがそれを善いと判断するにしろ、悪いと判断するにしろ――が、直接間接、いや、間接より直接が多いのですが、とにかく、ある集団の成功として、他の集団の敗北として生み出されるのです。勝てば官軍です」。

また「勝者」については、『歴史とは何か』の中で、E・H・カーは、「歴史は否応なしに成功の物語になる」としている。

「総じて、歴史は人々が行ったことの記録であって、行い損ねたことの記録ではありません。その限りでは、歴史は否応なしに成功の物語になるのです。トニー教授の申しますには、歴史家は「勝利を占めた諸力を前面に押し出し、これに敗れた諸力を背後に押し退けることによって」、現存の秩序に「不可避性という外観」を与えるものである、というのです。しかし、これがある意味で歴史家の仕事ではないでしょうか。歴史家は反対派というものを軽視することがあってはなりませんし、辛くも得られた勝利を独走のように描いてはなりません。時には、究極の結果に対して敗者が勝者と同じく大きな貢献をしたこともあるのであります。しかし、全体として、歴史家は、勝者にしろ、敗者にしろ、何かを成し遂げた人々を問題にします」。

E・H・カーは、ここでクリケットの試合を例に挙げて、勝者と敗者について、説明している。

「私はクリケット史の専門家ではありません。しかし、恐らく、クリケット史の頁を飾っているのは、百点をとった人々の名前で、零点の人々や失格した人々の名前ではありますまい」。

カーが言うように、「歴史というのは一つの闘争の過程」である。この権力闘争、あるいは戦争の勝者が、歴史を叙述する権利を持つ。したがって真の歴史家とは、この勝者の代弁者、ということになる。

その上で、E・H・カーは、西洋の進歩主義者としての自分のスタンスについても、はっきりとした意見を述べている。

「過去五十年間というものが、西洋世界における進歩の信仰に向って行なった挑戦の力を私は軽く見ようとは思いませんが、私は、歴史における進歩が終ったとは今も信じてはおりません。しかし、どうしても、更に進歩の内容について述べろ、とおっしゃるのなら、私はこんな風にお答えするほかありません。歴史における進歩に、明確な、明瞭に規定し得るゴールがあるという概念は、十九世紀の思想家たちがしばしば仮定したものですけれども、それが役に立たぬ不毛なものであることは明らかになりました。進歩の信仰は決して自動的な不可避的な過程を信じるという意味ではなく、人間の可能性の漸次的発展を信じるという意味です。進歩というのは抽象的な言葉であります。人類が追求する具体的な目的は、時々、歴史のコースの中から現われて来るもので、何か歴史の外にある源泉から現われて来るものではありません。私は人間の完成可能性や地上における未来のパラダイスなどを信じているつもりはありません。この限りでは、私は、完成は歴史のうちでは実現され得ない、と説く神学者や神秘主義者と同意見ということになるでしょう。しかし、私は、ゴール――といっても、私たちがそれへ向って前進するようなゴール――へ向う限りない進歩、すなわち、われわれが必要としたり考えたりすることが出来るような、限度というものを持たぬ進歩の可能性ということで満足しようと思います。こういう進歩の観念がなかったら、一体、社会はどうして生き延びて行くことが出来るのか、私には判りません」。

E・H・カーは、ここで明快に、西洋の「歴史における進歩が終ったとは今も信じておりません」と書いている。しかも、論敵であるアイザイア・バーリンの名前をわざと出して、「「進歩や反動という言葉は随分と濫用されて来たが、空虚な概念ではない」とサー・アイザイア・バーリンは言っていますが、この点で、私は彼と同意見であるのを嬉しく思います」と言っている。*318

塩川伸明は『《20世紀史》を考える』の中で、このE・H・カーの「進歩思想」について、こう書いている。

「カーの歴史観は、現に達成され、「進歩」を促進した事実を重視するものであり、そこでは、「歴史は否応なしに成功の物語（a success story）になる」。それというのも、歴史は人々が行ないそこねたひとの記録ではなく、何を行なったかの記録だからである。これは「勝てば官軍」史観に近づく。実際、彼自身が「勝てば官軍（The losers pay）」と述べた個所もある。但し、単純にそれだけですべてを割り切っているわけではない。「成功の物語」ということを述べたすぐ後では、「しかし」という接続詞を多用して、幾重もの留保を付けている。主流だけでなく反対派をも視野に入れるべきこと、辛勝を独走のように描いてはならないこと、敗者が勝者と同じ程度に大きな貢献をする場合もあること等々である。〔……〕そのような留保をつけた上でではあるが、歴史家は勝者にしろ敗北者にしろとにかく何かを成し遂げた人を問題にするのだ、というのがカーの主張である」[*319]。

マイケル・イグナティエフの評伝『アイザイア・バーリン』によると、E・H・カーとバーリンとは、一九六〇年代に激しい歴史論争をしたことがあった。

「バーリンの左派との論争は一九六〇年代を通して続いた。一九六一年にはE・H・カーがケンブリッジにおけるトレベリアン講演の一部をバーリンの《歴史の必然性》に対する攻撃に割いた。カーは、バーリンが社会・経済要因に無関心であり、歴史家は主として説明ではなく道徳的評価に関心を寄せるべきだと考えていたようなことを引き合いに出して、バーリンはそもそも歴史的説明の可能性を信じていたのだろうかと疑問を呈した。たしかに、歴史家の仕事はヒトラーやクロムウェルが悪人だったかどうかという問題にかかずらうことだとは誰も真面目に思わない、とカーは論じた。歴史家の任務は、ヒトラーやクロムウェルを権力の座につかせた要因、彼らの支配から生み出された力を理解することである、と。[……]カーの講演は広い注目を集めた出来事で、BBCで再放送され、〈ザ・リスナー〉に毎週掲載され、最後には『歴史とは何か』という絶大な影響力をもった本としてまとめられた。カーに返答することはバーリンにとって避けて通ることのできない挑戦になった」。

イグナティエフは『アイザイア・バーリン』の中で、「勝者を拾い上げること」が、歴史家としてのカーの仕事だと書いている。

「カーの歴史は「進歩」の勢力――プロレタリアとボルシェヴィキ政党――の興隆と最終的な勝利の物語だった。これらの勢力は成功したがゆえに〝進歩的〟と判断されたにすぎない、とバーリンは主張した。カーにとっては、「失敗と少数派は、トロツキーの有名な言葉を借りれば、〝歴史のごみの山〟に属する」のだ。カーにとっては、歴史家の仕事は勝者を拾い上げることだった。これに対してカーはバーリンへの手紙で、「この勝者―敗者という論法には当惑させられている」と思いを告白している」。

イグナティエフの『アイザイア・バーリン』で、すでに引用したクリケットの話題が、また出て来る。「もしクリケットの歴史を書いているのだとしたら、「ボールを取り損なった好青年」よりも何百点も得点した打手に紙幅を割くだろう、とカーは言った。[……]バーリンは「敗者」の疑問は「勝者」の答えと同じように意味あるものだ、と主張した」[*320]。

イグナティエフの言う「「進歩」の勢力」とは、つまり「プロレタリアとボルシェヴィキ政党」なのであり、カーにとって歴史とは、その「興隆と最終的な勝利の物語だった」。このイグナティエフの指摘は、実に正しい。

なぜなら一九六九年にカーが出版した『ロシア革命の考察』の「未完の革命」には――ソビエト連邦そのものが、たとえこのわずか二二年後に全て瓦解するとしても――、このように書かれているからである。

「一九一七年の十月革命が二〇世紀最大の事件としてその五〇周年記念日を祝福されるのは、もっともなことであろう。それは、将来の歴史において、ある意味ではその結果であり絶頂でもあったフランス革命に、まさるともおとらぬ顕著な地位を占めることであろう。もしわれわれがフランス革命の五〇年後のフランス革命史料編纂の状態（フランス革命を偉大な歴史現象として扱おうとした最初の独創的な試みであるカーライルの『フランス革命』は、一八三七年に現われた）を反省するならば、われわれは、ロシア革命についての現代の歴史的著作の明らかな不足に、あまり落胆しなくてもよいのかもしれない。かくも多くのもの――かくも多くの善とともにかくも多くの悪も――が顕著な歴史的事件から直接・間接に溢れ出てきており、それによってかくも多くの利益が損なわれ、かつ、かくも多くの熱情が覚醒されている場合には、半世紀というのはその事件を正しい見通しのもとに置くためには短い時間なのである」[*321]。

　これに対し、ジョナサン・ハスラムによる『誠実という悪徳』は、E・H・カーの評伝になっている。しかし、そこにも、バーリンとの激しい論争が、大きく描かれている。

「バーリンの新たな書評のタイトルは、「カー氏の大軍勢［勝利者］の史観」とされていたが、確かに似つかわしかったかもしれない。バーリンが最初にカーを攻撃したのは、かなり以前、カーのヘーゲル主義と彼が受け取ったものに対してであった。本来ならばそれは、カント的なモデルにおける目的論と見なす方がよかったのだが、今回、『歴史とは何か』でカーは、「進歩としての歴史」という見解を打ち出していた。しかしその際、「我々の注意を引くのは、一つの国家を形成した民族だけである」というヘーゲルの教義を、実質的に承認する形で援用し、次のように自分の信念を繰り返していた。「全体として歴史家は、勝利者であれ敗者であれ、何かを成し遂げた人々を問題にする」と。

そしてまた、クリケットの比喩である。

「そしてさらにこう付け加えている。「私はクリケット史の専門家ではありません。しかしおそらくクリケット史のページを飾っているのは、数百点を取った人々の名前で、零点を取った人々の名前や失格した人々の名前ではありますまい」」。

ジョナサン・ハスラムによる『誠実という悪徳』には、これに対して、バーリンの反論が載せられている。

「これはバーリンにとっては論難しやすく、勝つ見込みの高いゲームに思えただろう。彼の見る限りでは、カーが歴史の中に見ようとしたものは、「ただ単に、起きるべくして起きたものだけ」だったからである。バーリンは次のように批判する。「この見方からすれば、起きたことはただ、それが起きたというただそのことだけによって善だ、ということになる。そしてまた、我々がたどってきた歴史の諸ステージは、ただそれが現実だったという理由だけで、それは正しい段階だった、ということになる」と。そして次のように結論する。まさにこれこそが、「カー氏の見方、つまり歴史を、戦争で勝利した大軍勢の物語として、進歩を、権力を持つ人々が実際に成し遂げたこととして見る見方全ての、そもそもの根本をなしているのだ」と[*322]」。

『立ちすくむ歴史』の中で、喜安朗は、「事実を集めてくれば自然に歴史叙述はできる」というのが、一九世紀の歴史家だったとする。

「内容的にどうかというと、簡単に言えば、一九世紀末の歴史学は事実を古典的な実証主義というかたちで強く押し出した時代だった。さまざまな史料批判の方法も出来上がってきて、事実はそれによって明らかになると。つまり、単純化して言うと、事実を集めてくれば自然に歴史叙述はできる、歴史はそれで成り立つんだという考えが歴史家の奥底に澱のようにあって、それで自らを権威づけていたんじゃないかと思います。もちろん、いろいろな歴史家によって違いはありますが、歴史家の奥底にはそういうのがあった。いわば非常に楽観的な、歴史に対する対し方だったわけですね」。

それに対して、二〇世紀のE・H・カーの時代になると、「事実と解釈」という考え方に変化した。

「それからすると、一九六〇年代の『歴史とは何か』という本では、「事実と解釈」というかたちで、事実は事実として存在する。しかし、それを解釈する歴史家の作法こそが重要だと言っているわけです」。

ただ、二〇世紀も後半のポストモダニズムになると、「言語論的転回」が抬頭する。

「それが現在の言語論的転回と言われるものになると、事実とはいったい何か、歴史的事実とは何か、本当にまっさらな事実は存在するのかと事実そのものを問題にし始めている」[*323]。

ここで喜安朗の言う「言語論的転回」とは何か？ 岡本充弘は『開かれた歴史へ』で、この「言語論的転回」について、こう書いている。

「ポストモダニズム的な歴史論は、言語論的転回と呼ばれる議論としばしば結び付けられて説明される。言語論的展開が提示したことは、言語による指示が、指示される対象を正確に表象しうるのかという疑問である。言いかえれば、歴史記述にしても、あるいは史料にしても、それらが実在した過去の事実をそのままのものとして忠実に反映しているのか、とする疑問である。過去の事実に緻密に一致しているのかとする疑問である」[324]。

遅塚忠躬はその著書『史学概論』の中で、「言語論的転回 linguistic turn」についての、ステッドマン・ジョーンズによる説明を引用する。

「この新しいアプローチにおいて特徴的であるのは、言語が諸記号の自律的な体系（a self-contained system of sign）であることを強調し、そういう記号の持つ意味が、何か本源的ないし先験的で言語外的な基盤との関係によって決定されるのではなく、諸記号の中の相互関係によって決定されるとしたことである。この新しいアプローチの魅力は、何よりもまず次の点にある。すなわち、このアプローチは、言語——もっと適切に言えば言説 discourse——が言語外的で言語以前的な参照基準点に由来するのではないことを明らかにすることによって、言語がリアリティ reality を反映するという観念を払拭したのである」。

遅塚忠躬は「言語論的転回」とは、ジャック・デリダの言う「テクストの外部というものは存在しない（il n'y a pas de hors-texte）」という主張に照応している」とする。

「ここで指摘されているように、言語が、外部の実在を反映するのではなくて、諸記号の自律的（自己完結的）な体系である、ということは、「転回」のスローガンとしてしばしば引用されるデリダの「テクストの外部というものは存在しない（il n'y a pas de hors-texte）」という主張に照応している。このデリダの主張は、すでに富山太佳夫氏が適切に解説しているように、「いわゆるテクストの外部の実在を否定するものではない。そのような外部の実在が存在するにしても、それに関与し言及するためにわれわれは言葉を使うのであり、その瞬間にわれわれはテクストの介在を受け入れるしかない。その意味では、われわれはつねにテクスト絡みの事態の中にいると言うしかないのである」」。

さらに遅塚忠躬は「歴史学が常に史料（テクスト）を媒介して営まれており、史料の大半が言語で記述されることを思えば、われわれが常にテクスト絡み、言語絡みの中にいることは確かであり、この点を確認させてくれたのは「転回」論の大きな功績である」としている。[*325]

この「テクストの外部というものは存在しない」は、確かにジャック・デリダの『グラマトロジーについて　下』に記述されている。

「しかしながら、たとえ読解がテクストの重視に甘んじるべきではないとしても、読解はテクストに背いてそれ以外のものに、つまり一つの〈指示物〉（形而上学的、歴史的、心理＝伝記的、等々の現実）に向い、あるいはテクスト外の〈意味されるもの〉——この内実は言語の外に、つまりふつう言われる意味での文章《エクリ》表現《チュール》一般の外の場にもち得るだろうし、もち得たであろうものなのだが——に、向うのは正当ではない。それゆえ、われわれがここで一つの範例について敢えて行なう方法論的諸考察は、先に詳察した、〈指示物〉の不在や超越［論］的な〈意味されるもの〉の不在についての一般的諸命題に緊密に依存している。テクストの外なるものは存在しない。そして、それはまずジャン＝ジャックの生活が、またママン自身、テレーズ自身の生活がわれわれの興味を惹かないからではなく、また彼らのいわゆる「現実的な」生活に近づけるのはただテクストにおいてだけだからという訳でもないし、また別な風に行なういかなる手段も、この限界を無視するいかなる権利も、われわれにはないからという訳でもない[*326]」。

ニコラス・ロイルはその著書『ジャック・デリダ』の中で、この「テクストの外には何もない」について触れてから、一九九四年のマウリツィオ・フェラリスのインタヴューへのデリダの答えを、このように書いている。

「私が脱構築と呼ぶことを提案したアプローチにおける第一歩とは、私にとって、言語学のロゴス中心主義の権威を疑問に付すというものであった。そしてこのことは、その当然の結果として、「言語論的転回」に対する抗議となったのである。それは構造主義の名のもとにすでに猖獗《しょうけつ》を極めていたのであった。……脱構築が「言語論的転回」のうちに書き込まれるのは、それが実際には言語学に対する抗議であったというそのときなのである」。

脱構築とは「言語学のロゴス中心主義の権威を疑問に付すというものであった」。それ故に、それは「当然の結果として、「言語論的転回」に対する抗議となった」のである。ニコラス・ロイルによれば、マウリツィオ・フェラリスとの会話の中で、デリダはこうも語っている。

「言語とレトリックに関する問いに対して私は大いに関心を持っているし、それらの問いは、多大なる考慮に値するとも考えている。しかし、最終的な採決の権威が、レトリック的でも言語学的でもなく、ましてや言説的でもないような、そのような地点が存在するのだ。痕跡ないしテクストの概念が導入されるのは言語論的転回の限界をしるし付けるためなのである。これが……私が言語よりも「標記」について語るのを好む理由である。第一義的には、標記は人間学的ではない。それは前言語学的である、それは言語の可能性なのである。そして、他のものとの関係、あるいは、ある他者との関係が存在するところにはいたるところにそれはある。そのような関係として、標記は言語をまったく必要としていない」[*327]。

斎藤慶典はその著書『デリダ』の中で、この言語という記号、つまりテクストをめぐる諸問題について、このように語っている。

「言語の根本にこの差異という事態があるのを見て取ったのは構造主義言語学の祖と言われるフェル

ディナン・ド・ソシュール（一八五七－一九一三）だが、もしこの世界の本義が「現象すること」にあるのなら、この事態は何も言語ばかりでなく、私たちの世界そのものの根本に横たわっていることになるだろう。世界は記号の網の目で覆われることではじめて、世界なのだ。いささか先走って言えば、この事態をあなたは〈世界とは記号の網の目で隅々まで編み上げられたテクスト以外ではない〉という意味で「すべてはテクストである」とか、「テクストには外部といったものはない」と述べたはずだ」。[*328]

斎藤慶典によれば、「テクストには外部といったものはない」という言い方は、要するに「すべてはテクストである」という話になる。

さらに大戸千之の『歴史と事実』は、この「言語そのものの可能性と限界」を論じている。

「議論の核心の一つは、言語そのものの可能性と限界をめぐる問題である〔……〕二〇世紀のはじめのスイスの言語学者F・de・ソシュールが基礎をおいた記号論によると、言語は記号にすぎず、それによって何かを言いあらわそうとしても、対象を過不足なく的確にとらえ、ありのままに伝えることができると、はじめから約束されているわけではない。あること（あるいは、もの）を説明するのに、まさにぴったりの言葉がかならず存在しているわけではないのである。また対象は、はじめから実質をあきらかにして、まちがいなく正確に捉えることができるように存在しているわけではない。言語によって説明されることではじめて、多少とも形や内容が伝わることになり、認識ができるようになるのである。そのように考えてくると、言語によって物事を伝えようとすることには、二重の制約が課せられていることになる。言語はきわめて不完全な道具なのであって、ありのままの現実を映し出す鏡とはなりえない。われわれは、よりよい方法がないために、言語によって伝えようとするのだが、事実をそのまま正確に伝えるのは不可能と見るべきである」。

「言語はきわめて不完全な道具」であり、「ありのままの現実を映し出す鏡とはなりえない」と、大戸千之は言語の限界を語っている。しかしそうなると、言語を媒介とする歴史記述も、やはり大きな限界を抱えていることになる。『歴史と事実』の中では、これらについては、こう説明されている。

「してみると、歴史を語るということは、過去の事実についての語り手の解釈を語るということでしかなく、これしかないという客観的な歴史叙述は存在しえない、といわなければならない。近代歴史学がその理想としてきた「客観的歴史叙述」なるものは幻想にすぎないのだ。批評者たちはそのように主張する」。

つまり、旧来の歴史学への批評者であるポストモダニストの「彼らによれば、「ありのままの事実を伝える客観的歴史学」なるものは幻想である。「歴史」とは、実際には「言説」にほかならず、それは要するに、歴史家が過去についての見かたを構築し、それぞれに語った物語にすぎないのであって、過去をそのまま復元したものではない。語られたもの、という意味において、歴史はフィクションと同じ、といってよい。歴史について普遍的事実を述べることは不可能とされねばならず、認識論的には懐疑主義、価値評価については相対主義の立場をとるほかない*329」。

クリスチアン・ジュオーは『歴史とエクリチュール　過去と記述』の中で、「歴史」と「物語」との関係について、こう書いている。

「それでは「質」を問題とせず、言語現象ならすべてを「文学」として扱うことができるだろうか。そもそも歴史記述も書かれたものである。それなら歴史記述も、歴史を対象とした文学ではないか。[……]われわれは歴史記述を通して歴史の知識を得る。教科書、専門書、事典等、必ず何かしら書かれたものを典拠とする。歴史記述は或る像を提供するが、それ自体も記述であるという事実からは免れられない。歴史上の出来事に関しては、われわれは直接眼の「証人」となることはできない。それゆえ、歴史家は資料を用いながら、信と伝統を公準として、歴史を記述する。だが第一に、すべては歴史記述は歴史を語るわけではない。少なくとも実体的で、議論の余地のない歴史は存在しない。すべては歴史記述の産物であり、歴史記述とは、歴史を記述する者が位置する時代と社会の産物である。第二に、いかに確実と思われる証言も、結局のところ歴史記述に他ならない。出来事を直接眼にする証人の証言とその質を疑おうというのではない。そうではなく、出来事は証人によって表象され、記述される。生《なま》の歴史ないし出来事は存在しない。第一点に関しては、歴史記述を権威、伝統、知識人の占有から解き放つ。第二の点は、伝統を強要する「質」の基準と価値観を相対化するのに役立つ。歴史、文学作品の質と感動は、一義的な価値観から強制されるものではなく、読者の判断に委ねられる。もちろん解釈の自由から、歴史の表象と記述のアナーキズムは結論されない。依然、歴史記述の蓋然性の問題は残る。或る歴史記述に対する信、あるいは信憑性は、資料の量と扱いから導き出されるからだ。ここで確認したいのは、すべての資料が歴史記述であり、すべての歴史記述がエクリチュールとして、歴史の証言であること、これである[*330]」。

また土田知則はその著書『ポール・ド・マン』の中の「歴史（学）という陥穽」の章で、フランス語の"histoire"から、歴史と物語について読み解いている。

「現在使用されている英語の"history"という語からはほぼ完全に消えてしまっているが、フランス語の"histoire"には「歴史」と同時に「物語」という意味がそなわっている。旧来的な歴史学の立場からすれば、「歴史」と「物語」はむしろ相容れないもの、さらに言えば、まったく対極にあるものとみなされるだろう。歴史学とは現存する資料の実証的な検証の果てに過去の「真実」を解き明かすことを目的とするものであり、あくまでも現実的な事実を相手にするものとされているからである。一方、物語とは完全に虚構の領域に属するものであり、そこでは現実にはありえないさまざまな事柄が出来する。［……］しかし、“histoire”という同一の語のうちに「歴史」と「物語」という二つの通訳不可能な意味が共存していること——アレゴリカルな状況と表現してよいかもしれない——には、やはり看過しえない重要な認識が提示されていると思われる。はたして「歴史」と「物語」は厳密な二項対立図式の中で語られうるものなのだろうか。フランス語の“histoire”に見られる「歴史」と「物語」の同時的な共存可能性は、そうした二項対立的な発想がまったく効をなさないことを示唆している。「歴史」は「真実」を志向すると同時に「虚構」を呼び寄せる。つまりはアレゴリカルな機制と呼ぶべきものに永遠にとらわれているのである[*331]」。

けれども「「客観的歴史叙述」なるものは幻想にすぎない」となると、「大文字の歴史」は無効となって、残されるのは、出来事を解釈する人間の数だけ存在する「小さな歴史」の山だけになってしまう。また、「フランス語の“histoire”には「歴史」と同時に「物語」という意味がそなわっている」から、「歴史」は「物語」と同様の「虚構」であるというのはいささか極論ではないだろうか？

いずれにせよ、これらの批判は、本当の話なのだろうか？　それで、本当に構わないのだろうか？　しかしそれでは私達は、体系的な思考や通史を放棄して、その代わりに断片的で個人的な調査記録を、ただ好き勝手に繋ぎ合わせただけの過去しか持てないことになる。

「客観的歴史叙述」は幻想である——まさかそのような乱暴な意見が、〝現実〟のレベルで通るとはとても想定し得ないが、それでも、「小さな歴史」を強く唱えるのが、どうやらポストモダニストの歴史家の考え方のようなのである。

ジャック・ル＝ゴフは『歴史と記憶』の中で、ポスト・モダニズムの歴史家のポール・ヴェーヌの見解に触れている。

「ポール・ヴェーヌが言うように「歴史とはあるときには一連の出来事であり、あるときにはこの一連の出来事の叙述である」けれども、歴史はまさに《物語》という第三の意味を持つこともある。歴史は物語であり、依拠するものが「歴史的現実」であるか、純然たる想像であるかによって、それは「歴史」叙述にも、また作り話にもなりうる」。

また、ル＝ゴフは、ポール・ヴェーヌが「歴史性は歴史の理想化、大文字の歴史の存在を排除する」として、「すべてが歴史なのであり、大文字の歴史は存在しない」と言っている、と書いている。

ル＝ゴフによると、ポール・リクールは「歴史は、潜在的には事件であり、潜在的には構造であるという意味において、本質的に曖昧である」と語っているという。

「歴史が歴史であるのは、もっぱらそれが絶対的な言説や絶対的な単独性にまで行き着かない限りにおいてであり、その意味が混沌としている限りにおいてである。……歴史は、潜在的には事件であり、潜在的には構造であるという意味において、本質的に曖昧である。歴史はたしかに不確実なものの王国である。この発見は無意味ではない。何故なら、それは歴史家を正当化するからだ。それはあらゆる困難に対して彼を正当化する。歴史の方法は不確実な方法でしかありえない。……歴史は客観的であろうとするが、そうなることはできない。歴史は過去を復活させようとするが、それを再構築することはできない。歴史は諸々の事物を現代に戻そうとするが、同時にまた、距離と深さを復元することでそれから遠ざからざるをえない。要するに、これらの考察は歴史家というアポリア（難問）のすべて、すなわちかつてマルク・ブロックが歴史と歴史家の職業のための弁護において指摘したアポリアを正当化しようとする。これらの諸困難は方法的な過ちに由来するものではなく、正当な根拠を持つ曖昧さなのである」。

ポール・ヴェーヌはその著書『歴史をどう書くか』の中で、「大文字の歴史」に相当に批判的である。なぜなら彼は歴史について、こう定義しているからである。

「なにもかも歴史的である。ゆえに大文字の〈歴史〉など存在しない」*332。

またキース・ジェンキンズは、その著書『歴史を考えなおす』の中で、次のように言っている。

「私が思うには、過去に歴史というかたちを与えること《ヒストリサイゼーション》は、ある種の、基本的には十九世紀の西ヨーロッパと北アメリカの意識の特殊かつ独特な時間的・空間的産物ですが、それは「過去についての考え方」のひとつのあり方でしかありえません。それは、イデオロギー的には理解することができるけれども、つねに時代の変遷にともなう損壊を免れえない「今より以前」という根底的な他者性を飼いならし、親しみやすいものにするひとつの方法でしかありません。物事は到来し、そして過ぎ去っています。私が読んでいる歴史は、おおきな物語《メタナラティヴ》という形式（たとえばある種のヘーゲル主義の影響を受けたマルクス主義、いわばある種の内在論《イマネント》的な精神が生み出したもの）、学問的、専門的な形式、というふたつのかたちをとっていますが、それらはこの地球の表面に何かしら特定のものを構築していく興味深い実験です。それ自体のなかに歴史があるわけではないもの、すなわち過去に、「今より以前」に、歴史というかたちを与えるという興味深い実験です。そしてそれゆえ、私はこうした「近代の実験」の重要な部分であった歴史を考えなおすことに楽観的な気持ちを抱いています。そしてまた別の観点をとおして、すなわち未来志向的で解放的なものとなりうるような別の言説《ディスカーシヴ》の行ない《プラクティス》をとおして、なおほとんど想像されることのないポストモダン（そしてポストモダニズム的諸言説）という形態の考え方をとおして、先見的な考えを試みることにも楽観的です」*333。

ジェンキンスは、「私が思うには、過去に歴史《ヒストリサイゼーション》というかたちを与えることは、ある種の、基本的には十九世紀の西ヨーロッパと北アメリカの意識の特殊かつ独特な時間的・空間的産物ですが、それは「過去についての考え方」のひとつのあり方でしかありえません」という。けれども、本当に、ジェンキンスの言う通りなのだろうか？　歴史学は、そう簡単に別の形式に塗り替えられるのか？　私には、まるでそうは思えない。

たとえばユルゲン・コッカは『歴史と啓蒙』に所収の「物語への回帰？」の中で、歴史学におけるポスト・モダンを、このように批判している。

「歴史学においても、ポスト・モダンがおしゃれだと思われている。内容的にはそのことは、たとえば伝統的な生活世界に対する共感をこめた再評価、一八世紀および一七世紀の「庶民文化」や啓蒙と改革とに対する庶民の抵抗やに対するしばしば無批判な高い評価、一八世紀末以来の近代化や「近代の企画」やに対する深い懐疑に示されている。方法的には、理論に対する懐疑、計量化に対する軽蔑、概念的な鋭さの断念、優雅で分かりやすい物語を求める声が、新しい気分の表現である。それはすなわち伝統的な手法とポスト・モダンなイデオロギーとによる前近代の再評価なのであって、あまり多くを期待できない試みなのである*334」。

また小田部胤久は『芸術の逆説』の中で、アーサー・ダントーの「芸術の終焉」についての論考を引用している。小田部はダントーの考え方に異論があるのだが、ここではひとまず、ダントーの言い分だけに注目する。

「……多元主義（pluralism）の時代が到来している。あなたが何をしようともそれは問題ではない」[*335]。

「あなたが何をしようともそれは問題ではない」。この言葉には、怖ろしいまでに底の見えない地獄のような沼地が、あなたに足元に潜んでいるのを示唆している。これが、「ポスト歴史」である。小さな歴史とは、このことである。つまりは、ポール・ヴェーヌの言う「なにもかも歴史的である。ゆえに大文字の〈歴史〉など存在しない」となれば、こういうことになるのである。全ての結び目ははずれ、バラバラな破片だけが散らばる世界になる。

いったんポストモダニズムなるものを受容したら、いくら詭弁を弄して弁明しても、突き詰めれば、そういうことになる。客観性も規範も根拠も何もかも消えて、何でもありになる。この「あなたが何をしようともそれは問題ではない」とは、裏を返せば、もはや誰一人として「あなたになど、何の関心もない」ということである。

ノーマン・J・ウィルソンは『歴史学の未来へ』の中で、私が信じる意味での「歴史」の正しい回答を出してくれている。つまり、ポール・ヴェーヌのようなポストモダニストの歴史家の意見を、ノーマン・J・ウィルソンは正当なまでに鋭く批判している。

「ガダマーのラディカルな主観主義と懐疑主義によって、テクストや出来事をその歴史的文脈のなかで理解しようとする歴史家の野心のナイーヴさが明らかにされたように、ポストモダニストは歴史の文学的側面がバイアスを含むということを、われわれに気づかせてくれる。したがってポストモダニストが示したのは、歴史記述が主観主義的なバイアスの影響を受けるばかりでなく、叙述の修辞的で文学的な側面の影響も受けるということである（たとえば本や章をどう始めてどう終わらせるか、といったようなこと）。しかし、ポストモダニズムが歴史記述をさらに相対化するならば、すべての視点が等しく有効であるということになるのだろうか。何もかもが自由となったときに、道徳的あるいは政治的に非難されるべきものと考えられる視点を、どのように論破すべきなのか。だが、ポストモダニストはどのようなアルキメデスの支点も、したがって変化をつくりだす現実的な梃子もいっさい提供していないのだ。［……］アルキメデスの支点が存在しないために、ホロコーストをどのように解釈するかというような道徳的な問題に歴史家が取り組むさいに諸問題が発生する」。

ノーマン・J・ウィルソンは、ポストモダニズムの主観主義では、ホロコーストの問題に対処できない、と言う。また同じ本の後半で、もう一度、ポストモダニズムが客観的な叙述を幻想とし、主観的記述しかないとして、それでもなお、たとえば歴史修正主義者に対して、ポストモダニストは正しく対抗することができるのかと、強く問いかけている。

「たいていの歴史家たちは、「歴史をきちんとした形にしようと」試みるか、フィクションではなくノンフィクションのように見える歴史を書こうと試みている。だがポストモダニストたちは「きちんとした形にすること」を嘲り、歴史家たちは実際には過去を構築するために文学的技術を用いていることや、歴史のこの文学的側面にはバイアスが含まれていることを示した。そして、ポストモダニズムはさらに、歴史的記述が、歴史家の政治的バイアスだけでなく、記述の修辞的・文学的側面に内在するバイアスに従属するということをも明らかにしたのである。［……］一部の歴史家たちは、歴史の記述における詩的革新をゆっくりと許容しはじめており、推奨しさえしている。たしかに、もし攻撃されている大きな物語が抑圧的であったならば、ポストモダン全体の運動は非常に解放的でありうるだろう。しかし、ポストモダニズムが認める乱闘騒ぎが、望まれた結果に帰結すると考えられるだろうか。もしあらゆる観点というものが平等に妥当であるのならば、道徳的にせよ政治的にせよ非難すべきだと考えられる観点があっても、それをどう判断できるのだろうか。一部の「歴史」を他のものから区別するようなアルキメデスの支点は存在しないのだろうか。もしないのだとしたら、あれこれの行為の存在を否定したがる非歴史的な修正主義者たちにどのように対処するのだろうか。

「修正主義者たちにどのように対処するのだろうか」――ノーマン・J・ウィルソンは、ここで正しいことを書いている。まさに、その通りなのである。ポストモダニストの言うように「客観的な歴史」が幻想であり、それが現実に起きたことを言語では正しく表し得ないのなら、歴史修正主義者の嘘を、どうやって、嘘だと「根拠」づけるつもりなのだろうか？　ノーマン・J・ウィルソンが言う「アルキメデスの支点」とは、この「根拠」のことである。ポール・ヴェーヌに悪意がないとしても、「なにもかも歴史的である。ゆえに大文字の〈歴史〉など存在しない」という言説が出た頃、実際に歴史修正主義が跋扈しているのである。これは決して偶然ではない。

ロバート・イーグルストンは『ポストモダニズムとホロコーストの否定』の中で、彼自身はポストモダニズムとホロコーストの否定は無関係であるという陣営に立っている。そしてその上で、「私は、こうした非難の大部分は不当なものであると主張したい」としながら、アメリカのデボラ・リプシュタットの、この言葉を引用している。

「こうしたたぐいの思想が作り出す「風潮」は、その思想が攻撃しているある特定の真実に劣らず重要である……それは、最悪の場合にはディコンストラクション主義にもとづく歴史を助長する風潮でもある。歴史上のどんな事実も、出来事も、局面も、確固たる意味や内容を何ら持たない。どんな真実でもかたちを変えて語ることができてしまう。どんな事実でも作り直されうる。本源的な歴史的事実など存在しない、と……ホロコースト否定論は、この現象の一部である」。

ロバート・イーグルストンは同じ『ポストモダニズムとホロコーストの否定』で、「ホロコースト否定論と戦う多くの人々、そして一般的には多くの歴史家が、ポストモダニズム、ディコンストラクション、あるいは「文化相対主義」を同列に扱ってしまい、それらに脅威を感じている。それどころか、こうしたたぐいの思想がホロコースト否定論を生み出すのだと言い出す者までいる」[*336]としている。イーグルストンは、これに否定的であるが、私からすると、「まさに、その通りなのだ」ということになる。

一方、ロバート・イーグルストンは『ホロコーストとポストモダン』において、リチャード・エヴァンズがその著書『歴史学の擁護——ポストモダニズムとの対話』の中で、ポストモダニズムが抬頭したために、ホロコースト否定論者が跋扈したのだと主張する箇所を引用している。イーグルストンの指摘した箇所は、確かにエヴァンズの『歴史学の擁護』に、こう書いてある。

「一九七〇年代半ばから、ホロコースト否定論者は、活動の範囲を広げ、いっそう過激になっていった。それはとりわけポストモダニズムの知的風潮を反映している。ことにアメリカ学者では、そうであった。学者たちは、ますます、テクストが固定された意味をもつことを否定するようになり、それに代わって、意味は読者によって与えられると論じ、西欧合理主義の伝統を攻撃することが一世を風靡したのである」[*337]。

イーグルストンは同じ『ホロコーストとポストモダン』でも、やはり、こうしたポストモダニストへの批判は不当なものだとしながら、こうも付け加えている。

「あるいはマイケル・シャーマーとアレックス・グロブマンが論じるには、ポストモダニズムは「擬似歴史学とホロコースト否定論の温床」であるという」[*338]。

またロバート・イーグルストンは『ポストモダニズムとホロコーストの否定』で、デボラ・リプシュタットが、ホロコースト否定論の危険性をポストモダニズムに強く嗅ぎ取ったのは、ジャン゠フランソワ・リオタールの『ポストモダンの条件』が一つの引き金になってしまっている、として嘆いている。

「私の主張は、フランスの哲学者ジャン゠フランソワ・リオタールの仕事から大きな影響を受けている。リオタールはポストモダニズムにとって重要人物であり、彼の考えをこのジャンルの本の中でつぶさに要約することなど、とてもできることではない。彼は、その著書『ポストモダンの条件』において、私たちを「ポストモダン」にするのは私たちが「メタナラティヴに不信感を抱く」という事実であると示唆した〔……〕リオタールにとって、メタナラティヴとは、私たちが世界の中で適応するのを助け、私たちに指示を与え、私たちのまわりにある他のすべての物語を説明してくれる大きな物語だった。マルクス主義はメタナラティヴの一例である。マルクス主義者の考えでは、「階級闘争」の原動力とマルクスの唯物論があらゆる出来事および人間活動を説明してくれる。もうひとつのメタナラティヴを挙げれば、「ホイッグ党」の自由主義あるいは進歩、つまり、人類は一瞬一瞬よくなっており、いつか完璧になるという考えがそれであろう。しかし、二〇世紀最後の三〇年間に生じた変化をすべて経験した今、私たちはもはやこうした物語をどれも信用できないと、彼は言う。私たちはもはやそれらを信じないし、何かひとつの理論ですべてを説明できるとは思わない。これこそが、ホロコースト否定論を促進するとリプシュタットが考えた

「風潮」である」。

さらにイーグルストンは、同じ本の中で、こう続けている。

「リオタールは、リプシュタット同様、この種の「風潮」が倫理的および歴史的論議に問題を引き起こすことにきちんと気づいていた。しかし、彼は、それをざっと片づけてしまったりはせず、哲学者としてホロコーストについて深く考えた結果、『文の抗争』を執筆した。その本はホロコースト否定論の説明から始まり、ポストモダンの条件がいかに否定論を退けたかを示すことを目指している」。

もともとイーグルストンの本は、デボラ・リプシュタットがその著書『ホロコーストを否定する――真実と記憶に対する高まりゆく非難』の中で、歴史家のデイヴィッド・アーヴィングを「ホロコースト否定論者」だとしたことで、「[彼の] 歴史家としての正当性を汚損し」てしまい、彼のことを事実を歪め、文書を改竄したナチスの擁護者だと非難して、信用を台無しにしてしまったと主張した」ために、アーヴィングがリプシュタットを「名誉棄損」で告訴した裁判を一つの手がかりにしている。

このイーグルストンはポストモダニストの擁護者であり、「ポストモダニストは、主としてこのために、「純粋な」、「中立的な」、あるいは「客観的な」歴史学などありえないと主張する」側の典型的な人物である。そのためにイーグルストンは、むろんアーヴィングを決定的に否定し、その一方で、リプシュタットの考えるような「客観的歴史」などもないとする。

「アーヴィングは、自分と過去との関係のせいで非難されたのではない。これは、判事が明確にしているように、法廷の任務を越えている。そうではなく、彼が書いたものの多くが歴史ではないからこそ非難されたのである」。

イーグルストンは、この上で、次のように続けている。

「この結論は、リプシュタットの本についても、興味深い問題点を提起する。彼女が否定論者に反対する論拠は、彼らが客観的ではないこと、そして、彼らが反ユダヤ主義者だということである。しかし、すでに示したように、歴史的「客観性」は神話である、言いかえれば、歴史の著作は方法論に左右され、方法論のほうは歴史家の世界観しだいなのだ。ユダヤ人を差別する世界観は、明らかに、反ユダヤ主義を生み出すだろう。したがって、リプシュタットの主張は、否定論は反ユダヤ主義にすぎないということを示しているのであり、それは彼女が最初から断言していたことである。リプシュタットは、彼女自身の論理に従えば、決して自分の意見を通すために「客観的」歴史という欠点のある考え方を必要としていたのではなかったのである。ホロコーストの否定論は歴史ではないのだ」。

ロバート・イーグルストンは、ここで、反ユダヤ主義者のアーヴィングの主張は「歴史ではない」と決めつけている。確かに、アーヴィングの主張は反社会的である。だが、何が歴史か、歴史ではないか、という根拠を抹消したのは、ポストモダニストではないのか？　「根拠」を抹消しておきながら、ではイーグルストンは、これは歴史だが、あれは歴史ではないと、今度はいったい何を「根拠」にして、そう言っているのだろうか？　これは明らかに話が、おかしい。これではまるでイーグルストンが、何が歴史で何が歴史ではないかを決める「根拠」になったかのようである。

しかしイーグルストンは、同じ本で「何が歴史であり何が歴史でないのか、何が信頼に値し、何が避けるべきなのかを決定する厳重な規則は存在するのだろうか？」と自らで問いかけて、クリストファー・ブラウニングによる、次の発言を引用している。

「基礎となる議論の余地のない事実がここにある、見え透いていて政治的な動機を持った歪曲がここから始まるのだ、と言えるような……科学の、もしくは実証主義の方法論なるものが、何かあるのだろうか?……典型的な事例は明白であるように思われる。しかし、境界線上の事例を決定する明快な方法があるかどうかとなると、私にはわからない……「根拠のない」あるいは偽りである歴史との境界線を引くという問題は、落ちつかないことに、未解決のままなのだ」。

「「根拠のない」あるいは偽りである歴史との境界線を引くという問題は、落ちつかないことに、未解決のままなのだ」と言う事態に歴史を陥落させたのは、イーグルストンのように「歴史的「客観性」は神話である」などと言っているポストモダニストである。イーグルストン自身も、クリストファー・ブラウニングを引用した後で、こう書いている。

「何が歴史であって、何が歴史ではないかを決定する絶対確実な方法はまた存在していないし、ひょっとすると存在しないのかもしれない。しかし、「歴史は客観的であるべきだ」と、これが何を意味しているかを探求しもせずに単純に断言する(そして、歴史家と同じように、それが不可能だと発見する)、あるいは、歴史が機能する過程を理解せずに歴史が「機能する」のを当てにするというのは、悪しき方針である。否定論者もまた「客観的」であると主張しているのだ」。

話は全く、この逆である。ホロコースト否定論者は、自分たちは客観的だと主張しているだけで、実際にはポストモダニストと同じ主観主義者なのである。

むろん、私もアーヴィングのようなホロコースト否定論者の主張は否定する。しかし、イーグルストンのように、何の「根拠」もないのに、アーヴィングの発言は歴史ではなく、よって彼は歴史家などではない、という極論までは、言わないだけである。私の場合は、ただ、イーグルストンが神話だとする「歴史的「客観性」」に照らし合わせて、ホロコースト否定論者を否定するだけだからである。

そもそも、ホロコーストがあったから、ポストモダニズムが生まれたのである。ホロコーストが、西洋の普遍主義の「大きな物語」の正当性に対して、疑念と不信感を持ち始めたのである。その「大きな物語」への疑念と不信こそが、ポストモダニズムなのである。

つまり、ポストモダニズムとはホロコーストの産物であり、すると演繹的に言って、一九八〇年代に跋扈したホロコースト否定論者もまた、結局は、ホロコーストの産物だということになる。当たり前の話であるが、ホロコースト以前にホロコースト否定論者は、存在しようがないからである。つまり、ホロコースト否定論者とは、いくら客観性を主張しても、実は、筋金入りの主観主義者であり、彼らをポストモダニストの一員とまでは言わないが、それに無関係ではないのである。

念の為に繰り返し言うが、私は、ポストモダニストがホロコースト否定論者とは、一言も言っていない。ポストモダニズムの概念が、結果的にホロコースト否定論者を生み出している、と言っているだけである。

イーグルストンとアーヴィングとは、全く立ち位置が逆である。だが、「全てが相対化している」とするポストモダニズムのポリシーの中から、この二人が登場しているのは、事実なのである。何度も言うようであるが、ポストモダニストが「全てが相対化している」と言うから、ホロコースト否定論までが歪んだ歴史認識を持参して、表舞台に出てくる羽目になっている。

ソール・フリードランダーは『アウシュヴィッツと表象の限界』の中の「序論」で、マーティン・ジェイがヘイドン・ホワイトを批判している部分に、触れている。

「本書で表明されているヘイドン・ホワイトの立場は、妥協を模索したもの、かれの相対主義のもっとも極端な帰結ないしは含意からの脱出の道をさぐろうとしたもののようにみえる。マーティン・ジェイの言葉を借りるならば、「ホロコーストの存在についての修正主義的懐疑家たちに弾薬を提供することになりかねない相対主義的な〈なんでもあり〉の主張者の部類にふくめられるのを避けたいとねがうあまり、かれの有名な素朴歴史現実主義批判においてもっとも威力を発揮していた部分を切り落としてしまっているのだ[*339]」。

このマーティン・ジェイの言う〈なんでもあり〉こそが、ポストモダニズムが開いたパンドラの箱から出てきたものなのである。そのパンドラの箱に、修正主義者がいたのだ。

マーティン・ジェイは『暴力の屈折　記憶と視覚の力学』の中では、ポストモダンとホロコースト否定論の関係について、オランダの歴史学者のフランク・アンカースミットを引き合いに出しながら、しかしそれに皮肉を込めて言及している。

「ポストモダン流に過去を大々的にフィクション化してしまうことに加担している――つまりホロコーストそのものを否定するという暴挙を結局許してしまうことに加担している――という非難をかわすために、アンカースミットは、現在に生きる歴史家の恣意的な身勝手を阻止するための、独創的で示唆に富む歴史的経験の概念を導入する[*340]」。

繰り返すが、ポストモダニズムとはホロコーストの産物である。なぜ、そうまで、はっきりと言い切れるのか？　その確たる「根拠」がある。それは、ジャン゠フランソワ・リオタールの著書『こどもたちに語るポストモダン』である。この本は、ロバート・イーグルストンがいったい何を勘違いしているのか、そのことを実にうまくまとめているのである。リオタールは、同じ本で、まず、「近代」を定義づけるところから、議論をはじめている。

「この「理念」（自由の、〈啓蒙〉の、社会主義の、などなど）は、それが普遍的であることによって、ひとつの正当化的価値を担っている。その「理念」はあらゆる人間的現実を、方向づけている。それは近代に対して、その特徴的なモードを与えている。つまり、「計画」、まだ達成されていないままにとどまっているそれがふたたび取り上げられ更新されなければならないとハーバーマスが言う、あの計画のことだ」。

そしてそれに対して、リオタール自身は、また別の見解を持っている。近代はハーバーマスの言うような未完でなく、破壊されて、清算されたのだ、と。

「ぼくの論点は、近代の計画（普遍性の実現という計画）は、見捨てられ忘れられたのではなく、破壊され、〈清算され〉たのだ、というものだ。いくつかの破壊のモード、そしてそのシンボルとなるいくつかの名が、存在する。〈アウシュヴィッツ〉は、近代の悲劇的な〈未完成〉の、範例的な名として受けとめることができる」。

その上で、リオタールにとってのポストモダニティとは、本当のところは何なのか、なぜ、彼は「大きな物語」に不信感を抱いたのか、それは、単なる普遍主義への批判だけだったのか、その「本音」のところを、より具体的に、こう書いている。

「一七九二年以降の近代史においては、何が正当性の源泉となるだろうか？ 人は言う。民衆だ、と。しかし民衆とはひとつの「理念」でしかなく、人は民衆という良い「理念」と確定し普及させるために、論争し、殴りあう。そこから、一九世紀・二〇世紀における市民戦争の拡大と、近代においては国家間の戦争さえもがつねにひとつの市民戦争なのだという事実が生じる。私、民衆の政府は、「おまえの」政府の正当性に異議を申し立てる。〈アウシュヴィッツ〉において、近代的君主は物理的に破壊された。つまり、一個の民衆全体が。それを破壊しつくしてしまうことが、試みられたのだ。それこそポストモダニティの開幕を告げる犯罪、もはや王殺しではなく民衆殺し《ポピュリシド》（民族殺し《エトウノシド》とは区別される）という、大逆罪だ。［……］正当化をめぐる大きな物語は、こうした状況のもとで、一体いかにして信じられるものでありつづけるだろうか？」

リオタールが『ポスト・モダンの条件』を書き、「大きな物語」への不信感を表明して、普遍主義を信じられなくなったのは、アウシュヴィッツの出来事が大きな契機としてあった。大きな物語、つまり人間の「倫理」が大きく崩れ去ったのが、アシュヴィッツだった。客観性は、もう信用できない。残されたのは「小さな物語」でしかない。そのように、彼は、考えたのである。

「もはやどんな物語も信じられない、と言っているのではない。「メタ物語」あるいは「大きな物語」によって、ぼくは正確に、正当化という機能を担う語り《ナラシオン》のことを意味している。それら「大きな物語」の衰退は、小さなものもさほど小さくないものも、無数の物語《イストワール》＝歴史が、日常生活の織物をおり上げつづけてゆくことを、さまたげはしない」[*341]。

その意味で言えば『ポストモダンの条件』がホロコースト否定論と誤解されたのは、皮肉な話である。むしろリオタールは、ホロコーストのあまりの残忍さから、ポストモダンへと否応なく辿り着かざるを得なかったのである。

けれども、そうであるのならば（リオタールがホロコースト否定論ではないのは当然のことだとしても）、彼の「小さな物語」では、やはり危険である。

なぜならば、ノーマン・J・ウィルソンが正しく言うように、ポストモダニズムでは、「アルキメデスの支点が存在しないために、ホロコーストをどのように解釈するかというような道徳的な問題に歴史家が取り組むさいに諸問題が発生する」からである。またアルキメデスの支点がないとすると、「あれこれの行為の存在を否定したがる非歴史的な修正主義者たちにどのように対処するのだろうか」となるからである。

リオタールによるポストモダンへの傾斜の理由が〈アウシュヴィッツ〉の残忍さにあるのなら、主観主義に傾くのは、やはり危険である。ノーマン・J・ウィルソンが懸念するように、「しかし、ポストモダニズムが歴史記述をさらに相対化するならば、すべての視点が等しく有効であるということになるのだろうか。何もかもが自由となったときに、道徳的あるいは政治的に非難されるべきものと考えられる視点を、どのように論破すべきなのか」ということになりかねない。また、「もしあらゆる観点というものが平等に妥当であるのならば、道徳的にせよ政治的にせよ非難すべきだと考えられる観点があっても、それをどう判断できるのだろうか」ということにもなりかねない。

ロバート・イーグルストンが言うように、客観的歴史にたとえ欠陥があろうとも、社会で共有する「客観的歴史叙述」と言う担保が存在しなければ、ホロコースト否定論者のように主観主義で事実を捻じ曲げ、ホロコーストを否定する者を「否定する根拠」が、どこにもなくなるからである。

リチャード・エヴァンズもまた、先の『歴史学の擁護』の中で、歴史学における「客観的基準」の重要性をめぐり、このように正しく書いている。

「クリストファー・ノリスが警告したように、極端な相対主義は、極右の歴史家が「巨大な偽りの世論」を作り出せるように、扉を広く開け放してしまう。それは「証拠を偽ったり、捏造したり、決定的事項を隠蔽したり、ふつうならはるかに昔のことまで記憶している人々のなかに特定のことを忘れさせる健忘症を生み出したりすることによって作り出される」。ホワイトは、確かに、個々の事実のレベルでは歴史的真実の立証可能性を認めたから、アウシュヴィッツはなかったかのようにいいくるめようとした修正主義者の試みの妥当性を否定した。しかし、［……］完全な相対主義は、ファシストや人種差別主義者の歴史に関する見解が誤りであると反証する客観的な基準を与えることができない」。

その一方で、ポストモダニズム、あるいは言語論的転回に対して、歴史家たちがそれほど動揺してはいないということも、ある程度の確認がとれている。たとえばフランソワ・キュセはその著書『フレンチ・セオリー』の中で、次のように書いている。ちなみに「フレンチ・セオリー」とは、ジャック・デリダのようなフランス現代思想がアメリカに及ぼした影響のことである。

「すでにアナール派の影響によって二十年前から揺れ動いていた歴史学という学問領域は、フレンチ・セオリーの新しい影響力とは曖昧な関係を築くことになる。社会史と思想史の発展は、フランス人、とくにフーコーやド・セルトーへの参照を促進した。そしてドミニク・ラカプラがまとめるように、「テクストとコンテクストとの関わりという問題から、思想史を再考しようとすると、どうしても言語の問題が発生してくる」。伝統ある思想史も、言語論的転回の影響を免れず、自らの研究方法と、思想史に現われる様々なテクストの地位に疑問を投げかけ、フレンチ・セオリーを鏡にして早くから再検討の対象となったことは、一九八〇年コーネル大学において、スティーヴン・カプランが「歴史と言語論的転回」という名で学会を開催したことでもわかる。より広い意味では六〇年代末以降、歴史学は認識論的危機によって多少とも建設的な自己批判を体験していた。保守的な歴史書は議論を拒否していたものの、他方では歴史学の研究を「開かれたもの」にすべきだと主張するヘイドン・ホワイトや、歴史の「客観性」に対して単刀直入に疑問を投げかけたピーター・ノヴィックなどの見解が注目された」。

「フレンチ・セオリー」の概要は、おおよそこのようなものである。そして問題となるのは、次の点である。フランソワ・キュセは、続けて、こう書いている。

「ただ、歴史学と文学的ポスト構造主義によるこのような対話の限界は、まさにテクストの地位と関係がある。文学理論家は、自分たちの研究領域において歴史を副次的なコンテクストにすぎないイデオロギー的に怪しいものとみなし、歴史学者たちは、テクストの曖昧性の検証、テクストに語られていない側面の研究、またはテクストが生じさせるかもしれない誤読の検証など用無しと考えた。歴史学者にとってもっぱら重要だったのは、信憑性に欠けると思われる文献の代わりに、信憑性のある文献を用いることであった。さらにこの二つの学問を同じ言語で検証することは、テクストから歴史的事象へと何かしらの連続性があることを想定することになる。ところがこのような連続性は、自明ではないこと（たとえば牢獄と小説が同じ次元で扱われたときなど）は周知のとおりである。そして歴史学者リン・ハントによると、このような連続性を想定することは、しばしば安易な因果関係を証明するだけで、文学における決定因子の「複雑性」と純粋な歴史的事件の「スキャンダル性」が持つ広がりを汲みとることができないのである」[*342]。

　ジェラール・ノワリエルは『歴史学の〈危機〉』の中で、ドミニク・ラカプラを引き合いに出しながら、「言語論的転回」を、それほど新しい概念だとは思えないと批判している。

「読者を説得するべく彼が提示する論証は、つまるところきわめて古典的なものでしかないが、それにここで立ち入る必要はあるまい。それは、1950および1960年代以来「アナール学派」がいわゆる「実証主義」歴史学に抗するべく展開してきた論調と同種のものである。「全て実在とは社会的なものである。したがって社会史学はありうる歴史全ての総和である」と主張するかわりに、「言語論的転回」の理論家は「全ての実在とはテクストに媒介されている。したがって全て歴史研究は言説に関する省察に従属する」と論じるのだ。ラカプラの評価によれば、歴史学は「対話的関係」原則にもとづいて全面的に「再構築」されなければならない。この原則はハイデッガーとデリダにつよく示唆されたものだが、これこそラカプラが一般の歴史家が利用している「資料的アプローチ」に対置しつつ擁護するものである[*343]」。

ジェラール・ノワリエルは、要するに、「言語論的転回」と「アナール学派」は、いったい、どこがどう、具体的に大きく違うものなのか、と言っているのである。

またピーター・バークは『歴史学と社会理論　第二版』の中で、「言語論的転回」への、アメリカの歴史家からの「実質的な反応がない」という事実を報告している。

「歴史家はこれらの展開にどのような反応をしたのだろうか。わたしたちが、脱構築やポスト構造主義、そしてそれに関連した展開を、正確な仕方で明確にしようとしても、それらの影響を受けた例は、比較的わずかしか残っていないのである。「脱構築」(「断片的に就くという意味の」)という言葉が次第に流行しつつあるとはいえ、実質的な仕事においてデリダの刺戟を受けていることを示しているのは、おもに北アメリカのわずかの歴史家に過ぎないのである」。

ピーター・バークは、アメリカの歴史家からの、「言語論的転回」への激しい拒絶反応についても書いている。

「これらのような二、三を例外として、歴史学の専門職はポストモダニズムについて、まだいくぶん胡散臭そうに思っている。ローレンス・ストーンが、「テキストのほかには、なにも無い」、あるいは、「リアルなものは、想像上のものと同じくらい、想像されたものである」と主張する連中から、歴史学に投げかけられた脅しに関して、有名な『過去と現在 Past and Present』誌に一通の手紙を書いたのは1991年のことだったが、そのときと同じように、いまもなお疑わしく思っているのである[*344]」。

一方、アルベルト・マングェルはその著書『奇想の美術館』の中で、「記念碑を作るということ ピーター・アイゼンマン」という章を設けている。これは、アイゼンマンがベルリンにつくった『ホロコースト記念碑』についての文である。この建物はブランデンブルク門をポツダム広場に向かって少しだけ南下した敷地に建っている。この敷地の近くには、かつてヒトラーの首相官邸やヒトラーが自殺した地下壕があった。

「一九九九年六月。ドイツ連邦議会はベルリンに建てるホロコースト記念碑の「美的」プロジェクトの一つを認可した。アメリカの建築家ピーター・アイゼンマンの作品、虐殺されたヨーロッパのユダヤ人のための記念碑である。一九九八年までは、アメリカの彫刻家リチャード・セラもこのプロジェクトに参加していたが、その年の六月半ば、彼は「個人的かつ職業上の理由から」身を引いた。そして、アイゼンマンだけが設計者として残った」。

アルベルト・マングェルは、アイゼンマンがデリダとも知己の間柄の哲学的な建築家だと紹介している。

「フランスの哲学者ジャック・デリダと共著で本も出しているアイゼンマンは、世間一般に通用している建築論の外から、文学や言語学、たとえばノーム・チョムスキーやニーチェなどの思想を借りて自分の建築理論を構築した。こうして、彼の設計はテキストと同等と見なされ、「語る建築(speaking architecture)」となった」。

では、「テキストと同等」というアイゼンマンのメモリアルは、具体的には、どのようなものなのか?「アイゼンマンの案は、敷地一面に四千の大きな石の板を立てて並べ——石の柱でできた広場のようになる——苦しみの重さと破壊のすさまじさをあらわすというものだった。のちに、実際的な理由から、石版の数は約二千五百に減らされた。そして、そのそばに充実した文書館と情報センターが建てられることになった」。

しかし、工事中にトラブルが発生するなどして、デザインは思うようにいかない。アルベルト・マングェルは、こう書いている。

「工事中に不手際が重なり、やがて建築評論家のアリ・グラーフランドが作品の出来栄えに関して、アイゼンマンの責任ではないと弁明する事態になった。彼はこう書いている。「アイゼンマンはこのプランをテキストとして計画したが、その［テキストの］意味は論じつくされることがないまま、間違いだらけの解釈」へと導かれた。どうやらグラーフランドは、記念碑としてのこの作品が失敗だとしても、その責任は私たち、つまり見る側にあり、その意味を正しく読み取れず、作者について誤解しているせいだといいたいらしい」。

確かに工事中にトラブルはあった。だが、計画段階からこのプロジェクトを注意深く観察していたが、この記念碑の出来上がりは、計画の模型の段階と、そう大きくは違っていない。アイゼンマンの当初の目的は表現されている。アイゼンマンは、どうやら、来訪者に柱と柱の隙間を縫い歩かせたいらしい。その隙間を歩き回りながら、来館者がホロコーストについて、それぞれで考えるというのが、彼の最初からの最大のコンセプトだったのである。つまり、ポストモダニズムの思想のように、人により解釈は異なるのだから、ホロコーストと言えども一つの客観的な解釈に収斂させない、というわけだ。

しかし、アルベルト・マングェルは、この「脱構築の建築？」について、かなり批判的に、こう書いている。

「あまりにも多義性に富んでいるがゆえに無限の解釈ができるなら、論じつくせないのも当然だ。あるいは、未完成のうえに失敗作だから論じつくせないのだろうか。いずれにせよ、この作品はどんな解釈も――独断であれ、誤解であれ――許されるのだ。見る者には理解できないテキストに添えられた注釈として捉えるか、またはアイゼンマンだけにわかるデリダ風の言葉に翻訳されたシンボルや寓話の一体系として捉えるか、アイゼンマンの差し出した解決は、普通の訪問客にとってほとんど何も語らないに等しいと私は思う」。

アルベルト・マングェルは「記念碑を作るということ　ピーター・アイゼンマン」で、自らの議論を、このように結論づけている。

「アイゼンマンの案は議論の重さを無視し、記念碑そのもの、建築物、「芸術作品」の威光を表現するだけで、この記念碑によって記憶に留めるべき忌まわしい出来事はどこかへ消えてしまっている[*345]」。

要するにホロコーストに関わる重要なメモリアルなどではなく、これもまた、ジャック・デリダの言う「テクスト」だとするのである。しかし、本当に「ホロコースト記念碑」が「テクスト」でいいのか？

事実、ポストモダニストの言い分なら、この記念碑も「テクスト」になってしまう。

リチャード・エヴァンズは、先に触れた『歴史学の擁護——ポストモダニズムとの対話』の中で、ジャック・デリダの脱構築の議論について、こう言っている。

「このようにソシュールは言語を記号によって構成された差異のシステムとみなし、このシステムのなかでは「意味するもの」は一定の論理にのっとって整合して互いに関連しあっていると考えた。それに対してジャック・デリダのようにその後に続いた理論家は、論をさらに推し進めて、言葉が発話されるたびに相互関係は変化していくと論じた。言語はそれゆえ「意味表示の無限の戯れ」のさまを帯びることとなった。それ自体で意味を決定する「超越的な意味されるもの」などはもはや存在しえない。すべては言葉の組み合わせにすぎず、すべてのものは「言説」ないし「テクスト」となっていった。言葉の外部に存在するものなど、何もない。われわれが世界を認識するのは言葉を通して以外にはありえないのであるから、すべてのものはテクストと化すのであった」。

ただしエヴァンズは、同じ本において、デリダの「すべてのものは「言説」ないし「テクスト」となっていった。言葉の外部に存在するものなど、何もない」という主張を指摘した後で、デリダのような言説を、こう鋭く批判する。

「アウシュヴィッツは言説ではない。それをテクストとみなすことは、大量虐殺を矮小化させてしまう。毒ガス室は修辞のひとつではない。アウシュヴィッツは本質的に悲劇であり、喜劇や茶番劇として見ることはできない。そして、このことがアウシュヴィッツに当てはまるのならば、他の過去の事件、出来事、制度、人々にもある程度までは同様に当てはまるにちがいない。では、このことがポストモダニズムにとって暗示するものは何であろうか」。

このように、ポストモダニストの言い分には、かなり不安定な部分がそれでも、ある視点からすれば、ポール・ヴェーヌが言っている「大文字の歴史はない」という意見は一つの正論なのである。だが、それと同時に、いくら、そのような正論を唱えても、「大文字の歴史」、「勝者の叙述」というものが、厳然として存在しているのも、また事実なのである。「現実政治（リアル・ポリティックス）」があるからだ。そして、それを変更することは、何度も言うようであるが、現実的レベルでは不可能である。

つまり、私が言いたいのは、このような問い掛けである――いくらポール・ヴェーヌのような正論を唱えてみても、「現実の政治（リアル・ポリティックス）」の中で、それがどれだけの抵抗力と実行力を持ち得るというのか？　あるいは現実的なレベルにおいて、それがどれだけ史実を妥当なものに変更しうるというのか？　また支配者が被支配者に、いったい、どれだけの暴力を歴史的に行使してきたのかを正しく語り得るというのか？

この問い掛けの結論は、実に簡単である。歴史の叙述の方法論をいくら批判しても、また少数の声が如何に正しくても、これまで勝者の声がずっと「歴史」を形成してきたし、現実的には、これからも、同じことに帰結するだけである。現実と理論とは、まるで違うものだからである。理想的な理論でいくら話を詰めようが、それで〝現実〟そのものが、動くわけではない。むしろ、〝現実〟は、その逆に向かって常に作動し続けている。

マイケル・イグナティエフによる『アイザイア・バーリン』によれば、「バーリンは「敗者」の疑問は「勝者」の答えと同じように意味のあるものだ、と主張した」。バーリンの意見は、確かにある意味では正論なのである。だが、同時に、それはただの正論にしかすぎない。

バーリンとカーとの論争は、まだ冷戦時代のものだった。一時期、確かにソ連が優勢に思えた段階があった。だが一九八九年のベルリンの壁の崩壊にはじまって、一九九一年のソビエト連邦の解体により、最後には、「ソ連」が「アメリカ」に敗北した。

劣勢だったアメリカは、逆転して、ソ連に対する「勝者」となった。さて、果たして「「敗者」の疑問は「勝者」の答えと同じように意味のあるもの」となっただろうか？

この問いの答えは「否」である。「勝者」となったアメリカは、「敗者」となったソ連の疑問など、何一つ考えてなどいないからである。

冷戦構造の崩壊以後は、アメリカによる新しい「勝者の歴史」が、「大文字」で叙述されている。むろん、これで全ての権力闘争が、終わったわけではない。冷戦後、確かに権力者は次の権力者へと移行したが、よく言われるように、それは、ただ、権力の場所が変化しただけの話である。

冷戦構造では、たまたまアメリカが「勝者」となった。だが、次のゲームでは、アメリカに代わる誰かが抬頭してくる可能性が十分にある。その徴候は、つまり、アメリカの落日は、すでにアジアの超大国の抬頭など、いまや、少しずつであるが、現実味を帯びはじめている。次には、そのアメリカに代わる新しい大国が「勝者」となり、彼らが「歴史を叙述する」ことになる。だが、もしそうなったとしても、私が主張する「歴史は勝者が叙述する」というテーゼだけは、全く変わりはしない。

皮肉なことに、バーリンが、カーを批判して言う「我々がたどってきた歴史の諸ステージは、ただそれが現実だったという理由だけで、それは正しい段階だった、ということになる」という通りなのである。

「それが現実だったという理由だけで、それは正しい段階だった」となるのである。その「現実」、「正しい段階」を動かす者が、つまり歴史の「勝利者」となるからである。

その逆に、「敗者」の方は、敗北からたとえ七〇年を経ても、過去の侵略や爆撃の自らの不当性をいつまでも語れ、と命令され続ける。だが、「勝者」は「敗者」とまるで同じことをやっても、そのような命令は絶対に誰からも受けない。「勝者」は勝者でいる限り、いつまでも平然としたままである。

「勝者」がその非を絶対に認めないことで、正しく歴史的な事実に未だになっていないことが、厳然と、それこそ歴史的な事実として存在している。この〝現実〟を十分に踏えるのなら、「過去を振り返り、敗北からも学び、未来を変えることの重要性がある」など、ただの訳知り者の幼稚な詭弁である。実際には、勝者の論理が正しくないのに、依然として、それが正しいものとして、堂々とまかり通っているからである。敗者の国の犠牲者が、現在もまだ苦しんでいても、これが変更されることなどない。だから「勝者の歴史」が叙述される。すなわち「大文字の歴史」が、叙述されるのである。

私はいま、歴史的な事実について、ただ淡々と書いているだけである。戦後七〇年が経っても、アメリカはいまだに、一九四五年の日本の非戦闘員に向けた非道な空爆の責任を、一切、認めていない。またアメリカは、いまだに原爆投下の非人間性を、正当化したままである。それは、アメリカが、日本との戦争の「勝者」だからである。「歴史を、戦争で勝利した大軍勢の物語として、進歩を、権力を持つ人々が実際に成し遂げたこととして見る見方」とは、まさに、これである。よく言われる言い方を借りるなら、こうした非道や理不尽がまかり通るのが、「戦争」というものなのである。

それでも、「大文字の歴史はない」などと言えるのか？　いや、私自身は、現実の経緯をよく見据えた上で、「大文字の歴史」はないとは、とてもではないが、言えない。むろん、「それは実に残念な話であるが」という「注釈つき」の上での意見であるが。

当然のように、この考え方――大文字の歴史の擁護――に反論する人は、たくさんいるだろう。すでに唱えられている「大文字の歴史」への批判を、いくつか見てみることにしよう。

ツヴェタン・トドロフは『悪の記憶・善の誘惑――20世紀から何を学ぶか』の中で、「勝者の歴史」について批判的に書いている。

「周知のように、〈歴史〉はつねに勝利者によって書かれてきた。というのも〈歴史〉を書く権利は、勝利によって与えられる特権の一つだったからである。今世紀には、こうした勝利者の歴史の代わりに、いや少なくとも勝利者の歴史のそばに、犠牲者、隷属させられた人々、敗者の歴史も存在する。このような要求は厳密に歴史的な次元ではきわめて正当である。というのも、この要求によって、私たちはそれ以前には知られていなかった過去の全体像を知ることができるからである」。

トドロフは同じ本の中で、一九四五年三月の東京空襲で一〇万人の非戦闘員が、また一九四五年二月のドイツのドレスデンの爆撃により四万人の非戦闘員が、つまり全て一般市民が殺されたことにも言及している。さらにトドロフは、ジョン・W・ダワーの言葉を引いている。

「これらの行為の張本人たちは――とダウアーは結論づける――「女と女の腕に抱かれた子供の血でもって、英雄となった。そしてこの観点からすれば、うぬぼれ屋の物語というよりも悲劇的な物語の主人公となった」[*346]」。

トドロフの言うことは正しい。だが、いくらそのように批判しても、アメリカをはじめとする連合軍が、非戦闘員の大量殺戮を謝罪したという話を、この私はいまだに耳にしたことがない。あれから七〇年が経った。しかし、それを聞いた、という確かな記憶が、私には一度もない。よって、トドロフの意見は実に正しいのであるが、ある意味では、実に虚しいのである。その発言に全く現実的な説得力がない、というのが、トドロフに対する、私の残念な答えである。

またジョン・H・アーノルドは、その著書『歴史』の中で、「大文字の歴史」を危険なものだと批判している。

「しかし、単一的な真実の物語――大文字の歴史――という考え方は極度に魅力的なものでありつづけており、したがって極度に危険でもある。新聞では、毎日のように、「(大文字の)歴史」が政治家とか出来事に審判を下すことになるだろうという表現が使われるし、政治家は「(大文字の)歴史の教訓」に従って外交政策を推進し、地球のいたるところで敵対する陣営どうしが殺戮行為を「みずからの(大文字の)歴史」によって正当化している。それは人びとを除外した歴史である――過去に起こった出来事や現在それに与えられている意味のすべては、人間に、その人間の選択、判断、行為、考え方に依存しているというのに。過去についてのさまざまな真実の物語に「(大文字の)歴史」というラベルを貼ることは、それらを人間の主体性や相互作用とは別個に起きたものとして提示することなのである」。[*347]

このジョン・H・アーノルドの意見もまた、理屈としては、実に正しいのである。だが、「地球のいたるところで敵対する陣営どうしが殺戮行為を「みずからの(大文字の)歴史」によって正当化している」と言う現実を変更させる術が、どこにもない。

またドイツの歴史家のトーマス・ニッパーダイは『ドイツ史を考える』の中で、「勝者の歴史叙述」について、こう批判的に言っている。

「それに対し価値自由な歴史学は、そういう弁護論に陥る危険を回避することができる――それが勝者の歴史ではないときには。ここで勝者の歴史でないというのは、過去の勝者、今日の勝者、未来の勝者、そのどの勝者の歴史でもないということである。歴史は、それが客観的であるとき、勝者と敗者をともに包み込む」。

さらにトーマス・ニッパーダイは、こうも、続けて、書いている。

「ここでもう一度強調しておきたいのだが、歴史は、過去のその時々の勝者の歴史より以上のものである。しかしまた、今日の勝者の歴史、あるいは、あり得べき明日の勝者の歴史より以上のもの、そしてそれとは異なるものでもあるのだ[*348]」。

ニッパーダイは、一九一八年に出来た民主的なワイマール共和国の時代に、一九二七年にケルンで生まれて、一九三三年のヒトラーの政権奪取を目の当たりにし、ヒトラーが本格的にアウシュヴィッツを稼働させた一九四二年頃には一五歳になり、一八歳の時に終戦を迎えている。その後に、一九四七年には冷戦と東西分断、一九四八年にはベルリン封鎖、一九六一年にはベルリンの壁の構築、そして一九八九年には壁の崩壊を経験し、ソ連が解体した翌年の一九九二年に亡くなっている。

ヒトラー以後のドイツにおいて、ドイツの歴史家が歴史を語るのは、とても難しいことである。ニッパーダイとしては、そういう心情も踏まえて、勝者の歴史に懐疑的なのである。だから、現実政治と距離を取り、正論を言わざるを得ない。

仲正昌樹は『ハンナ・アーレント「人間の条件」入門講義』の中で、アーレントの「歴史」への構え、つまり「「歴史」の発展の経路、その「終わり＝目的」が決まっているかのように論じるのを批判する態度を力強く説明している。

「そうした「未知」に対してアーレントは、「歴史」というのは、単一の主体（subject）としての「人類（mankind）を主語（subject）にした「物語」であるけれど、そういう単一の主体は存在しないので、その〝主体＝主語〟の歩みが分からないのは当然、という元も子もない解答を与えているわけです。彼女の立場からすれば、人類を単一の主体であるかのように見立てて、その発展過程を描こうとする、歴史哲学の発想は根本的におかしいわけです。「複数性」を重視し、「出生」があるごとに、「網の目」の中に「始まり」が生じる、ことを強調するアーレントの立場からすれば、無数の未知の主体が登場する場である、「歴史」の発展の経路、その「終わり＝目的」が決まっているかのように論じるのはナンセンスであるわけです[*349]」。

このアーレントの意見も、如何にも正しそうに思える。だが、「「複数性」を重視し、「出生」があるごとに、「網の目」の中に、「始まり」が生じる、ことを強調する」ような「歴史」とは、具体的に言えば、誰によって、どのように描かれるものなのだろうか？　「無数の未知の主体が登場する」ような「歴史」とは、具体的に言えば、どのようなものになるのか？　それが、この仲正の説明ではあまりにも抽象的過ぎて、よくわからない。少なくともそれはもはや、全体史ではなくなるのだろうか？　すると、主観主義としてしか、これからの歴史は成立しなくなるのか？

またテリー・イーグルトンは『ポストモダニズムの幻想』で、こう書いている。

「小文字で始まる歴史にたいして、大文字で始まる歴史は、ポストモダニストにとっては目的論的歴史である。大文字で始まる歴史とは、世界はある目的をもって、あらかじめ決められたゴールに向かって進んでおり、現時点でも、そのゴールが歴史に内在し、止めることのできない歴史的展開の原動力となっているという見方である。この歴史は独自の論理をもち、みえない目標に向かう個人の一見自由な活動をものみこんでしまうものである。ときには後退もありうるが、一般的にいって、大文字の歴史は単線的、進化論的、予定論的に流れている。[……]こんな歴史論を信じる人間はもはや存在しないのであるから、これを信じる人があらわれたらどう対処しようかなどと心配する必要はない。目的論的歴史を信じる人間は、自らの信念にたいする羞恥心から世間に顔出しできず、洞窟のなかに隠れている人でもないかぎり、とっくの昔、この地球上から姿を消したはずである」。

こう書いてから、イーグルトンは、同書で、次のように続けている。

「二十世紀は戦争と飢餓と虐殺の連続であり、ユートピア的理想も、啓蒙主義的理想もまったく実現しそうにない状況にあることを、みな気づいている。はるか昔、ホイッグ主義者、ヘーゲル主義者、マルクス主義者は歴史を線形的、進化論的、予定論的に理解していたがカール・マルクス自身はそうではなかった（マルクスは生きていれば、自分はマルクス主義者ではないというだろう）。マルクスは目的をもった、大文字で始まる歴史というような考え、また、人間とは無関係にはたらく法則があるという考えには軽蔑をおしまなかった。この意味でマルクス主義を目的論だと考えるのは（多くのポストモダニストはそう考えているようであるが）、ジャック・デリダが、あらゆるものはあらゆるものを意味し、だれも意図をもたず、この世にはエクリチュール以外なにも存在しないと信じている、と考えるのと同じくらい、ばかばかしい妄想である」。

しかし私に言わせれば、イーグルトンのようにまだカール・マルクスを信じているなんて、「自らの信念にたいする羞恥心から世間に顔出しできず、洞窟のなかに隠れている人でもないかぎり、とっくの昔、この地球上から姿を消したはずである」。

またジル・ドゥルーズは、「歴史」について、どのように考えているのか？『記号と事件 1972－1990年の対話』の中でディディエ・エリボンの「歴史が決定的な重要性をもつとは考えておられないということだけはたしかだと思います」という質問に、ジル・ドゥルーズは、このように応答している。「たしかに歴史は重要なものではあるでしょう。しかし、なんでもいいから探求の路線をひとつとりあげてみると、その路線は道筋の一部分に置かれたいくつかの場所で歴史学的なものになっているだけで、全体としては非歴史的、超歴史的な面をそなえているということがわかるはずです……。『千のプラトー』ではさまざまな「生成変化」のほうが、歴史よりもはるかに重要です。生成変化と歴史とは似ても似つかないものなのです[*350]」。

この生成と歴史に関しては、ピーター・ホルワードは『ドゥルーズと創造の哲学　この世界を抜け出て』で、このように語っている。

「創造行為が領土ないし世界の中で起こらないとしても、にもかかわらず、それは他の諸々の点よりはむしろある点で諸領土を横断し、逃走する。同様の条件は、創造的時間と歴史的時間の間の関係にも当てはまる。現実には、真の「生成変化はつねに歴史の外で起こる」。それ自体としての生成変化なしには、「歴史には何も起こらない」。潜在的決定は原働的個体化の外で起こる。コルバンやアンリと同様、絶対が原働化した時間に対して漸進的にみずからを現すといった考え方を、ドゥルーズは断固として拒否する。

絶対は歴史の流れを通して非直接的（媒介的）にみずからを表現するのではない。ヘーゲルに対するドゥルーズの反感の根はまさにここにある」[*351]。

フランソワ・ドスは、その著書『ドゥルーズとガタリ　交差的評伝』の中で、ドゥルーズとガタリの二人には、やはり「素朴で直線的な歴史的ヴィジョン」に否定的だ、と明確に述べている。

「ここで立てようとする仮説はこの断絶を真剣に受けとめようとするものである。つまり、物語固有の拘束を超えて、この断絶を歴史の目的論的ヴィジョンのより深い再検討に結びつけて考えてみようということである。これはドゥルーズにあってはヘーゲル弁証法に対する絶えざる批判として表明されてきたものである。近代性を考えるということは、ドゥルーズにとって《ヘーゲルを放棄する》ことにつながる。それは当時ポール・リクールが『時間と物語』のなかで導いた方向である。この大哲学者を放棄しなければならないのは、ヨーロッパの真ん中におけるナチスの蛮行の勝利によって奥深い動乱が生じ、われわれの世界に対する関係が激変したからである。もはや人間の持続的進歩の延長線上に理性の君臨が訪れるというような素朴で直線的な歴史的ヴィジョンにとどまってることはできない」[*352]。

ジル・ドゥルーズにとって、「歴史」における目的論は、このように否定されている。それは、一つの直線的な流れではない。では、より具体的には、ドゥルーズの「歴史」に対するスタンスを、どう捉えればいいのか？

たとえばジャン＝クレ・マルタンは『ドゥルーズ　経験不可能の経験』の中で、「非常に緩慢で動かない流れが〈歴史〉を作る」のだと述べている。

「われわれが哲学によって表面を考察し、表面にとどまるよう勇気づけられるなどということは稀にしか起こらない。歴史家でさえ出来事・事件の表層、見えるものだけに執着しようとはもはや欲していない。出来事・事件的な歴史は、それが何かを示すという点で、その下部構造をあらわにすることができる深層アプローチの名のもとに一掃されてしまう。一人の人間の行動の範囲を大きく超える期間に即して人間的諸時代を蒐集するブローデルの興味のすべてがそこにある。その場合、歴史は、相異なる複数のリズムで流れる氷河のように深層から縦に積み重ねられていることになるだろう。表層の溶解の下には、もっと緩慢な生が約束されている。経済の展開やある宗教の異本についても同様である。偉人たちが〈歴史〉を作るのではなく、さまざまな金融や心性の運動が、さらには、ひとつの文明の場合がそうであるように、非常に緩慢で動かない流れが〈歴史〉を作るというのは注目すべきことである。〈歴史〉についてのこのような表象はおそらく有益なもので、ドゥルーズはためらうことなく「構造主義とは何か」という小論を通じて新たな科学にその論文を充てている[*353]」。

　このフェルナン・ブローデルに関しては、ミシェル・フーコーも、なぜか、彼を高く評価している。『ミシェル・フーコー思考集成Ⅲ　歴史学／系譜学／考古学』に所収のJ－M・パルミエによるインタヴュー「ある世界の誕生」で、フーコーは、こう語っているからである。

「私はある種の歴史観には真向から反対します。それは連続的で同質な大進化、神話的な大いなる生命のようなものをモデルとする歴史観です。〔……〕今では歴史家たちも十分に承知していることですが、歴史の文献の集積というものは、さまざまな系列《セリ》に従って結合することができ、そしてそれぞれの系列は異なった基準を持ち、異なった進化のタイプを持っています。物質文明（農業技術、住居、家庭内の道具、輸送手段など）の歴史は、政治制度の歴史や貨幣流通の歴史とは違った形で展開していきます。マルク・ブロッ

クやフェーブルやブローデルがいわゆる歴史について示したことは、思想や認識や思考一般の歴史につい
ても示せると、私は思います。たとえば進行麻痺の歴史やパストゥールの思想の歴史を書くこともできま
すが、十九世紀および近代の医学的言説の歴史的分析といった、これまであまり顧みられなかった次元の
分析を企てることもできるでしょう。こうした歴史は、発見や誤謬の歴史ではありませんし、影響や独創
性の歴史でもないでしょう。それは、医学的言説の出現、機能、変換などを可能にした諸条件の歴史とな
るでしょう」[*354]。

ただしポール・リクールは『時間と物語Ⅰ　物語と時間性の循環／歴史と物語』において、フェルナ
ン・ブローデルの「長期持続」を根底に据える歴史記述を、所詮は「一つ歴史物語」であると、鋭く指摘
している。

「準出来事と準筋立てとの間のこの類縁関係から、ブローデルが強く勧める歴史的時間の複数性は、物
語的時間の基本的特徴の延長であると結論づけられる。すなわちエピソードの年代順的構成要素と統合形
象化の非年代順的構成要素を、可変的な割合で組み合わせるその才能である。歴史的説明によって要請さ
れるいろいろな時間的レベルのそれぞれは、この弁証法の重複とみなされ得る。おそらく、短い出来事で
もって、挿話的なものは、にもかかわらずきわめて複雑な筋立てにおいて依然として優越しており、長期
持続は統合形象化に優先権を与える、と言うことができよう。しかしながら、歴史の構造化の作業の最後
に、新しい出来事の質が突然出現することは、合図のようにひびく」[*355]。

これに絡めて、フランソワ・ドスは『意味の支配』の中で、ポール・リクールの指摘に倣いながら、こ
う書いている。

「フェルナン・ブローデルは、地球史《ジエオヒストワール》の大きな台座の恒久性、長い持続を優先し、短い時を糾弾し幻想として退けた。しかし、ポール・リクールがはっきりと指摘したように、フェルナン・ブローデルも歴史のエクリチュールの規則を逃れることはできず、社会学に寝返ることはできなかった。というのは、長い持続は、それでも持続なのだから。〔……〕ブローデルは、歴史家として、歴史学科固有の修辞形態から逃れられない。その声高の宣言とは逆に、彼もまた自分の学位論文ではひとつの物語の実現を追及していた。「長い持続の歴史という観念そのものが、劇的出来事から派生する。〔……〕つまり、筋書きの組まれた出来事だ。〔……〕筋立ては、つまりいかなる歴史家も、避けては通れない。政治・外交上の出来事という古典的な叙唱に対してもっとも距離をとる者でさえも……*356」」。

フランソワ・ドスは『歴史のなかの歴史家――瞬間が炸裂するとき』にあって、アナール学派の歴史家ピエール・ショーニュに対し、ブローデルの歴史叙述は、結局は「物語《レシ》」なのではないか、と尋ねている。

「ところが、ポール・リクールが明示したように、歴史家たちはこのような探求によって物語《レシ》、つまり彼らの話法と実体をともにする物語られた時と手を切るという幻想を抱きました。もっとも、リクールは、ブローデルの学位論文自体を例に取り、まったく新しい歴史のエクリチュールを具現しようというほんとうのコペルニクス的革命として提示されたこの反転は、たしかに主体は異なっているとしても（その時間性が別です）、物語《レシ》、中心の空間が大西洋に移って地中海がしだいに周縁化してゆくというその移行の物語《レシ》は避けることができないので、結局は偽りの断絶だということを明らかにしています。この移動のうちに、実際に、物語《レシ》の規則自体がふたたび発見されます。今日では、どうお考えですか」。

この問いかけに対して、ピエール・ショーニュは、次のように正直に答えている。

「その通りだ。たしかに。いずれにしても、この歴史はその空間に対する人間たちの関係の歴史であって、人間たちがその中心にある。変わったのは、おそらくは、物語《レシ》が位置付けられる枠組みの記述に以前より多くの時間を費やしている点だろう。リクールが根本的に正しいのは、まったく明白だ。歴史はひとつの物語《レシ》だ。われわれはわれわれにあるもの、つまりユダヤ・キリスト教文明のなかにいる。記述者はひとつの歴史の内部で啓示される」[*357]。

ピエール・ショーニュは、西洋人が西洋の「歴史」の中で思考する以上は、その歴史叙述もまた、ユダヤ・キリスト教の大文字の歴史の「外」に出ることは不可能である、と言っているのである。しかしそうなると、ジャン＝クレ・マルタンがブローデルに絡めて評価する、ジル・ドゥルーズの哲学的な姿勢までもが、かなり怪しいものに思えてくる。

また、これに関連して言えば、ライダー・デューが『ドゥルーズ哲学のエッセンス　思考の逃走線を求めて』の中で、ドゥルーズを「文明とその継起について長期的で歴史的な観点を示す」系譜学者として評価している点もまた、再検討してみる必要性が出てくるだろう。

「これとは対照的に系譜学の理論家は、理論と実践を媒介しようとして、社会に語りかける主体ではない。懐疑的な視点に立つのである。文明とその継起について長期的で歴史的な観点を示すことで、現在という時代の自己理解、とくにその信念と原則の重要性にたいする信念を疑問とし、相対化する。この懐疑は、感情に動かされないものでも、シニックなものでもない。系譜学者は、進歩、民主主義、個人主義という原則を相対化するが、それはたんに人間の行動への無関心という姿勢を肯定するためではない。ドゥルーズ的な系譜学者は、同時代の社会的な現実を構成するさまざまな力の配置のうちで、自由の大義を主張し、政治的な対立と解放の可能性の線を示すのである。ただしこうした対立と可能性は、「歴史の運動」と「集団的な政治プロジェクト」などに総合できるものでも、要約できるものでもない。系譜学者は政治的な集団に語りかけたりはしないのである」[*358]。

しかしながら、「ドゥルーズ的な系譜学者は、同時代の社会的な現実を構成するさまざまな力の配置のうちで、自由の大義を主張し、政治的な対立と解放の可能性の線を示すのである」というのは、ドゥルーズの「政治的」な姿勢そのものなのではないのか？　また現実の中に生きながら、政治には関与しないことなど、不可能ではないのか？　さらに「現在という時代の自己理解、とくにその信念と原則の重要性にたいする信念を疑問とし、相対化する」というスタンスは、それこそがドゥルーズの「信念」である、という自己矛盾なのではないのか？

また土田知則は『ポール・ド・マン』の中で、「歴史（学）という陥穽」という章を設けて、ポスト構造主義と歴史学の相関性を論じているが、その中で、アントワーヌ・コンパニョンの『文学をめぐる理論と常識』の、歴史の単線性の批判文を引用している。少し幅広く引用してみよう。

「歴史家たちの書く歴史は、もはや単一でも一様でもなく、多数の部分的歴史、不均質な時系列、相互に矛盾する物語といったもので構成される。それはもはや、ヘーゲル以来、歴史を全体としてとらえる哲学者たちがそこに見てきたような単一の意味をもたない。歴史は一個の構築物であり、物語であり、そのかぎりにおいて過去と同様に現在をも上演する。歴史のテクストは文学の一部をなす。歴史の客観性あるいは超越性は幻影にすぎない。なぜなら、歴史家は、歴史の著作を構築するのに用いる言説にからめとられているからだ。この関与への自覚がなければ、歴史とはたんにイデオロギー的な投影に過ぎない。これこそフーコーの教えであるが、またヘイドン・ホワイト、ポール・ヴェーヌ、ジャック・ランシエール、その他多くの論者の説くところでもある。［……］その結果、文学史家は――受容史家というその最近の化身においてさえ――もはや依拠すべき歴史をもたない。あたかも無重力状態にいるようだ。それというのも歴史は、批評全体と文学史の大本にあった内と外の隔壁を、ポスト・ハイデガー的解釈学にしたがって破棄する傾向にあるからで、コンテクストじたいがまさに語りの構築物に、表象に、――またもや、相変わらず――テクストにほかならないからである。テクストしかない、と新しい歴史学は言う。たとえばこうした面では間テクスト性と見解が一致するアメリカのニュー・ヒストリシズムがそうである[*359]」。

土田は、「コンパニョンがいみじくも強調しているように、「歴史」とはもはや因果関係によって客観的・科学的に説明・解明されうるような完結体＝統一体ではありえない」としている。また続いて、土田はポール・ド・マンの『美学イデオロギー』に所収の「カントとシラー」の章から引用しているが、ここでは同じ個所を、後にジャック・デリダがやはりこの章に言及していることもあり、土田が実際に、彼自身の本の中で引いているより、ド・マンの発言を少しだけ幅広く、書き出してみることにする。

「そしてもしも歴史をそういうものとして理解するならば、歴史とは進歩や退行としてではなく、一種の出来事《できごと》［event］、一種の出来作用［occurrence］として考えられることになります。「力」や「闘争」などといった言葉が忽然と浮上する瞬間から、歴史というものは存在します。さまざまな事物が起こる［happen］まさにその瞬間に、出来作用というものは存在し、出来事というものは存在するのです。したがって歴史とは、時系列的《テンポラル》な概念ではなく、時系列性《テンポラリティ》とは何の関係もないものということになります。むしろ歴史とは、認識の言語のただなかから力の言語が忽然と浮上することにほかなりません。とはいえ、そうした忽然たる浮上というのは、それ自体は弁証法的な運動でもなければ、いかなる種類の連続的過程でもない。つまり認識作用によって把握されうるような類の連続的過程ではない。いかにそれが、ヘーゲル的な弁証法においてそうであるように、否定として認識されたとしても、です」[*360]。

土田知則は、同じ本の中で、コンパニョンの発言でも確認した「歴史家たちの書く歴史は、もはや単一でも一様でもなく、多数の部分的歴史、不均質な時系列、相互に矛盾する物語といったもので構成される」という見解とほとんど同一の、「歴史とは、時系列的な概念ではなく、時系列性とは何の関係もない」というド・マンの発言を引いている。

その上で、土田は、歴史家が、「歴史」を一本の線上に、普遍的に、客観的に、また整然として組み立てるのは、権力的であり、作為的であり、仮構である、と言うのである。

「これらの言明でド・マンが強調しているのは、「歴史」なるものの本来的な非線状性、そして「歴史＝物語」構築の際に作動する権力的・イデオロギー的な言説装置のあり方なのである。簡略化を恐れずに言えば、歴史とは物理的な時間軸に沿って理路整然と並べうる事件の集積体のようなものではない。つまり、歴史とは言語を介して事後的に構築される、いわば断片的な「物語」のようなものにすぎないのだ。事件相互のあいだにはいかなる必然的な関係も存在しえない。断片的な事件がいかなる形で結びつけられて一篇の歴史的なエピソードとして語られることになるのかを決定するのは、普遍的・客観的な視座のようなものではない。それは権力的・イデオロギー的な言説装置によってそのつど物語として仮構される擬似的な因果関係でしかないのである」。

しかし、それならば、どのような歴史の叙述が具体的にあり得るのか？「もはや単一でも一様でもなく、多数の部分的歴史、不均質な時系列、相互に矛盾する物語といったもので構成される」ような歴史とは、どのようなものか？ また、時系列でない、非線上の歴史とは、具体的には、アウトプットは、どのようなものになるのか？ また、歴史を総合的に知ろうとすることは、ただの仮構を知ることになるので無意味だ、というのだろうか？ それは、現実的に言って、本当の話だろうか？

さらに土田は同じ著書『ポール・ド・マン』の中で、『パピエ・マシン 上』でジャック・デリダが、「ド・マンが「歴史」と時間性の結びつきを否定している点に着目」している、と書いている。これも少し幅を広くして引用しよう。

「また、この物質的な書き込みとしてのこのテクストの出来事の論理には、歴史の概念、歴史を歴史とするものの概念が交錯してきますので、この概念について調べておきましょう。歴史性の概念は、テクストのこの構造にかかわるものとしては、進歩と退歩の図式、すなわち目的論のプロセスとしては規制されないでしょう。この概念は出来事の図式、到来の図式、すなわち「一回限り」の単独性の図式で規制されるものになります。［……］この到来するものとしての出来事の価値は、歴史性を時間に結びつけることはありません。またふつうに考えられるように、時間的なプロセスに結びつけられるものでもありません。ド・マンによると、歴史性は権力に、権力の言語に、権力としての言語に結びつけられるのです。そこから、遂行性を考慮にいれることが必要になります。遂行性はまさに、言語の権力を、言語としての権力を定義するものであり、確認する言語や認知的な言語に対して、権力の言語と言語の権力が過剰になることを示すからです［……］ところで「カントとシラー」という文章は、ド・マンがなくなった年、一九八三年にコーネル大学で発表した講演で、『美のイデオロギー』に覚え書をつけて収録されていますが、ここでド・マンは歴史をプロセスとしてではなく、出来事として考えるべきであること、進歩や退歩として考えるべきではないことを指摘しています」[*361]。

土田は、「ここでは「歴史」が時間的プロセスに回収されえない性質のものであることが確認されると同時に、「歴史」構築に関わって、それを可能にする「権力＝暴力」という問題が提起されている」と、デリダを代弁するように言っている。

この「歴史」の構築に関しては、ジャック・デリダ自身、『たわいなさの考古学』の中で、一八世紀の哲学者コンディヤックの『人間知識起源論』の序論を書く際に、西洋の啓蒙主義的な歴史学への批判として、こう書いている。

「しかしながら、こうしたことはいずれも一つの〔真の〕歴史を作り出すようには思われない。歴史という言葉あるいはむしろ概念（notion）は、かの発展の概念（conception）や、あらゆる種類の進歩・更新（novation）といった概念とは両立しえないように思われる。これらの事象はいたる所で自然の秩序によって限定されてしまっている。コンディヤックは「言語活動の進歩の歴史」、「言語活動の歴史」、「人間精神の歴史」について語っている。しかし、これは物語としての歴史、つまり、一つの定められた進歩――一つの自然な進歩――をたどる物語としての歴史なのである。ここで歴史は一つの自然な秩序の発展でしかない」[*362]。

また『ポジシオン』の中で、デリダは歴史について、ギ・スカルペッタの質問に答えている。まず、スカルペッタは、こう尋ねている。

「たぶんわれわれは、あなたが歴史について言われたことにもう一度立ち戻ることができるだろうと思います。私は『グラマトロジー』のなかの、あなたが次のように言っておられるテクストを考えているのです。「たしかに《歴史》という語は、現前性の展開の一線状の図式につねに結びつけられていた」。あなたは、「現前性の展開の一線状の図式」をまぬかれているような歴史概念が可能だと考えておられるのですか。あなたの考えでは、例えばソレルスが「記念碑的歴史」と呼ぶもの、すなわちもはや「一線状の図式」と解されたのではなく、重層的な、もろもろの差異を宿す、矛盾的な実践的系列と解された歴史、言いかえれば、一元論的でも歴史主義的でもないような歴史が可能なのでしょうか」。

このスカルペッタの問いに対しての、デリダの「歴史」への回答は、次のようなものである。

「もちろんです。警戒しなければならないのは、もう一度繰り返しますが、形而上学的な歴史概念です。これは、少し前にわれわれが話した、意味の歴史としての歴史というあの歴史概念です。つまり、自己を産出し、自己を展開し、自己を完結させる意味の歴史です。あなたが指摘しておられたように、一線状に、です。直線状にであれ、円環状にであれ、一線上に、です」。

さらにデリダは、この「歴史」における「一線状の図式」について、こうも発言している。

「歴史という概念の形而上学的な性格は、単に一線状にのみ結びついているのではなく、それに含蓄されていることどもの一体系全体（目的論、終末論、意味の止揚的《ルルヴァント》かつ内化的蓄積、ある型の伝統性、また継続性、真理、等々といったある種の概念）にも結びついています。だから歴史という概念は、いわば局所的な切除によって厄介払いできるような一つの偶然的な述語概念であるのではありません。当該の組織の全般的な位置ずらしなしに、くだんの体系《システム》そのものに変形を蒙らせずに、局所的な切除によって厄介払いできるといったようなそれではないのです[*363]」。

デリダは、「一線状の図式」には意義を唱える。だが、では、その対案としての「位置ずらし」とは、いったい、どのような歴史となるのか、それには、詳しく言及しない。またソレルスの言う「重層的な、もろもろの差異を宿す、矛盾的な実践的系列と解された歴史」、「一元論的でも歴史主義的でもないような歴史」とは、具体的には何なのかについては、デリダはいつものように何も提示しないままなのである。

ポスト構造主義の在りようとして、いつも実感させられるのは、歴史概念なりの構築には強い異議を唱えるものの、常に具体的な代替案が出て来ない点である。それでは、ポスト構造主義は、何時まで経っても「批判のための批判」にしかならない。

それを指し示すように、ジャック・デリダに関しては、すでに、いくつもの批判が多方面から出ている。たとえばハル・フォスター編『反美学／ポストモダンの諸相』に所収の「敵対者、聴衆、構成員、そして共同体」の中で、エドワード・W・サイードはデリダを俎上にあげ、こう書いている。

「いつもわたしは思うのだが、デリダがロゴス中心主義と呼ぶものの一番の皮肉は、その批判であるディコンストラクションがロゴス中心主義と同じくらい、固執し、単調で、はからずも体系的になってしまうということである。したがって、われわれは部分に分割することを破壊したいと思うことには同意するが、それは同時にそうするための単一の方法が存在するという観念を受け入れない場合に限られるのである」[*364]。

デリダの発言には、権力に抗いながら、自らがその同じ権力に陥落している感が否めない。脱構築とは、そもそも構築が先にあっての脱構築であり、要するにそれは論理的に言って、構築という権力に内在化された「もう一つの権力」なのである。いくら「脱構築」と言っても、デリダが脱「構築」と称する限り、それは「構築」の外部には永遠に出られない。

またノーマン・J・ウィルソンは『歴史学の未来へ』で、このようにデリダの唱える脱構築のジレンマを鋭く指摘している。

「構造主義は、ほとんどの西洋思想の基礎であった形而上学の中心を破壊したのだ。デリダはこの破壊を称賛するが、西洋のロゴス中心主義と、人間の意義を統治する法則を説明しようとする構造主義の試みをともに拒絶する。なぜなら、それらは想定上の中心や理念的な意味に基礎を置くからである。結局のところ、デリダに残されたのは、意味一般の不安定さということであった。というのは、哲学を論じうる唯一の言語は哲学から受け継いだ言語だからであった（自然と文化について考えるためにわれわれが知っている唯一の方法が両者の間に区分を設けることを意味するのとちょうど同じように）。われわれはこの哲学史からかけ離れた言語を持ってはいない。それゆえ、脱構築主義者自身の言説もまた、他の人の言語とまさに同じように脱構築されなければならないのである」。

リチャード・ローティは『プラグマティズムの帰結』の中で、デリダの脱構築の意図を、それは結局、果たして神がいるのか、いなのかという類の、似たような議論の繰り返しである、としている。

「したがって、わたしがデリダから引用したテクストについて言いたいことを要約するならば、デリダはわれわれの高級文化《ハイブロー》に対して、世俗主義の知識人たちが一九世紀において彼らの高級文化《ハイブロー》に対して行なったことをしようとしている、ということになる。彼は、もしわれわれの知的生活の機構の中に打ち立てられたカント的哲学がなかったとしたら、事物がどのように見えるかということを示唆しようとしているのだが、それはちょうど、彼の先人たちが、もしわれわれの道徳的生活の機構の中に打ち立てられている宗教がなかったら、事物がどのように見えるかを示唆しようとしたのと同じことなのだ。わたしの語っている世俗主義者たちは、いつだって次のような問いに攻撃を受けていた。「あなたたちは神を信じないということについてどんな証明をもっているのですか?」。デリダもいつだって次のような質問攻めにあっている。「あなたはわたしたちがテクストをテクスト以外の何かを提示するものだと思っていけないということについてどんな証明をおもちですか?」。どちらにしても別に、何か面白い証明ができるわけではないのだ。というのは、どちらもその対立者たちと同じ規則によって動いているわけではないからである」[*365]。

簡単に言えば、神を信じるのが自由であるように、カント哲学の有効性を信じるのは自由であり、デリダが「テクストの外部には何もない」というのも自由であるし、それを受けとめるのも、受けとめないのも、また自由なのである。一つだけ言えるのは、こうした議論には、答えなどは出ないことである。

またリチャード・J・バーンスタインは『手すりなき思考　現代思想の倫理‐政治的地平』の中で、デリダにおける「中心」と「脱中心」の問題について、こう論じている。

「しかし「形而上学的な要求」や脱中心化についての右の見解でさえも、デリダが繰り返し反復して示しているものに完全に到達してはいない。なぜならば、私がここまで述べてきたことは、きわめて容易にひとつのテーゼに吸収してしまうことができるからである。そのテーゼとはすなわち、中心などなかった（ない）ということを知ってしまった今では、形而上学の歴史は「中心を中心で置き換える一連の代理形成として、考えられねばならない」というテーゼである。ところが、デリダは、「テーゼの時代」が過ぎ去りつつあるということも主張しているのである。もし、彼が述べていることをそうしたテーゼの形で要約するならば、われわれは、ヘーゲルが『精神の現象学』の序論で特徴づけているような状況のなかに置き去りにされてしまうだろう。その状況とは、ヘーゲルが〔裏付けのない保証がいくつかあったとしても〕「裏付けのない保証は、どれを取っても同じだ」と述べているときに、それを特徴づけているような状況である」。その上で、リチャード・J・バーンスタインは、デリダからはいっこうに「代替案」や「保証」が提示されないこと、それがなぜなのか、にも言及している。

「しかしながら、たとえこの教えをわれわれが何度も何度も学んだとしても、彼が答えていない問いがひとつ残されている。われわれは、自分が取る倫理‐政治的な「立場」をいかにして「保証」（言葉のいかなる意味においても）することができるのか。これは、デリダが十分には答えていないまさにその問いとでも言うべき問いである。もっと困ったことに、彼自身の道徳的な情熱や、彼自身のみずから進んで行なう態度や、「立場を取る」ときの勇気にもかかわらず、彼は、倫理‐政治的立場の「保証」のまさに可能性を問いにかけているように思われる。あるいは別の言い方をするならば、デリダはわれわれの倫理‐政治的立場を保証するための実践を、どのように理解しているのか、それが明確にされていない〔からこそ、それが問われてしまうのである〕」。[*366]

簡単に言えば、デリダの言説は、「こうあればいいな」という、どうなるかわからない「問い」そのものを「担保」にしているだけである、ということである。

さらに小牧治と村上隆夫は『ハーバーマス』の中で、ハーバーマスによるデリダの脱構築の問題点を、角度を少し変えて説明している。

「デリダは、西欧合理主義とそれを支える主観性の哲学に対して、言語学を用いて批判を行なっていく。

彼によれば、理性を体現する主観ないし主体は、時間の流れのなかで自己同一性を保っていると考えられ、それ故に対象に対して超越論的位置を占めていると見なされている。そして主体のこの同一性は、或る言葉を発したり聞いたりした時に、その言葉の意味がその主体の同一の体験に結びつけられて理解され、そのことによって意味の同一性が確信されることによって意識がもたらされている。フッサールの意味論に示されているこのような考えを、デリダは音声中心主義として批判する。そしてデリダによれば、音声によって喚起される同一の意味の現前に対応するものとして、この意味に対応する対象の存在を思考し、この対象を主体による支配の下に置こうとしてきたのが、西欧の形而上学だったのである。したがってデリダは、近代の原理としての主観性の哲学を批判するためには、言語を捉える際に音声中心主義に立脚することを止めて、むしろ文《エクリチュール》字ないし書《エクリチュール》字を取り扱う文字学《グラマトロジー》にもとづく文《エクリチュール》書中心主義に立脚すべきだと主張する」。

小牧治と村上隆夫は、さらにデリダの意図を続けて、こう書いている。

「書かれた文《エクリチュール》字からなる文書のテクストの意味が解釈される時、そこには書字行為と読解行為との間の時間的差異性や、著者と読者の体験の差異性が否応なしに示されている。テクストに綴られている文字記号は、それ自身とその意味との差異性や、意味領域と話し手や聞き手の体験世界との差異性を、時間差というかたちでもたらすのである。したがって言語というものを文字や書字や文書をモデルにして考えるならば、近代的な主観の自己同一性は虚構であることが示され、同一性にかわって時間のなかで記号の反復と意味の差異性が現われる、とデリダは考える。こうして世界は、自己同一的な超越論的主体の前に与えられたものとしてではなく、無数の文《エクリチュール》書が孕む不可解で汲み尽くせない意味のうちに示されるものとして捉えられる」。

　このようなデリダの構えに対して、ハーバーマスは、次のように反論しているという。

「デリダのこのような脱構築《デコンストラクション》の哲学がもたらすものも大したものではない、とハーバーマスは批判する。なぜなら、すでに述べたように、デリダもまた主観性や主体性を孤独な自我の独話《モノローグ》的活動にもとづくものとして捉えていて、その点では近代の主観性の哲学の立場を踏襲しているからである。そのためにデリダは、言葉の意味の同一性が意思疎通《コミュニケーション》の条件であることを捉えられないないし、主体の人格的な自己同一性がコミュニケーション的行為の妥当性要求によって要請されていることを洞察できないのである。そして、このことと関連して、デリダは、コミュニケーション的合理性との繋がりを断ち切ったかたちで近代的な主体を脱構築することによって、真理的妥当性の根拠を示すことなしに理性自身を否定する理性の言説の真理的妥当性を主張するという矛盾から逃れられない。こうしてデリダの近代《モデルネ》批判は、非合理的な主張のたんなる提起となり、たんに彼の個人的気質と家族の文化的背景にもとづいて、無政府主義《アナーキズム》的な反抗とユダヤ神秘主義的な啓示への期待に帰着してしまうのである[*367]」。

　エドワード・W・サイード、ノーマン・J・ウィルソン、ユルゲン・ハーバーマスによるデリダ批判と、言語論的転回について、ここで整理してみよう。西洋社会は「文明」をつくり上げた。なぜ西洋がそれを成し得たのか、それを問うのは、あまり意味がない。それは「なぜ、他の誰かでなく、この私が生まれたのか?」と問うのに、あまり意味がないのと同じだからである。

　この「文明」という言葉は、大きな構えからすれば、「歴史」、「構築」、「普遍」、「客観」などと言う言葉で置き換えるのが可能である。たとえば西洋は「歴史」をつくり上げた。しかし、それを定位するには、あくまでも「非歴史」という対概念が必要であった。あるいは、「文明」に対して「野蛮」が、「客観」に対して「主観」が必要であったとしてもいい。

そして、ここに否応なく「二項対立」が生まれることになる。つまり、西洋の普遍主義の思想は、二項対立によってはじめて成立するものなのである。それとともに、これが最も重要なことであるが、この二項対立を含めた西洋の普遍主義が、西洋の構築の理念の基盤にあることである。それを西洋の伝統と言ってもいいだろう。あらゆる西洋の後発の思想は、この先行する伝統と如何にして向き合うのか、その構えで、その思想の行方が決定する。

たとえばポスト構造主義による「言語論的転回」の議論も、その一つである。この場合、批判の対象は歴史の客観的叙述の如何に関してであった。そして、ポスト構造主義は、現実に起きたことが叙述された通りではない、それは必ず言語によって置き換えられる、また、歴史家による主観でまとめ挙げられている、それを、まるで超越的に書き記した「客観的叙述」とするのは「幻想」である、という批判であった。たとえば土田知則は『ポール・ド・マン』の中で、歴史的な「事実」について、この「事実」は、実は「虚構」である、としている。

「ところで、歴史的な「事実」はあくまで一つの暫定的・仮想的な事実および虚構にすぎないというのは、いったいどういうことだろうか。ごく単純に述べるなら、それは「事実」を絶対的・普遍的な「真実」と決して取り違えてはならないということである。そもそも"histoire"というフランス語がそうだったように、歴史(学)に関わる枢要な概念には虚構的＝物語的な意味が幽霊のようにまといついている。「事実」という概念も決して例外ではあるまい。「事実」を意味する"fait"という語は、動詞"faire"(「作る」の意）の過去分詞が名詞化されたものである。つまり、この語の成り立ちにも窺えるように、「事実」とはあらかじめ存在しているものではなく、あくまでも事後的に「作られたもの（fait）」なのだ。これは「事実」という概念に抗し難く貫入する虚構的＝物語的なプロセスを照射する一つの手がかりと捉えてよいだろう。［……］こうした指摘は、従来有効と思われてきた「事実＝現実」対「虚構」あるいは「歴史」対「物語」という単純な二項対立図式に根本的な疑念を突きつける」。

土田知則は、ここで「事実」が「虚構」を含んでいる、と書いている。それが、大文字の歴史の場合に限定して、とは断っていない。その言葉の本来の語彙から、それを判断しているからだ。だとするのなら、道徳的な事柄を叙述した歴史の「事実」の場合は、いったい、どうするのか？ 語彙として「「事実」を意味する"fait"という語は、動詞"faire"（「作る」の意）の過去分詞が名詞化されたものである」となってくると、ホロコーストの「事実」に関する公式な記録にも同じことが言えるはずである。すなわち、「事実とはあらかじめ存在しているものではなく、あくまでも事後的に「作られたもの（fait）なのだ」となると、では、ホロコーストが「事実」であることを、どう捉えたらいいのか？

これについて、土田はどう考えているのか？ ポスト構造主義の歴史家の場合は、例外的に、ホロコーストの「事実」は「真実」になる、とでも言うつもりなのだろうか？

あるいは、ジャン＝フランソワ・リオタールが『文の抗争』の中で言うように、アウシュヴィッツは「事実」と言えない「記号」だと、言うつもりなのか？

「修正主義者たちは、感情で歴史を書くわけにいかない、事実を立証しなければならない、と言うかもしれない。しかしアウシュヴィッツとともに、何か新しいことが歴史のなかで生起したのである。それは記号であるほかなく、事実ではありえない。なぜなら、事実、すなわち「今」と「ここ」の痕跡をもつ証言、そして事実の意味ないし諸意味を示すはずの記録文書、そして数々の名前、要するに、結び合わされることで実在を構成する様々な種類の文の可能性すべてが、可能な限り破壊し尽くされたからである」[*368]。

土田知則の錯誤は、「歴史」というものが「絶対的・普遍的な「真実」」と思い込んでいる点にある。そもそも、「歴史」に限らずとも、絶対的な真実など、どこにもありはしない。当然、普遍的な歴史叙述にも、かなりの誤りが混入している。歴史は、その時々の権力者によって叙述されている。だから、それが全て真実である、はずがない。だが、それでも、とりあえず、それをよし、として、一つの通史として、社会が受け止めてきただけの話である。

しばしば指摘されることであるが、マルクス主義は、西洋の普遍主義から生まれた産物である。ポスト構造主義もまた、このマルクス主義の場合と同様である。つまり、ポスト構造主義もまた、西洋の普遍主義の中から生まれてきた。言い換えると、それは普遍主義の「内部」から出てきたものであり、「外部」からやってきたものではない。すると、ポスト構造主義もまた、広義の意味では、西洋の普遍主義に「内在化している概念にすぎない」という話になる。

つまり、ポスト構造主義は、最初から、普遍主義と一つに繋がっているのである。そのために、仮に脱構築と称して、「構築」が破綻した場合は、論理的に言って、それに内在化する「脱構築」もまた、同時に消えてなくなることになる。

そして、これと同じ論法によって、西洋の普遍主義の客観的な叙述の「歴史」を「幻想」である、としてしまうと、ポスト構造主義も普遍主義に内在化しているのだから、ポスト構造主義の歴史も同様に「幻想」である、ということになる。論理的に言って、そうである。繰り返すが基底概念がもし「幻想」であるのなら、そこに内在化する概念も、また幻想にならないと、話がおかしいからである。

ハーバーマスがデリダを批判して、「近代的な主体を脱構築することによって、真理的妥当性の根拠を示すことなしに理性自身を否定する理性の言説の真理的妥当性を主張するという矛盾から逃れられない」としているのは、こういうことなのである。またノーマン・J・ウィルソンが「それゆえ、脱構築主義者自身の言説もまた、他の人の言語とまさに同じように脱構築されなければならないのである」と言っているのも、これと同じ話を、別の言葉に置き換えているのである。

一方、N・バンセルらは『植民地共和国フランス』の中で、西洋の歴史とは何か、それをクロード・レヴィ＝ストロースを引き合いに出して書いている。

「自民族中心主義とは、自分に馴染みの特殊を一般化することであり、自分の価値観を「絶対的」価値とすることである。自民族中心主義に立つならば、クロード・レヴィ＝ストロースが『人種と歴史 Race et histoire』〔荒川幾男訳、みすず書房、一九七〇年〕で述べたように、他者の歴史は停滞していると見えるのに対して、自己の歴史はさまざまな経験を蓄積し、獲得することで形作られているように見えるであろう。こうして歴史なき社会とされた非ヨーロッパ社会は、歴史以前の段階に位置づけられ、「近代」という時空間から排除されてしまうのである」。

N・バンセルらの言う「自民族中心主義」が、西洋による「大文字の歴史」である。それは、歴史とは、西洋の歴史を意味しているのだ、と考える姿勢である。「自分に馴染みの特殊を一般化することであり、自分の価値観を「絶対的」価値とすることである」。言い換えると、それが「勝者の歴史」である。

宇野邦一は、その著書『反歴史論』の中で、やはりクロード・レヴィ＝ストロースを引き合いに出しながら、ヨーロッパの描く大文字の「歴史」の本質を正しく分析している。

「たしかに現代世界の、それじたい歴史の結果にほかならない政治的、経済的、宗教的な力関係の中で、レヴィ＝ストロースが提唱したような〈差異の肯定〉が的確に実現されることは、きわめてむずかしい。差異の肯定は、相互的なものでないとしたら、差異の肯定ではありえない。相互性がないところには、たちどころに差異の否定が復活する。そして差異を肯定するとき、われわれは、他者の社会における不正さえも肯定しなければならない。フィンケルクロートは、このようなパラドクスから、西欧がもう一度普遍的理性の役割を確信し、それにもとづき自信をもって行動すべきだという、ほとんどひとつのモラルのようなものを導き出している[*369]」。

フィンケルクロートとは、フランスの哲学者のアラン・フィンケルクロートのことである。フィンケルクロートは、その著書『思考の敗北あるいは文化のパラドクス』を書いた[*370]。宇野邦一は、そのフィンケルクロートの著書を取り上げている。アラン・フィンケルクロートは、西欧の普遍主義を推進すべきだとする。それに対して、宇野は、『反歴史論』の中でこのように反論している。

「歴史から逃れることができない私たちは、決して歴史を捨てずに、歴史をつきうごかしている非歴史的なものを再発見するようにして、歴史の害に抵抗するしかない。フィンケルクロートは、パラドクスを前面に出す思考がいつもそうであるように、問いを形式化し、しかもあくまでも歴史的な意識のなかに閉じ込めたままで形式化している。差異を否定する普遍主義と、差異を肯定する特殊主義という対立項が、すでに二つの歴史主義（啓蒙主義とロマン主義）のヴァリアントなのだ。ほんとうはこの二つに、差異を肯定する普遍主義と差異を否定する特殊主義を加えなければならない。さらにこのリストに、歴史的思考と非歴史的思考のいくつかのタイプを組み合わせなければならない。普遍的なものは、歴史的な形をとることもあり、非歴史的な形をとることもある」。

そして宇野は、同じ著書の中で、彼自身の歴史に対する考え方を明快に綴っている。

「われわれは歴史から逃れられないからこそ、歴史に抵抗する。さまざまな歴史がありうるのに、その多数多様な歴史を一つの歴史にむけて中心化する歴史がある。さまざまな歴史の上に立つ歴史がある。どんな不連続も連続にもたらし、その連続体において出来事を意味づけ、普遍主義にせよ特殊主義にせよ、一つの身分証明書を与えるような装置として歴史は存在する。しかし決してそのように機能すまいとする歴史もありえた」。

宇野邦一の主張は、確かに正論なのである。だが「非歴史的なもの」が、いったん「歴史」と正面から衝突してしまえば、それは瞬く間に「歴史」の中へと全て回収されてしまうのである。それが、西洋の「歴史」であった。この「歴史」は、絶対に「他者」の存在を正しくは認めない。「差異を肯定する普遍主義」などあり得ないし、「差異」を肯定した瞬間に、それは普遍主義ではなくなる。

それほどまでに、「多数多様な歴史を一つの歴史にむけて中心化する歴史がある」のである。「さまざまな歴史の上に立つ歴史がある」のだ。「どんな不連続も連続にもたらし、その連続体において出来事を意味づけ、普遍主義にせよ特殊主義にせよ、一つの身分証明書を与えるような装置として歴史は存在する」からである。事実、西洋の「歴史」はそのように描かれてきたし、いまもなお、そのように描かれ続けている。

クロード・レヴィ＝ストロースはその著書『野生の思考』の中で、「大文字の歴史」を批判して、こう言っている。

「ところで、年代コードは、歴史の日付を単なるリニアーな一系列と見るとき一般に考えているより、はるかに複雑な性格をかくしもっている。〔……〕したがってコードは日付のあつまりとしてのクラスでしかあり得ない。その中で日付の一つ一つは他の日付との間に複雑な相関と対立の関係を保ち、それがゆえに意味をもつのである。クラスのそれぞれは一つの周波数によって規定され、歴史総体もしくは歴史領域とでも呼ぶべきものに従属する。〔……〕歴史それ自体の方は、非周期的集列の形で提示することはできない。われわれはその集列の一断片しか知り得ないからである。歴史はいくつもの歴史領域で形成された一つの不連続集合である」。

「歴史はいくつもの歴史領域で形成された一つの不連続集合である」。そう述べた上で、レヴィ＝ストロースは、こう結論づけている。

「それゆえ歴史的生成を考えるとき、一万年もしくは十万年単位でコード化される先史時代にはじまり、つづいて紀元前四千年ないし三千年から千年単位の尺度をたどり、次には世紀単位の歴史の形をとって、さらに筆者の好みしだいで一年単位、一日単位、場合によっては一時間単位の歴史の薄片をはさみ込んだ連続的進展と見るのは幻想であるのみならず矛盾である。これらの日付のすべてが一集列を形成しているのではない。それらは異なるいくつかの種に属している[*371]」。

確かに、レヴィ＝ストロースの言う通りなのである。歴史は、そもそも、リニアーではない。「すべてが一集列を形成しているのではない」。しかし、それらの「いくつもの歴史領域で形成された一つの不連続集合」を「リニアーな一系列」と見做し、それを全体を俯瞰するような「連続的進展」とする「権力」
が、西洋の「歴史」なのであり、それは、いまも、ずっと作動し続けている。それも、また「歴史的な事
実」なのである。というより、いまここで「権力」と呼ぶものこそが、まさに「歴史」そのものなので
ある。
大久保恭子はその著書『〈プリミティヴィスム〉と〈プリミティヴィズム〉』の中で、メアリー・ルイー
ズ・プラットの、次の発言を引いている。

「いかにして主体が相互の関係の中で、そしてそれによって構築されているのかという点を重要視して
いる。〈接触〉という視座は、植民地開拓者と彼らに支配されたひとびと、あるいは旅行者と〈受け入れ
る側〉との関係を、分断からではなく、共存性や相互作用、理解と実践との連結からとらえるものだが、
多くの場合それは、根源的に均整を欠いた権力関係の中でなされている[*372]」。

多くの「根源的に均整を欠いた権力関係の中でなされている」というメアリー・ルイーズ・プラットの
指摘は、実に正しい。この「権力関係」のことを、私は先程から、繰り返し、それが「歴史」だと言って
いる。生々しい権力闘争がすっかりと消え去ることなど、到底に考えられない。人間が完全な善ではなく、
不完全な生き物であり続ける以上、強者と弱者の関係が清算されることなどは、現実的に、全くもって想
定し得ない。

その上、宇野邦一自身が正しく書いているように、正論ばかり述べているクロード・レヴィ＝ストロー
スと、その〝文化人類学〟こそが、そもそも、西欧社会の権威が生み出した学問であり、一つの「権力」
なのである。

「こんなふうに西欧の知性として西欧を批判するという、もともと屈折した立場は、歴史をめぐって、だんだん迷路に似た場所に降りていかざるをえない。民族学（人類学）のような学自体が、歴史的な社会の歴史的産物にほかならない。この逆説は、単にひとりの人類学者に属する管理ではない。それはいまさまざまな歴史の果てで歴史について考えようとするとき、どこでも思考を襲う背理なのだ」。

さらに言えば、文化人類学は西洋社会の規範から生まれたものであるだけでなく、西洋の悪しき植民地主義と密接に関わってきた学問である。いま、これまでのフィールド・ワークを代替する案、たとえば藤田結子他編『現代エスノグラフィー』に見られるように、文化人類学を再構成しようとしているようである。[*373]だが、たとえどのように改めようとも、植民地主義の歴史は、文化人類学から消え去らない。これが正論が好きなレヴィ＝ストロースの限界であり、まさにフィンケルクロートの言う「文化のパラドクス」なのである。何しろ宇野自身が『反歴史論』の中で、その話を、こう書いているからである。

「そして彼が調査にむかう民族は、すでにヨーロッパのもたらした軍隊とキリスト教と伝染病によって、多かれ少なかれ原型を損なっており、彼がその民族と接触するためには、既にヨーロッパの言語を知る現地の通訳に助けられ、多くの場合、かつて彼よりもずっと大きな危険を冒して布教をおこなった宣教師たちの情報を頼りにしなくてはならない。部族の構成を知り、人名録を作成し、言語を調査することは、それが支配をめざすものでなく、少しも暴力をともなわないにしても、すでに植民の行為に似ている。キリスト教化と、植民地支配と、民族学は不可分の関係にある。占領と改宗と植民はいつも同時に進行して、歴史のリズムを作りだしてきた」。

「キリスト教化と、植民地支配と、民族学は不可分の関係にある」。これが、文化人類学の正体である。

まさに「部族の構成を知り、人名録を作成し、言語を調査すること」が、「すでに植民の行為に似ている」のである。

宇野は『反歴史論』の中で、「キリスト教と民族学の共犯性をラテン・アメリカの詩人」のオクタヴィオ・パスの『クロード・レヴィ＝ストロース』から、次の箇所を的確に引用している。

「キリスト教は他者を発見しただけでなく、わたしという存在はあなたという存在があってはじめて生きるのだということも発見した。この、内省というキリスト教的弁証法を、個人のレヴェルでなく社会のレヴェルで反復したものが、民族学である。すなわち、他者のうちに人間的存在を見出し、相似ではなく、相違のなかで自分自身を認識しようとするのだ。付言すれば、キリスト教が存在しなければ、直線的な時間観念（歴史）は生まれなかっただろう。われわれはこの宗教に進歩とその行き過ぎ、そして悔恨を、つまり技術と帝国主義、そして民族学を負っているのである[*374]」。

また村田麻里子も、その『思想としてのミュージアム』で、植民地主義と文化人類学の密接な関係を実に正確に書いている。

「観光のまなざしが大衆に広がっていた時期、アフリカやアジアの奥地に行き始めたのは政府官吏、宣教師、商人や人類学者たちであった。帝国支配下の原住民の統制、彼らとの交易やキリスト教への改宗など、原住民とのコミュニケーションをはかるためには、言語習得や民族データ収集が、不可欠となった。こうして、帝国支配という極めて現実的な要請から、民族誌資料が集められていった」。

そのように正しく書いてから、村田は、こう続けている。

「さらに、一九世紀後半になると、それまでの「アームチェア（肘掛け椅子）の人類学」に変わって、現地に長期滞在し、原住民と信頼関係を築きながら徹底した現地調査を行う、フィールドワークと参与観察を基本とする方法論が確立されるが、この長期にわたる綿密な調査の副産物として、数多くの写真、物品、記録がヨーロッパに流通することになる」[*375]。

スーザン・ソンタグは『反解釈』の中で、「英雄としての文化人類学者」という章を設けている。ただ、その内容は、英雄への敬意どころか、かなり辛辣な内容である。

「かくして、おのれの内的疎外を都会知識人として確認すべく、異国的なものに身を捧げる男が、果ては、おのれの研究対象を純粋式的コードに翻訳することによって征服することを目指すのが、オチということになる。異国的なもの、未開のものへの相反感情併存の態度は、つまるところ克服などされず、ただ複雑な再説を生むことになる。一個の人間として、人類学者は、おのれ自身の魂の救済にたずさわる。しかしまた人類学者は、きわめて高性能の形式分析の手法――レヴィ＝ストロースが《構造》人類学と呼ぶもの――を駆使して、自分の研究対象を記録し理解する仕事にもたずさわっていて、この高性能の形式分析技法が人類学者の個人的体験のあらゆる痕跡を抹殺してしまい、彼の研究対象である所与の未開社会の人間的な諸様相を拭い消してしまう」[*376]。

文化人類学の如何わしさは、ここにこそある。つまり、非歴史に、未開に関心を注ぐ文化人類学とは、同時に植民地主義に加担した西洋の学問なのである。渡辺公三の『レヴィ＝ストロース』によれば、カイヨワは、「人類学そのものが西欧によってのみ生み出されたものである」と批判していた。

「カイヨワによる批判の要点は、レヴィ＝ストロース流の文化相対主義が、異文化を高く評価して西欧の価値をおとしめ、西欧の一層の自信喪失を導くだけだという点にある。それればかりでなく、異文化間の理解不可能性を言いつつ、人類学には異文化を高く評価する能力を認め、しかもその人類学そのものが西欧によってのみ生み出されたものであることを都合よく忘却している」[*377]。

むろん、これに対する文化人類学者による「実に苦しい言い訳」はある。たとえばジェイムズ・クリフォードの発言がそれである。『対談集　人類学の周縁から』に所収の「ジョゼ・レジナルド・ゴンサルヴェスとの対話」の中で、クリフォードは、こう述べている。

「現在では人類学への批判、正確に言うと植民地主義の道具としての人類学をいうのではなくて――それではあまりにも単純すぎます――、権力のコンテクストに埋め込まれた実践の集合としての、システムの一部をなすものとしての人類学にたいする批判は、私たちにはお馴染みのものになっています。これらの批判、それに、しばしば私たちを当惑させるものですが、先住民活動家たちの「人類学屋（Anthros）」に対する敵意が示しているのは、意識か否かを問わず、人類学が実際に植民地状況のなかでひとつの役割をはたしてきたということです」。

クリフォードは、「人類学が実際に植民地状況のなかでひとつの役割をはたしてきた」と認めている。その上で、クリフォードは、自分自身の人類学者としての拠点が、「西欧中心部《ユーロセンター》」の「外」には出ていないと正直に述べている。

「私は変わりつつある領域の地図を描くにはいまのところあまり適した位置にはいないと感じています。私は西欧中心部《ユーロセンター》で仕事をしていますから。それなりに周縁的なところで仕事をしてはいますが、やはり決定的に西欧中心部の内側です」。

またクリフォードは、「ジョゼ・レジナルド・ゴンサルヴェスとの対話」の中で、美術館や博物館のコレクションの拡張と帝国主義の拡張との間に相互関係性がある点について、こう述べている。
「私たちが知っている限りの博物館／美術館は、拡張する西洋とその帝国的、国民的プロジェクトの、欠かすことのできない一部分でした。エキゾティックな収集物の「芸術的」で「文化的」な中心地への根こそぎの移動は、さまざまな領有と翻訳とを含んでいましたが、いまではそれらは再＝屈接し、ある程度は逆転されてさえいます[*378]」。

クリフォードによる前半の発言は正しい。西洋の「美術館」は、帝国主義の投影物なのである。一度、そこに収集されると、本来の意味は全て奪われる。それに対して、最後の部分は、クリフォードの言う通りとは思えない。「いまではそれらは再＝屈接し、ある程度は逆転されてさえいます」とは、必ずしも言えないからである。歴史と非歴史、西洋と未開という非対称性の関係の中で、「再＝屈接し、ある程度は逆転」が起きるなど、ただの「希望的観測」にすぎない。

一方、クリフォード・ギアーツは『文化の読み方／書き方』の中で、文化人類学と植民地主義の関係を前提にして、未開について西洋人が「書く」ことの意味を語っている。

「実を言うと、書く――つまり民族誌を執筆する――権利そのものが危殆に瀕しているらしい。かつて植民地化されたことがある民族か祖国喪失の漂泊民族が（民族固有の仮面をつけて母語を吟じつつ）地球規模の経済と高度な国際政治と世界文化の舞台に登場しはじめたことによって、われこそは未開の文化の護民官、未見の民族の代弁者、誤解されてきた習俗の理解者なりという人類学者の自負を維持し続けることは、ますます困難になってきている」。

クリフォード・ギアーツは同じ本の中で、民族学者ジェイムズ・クリフォードについても言及している。

「いまや奇妙キテレツとしか言いようのない［もの］は、未開民族のことではなく、彼らについての文化人類学的記述そのものなのだ」と、メタ民族学者ジェームズ・クリフォードは書いている（とはいえ、おそらく彼の本音は「いまや、いかがわしいとしか言いようのないもの……」であろう）」。

そして、クリフォード・ギアーツは、文化人類学と植民地について、さらにこう書いている。

「文化人類学者が奇妙キテレツな（あるいはいかがわしい、あるいは搾取的な、あるいは圧倒的、あるいは凶暴な）ものとなったわけは、現在民族誌を執筆している文化人類学者の大半が、主として、彼ら自身経験していない、また経験したいとも思わないある歴史的脈絡――すなわち植民地化を媒介とする異民族との遭遇――において形成された一つの職業にたずさわっているということである。他のすべての学問領域と同様、人類学においてもあの遭遇が依拠している非対称的権力関係（この権力関係は形態上どれほど変化を蒙っていても、消失してはいない）から距離を置きたいという欲望は一般的にきわめて強く、ときには圧倒的なほど強いため、民族誌学という概念そのものに対して少なくとも両価的な態度を生み出す[*379]」。

ここでは「人類学においてもあの遭遇が依拠している非対称的権力関係（この権力関係は形態上どれほど変化を蒙っていても、消失してはいない）」としている点がとても重要である。なぜなら、文化人類学において、植民地主義の非対称の権力関係がいまだ消え去っていないと、クリフォード・ギアーツが正直に告白しているからである。

また菊地暁の「帝国の「不在」」（山本有造編『帝国の研究』に所収）でも、かつての支配者が被支配者について「書くという行為」そのものが、やはり批判の対象にされている、と書かれている。

「一九八〇年代以降、人類学と植民地主義をめぐる議論は、ますます混迷の度合いを深めていく。サイードのオリエンタリズム批判に端を発するポスト・コロニアル理論の興隆が、人類学にテクスト批判を導入したのである。その代表作が、『文化を書く』(クリフォード/マーカス編〔一九九六〕)、『文化批判としての人類学』(マーカス/フィッシャー〔一九八九〕)である。これらの論考は、人類学者の学的営為が、フィールドワークと同程度、あるいはそれ以上に、フィールドから帰ってきて民族誌を「書き上げる(writing up)」作業に依存していることに着目した。その作業には、さまざまなレトリック、さまざまな政治的モメントが介在している。宗主国の人類学者が植民地住民を表象するという非対称の権力関係がそこにあり、その際、植民地住民の文化は、しばしば「滅びゆくもの」「失われゆくもの」というレトリックによって提示されるのである。以上の問題提起の結果、民族誌はかつてのように「包括的」なものではなく、特定の人類学者が特定の文脈において特定の文化要素について描き出した表象、すなわち「部分的真実(partial truths)」に過ぎないことが明らかになった[*380]。

ジェイムズ・クリフォードは『文化を書く』(ジェイムズ・クリフォード、ジョージ・マーカス編)に所収の「第1章 序論 部分的真実」の中で、エドワード・サイードの『オリエンタリズム』から、サイードによる「オリエントは「テクスト化」されている」という言い方を引き出し、こう書いている。

「オリエントは「テクスト化」されている、と彼は言う。オリエントの多種多様な物語と現実の苦境は、あたかも全体が首尾一貫しているかの如く織り込まれ、記号で詰まった一つの実体をつくり、西洋の巨匠に読むことを許しているというわけである。そして神秘化されて、今にも崩れんばかりのオリエントは、光のもとにやさしく運び出され、外部の学者の作品の中で救い出されるのである。もちろんオリエンタリズムにだけ限ったことではないが、そうした空間的/時間的な位置における優越性の結果、外部の学者たちは分離したアイデンティティを他者に押しつけ、またその一方では、知ろうとしている観察者に、他者から見られることなしに見る、邪魔されずに読むことのできる席を提供するのである」[*381]。

また小森陽一が『レイシズム』で引用しているが、サイードは『オリエンタリズム　下』の中で、「書く」という事柄について、次のように規定している。

「オリエンタリストとは書く人間であり、東洋人《オリエンタル》とは書かれる人間である。これこそ、オリエンタリストが東洋人《オリエンタル》に対して課した、いっそう暗黙裡の、いっそう強力な区別である。［……］そこにあるのは情報源（東洋人《オリエンタル》）と知識源（オリエンタリスト）である。つまり、筆記者と、彼によってはじめて活性化される主題である」[*382]。

これに対して、ジェイムズ・クリフォードは「第一章　序論　部分的な真実」の中で、「自己内省的なフィールドワーク報告」という新しいサブジャンルに期待しているとする。

「さまざまに洗練されたスタイルを持ちながら愚直で独白調かつ分析的、といったこれらの物語は、認識論的問題、存在論的問題、そして政治的問題といった広い領域について、重要な公開討論の場を提供する。文化の分析者の言説は、「経験を積んだ」観察者が慣習について記述し解釈する、というような単純なものではもはやありえないのである。体験と参与観察という民族誌の理想は非常に問題が多いことがはっきりとした。新しいこのサブジャンルはさまざまなテクスト戦略を試みる」。

しかし、「テクスト戦略」を試みるのは、相変わらず、かつての支配者側＝西洋である。フィールドワークがしたいのは、相変わらず西洋人か、その仲間である。また「自己内省」な手法にしたから、過去の植民地主義の歴史が消え去るというわけではない。「自己内省的なフィールドワーク報告」は、西洋からの実に都合の良い修正案にすぎない。常識的に言って、これを文化相対主義とはとても呼べない。結局は、「テクスト戦略」もまた、例の（われわれ）西洋による「大きな物語」へと回収される運命にあるだろう。

宇野邦一が「さまざまな歴史がありうるのに、その多数多様な歴史を一つの歴史にむけて中心化する歴史がある。さまざまな歴史の上に立つ歴史がある。どんな不連続も連続にもたらし、その連続体において出来事を意味づけ、普遍主義にせよ特殊主義にせよ、一つの身分証明書を与えるような装置として歴史は存在する。しかし決してそのように機能すまいとする歴史もありえた」と言っていたが、その主張そのものは、繰り返すが、確かに正論なのである。しかし、如何にしても、宇野邦一の思考は、〝現実〟への対処の有効性に大きく欠落している。簡単に言えば、その論理では、現実政治（リアル・ポリティックス）を変更できない。つまり、それでは、何も変わらないのである。

また、西谷修は『世界史の臨界』の中で、ヨーロッパが描き続けてきた「世界史」が限界に来ている、そして、かつてのヨーロッパの植民地の独立によって、ポストコロニアルの時代に入っていると書いている。

「たとえば〈世界性〉は、〈ヨーロッパ〉的歴史の同化と統合の運動によって、そしてみずからを〈普遍的〉とする〈ヨーロッパ〉の諸原理によって、個別の地域や文化を超える〈普遍〉の一元化として構成されたかにみえる。もちろん〈ヨーロッパ〉はそれを目指し、あらゆる社会システムや知のシステムを普遍的価値をもつものとして世界に輸出してきた。しかしその結果生じたのは、それぞれの地域のそれぞれの複合化である。グローバリゼーションが地域的差異の主張を呼び起こすように、〈世界性〉とは普遍的原理にささえられた世界の一元化としてあるのではなく、複合化した諸地域の連鎖としてしかありえない。そのことが〈ヨーロッパ〉的原理の立場からは見えにくいのは、〈ヨーロッパ〉以外の世界のあらゆる地域が〈ヨーロッパ〉を被ることで複合化し、複合的であることが一般的なのに、〈ヨーロッパ〉だけが相変わらず自己同一的であり続けようとしているからだ。実は〈ヨーロッパ〉も、植民地を抱えて拡大化された自己を形成し、植民地支配を維持している間は一方的に同化のベクトルを働かせてきたが、今ではその支配権を失って、旧植民地地域から逆流の作用を受け、いま複合化の試練に立たされている。それが〈ヨーロッパ〉自身の抱える「ポスト・コロニアリズム」の問題である[*383]。

しかし、西谷の主張は、必ずしも有効とは言えない。なぜなら、実際に、そのヨーロッパから、たとえばフランスから独立した旧植民地に顕著なのであるが、植民地支配を脱してみて、旧植民地の人々が必ずしも平穏になれた、というわけではないからである。また、そのためにヨーロッパが、全体として、ひどく衰退している、とも限らないからである。それを、西谷のように日本にいて遠くから観察している人間ではなく、実際に、その現場、つまり旧植民地にいる人間は、そのように発言しているからである。

たとえば、アルベール・メンミがその一人である。メンミは一九二〇年に、フランスの保護領のチェニジアのチェニスにユダヤ人の父とベルベル人の母のもとに生まれている。そのメンミが『脱植民地国家の現在』で、こう書いている。

「植民地の終わりは自由と繁栄をもたらすはずであった。原住民は市民に生まれかわり、おのれの政治的・経済的・文化的運命の主人となるはずだった。数十年にわたって日の当たらぬところに押しやられていたのが、やっと自前の国として開花し、完全な主権を発揮するし、貧富の別はあれ、自分の労働と、自分の土地が地上・地中からもたらす産物を手にするはずだった。本来の特質をやっとのびのびと活かすようになり、自国語を取り戻して、おのれの独自の文化を表現し、豊かに実らせることができるはずだった。［……］まことに残念ながら、多くの場合、あれほど熱望され、しばしば苛酷な試練の代償を払って獲得した新しい時代に、なお支配しているのは、貧困と腐敗であり、大混乱でないにせよ暴力であることを、認めざるをえない。［……］たしかに、それなりの努力が報われて成果を上げる例があることは認めるが、大部分の者にとっては、今なおスープの中身は変わっていない。変ったのは、主人だけ、しかも元の主人よりしばしばもっとひどい暴君である」。

では、メンミはヨーロッパについては、どう考えているのだろうか。同じ本には、こう書かれている。

「合衆国も含めた西欧の衰退が改めて話題になっている。数十年前に流行したテーマだ。西欧はそれほど調子が悪いとは見えない。それに衰退があるとしても、西欧と他の世界との差はあいかわらず大きい。人口移動は西欧に向かっており、その逆ではない。第三世界の学生たちは好んで西欧の大学に行く。西欧では経済的繁栄は続いており、他の地域ではこうした例は稀だ」[*384]。

つまり、脱植民地になったから、以前よりずっと良くなった、というわけではないのである。西谷の主張は、結局は、アルベール・メンミのような当事者の、シビアな現実を、まるで踏まえてはいない。西谷の見解は、涼しくて、豊かで、安全な場所に陣取った傍観者による、遠くからの観察だけなのだ。

たぶん、西谷自身の誤解は、ノーマン・J・ウィルソンが『歴史学の未来へ』の中で、ポストコロニアリズムについて書いていることを読めば、すぐに氷解するのではないだろうか？

「周縁は、中心から定義されている限り、管理可能なものであり続ける。中核地域の外部にいる知識人は、もっぱらかれら自身のヨーロッパとのつながりで頭がいっぱいであるわけではない。しかし、ポストコロニアリズムは歴史の多様性を一般化し、直接的にであろうと反証としてであろうと、歴史をヨーロッパの中核に関連づけるのである。偶然的な変化はつねにヨーロッパ的中核によってか、ヨーロッパ的中核のためにか、ヨーロッパ的中核に対抗して生じる。それゆえ、概念としての他者は西洋の歴史主義の論理にとらわれ続けているのだ。［……］そのうえ、合理的行為者というパラダイムがほとんどのポストコロニアル的研究を支配している。ホミ・バーバとヴェーナ・ダスは、合理的行為者によって構成される社会的行為というパラダイムに疑問を示しているが、これまでポストコロニアリストたちはまだ合理的主体のパラダイムに代わるものを提出できていないのである。はたして、普遍化しようとするすべての論理を拒絶しながら、なおかつ普遍的合理性の考え方にすべての分析を基づかせることは可能なのだろうか」。

むろん、ノーマン・J・ウィルソンによるこの問いの答えは、現実的にそれは「不可能である」となる。またノーマン・J・ウィルソンによると、「ポスト－コロニアル」という用語の「起源」は、一九八九年のことだという。

「「ポスト－コロニアル」という用語は、1989年にビル・アシュクロフトとガレス・グリフィス、ヘレン・ティフィンの『ポストコロニアルの文学』が出版されたことを契機に主流になった。かれらは、「ポスト－コロニアル」という用語を「植民地化された時点から現在に至るまで帝国主義のプロセスにさらされてきた文化の全体を指す」ものとして用いる。「というのも、ヨーロッパの帝国的侵略に始まる歴史のプロセスには、そのあいだ一貫して、関心ごとが継続していたからである」。

しかし、「ポストコロニアル」という言葉自体は、実はそれほど前向きなものではない。たとえばペリー・アンダーソンは『ポストモダニティの起源』で、「ポスト－コロニアル」という概念を唱えることの、最大の矛盾点を鋭く突いている。

「すなわちポストコロニアルという概念は、想像されるような地域、つまりアジアやアフリカにその起源を持つのではなく、逆に、白人が支配的であったかつての入植地域、つまりニュージーランドやオーストラリア、カナダを起源とするものなのである[*385]」。

これは、事実である。ビル・アシュクロフト、ガレス・グリフィス、ヘレン・ティフィンによる『ポストコロニアルの文学』の木村茂雄の「訳者あとがき」を読むと、「原著者のビル・アッシュクロフト、ガレス・グリフィス、ヘレン・ティフィンは、それぞれオーストラリアのニュー・サウス・ウェールズ大学、ウェスタン・オーストラリア大学、クイーンズランド大学で教鞭をとる、ポストコロニアル文学の研究者である」とした上で、この「著者たちが白人系オーストラリア人」であると記している[*386]。

また同じビル・アシュクロフト、ガレス・グリフィス、ヘレン・ティフィンらによる『ポストコロニアル事典』の木村公一の「編訳者まえがき」には、こう書いてある。

「さらに言えば、本事典は、植民者であると同時に被植民者としての複合的アイデンティティを引き受けざるを得ない原著者たちに固有の両価的感情に深く根ざし、その葛藤の中から生み出されたところにその特色が窺える。白人系オーストラリア人としての文化的エネルギーに読者を巻き込もうとする戦略を孕んでいるのは明らかである[*387]」。

つまり、「ポストコロニアル」を言い出したのも、白人系オーストラリア人の植民者なのである。「脱植民地主義」の言説もまた、口当たりのいい「多文化主義」と同様に、非西洋ではなくて、植民者である、われわれ（西洋人）から、すなわち西洋中心主義から発信されているのである。

ユルゲン・ハーバーマスは、その著書『引き裂かれた西洋』の中で、インタヴューアーのジョヴァンナ・ボッラドリに対して、彼自身が脱構築主義者から「ヨーロッパ中心主義にとらわれているのではないか」と批判されている点に言及して、こう切り替えしている。

「ヨーロッパ中心主義にとらわれているのではないかという懐疑は、ディコンストラクションの側から絶えず寄せられていますが、これに対しては逆に以下のように問い返したくなります。日常の対話をもとにつくられ、フンボルト以来、テクスト解釈の実践の中から発展してきた解釈学的理解モデルが、自らの文化、自らの生活様式と伝統の境界を越えた途端にまったく役に立たなくなるなどということがどうしてありうるのでしょうか、と。文化的、空間的な距離が短かろうが長かろうが、意味論的差異が小さかろうが大きかろうが、一つの解釈行為が成り立つためには、いずれにしても一方の解釈学的先行了解と他方のそれとの間の隔たりに橋を架ける作業が必要です。あらゆる解釈とは、一言でいえば翻訳なのです。なにもデイヴィドソンを持ち出すまでもなく、一つの概念図式はいくつかある世界の中の一つを構築するものであり、その理念は、けっして矛盾なしには考えられないということは容易に理解できます。あるいはまたガダマーの議論を用いて次のように言うこともできるでしょう。自己充足的に閉じており、同種の他の意味空間と共約不可能な意味空間などという理念は、それ自体矛盾した概念であると」。

このようにハーバーマスは、「テクスト解釈の実践の中から発展してきた解釈学的理解モデル」、「一方の解釈学的先行了解」、「一つの概念図式はいくつかある世界の中の一つを構築する」というように、西洋の普遍主義の正当性をまず擁護している。さらに彼は、ある種の単一主義の容認から、即座に「自民族中心主義が必ず導き出されるわけではありません」と反論する。

「しかし、だからといってそこから方法論的な自民族中心主義が必ず導き出されるわけではありません。ローティ、あるいはマッキンタイアーは、理解の同化モデルを弁護しています。それによれば、根元的解釈とは自らの合理性の基準に相手を同化させるか、そうでなければ反対に、完全な異質な世界像の合理性に屈するかということにほかならないというのです。つまりわれわれが理解できるのは、世界を解明するある一つの言語の命令に服するものだけだという考え方です。しかしこの説明が当てはまるのは、せいぜい出発点の状態に対してであり、まさにこの状態がほかでもない解釈学的努力をするように挑発するのです。なぜならこの状態は、参加者に自分たちの当初の解釈視点が一面的であることを意識させるからです[*388]」。

ここでハーバーマスの言う「つまりわれわれが理解できるのは、世界を解明するある一つの言語の命令に服するものだけだという考え方です」という発言が、まさに彼の本音を言い表している。あるいは、普遍主義の強い擁護を示唆している。その上で、さらに重要なのは、「参加者に自分たちの当初の解釈視点が一面的であることを意識させる」と言っていることである。参加者とは西洋人である。西洋人の単一主義は正しい、だが、それは一面にしか過ぎない、それを相対化する必要があると、ハーバーマスは参加者に向けて、そう言うのである。この視点は「つまり、いかなる場所でも同じかたちで生じ、究極的には一つに収斂して、われわれ［西洋］の世界と同一のものとなる運命にある過程として、相も変わらず近代をとらえてしまうわけである」というチャールズ・テイラーの「反省」と実によく似ている。つまり、彼らは、突き詰めれば、西洋人であることを誇りにしているだけなのであり、彼らの発言に顕著なように、それほどまでに西洋中心主義は強靭なのである。

またハーバーマスは『他者の受容』では、同じことを、言葉を変えて、こう書いている。

「それでも、この手続きの適用にあたって、自分の先行理解を完全に取り除ける者はいないだろう。「我と汝」は、普遍化テストを何の前提もなしに行うことはできないのである。われわれはそのテストをそれぞれ自分の世界像から作り出したパースペクティヴから行うしかない。とくに、政治的なものの領域についての、さらには政治的なことがらとして数え入れるべきもののすべてについての、背景となる基本想定がここに入り込んでいる。したがって次の一歩で、各市民が自分が有望と思う構想を世界像のうちにうまく埋め込めたとしても、ほとんど驚くに値しない。たしかに普遍化テストは、すべての理性的市民にさまざまな世界の特殊性を取り除くよう求める。しかしこの普遍化の操作も、各人は自分の世界把握のコンテクストにおいて行うしかないのである。なぜなら、この参加者としてのパースペクティヴを放棄すると、――観察者の立場からの――基本的次元そのものを失ってしまうからである[*389]」。

「自分の先行理解を完全に取り除ける者はいない」とは、西洋人としてのコンテクストからは自由になれない、という意味である。近代の政治的な次元の重要な要素は、全て西洋の理念が構築している。この西洋の理念こそが「基本的次元」のことである。

さらにハーバーマスは『史的唯物論の再構成』で、「歴史」には「全体性」があり、つまりは主観主義ではない、という意味のことを書いている。

「それに対して、U・アナッカーとH・M・バウムガルトナーは、正当にも、歴史構成の根底に横たわっている歴史理念は総じて具象化されてはならないと固く信じている。「歴史は、ある意味で、過去の任意の出来事を語る回顧的構成としてしか可能ではない。だが、そこから帰結するものは、過去の決定した歴史も、過去、現在、未来の規定可能な連関としての歴史も、矛盾なしには考えられないというテーゼである。このようなテーゼは、歴史一般についてはもはや意味あることが語りえないとさえ述べることになってしまうように見える……。しかしながら、どの程度まで物語は行為に定位しているのか、それゆえ、物語はどの程度まで人間の行為に関連づけられるのかを問うてみるなら、超越論的立場では、物語と関心との関係が主題化されてくる。つまり、個々の物語が純然たる任意性に委ねられているわけではないというとだけではなく、同時にあらゆる物語の相互のありうべき関係づけがどうなされているのかが問われてくるということである。物語への関心には、全体性への関心、つまり確かに実感できるものではないが、時代の現実性を理解するためには必ず前提される全体性への関心が隠されている。それがあってこそ、物語構成そのものが志向されるような全体性である……。歴史の「主体」は、まさにそのような意味で、歴史そのものと同様に規制する理念である。両者はともに、構成のための組織原理、つまり、認識ならびに行為への実践的関心にもとづく個性のための組織原理という位置をもっている。それゆえに、規制する原理として、歴史は必要である。」歴史の概念は、このような超越論的思考が適用されるという限定を受けているので、進化の概念と混同されてはならない[*390]」。

ハーバーマス自身は、U・アナッカーとH・M・バウムガルトナーによる「物語への関心には、全体性への関心、つまり確かに実感できるものではないが、時代の現実性を理解するためには必ず前提される全体性への関心が隠されている。それがあってこそ、物語構成そのものが志向されるような全体性である」という部分に同意している。ハーバーマスにとって、歴史は主観ではない。それは、客観的な叙述による、出来事が連鎖する「全体性」そのものなのである。

ハーバーマスに内在する、このような普遍主義を決定づけるのが、その主書『近代――未完のプロジェクト』である。まず、ハーバーマスは前提として、一八世紀の普遍主義者について、こう語っている。

「一八世紀に啓蒙主義者の哲学者たちによって表明されたモデルネのプロジェクトが目ざしていたのは、客観性を志向する科学を、また道徳および法の普遍主義的基盤を、そして自律的芸術を、それぞれ他に囚われることなくその強固な自律志向（Eigensinn）において展開させることだったが、また同時に、こうして集積された知的潜勢力を特殊な人間にしかわからない高踏的なあり方から解き放ち、実践のために、つまり、理性的な生活を形成するために役立てることでもあった。コンドルセのようなタイプの啓蒙主義者たちは、芸術と学問の発展によって自然の諸力に対する支配が進むだけではなく、世界と自我の解釈が、さらには、道徳的進歩が、公正な社会制度が、そしてついには人間の幸福が促進されるであろうという期待に満ち溢れていた」。

そして、その上で、ハーバーマスは同じ本の中で、彼の言う西洋による啓蒙主義の理念、西洋による普遍主義の理念、未完のままの西洋による伝統的な近代の理念を捨てるのか、捨てないのかと問いかけている。

「二〇世紀は、こうした楽天的考え方の大部分を捨ててしまった。しかし、問題はいぜんとして変わっていない。つまり、今なお基本的見解の岐れ目はどこにあるかといえば、こうした啓蒙主義の志向――それがいかに挫けていようと――を守っていくのかいかないのかということにある。すなわちモデルネのプロジェクトを失敗としてあきらめるのか、あきらめないのかという問題なのである」。

「啓蒙主義の志向――それがいかに挫けていようと――を守っていくのかいかないのか」、あるいは「モデルネのプロジェクトを失敗としてあきらめるのか、あきらめないのか」――ハーバーマスは、そのことを、ここで強く問いかけている。つまり、ハーバーマスは、一八世紀に定位された西洋の啓蒙主義を、ここで「自分は捨てない」と、ポスト構造主義者に向けて宣言しているのである。だから、彼にとっては、啓蒙以来の近代は、まだ将来に希望がある、「未完」のままなのである。だとすれば、彼は、それに難があろうと、普遍思想の基盤の上にしか、現在の言説の構築も不可能である、と認めていることになる。

この自民族中心主義については、すでに本書では、酒井直樹の発言を援用して検討している事柄であるが、酒井直樹も参照した『コミュニケーション的行為の理論［上］』において、ハーバーマスは、このように書いている。

「宗教社会学論集の有名な「序言」において、マックス・ヴェーバーは、生涯に渡ってその解明に努力して来た「普遍史的問題」を回顧しつつ、次のように問うている。曰く、何故にヨーロッパ以外の地では「科学的発展も芸術的発展も、国家的発展も、経済的発展も、西洋に特有の合理化の道を辿らなかったのか」と[*391]。

ヴェーバーはこの文面において、実は、西洋社会だけがなぜに、合理化を成し遂げたのかと問いかけているのではない。ヴェーバーは、ただ西洋社会だけが、科学、芸術、国家、経済など多岐にわたる合理化の発展を成し得たのだと、あらためて確認しているだけである。そして「マックス・ヴェーバーは」という部分は、そのまま「ユルゲン・ハーバーマスは」と置き換えることができる。

なぜなら、ヴェーバーの名前を借りながら、ここではハーバーマス自身が、西洋社会だけが、近代のプロジェクトを成し遂げようとしているのだと、あらためて確認しているからである。

この点に関しては、たとえば中岡成文もその著書『ハーバーマス』の中で認めている。

「ポスト構造主義が全体として、主体、現前、同一性といった西洋思想の伝統的価値を破壊もしくは脱構築することに努めているのに対して、ハーバーマスは「差異の思想」の追求のそれなりの正しさは認め、かれ自身も伝統的志向から一線を画そうとする。ただ、ハーバーマスは、同一性というものは理念化された形でしか出てこない、その意味では虚構だということをどこかでは心得つつ、同一性を前提としなければ生活世界と日常的コミュニケーションが崩壊するという危機感を抱いている[*392]。

この同一性とは、西洋の普遍主義のことである。ハーバーマスは、ポスト構造主義と異なって「同一性を前提としなければ生活世界と日常的コミュニケーションが崩壊する」と考えている。主観でなく、客観を重んじている。この意味で言えば、ハーバーマスは、あくまでも「モダニスト」であり、「リアリスト」なのである。とくに後者を「政治的である」と言い換えても構わない。そして、この姿勢を選択するのは、「現実」を見据えた場合の判断としては、実に正しいものである。

ハーバーマスは、同じ西洋の普遍主義の有効性の問題について、『ああ、ヨーロッパ』の中では、言語論的転回《リングィスティック・ターン》への批判とリチャード・ローティの功績とを絡めながら、このように書いている。

「もし事実というものが、われわれの言語の命題的構造から独立しては構想されえず、意見や陳述は、他の意見や陳述によってしか修正できないものだとすれば、われわれの思考が「外の世界」の事実と対応しているというイメージは間違っていることになります。われわれは、自然自身が言語をもっていて、その言語を使って自然を描写できているのだというふうには考えられないということです。したがってこの語用論的な解釈にしたがえば、現実の「写し絵」というイメージの代わりに、問題解決をめざして現実の抵抗に「うまく対処する」というイメージが登場することになります。このイメージによれば、われわれは、あまりにも複雑で意外性に満ちた環境との構築的な交流の中で、事実についてのわれわれの知識を身につけていきます。そのさい自然は間接的な回答を与えてくれるにすぎません。なぜなら自然からの回答はすべてわれわれの問いの構造に関連づけられているからです。われわれが「世界」と呼んでいるものは、事実の寄せ集めからなっているのではありません。世界とはむしろ、意外性のある自然の反応から学習し、偶発的自然現象を信頼のおける前提に従って制御不能なものにしようとするわれわれの試みが従わざるを得ない認識上重要な諸制限の総称なのです[*393]」。

　ハーバーマスが言いたいのは、ヴェルナー・ハーマッハーが『他自律』で「「文化」なる概念と同様、「多文化主義」なる概念もまた、ヨーロッパ言語を語っているのである」と言っていたように、「世界」という構造が「われわれの言語」によって成り立っていて、「事実」を規定する場合でも、この「言語」の「外」には出られない、ということである。

　『ポスト形而上学の思想』では、ハーバーマスは「形而上学への回帰か」という章を設けている。そこでハーバーマスは、「われわれヨーロッパ人」の偽らざる心情について、このように述べている。

　「こうした問題圏を従来の表わし方を用いて書き改めようとする場合には、明確にするために、形而上学的であるとともに宗教的でもある問いを語るほうがよいだろう。だから私としては、ユダヤ‐キリスト教に由来する救済史的思考の実質をわがものとしなくとも、われわれヨーロッパ人は道徳性と人倫、人格と個人、自由と解放といった概念——これらはおそらく、プラトンの秩序思考がそなえているイデアの浄化的直観をめぐる概念蔵よりも、もっとわれわれの心情に近いものであろうが——をしっかり理解できる、などとは思わない。他の人なら、別の伝統から出発して、われわれの自己理解を構造づけているようなこうした概念の十全の意味を充溢する道を見いだすであろう。けれども、大世界宗教のどれかを社会化によって媒介しなくては、またそれを哲学的に変換しなくては、いつの日かこの意味論的潜勢力に近づけるようになることなどできない」。

ハーバーマスはその上で、「われわれ」西洋人に関しては、ヨーロッパの形而上学の歴史と伝統から考えはじめるしかない、と明晰に書いている。

「このように新しく見通しがきかなくなったにもかかわらず、思うに、われわれの出発状況は第一世代のヘーゲル学徒の出発状況と本質的には違いがない。当時すでに、哲学的思索の凝集状態は変化していた。それ以来、われわれは、形而上学以後という仕方で思考するためのいかなる代替案も持ってはいない」[*394]。

この「われわれは、形而上学以後という仕方で思考するためのいかなる代替案も持ってはいない」という構えは、近代が未完であるという言い回しと、全く同じものである。そしてこの発言は、ハーバーマスが間違いなく、西洋主義者であるのを示唆している。

一方、ミハエル・ハラーのインタヴューに答えた『未来としての過去』では、ハーバーマスは、自らの「西洋中心主義」のスタンスを、こう明確化している。

「「進歩する」ということが起こるとしたら、生産力と法治国家的な民主主義が最も進んでいるところ、つまり西側で始まるのだと私はつねに信じていた。私の左翼の友人が、私のこの「ヨーロッパ中心主義」を批判した。だが、今日、統合されたヨーロッパには、世界史における二回目のチャンスが訪れているのだが、これに対して私は共感を禁じ得ない。何世紀にもわたって、私たちは、大帝国の興亡を見てきた——ローマ、ゲルマン、ポルトガル、スペイン、イギリス、フランス、ロシア——そしておそらくはアメリカも——と、これらの大帝国が再び歴史の舞台に登場したということはない。しかし今日、マックス・

ウェーバーが西欧合理主義と呼んだところのあの力が、再度、結集し――そして今度こそは、帝国主義的な野望もナルシシズムも抱かずに――自らの歴史から学ぶことによってヨーロッパが、域外の諸々の国々がかつてヨーロッパにおける十九世紀的状態から抜け出すのを援助する――そういうことを私は期待している」。

　また同じ本の中で、ハーバーマスは、如何にも謙虚な姿勢によって、西洋の力によって、「西洋中心主義」から脱することを宣言している。

「他のオルタナティヴの可能性がなくなってしまった物質的世界文化に、精神的抑圧という意味での第二の宣教活動が続かなければならないといったことを言おうとしているのではない。西洋的な合理主義が他の文化から学び、対話的に自らを開くために、自分自身へと立ち戻り、その盲目さを克服しなければならないということなのである。文化間の邂逅と称するに適わしい異文化との出会いは、我々の伝統の中に埋もれていたものに日の目を見せることになるであろう。異なったもの、異質なもの、そして何よりもまず理解されなかったもので、これまでよりもラディカルに自己相対化するために、ヨーロッパはその強さのひとつ、つまり自己批判の能力、自己変革の力を用いなければならないのである。これはヨーロッパ中心主義とは正反対のものである。しかもこれを我々ヨーロッパ人はヨーロッパのより良き精神によってのみ克服することができるのである。我々がそれに成功した時にのみ、それによって生き、その下に苦しんでいる世界に対し、物質的世界文化となったヨーロッパ中心主義が負わせた傷を、完治させることはできないが、少なくとも癒すことはできるであろう[*395]」。

　ヨーロッパこそが世界を救済する――ここに木霊してるのは、そういう文言である。そして、ここには転倒した「西洋中心主義」が顕著に見られる。それは繰り返すが、「我々ヨーロッパ人」のみが世界の救済を成し得るという、相変わらずの西洋人の傲慢さそのものである。

確かに、西洋中心主義は変わらない。その力もまだ十分にある。しかしその力が、ハーバーマスの望む方向に働くというのは、あまりにも楽観的である。「現実政治」は、そんなに甘くはない。

また細見和之は『フランクフルト学派』の中で、この同一性の問題について、やはり、こう正直に書いている。

「このようなハーバーマスの生活世界の合理化を積極的に受けとめようとする態度に対しては、ヨーロッパ的な合理性を絶対視したヨーロッパ中心主義だという批判が繰り返しなされてきました」。

さらに細見は同じ本で、二〇〇三年五月三一日に、ハーバーマスがデリダと「共同声明」を行っていると指摘している。そのタイトルは、「われわれの戦後復興──ヨーロッパの再生」である。これはアメリカなどによるイラクへの空爆に対しての、極めて「政治的」な声明と言える。

「ヨーロッパは、接し合い対立し合ういくつもの国民国家からなっている。国語・国民文学・国民歴史のなかに刻印された国民意識は、長いあいだ爆薬として作用してきた。だが、こうしたナショナリズムの破壊力への反作用として、当然ながら多くの相互調整のモデルもまた形成されてきた。そしてこの関係調整のモデルこそ、非ヨーロッパ人から見た場合、比類なき文化的多様性にどこまでも彩られたこんにちのヨーロッパに、一つの固有の顔をあたえているのである。ヨーロッパとは、幾世紀ものあいだ都市と国との抗争、教会権力と世俗権力との抗争、信仰と知との競合、政治権力間あるいは対立する階級間の闘争によって、他のいかなる文化よりもはげしく引き裂かれてきた一つの文化なのだ。その文化においては、異なるものたちがどのようにコミュニケートし合うか、対立するものたちがどのように協力関係にはいるか、諸々の緊張関係がどうしたら安定させられるかを、多くの苦しみのなかから学ばなければならなかった。諸々の差異を承認すること――このこともまた、われわれに共通するアイデンティティのメルクマールとなりうる」。

このデリダとハーバーマスの声明文を引用した後で、細見和之は、ここに差異と他者とを承認する「逆説的なアイデンティティ」はあるとしながら、しかし、このように正直な意見も同時に書いている。

「このような文面に、私たち「非ヨーロッパ人」は、ハーバーマス、さらにデリダのうちにも存在している、ヨーロッパ中心主義を嗅ぎつけないわけにはゆかないかもしれません。それに、ここにおいては、ヨーロッパの現状にかなり理想化が施されているという印象も否定できないかもしれません」[*396]。

ホミ・K・バーバは『文化の場所　ポストコロニアリズムの位相』の中で、西洋の哲学者達のことを、所詮は西洋近代の範疇にいると、忌憚なく書いている。

「ポストモダンの有力な諸説を瞥見するだけで、社会倫理と主体形成の問題の物語化が進行していることが分かる。リチャード・ローティのようなリベラルな風刺家の会話手続きと「最終語彙」。アリスデア・マッキンタイアの「美徳なき」時代を支える神話としての「道徳的虚構」。リオタールにおける、近代の大きな物語からこぼれ落ちた残存物としての小さな物語（petits récits）やフレーズ。ハーバーマスがコミュニケーションの理性（プラグマティックな論理や主張および「脱中心化」された世界理解の形を取る）という概念によって近代の内部で救い上げた、投影の産物ではあっても理想的といえる言語共同体。これらすべてに共通して見られるのは、西洋近代の本質的な身振りと考えられる「自己構築の倫理」をめざす提言である」。

これらの西洋の哲学者、倫理学者、政治哲学者たちが、なぜ自民族中心主義であるのか。ホミ・K・バーバはそのことを、ムラダン・ドラーによる発言から巧みに引き出している。

「こうした態度が近代に典型的だというのは、そこに常に主体の再構成と再発明があるからだ。主体とそれが属する現在には客観的地位などありはしない。それらは絶えず(再)構成されねばならないのである」。

その上で、ホミ・K・バーバは、同じ『文化の場所』の中で、次のように書いている。

「私が問題にしたいのは、この主体の再構成と再発明が同時的かつ恒常的に行われるという発想は、ある文化的な時間性を想定しているのではないか、ということだ。この時間性は、認識論的判断の契機において普遍主義的とは言わないまでも、文化的「差異」の構成においてはまさに自民族中心主義という可能性もないわけではない[*397]」。

西谷修が言うように、それが高名な哲学者であろうと、彼らが西洋人であるのならば、結局は、彼らもまた「相変わらず自己同一的であろうとし続けている」。その発言は、ドラーも言うように、常に、西洋を再構成し、再構築しているからである。

ユルゲン・ハーバーマス、ジャック・デリダ、ジョヴァンナ・ボッラドリによる『テロルの時代と哲学の使命』に所収の、ボッラドリの「序　テロリズムと〈啓蒙〉の遺産——ハーバーマスとデリダ」には、これまで述べてきたことを証明する、このような記載が見られる。

「ハーバーマスとデリダが一致して認めるのは、国際法や現在の多国間制度を構成する司法・政治システムが、〈啓蒙〉——数多くの主要テクストのなかにしっかりと根づいている一般的な知的方向として理解された〈啓蒙〉——に基づく西洋の哲学的な遺産から芽生えたということである」。

また同じ序文の別の箇所で、ボッラドリは、こう書いている。

「一九八〇年代に成年に達した多くの哲学者たちと同じく、私も、ハーバーマスとデリダは〈啓蒙〉に関して鋭く対立した見解を表明していると確信しながら成長した。ハーバーマスは〈啓蒙〉を擁護し、デリダはそれを拒絶しているのだと。後になって、これは八〇年代の知的強迫観念――近代主義とポストモダニズムの喧嘩――がその主な原因だった歪んだ絵づらであることを認識するに至った。ハーバーマスが近代主義と〈啓蒙〉の政治的な価値に賛同していることは疑いようがないが、デリダが反〈啓蒙〉思想家だという八〇年代に支配的だった主張は単純に誤りである」。

そして、その上で、ボッラドリは、このように続けて書いている。

「デリダをある種のポストモダニスト――相対主義へと傾いた反〈啓蒙〉的思想家――として解釈する人々ならば、寛容の普遍的な射程をデリダが脱構築することを、みずからの論拠として利用するかもしれない。しかし反対にデリダにしてみれば、たとえば寛容のような、〈啓蒙〉の伝統に属する一見中立的な概念をその歴史的かつ文化的な限界において境界画定することは、〈啓蒙〉のアジェンダを裏切ることではなく、むしろ拡張し刷新することである。現代のとりわけグローバルな課題に向き合うためには、社会批判と倫理的責任は、中立的な見かけを持つが潜在的には覇権的である理念に対する脱構築を必要とする。脱構築は普遍的な正義と自由への要求を切り詰めるどころか、それを無限に新しく蘇らせるのである*398」。

ボッラドリの言うことを敷衍すれば、要するにハーバーマスもデリダも、ともに西洋の〈啓蒙〉思想を背景としている点では、不思議なことにぴたりと一致するのである。

また徳永恂は『現代思想の断層』の「断層の断面図あるいは、「大きな物語」の発掘――あとがきに代えて」で、西洋の「大きな物語」の強さについて記した上で、かなり本質的なポスト・モダンの批判を行っている。これはすでに、室井尚らの指摘を交えて、繰り返し言ってきたことと、ほとんど同じ内容であるが、いま一度、確認のために触れておきたい。

「実証主義的禁欲主義が、細かな事実の確認に自足する「小さな物語」へと後退していった後には、じつは無意識のうちに、先入見として「大きな物語」的な図式が、歴史を見る視野を、歴史を語る地平を、あらかじめ隈取っていないか。もともと「大きな物語の終焉」ということが、新しい情報化社会の知的指標として「ポスト・モダン」という時代区分の標語とされること自体が、暗黙のうちに「大きな物語」を前提とした「大ざっぱな議論」だったのではないか」。

さらに徳永は、「そのためには、まず過去から未来へ単線的に流れる時間という「時間概念」と、その流れに沿って通時的に叙述するのを自明とする「歴史記述」のコンセプトを解体しておく必要があるだろう。過去から未来へ飴のように延びた時間に沿って、しかしその流れの外、流れの傍に立って、そこで出来事を順を追って記述するのが歴史だと思うのは錯覚であろう」としながらも、だが「大きな物語」の有効性について、こう述べている。

「「大きな物語」が、地表にそびえる「バベルの塔」のように、公然と己れの偉容を誇示するものであるならば、それはいつか崩壊するだろうし、また破壊されねばならない場合もあろう。しかしそれが、地表には容易に姿を現さない伏流水の水脈であり、時に地殻の変動をもたらす地下の大断層のようなものだとすればどうだろうか。この意味での「大きな物語」は、歴史を見る・読む・書く場合の、おしなべて歴史を経験する場合の先行地平として、いつもすでに、そこにあるものではなかろうか。この意味では「大きな物語」とは発明されるべきものではなく、発見もしくは発掘されるべきものと言えるかもしれない」[*399]。

このように、何度も言うようであるが、西洋人にとって、事態はどこまでも自民族中心主義であり、結局のところは、「目的論」は消えないままなのだ。これは、西洋中心主義は消えないと言う意味である。

それでもジャック・デリダは『フッサール哲学における発生の問題』の中で、なおも西洋的な理性における歴史と哲学の矛盾について、こう批判的に書いている。

「歴史はその意味の全体を志向的合理性から借り受けており、この合理性はこのようにして密かに歴史に活力を与えている。このラティオ（理性）の無制限の開示という哲学の理念は、ヨーロッパ的人間性において突然現れた。超越論的現象学は、その企図において、この理念の生それ自体と一体を成す。現象学の具体的理念――その意味は「ヨーロッパ的人間」に起源的に先行している――が、ヨーロッパの歴史のなかでこれほど遅れ現れたという事態が、一体どのようにして可能なのだろうか。この理念の動機が完遂されてそれ自身に現れるのに「時間がかかったこと」を、どのように説明すべきだろうか。なぜこの理念は、永久に埋没しかねない危機の時期に、みずからの意味を明確に獲得するのだろうか。この危機の意味は何だろうか。その可能性の条件は何だろうか。もし哲学という理念がその誕生の時点からすでにそれ自身に現前しているのであれば、（この理念に先行する世界という重大な問題は脇に置いておこう）それが経験論的生成のある特定の時期に自分自身に対して疎遠になるのは不可能である。もしこのようなことが起こるとすれば、それは、この理念がもはやこのような疎外の意味および可能性の条件を掌握していないということだ。したがって、この理念は純粋に起源的なのではなく、その誕生の時点からすでに、自分とは別のものと折り合っているのである」。

その上で、フッサールの現象学に向けて、デリダは同じ本の中で、続けて、こう言い放つ。

「しかしこれが、フッサールの見るところ、哲学および諸学問の危機についての唯一の解釈なのである。フッサールはこのようにして、彼の意図自体に不忠実なのではないだろうか。彼は、一切の危機と一切の歴史の意味を捉え損なってはいないだろうか。目的論一般についてすでにわれわれが提起したこの問いは、ここで、歴史の唯一の志向的動機づけとしての超越論的理念について繰り返される[*400]」。

デリダは同じ問題を、『他の岬』では、「ヨーロッパ」と「キャップ」と言う観点から、目的論を、このように隠喩として書いている。

「タイトルはいつも一つのキャップ〔先端＝頭〕である。それは章の冒頭〔tête〕であり、頭書＝章飾り〔en-tête〕でもある。ほとんど即興的な短い反省のためにこのl'autre cap〔他の岬《キャップ》〕というタイトルを提案しつつ、わたしは飛行機の中で、まず第一に、航空もしくは航海用語を考えていた。海上もしくは空中を船が進む＝針路をとる〔fait cap〕。たとえば別の大陸に向かって、その船がめざす目的地、変更することできる目的地のほうへ「進んでいく」。わたしの言語〔フランス語〕では、「fait cap」〔進む＝針路をとる〕と言い、「changer de cap」〔針路を変える〕とも言う。「キャップ」（caput〔頭〕、capitis〔頭の〕）という語は、周知のように、頭もしくは突端の突端性、目的と末端、最後のもの、最終のもの、最終的な突端、終末〔*eskhaton*〕一般を意味するが、このような航空・航海用語としては、たいてい誰かによって方向づけられ、計算され、熟慮され、秩序づけられた運動の極、終わり＝目的〔fin〕、テロスを指示する。誰か〔*quelqu'un*〕と〔男性形で〕言うのは、それが女ではないからである。一般に、そしてわけても戦時においては、針路を決定し、彼自身がそれである突き出た先端を決定する者、自分の操縦する船または飛行機の先頭に立ち、船首を決定するのは男なのだ。終末論と目的論、それは男＝人間〔homme〕である。彼こそは乗組員に指示を与え、舵や操縦桿を握る。要するに、乗組員と乗り物の先頭に＝指揮者として〔à la tête〕立つのであり、彼自身が頭なのだ——そして彼は、しばしばキャプテン〔*capitaine*〕と呼ばれる」。

そして、「ヨーロッパ」の目的論的な「歴史」については、デリダは「キャップ」を踏まえて、こう批判的に書いている。

「文化の歴史はおそらく、すべての歴史と同じように、ある同定可能なキャップ〔先端＝頭〕を前提とするであろう。運動、記憶と約束、同一性が、たとえ自己への差異としてではあっても、先取（anticipatio〔先取〕、anticipare〔先取する〕、antecapere〔前もって占取する、出し抜く〕）において先に行くことによって、それに向かっておのれを結集しようと夢見る一つのテロスを、前提するであろう。けれども、歴史はまた、当のキャップ〔先端＝頭〕が、前もって決定的に同定可能なものとして与えられるわけではない、ということも前提する」*401。

またデリダはその著書『哲学の余白 上』の中で、「目的論」に対し批判的意識を込めて書いている。

「理性的動物としての人間こそが、形而上学におけるそのもっとも古典的な規定において、目的論的理性の場を、言い換えれば歴史を指し示している。ヘーゲルと同じくフッサールにとっても理性が歴史なのであり、理性の歴史以外に歴史は存在しない。理性は「彼がどんなに未開の人間であろうと、彼が理性的動物であるかぎり、どの人間のなかでも機能している」（『幾何学の起源』）。どんな型の人間性、どんな型の社会性も、「人間の普遍性を本質的に構成する要素のなかにその根をもっており、その根において、歴史性全体を端から端まで貫く目的論的〈理性〉がそこで告知される」」。

ジャック・デリダは同じ著書の中で、さらに、こう書いている。

「……「かくして次のような独特の問題圏が立ち現れる。すなわち歴史全体にかかわる問題圏、そしてまた歴史全体にその統一性を究極的に付与するような全体的な意味にかかわる問題圏がそれである」。超越的現象学は人類を貫通するこうした理性の目的論の究極的達成であるとされる。かくしてこの究極的人間学主義への批判は形而上学の創始者諸概念の権威のもとになされており、超越的人間主義の肯定以外の何ものでもない。事実フッサールはそうした創始者諸概念を、必要とあらばそれらに現象学的指標あるいは引用符を付しつつ、蘇らせ、復興させる。そしてフッサールの言説にとって本質的な資源を形作る形而上学的諸概念のなかでも、**目的**ないしテロスの概念は決定的な役割を演じている。これは明示できることであるが、現象学のどの段階においても、とりわけ「カント的な意味での〈理念〉」への依拠が必要とされるたびに、テロスの無限性、目的の無限性が現象学の諸機能を統制している」[*402]。

フェン・チャーとスザンヌ・ゲルラクは、その編著『デリダ　政治的なものの時代へ』の「イントロダクション――デリダと政治的なものの時代」の中で、このようなデリダの「目的論」について論じている。

「目的論と終末論は、精神的進歩や歴史的・政治的変容に関する哲学的記述を形作る思考様式であり、それはたとえば、カント、ヘーゲル、マルクスに見られる。だがそればかりでなく、デリダが『マルクスの亡霊たち』で厳しく批判するフランシス・フクヤマによって広められた新自由主義－アメリカ中心的なグローバリゼーション解釈にも見られる。おおまかに言えば、目的論的・終末論的思考様式は、歴史をなんらかのテロスの成就として、すなわち、なんらかの理念《アイディア》＝理想の形で前もって理性的に先取りされうるテロスの成就として理解する。私たちはこの理念＝理想に漸近的に接近したり（カント的目的論）、その実現に向けて労働したり（ヘーゲル－マルクス的目的論）、哲学的思想や神の啓示や信仰を通して明らかにされるなんらかの結末（エスカトン）への到達としての理性を先取りしたり（哲学的・キリスト教的終末論）することができると期待されているのである」。

フェン・チャーとスザンヌ・ゲルラクによれば、この「目的論」に対して、デリダ自身は、こう反論している。

「デリダは目的論と終末論を二つの哲学的根拠から拒絶する。時間――新しいものの贈与としての時間――の発明は、出来事の到来（あるいは出来事としての到来）の時間である。まず第一に、結末（テロスあるいは終末）は前もって把握された理想的現前性であるから、それは特異な出来事における時間（あるいは特異な出来事としての時間）の到来を消し去り、歴史性を合理計算によって追求しうるプログラムや計画へと縮減することで歴史性を破棄する。第二に、そのような理想的結末は、無限に延期されうるような、有限で世俗的な現在と対照させられうるような、ある地平を開く。なるほど、それは一方では、現在［現前的なもの］に対する批判の基礎を提供しうるのではあるが、また他方では、精寂主義や無為に、約束された結末を我慢して待つだけになりかねない」[*403]。

デリダの言う目的論的な、あるいは終末論的な歴史意識に対する批判は、ただ理論的な意味の範囲だけなら、ある意味では、実に的確な見解なのである。だが、フェン・チャーとスザンヌ・ゲルラク編の本が『デリダ　政治的なものの時代へ』と題されているように、ジャック・デリダの発言は、理論的であるどころか、常に「政治的」である。同書に所収のジャック・ランシエールの「第七章　デモクラシーは到来すべきものか？――デリダにおける倫理と政治」には、事実、こう書いてある。

「デリダの思想における政治の位置は、どのようなものか。彼はフランスの哲学者のなかでも、絶えず政治問題に巻き込まれていた最たる人だったということを、私たちは知っている。大学改革、共産主義時代のチェコスロヴァキアの反体制派、南アフリカのアパルトヘイト、アルジェリア情勢、新たな国際秩序あるいは無秩序。彼は数多くの大義を寛大さと慎み深さをもって支持した。多くのフランスの知識人と違い、彼が悪しきあるいは疑わしい大義を支持したと非難することは難しいだろう。また私たちは、彼が一九九〇年代初めから、政治的な問題と観念を論じたいくつかの本を書いたということも知っている[*404]。

デリダの極めて政治的な言説は、それをただの「理想論に過ぎないもの」という範疇で括るのなら、あるいは前向きに評価することはできるかもしれない。だが、「現実政治（リアル・ポリティックス）」の前では、ジャック・デリダの考え方は、ただの凡庸な「理想論」や「正論」にすぎない。デリダの言い分は、「現実政治」にはほとんど通用しない。しかし、問題は、それだけではないのである。この「理想論」や「正論」というものには、ある致命的な限界がある。では、それは何だろうか？

この答えは、実に簡単明瞭である。「理想論」や「正論」が「現実政治」と対峙したとすると、それはその瞬間から、ただの「理想論」でも「正論」でもなくなって、新しい「権力」論へと変貌するからである。つまり、理想論や正論は、現実の政治を作動させない、ただの抽象論（簡単に言えば机上の空論）という限定条項の上において、理想論や正論であり続けることができる。しかし、その範囲を超え出ると、理想論や正論は、新しい権力へと鮮やかに変容する。だが、最初から、この範囲を超え出ないつもりなら、本来的に政治について語る意味など全くないし、それでも語るというのなら、デリダの言説はすぐさまに生々しい「政治的発言」と同類のものとなるだろう。すると、結局のところ、これは単なる「権力闘争」でしかなくなる。ジャック・デリダの発言は、こうして権力者と同じ「現実政治」のテーブルの上に載ることになるのである。

議論を整理する意味でも、「歴史」と「権力」の関係について、もう一度だけ、よく考えてみよう。ジャック・デリダは『他者の言語　デリダの日本講演』の中で、この「歴史」を、西洋のロゴス中心主義という「権力」と絡めて、このように発言している。
「こうしたことは、しかじかのヨーロッパ的主観の、或る一定の時期における決断といったものによって説明されるものではなく、全体的な歴史的状況によって、いわゆるヨーロッパ諸国といわゆる東洋なり極東なりの諸国との諸関連によって説明されるのです。分析されねばならないのは、まさにそのような歴史なのですが、たいていの場合、そのような歴史を対象とする歴史家たちのカテゴリーが、ロゴス中心主義的領域への、つまり脱構築されねばならないまさに当のものへの、それらカテゴリーの所属によって、多かれ少なかれひそかに規定されているので、それだけにそうした歴史は、編むのが、もしくは編み直すのがむずかしいのです。そのようなグローバルな歴史は単に哲学の歴史ではなく、政治や経済の歴史であり、植民地化の歴史、伝道師の歴史、翻訳の歴史、等々であるわけですが、ヨーロッパの哲学者ないしは歴史家がそうしたグローバルな歴史を読解するとき、当然ながらロゴス中心主義的システムに属する諸カテゴリーによって導かれてしまうという危険を、彼はつねに冒すことになります。そのような諸カテゴリーは、たとえ彼が最良の善意に鼓舞されていようとも、彼の行なう解釈において彼を束縛するでしょう。ぎりぎりのところを言えば、歴史という観念さえもが、歴史という概念さえもが、ロゴス中心主義によって刻印された概念なのです」。

その上で、デリダは、ヨーロッパと非ヨーロッパとの関係について、こう述べている。

「非-ロゴス中心主義的な諸文化との諸関連でロゴス中心主義の歴史を企てる前に、歴史という概念そのものに、民俗学という概念にそうしなければならないのと同様に、嫌疑をかけてみる必要があります。そしてこのような挙措は、ある総体を理解するにはその総体の外に出なければならない、というふうにさせますし、したがって、或るきわめて術策にみちた戦略、よじれによじれた戦略を要求するのです。私がたえず関心を寄せてきたのは、まさにそうしたことです。この問題に関しては、当の動きがなんらかの仕方で他なるものからやって来るのでなければなりません。仮にヨーロッパの何らかの囲いといったものが存在するとした場合——これは確実なことでも明白なことでもありませんが——ヨーロッパ人としてのかぎりでのヨーロッパ人は、もしも外から、たとえば言語とかエクリチュールとかによる家宅侵入が、それの持ち込むすべてのものとともに、彼を挑発しにやってこないならば、ヨーロッパと非ヨーロッパとのあいだの諸関係の歴史をものにすることは決してできないでしょう。内部からでは、外に出る手段を、つまり単なる手段でさえ、彼は見いだすことができないでしょう」[*405]。

「ある総体を理解するにはその総体の外に出なければならない」というのだが、それこそが、まさにデリダの空論なのである。これまで論じて来たように、日本がペリーと遭遇した事態を、思い起こしてみよう。そこに、選択の余地などが、あっただろうか？　この答えは、繰り返すが「否」である。

好むと好まざるとにかかわらず、日本は、その「総体」の中へと入っていかざるを得なかった。そして、いまもなお、日本は、その「総体」の中で生きている。それを権力とか軍事力とせずに、ロゴスと言うのなら、まさに、そうである。この「総体の外」に出ることは、支配者の権力と、支配者との力関係から言って、無理な話である。また一度、その中に入れば、その「総体の外」を見ることは、二度とない。

したがってデリダが、その次に言う「ヨーロッパと非ヨーロッパとのあいだの諸関係の歴史をものにすることは決してできないでしょう」というような話は、永久にあり得ない。もし、それがあるのであれば、エドワード・W・サイードが『オリエンタリズム』を書く必要など、全くなかったのである。「歴史」とは、つまり「ヨーロッパ」のことなのである。この「外」に出ることは、一度、ヨーロッパ人と出会った限りは、どの民族にも二度と起きない。事実、現在の世界構造、権力構造は、そうなっている。

この歴史における「ヨーロッパと非ヨーロッパ」という設定は、デリダが『エクリチュールと差異』の中で言う、次の言葉と見事に対応している。

「われわれはユダヤ人だろうか。われわれはギリシャ人だろうか。われわれはユダヤ人とギリシャ人との差異のなかで生きており、この差異はおそらく、歴史と呼ばれるものの統一性なのである。われわれは差異のなかで、差異によって生きている[*406]」。

この問いは、ギリシャ人がロゴスを象徴しているとすれば、一挙に答案は解決する。われわれは、非ヨーロッパ人として生きたいが、ヨーロッパ人が規定しないと、非ヨーロッパとして規定されない。この力関係と、ギリシャ人なのか、ユダヤ人なのか、という力関係は、全く同一である。

端的に言えば、デリダの言う「差異」など、どこにも存在しないのである。デリダの問いの答えはロゴスしかなく、つまり、ギリシャ人しかいない。われわれは、嫌でも、ギリシャ人として規定される、あるいは、そのように規定された「総体」、あるいは「歴史」の中に組み込まれる。それ以外の選択肢が存在しない。

これは、決定不可能でなく、事態が究極的には二項対立にしかなり得ない、という意味である。なぜなら、この力関係のエッジがぼんやりとしている間は、ただの権力の空白でしかなく、権力がいずれは定位されることによって、エッジは決まり、決定は可能となり、安定した勝者と敗者という結末へと必ずや至るからである。ギリシャ人とユダヤ人との差異など存在しない、と言っているのは、この意味の「範囲」

においてである。だが、この意味の「範囲」とは、世界構造からすると、決定的なものなのである。

この対立は、権力と自由という二つの関係についても置き換えるのが可能である。たとえば、シャンタル・ムフ編『脱構築とプラグマティズム　来たるべき民主主義』に所収のエルネスト・ラクラウの論文「脱構築・プラグマティズム・ヘゲモニー」には、このように書いてある。

「このことから、自由を制限する――権力のような――ものが、自由を可能にするものでもあるというパラドクスが生まれる。つまり先の二つの場合と同様に、あるものの可能性の条件が同時にそのものの不可能性の条件でもあるわけだ。決定不可能な領域で決定がくだされる場合、自由の条件である力が働いている。その力の前提は――あらゆる力の場合と同様――実現されていない可能性を抑圧するということである。この抑圧が力の発動であり自由の行使でもある。つまり――権力が除かれた――完全に自由な社会と、完全に不自由な社会は、実は同等の概念なのだ。権力は自由の影であり、アラブの格言にあるように、人は自分の影の外に踏み出すことはできない。ある種の社会的可能性を解放することはたしかにできるが、それは他の可能性を抑圧することによってでしかない。権力と自由の関係は絶えず交渉がなされ、相互間の境界が絶えず変更されるような関係であって、権力と自由という二つの条件はつねに残っている。最も民主的な社会であっても権力関係のあらわれなのであって、権力がまったくない社会とか権力がしだいに消滅していく社会というものではない[*407]」。

このように、権力が消滅する状態は、想定できない。綺麗ごとの正義など、どこにも存在しない。というよりも、全ては「権力闘争」にしか過ぎない、とすることができるくらいである。では、「権力闘争」とは、何か？

「ヘゲモニー」、あるいは「覇権争い」や「権力闘争」については、レイモンド・ウィリアムズが『完訳キーワード辞典』の「hegemony　ヘゲモニー・覇権・支配」の項目で、このように書いている。

「この意味では、世界と自分自身と他者を見るときの見方というのは、この場合、単なる知的事実ではなく政治的事実であり、制度をはじめとして関係や意識全般に表れている。この点で、いわゆる「世界観」の概念とは同じではない。これはまたイデオロギーとも違うが、それは、ヘゲモニーの支配は支配階級の利害関係の表出にとどまらず、実際にその階級の支配下にいる人々がそのような「支配」を「ふつうの現実」、「常識」と受けとめることにもよる、とされているからである。そうなると、革命観にも影響が出てくる。というのも、ここで強調されるのは単なる政治的・経済的権力の移動にとどまらず、ある特定のhegemony の転覆、つまりは政治制度と経済制度、および諸関係のみならず、生きた経験と意識のなかにもある総合体としての階級支配の転覆だからである。そして、そのような議論によれば、これはもうひとつ別の hegemony（新たな力をもつ実践と意識）を創出することによってしかなしえない」。

こうしてデリダの言説もまた、「単なる知的事実ではなく政治的事実であり」、彼の議論は結局のところ、「もうひとつ別の hegemony（新たな力をもつ実践と意識）を創出することによってしかなしえない」ことになるだろう。

しばしば言われるように、権力者を倒した勢力は、必ず次の権力者になる。理想論や正論を唱える人達は、ただ批判するだけで終わりなのか？　それとも、体制を覆すつもりなのか？　それとも、そんなことも考えないで、呑気に、あるいは無責任に、ただ呆然と発言しているのか？　仮に、現実政治と向き合うのならば、それはすぐさま、ただの「権力闘争」に変貌する。すると、今度は、理想論と正論を唱えた人達が、権力者になるつもりがある、という話になる。

しかし、そこに問題点はまるで起きないのか？　理想論や正論が達成されることは、永遠にない。この理由は、実に簡単明瞭である。人間は、神ではないからである。少数派や知識人が理想論とか正論をいくらきれいに唱えてみても、それは結局は、突き詰めるとウィリアムズが言うように、ただの（薄汚れた）権力闘争になるからである。

つまり、「ここで強調されるのは単なる政治的・経済的権力の移動にとどまらず、ある特定のhegemonyの転覆、つまりは政治制度と経済制度、および諸関係のみならず、生きた経験と意識のなかにもある総合体としての階級支配の転覆だからである。そして、そのような議論によれば、これはもうひとつ別のhegemony（新たな力をもつ実践と意識）を創出することによってしかなしえない」のである。

こうしてジャック・デリダの主張は、結局は、「現実政治」における「権力闘争」へと回収されていくだけなのである。つまり、それは「大文字の歴史」へと回収されるのである。デリダの主張もまた、こうして「現実政治」と「同じ土台の上」に載っている。それがどのような高邁な「理想論」や「正論」であろうとしても、「現実政治」に異論を唱え、この土台の上に載る限り、結局はただ権力奪取を狙いたいだけの、薄汚れた「もう一つの政治的主張」に過ぎなくなっていく。デリダが少しでも「現実政治」に異論を唱える以上は、その可能性を完全に否定することは、論理的に不可能である。

デリダの発言が、いかに政治的であるのかは、たとえば二〇〇一年九月一一日の同時多発テロからわずか一一日後、九月二二日のアドルノ賞の授賞式の記念講演で明らかである。この講演は著書『フィシュ』の中に収められている。

「九月十一日の犠牲者全員に対し、私は絶対的な同情を寄せますが、それでも、この犯罪について、何《なん》人《びと》も政治的に無実であったなどとは信じていない、と申し上げなくてはなりません。無実の犠牲者に対する私の同情は無限ですが、それは、この同情の対象が九月十一日にアメリカで亡くなった人びとだけにとどまらないからです。それが、ホワイトハウスのスローガンとして先日来「無限の正義」(infinite justice、grenzenlose Gerechtigkeit) と呼ばれているものに関する私の解釈です。すなわち、自己の過失、自己の政治的な過誤から逃れようとしないこと。たとえ、途方もない規模で、この上もなく恐ろしい代価《フリ》を払うこととなった時であろうと」*408。

またデリダは『ならず者たち』の中で、アメリカとその同盟国を「ならず者 rogue State」と呼んで、かなり政治的に強い発言をしている。

「アメリカの外交的、地政学的言説のなかにならず者国家 rogue State という具象表現の告発的用法が怒濤のように頻出するようになったのは、ようやく、いわゆる冷戦の、いわゆる終焉以後のことであるように思われる。一九六〇年代にはあまり語られず、あまり民主的でない、法治国家体制を尊重しない政権の、国内政策に対する言及であるのがつねだった。rogue State という形容が、国内政治の、このように言ったほうがよければ内部的非民主性の領域を離れるのはようやく一九八〇年代のことであり、とりわけ一九九〇年代、共産主義圏が崩壊してのちのことである。クリントン政権下でその傾向は強まり、国際テロリズムとすでに呼ばれていたものに対する言及がなされるようになる。この形容はそのとき、国際的な振る舞いへと、根本的に民主的であると主張されるある国際法の、精神および条文に対する違反と想定されるものへと拡張されていくのである」。

デリダが、このような明確な政治的発言をしているという事実は、結局のところ、どのような詭弁を弄しても、突き詰めればデリダ自身が「権力闘争」を立派に行使しているのを見事に示唆しているのである。またデリダの『ならず者たち』には、ブノワ・ペータースも『デリダ伝』の中で、やはり、この引用部分に注目する、次のような激しい発言箇所が見られる。

「第一の、もっとも暴力的なならず者国家、それは、みずからその第一人者と自称する国際法を、みずからその名のもとに語り、みずからその名のもとに、いわゆるならず者国家に対する戦争を開始する国際法を、みずからの利害が命ずる場合には毎回無視してきた国、すなわちアメリカ合衆国である」。

これについては、アメリカだけでなくその同盟国も同様であると、デリダは『ならず者たち』の中で書いている。

「このことは、ならず者国家に関して何を意味するのか？　ほかでもない、ならず者国家を告発できる立場にあり、法の侵犯を、法に対する違背を、あれこれのならず者国家がそのことで有罪とされる倒錯や逸脱を弾劾できる立場にある諸国家 [les États]、国際法の保証者を自称し、戦争、警察活動、あるいは平和維持活動を、その力を持つがゆえに主導するあの合衆国 [les États-unis]、あの合衆国およびあれらの活動において合衆国と連合する諸国家、それら自身が、主導者として、rogue State の筆頭だということである」。

デリダがターゲットにしている権力機構とは、明らかにアメリカである。では、それに対するジャック・デリダの政治的マニフェストとは、何なのか？　それは、『ならず者たち』の中で、デリダ自身が言う「来るべき民主主義」である。

「「来るべき民主主義」という表現は、戦闘的で終わりなき政治的批判を、たしかに翻訳し、あるいは要求する。それは民主主義の敵に対する闘争の武器であり、どんな政治的なナイーブさや濫用にも、民主主義の要求に不適合なままであるものを、現在する、あるいは現存する民主主義として、あるいは事実上の民主主義として提示するどんなレトリックにも反対する。近くとも遠くとも、自国においても世界においても、人権と民主主義についての言説が猥雑なアリバイにとどまっているいたるところで」。

また、デリダは『ならず者たち』で、「来るべき民主主義」は、「現前的実在という意味ではけっして実在しない」とする。

「「来るべき」は単に約束を意味するだけでなく、民主主義が、現前的実在という意味ではけっして実在しないだろうということをも意味している。それらが遅らされるであろうからではなく、それがその構造において、つねにアポリア的にとどまるだろうからである[*409]」。

しかし「現前的実在という意味ではけっして実在しない」ような「アポリア」では、ナイーブさを通り越して、ただの空論でしかない。生々しい「現実政治」に、デリダは脆弱で曖昧な「空想政治」を対峙させているだけである。

スチュアート・シムは『デリダと歴史の終わり』で、ジャック・デリダが『マルクスの亡霊たち』において、フランシス・フクヤマの一九九二年の著書『歴史の終わりと最後の人間』を取り上げて、フクヤマを批判しているのに言及している。それは、デリダが、フクヤマの言う「大文字の歴史」を否定するからである。では、フクヤマの主張とは何か? スチュアート・シムは同じ本の中で、それを、こう書いている。

「初めてこのテーマを取りあげた文章（一九八九年、アメリカの雑誌『ナショナル・インタレスト』に掲載された論文）は、当初から物議をかもしたが、その後フクヤマがしきりと力説するのは、自分は文字通りの歴史の終わりを宣言したわけではなく、「大文字の歴史、つまり、進化という方向性を一貫性してもつとされる歴史」を問題にしているのだという点である。〔……〕言い換えれば、議論の対象になっているのは、ある特定の歴史が終わったという点なのだが、この点では、意外かもしれないが、大文字の「歴史」を擁護する第一人者、ヘーゲルとマルクスの考え方とよく似てくるのだ。二人ともある歴史の概念の終わりを宣言して、フクヤマによれば、「真に大きな問題はすべて決着がついたので、基盤となる原理原則や社会制度がこれ以上発展することはないだろう」と主張した。〔……〕『歴史の終わり』全体で彼が目を向けているのは、フクヤマの説ではリベラルな民主主義の勝利につながる大文字の「歴史」を推進することである。実は「人間の抱える問題を解決するための最善策とは、リベラルな民主主義である」と、どこまでも信じきっているのだから[*410]」。

フクヤマの論文は一九八九年、つまりベルリンの壁の崩壊の年に発表され、また単行本は一九九二年、つまりソ連邦の解体の翌年に出ている。すると、フランシス・フクヤマが考えている「リベラルな民主主義の勝利」とは、そのままアメリカの勝利のことであり、彼の唱える「大文字の歴史」とは、そのままアメリカが描く「大文字の歴史」を意味することになる。

実際にフランシス・フクヤマは、ソ連邦が崩壊した翌年の一九九二年に出版した『歴史の終わり〔上〕』で、米ソの冷戦の終焉後のアメリカの勝利を大きく賛美している。

「本書執筆のきっかけは、私が『ナショナル・インタレスト』誌に書いた「歴史の終わり」（"The End of

History?")という題の論文である。そのなかで私は、一つの統治システムとしてのリベラルな民主主義の正統性をめぐって、ここ数年にわたり世界じゅうで注目すべきコンセンサスがあらわれている、と論じた。それはリベラルな民主主義が伝統的な君主制やファシズム、あるいは最近では共産主義のような敵対するイデオロギーを打ち破ってしまったからだ、と。だがそれ以上に私は、リベラルな民主主義が「人類のイデオロギー上の進歩の終点」および「人類の統治の最終の形」になるかもしれないし、リベラルな民主主義それ自体がすでに「歴史の終わり」なのだ、と主張したのである。つまり、それ以前のさまざまな統治形態には、結局は崩壊せざるを得ない欠陥や不合理性があったのに対して、リベラルな民主主義には、おそらくそのような抜本的な内部矛盾がなかったのだ。〔……〕もちろん私は、アメリカやフランス、スイスのような今日の安定した民主主義諸国には不正や深刻な社会問題がなかったなどというつもりではない。けれどもこうした問題は、近代の民主主義の土台となる自由・平等という「双子の原理」そのものの欠陥ではなく、むしろその原理を完全に実行できていないところに生じたものなのだ。現代の国々のいくつかは、安定したリベラルな民主主義を達成できないかもしれない。なかには神権政治や軍事独裁制のような、もっと原始的な支配形態に後戻りしかねない国もあるだろう。だがリベラルな民主主義の「理念」は、これ以上改善の余地がないほど申し分のないものなのである」[*411]。

私は（むろん、皮肉を込めて書いているつもりであるが）、実際には、このフクヤマの言う「リベラルな民主主義」、つまりアメリカの覇権主義の勝利は事実であり、現実であるし、そのアメリカには、すでに書いてきたように、致命的な問題があることも、よくわかっている。

しかし、その上で、あえて何度でも言うが、このアメリカに代表される覇権主義、すなわち「大文字の

「歴史」が、消滅することは決してない。言い換えると、これこそが、私が、ジャック・デリダの否定する「目的論」が現実的にはなくならない、と主張する「根拠」なのである。

この理由は、至って簡単である。どのように世界が徹底的に民主化されようが、そこに、何らかの「社会」がしっかりとあって、人々がそこで生活する限り、その社会には、やはり人間を制御する「制度」が要求されるからである。そして、必ず、その「制度」を運営する代表者、つまり「権力者」が、そこでは要求されることになる。そうでないと、全ての人間が善人ではないので、どうしても社会の秩序が保てない。その秩序を保持するために、繰り返すが「権力者」が、必ず登壇してくる。権力者だけが、それを望むのではない。民衆とその社会が、彼を必要とするのである。つまり、権力を行使する人間が全くいなくなるような機構制度は、とてもではないが、想定し得ない。

またこの権力者は、一つの国家なりの単位の統治者でなく、潜在的にも顕在的にも、グローバルな管理者になる可能性がある。そうでないと、今度は、世界の安全が保障されないからである。そして、そうである限りは、そのグローバルな権力者、たとえば現在で言えば、フランシス・フクヤマの希望するアメリカにとって都合の良い「大文字の歴史」が、しばらくの間は書かれることになるだろう。

モイセス・ナイムは『権力の終焉』の中で、権力がいま「拡散」している事態について考察している。「権力は拡散しつつあり、長い伝統を持つ大きなプレイヤーが、より新しい小さなプレイヤーたちから挑戦を受けていることが増えてきている。そして、権力者がその力を使える方法は、これまで以上に制約されている」。

だが、たとえばアメリカのような覇権国の内部で、そのような事態が、現在、はっきりとしたかたちで起きているわけではない。それにグローバルに概観しても、アメリカと対称的な力関係にある国家はまだ存在しない。また近い将来に、いくつかの国家が、ほとんど同じような力を持って横並びになり、突出した覇権国が、ただの一つもいなくなるとは想定し得ないことである。

事実、モイセス・ナイム自身も、権力の〝終焉〟などと大きく構えながら、しかし、同じ本の中で、こう正直に告白している。

「権力が消滅してしまったとか、絶大な権力を持つ人々がいなくなったというわけではない。たとえば、アメリカ大統領はや中国の国家主席、ＪＰモルガンやシェルオイルのＣＥＯは、依然として絶大な力を誇っているし、それを言うならニューヨーク・タイムズの編集主幹も、国際通貨基金（ＩＭＦ）の代表も、ローマ法王もしかりだ」。

モイセス・ナイムが言いたいのは、「ただし、その力は先代たちには及ばない」という範囲の権力の「衰え」や「劣化」の話なのである。また彼は、アメリカについては、このような意見も書いている。

「それから十年が経ち、状況はより複雑になった。同時多発テロの打撃は、アメリカ本土への攻撃は起きないという錯覚をこっぱみじんに打ち砕いた。イラクとアフガニスタンで繰り広げられた厄介な紛争は、アメリカの軍事的優位の限界を白日の下にさらし出した。金融危機と大不況は、同国の経済の脆弱性を露呈した。さらに、二大政党のどちらの政権も、二極化した国内政治と格闘している。そのような状況にもかかわらず、この国に明らかな競争相手は現れていない。中国とインドは驚異的な成長を遂げてきたが、それでもアメリカのはるかに後塵を拝しており、内部に深刻な弱点を抱えている。アメリカの脆弱性につけこもうとする大国主導による大規模な同盟や条約もない。力の均衡という古典的な要素――それによって各国が同盟を相殺し、勢力範囲を限定することをもくろむ――は今も沈黙したままだ」[*412]。

むろん、二〇〇八年のリーマン・ショック以降、アメリカに陰りが見え始めているのも、確かである。渡辺靖は『アメリカン・デモクラシーの逆説』の中で、こう書いている。

「現に、二〇〇八年の金融危機以来、アメリカが海外から借金をして消費をし続け、世界経済を成長させるという役割――いわゆる「世界の最終消費市場」としての役割――が維持困難となる一方、アメリカに取って代わる国がいまだに存在しない現実が、今日、世界経済の大きな混乱の一因となっている」[*413]。

渡辺の意見は、アメリカにもはや全て依存することはできないが、しかしそれに代わる代替案がない、では現実的にはどうするのか、ということである。

アメリカに陰りはない、とする論者もいる。マーク・マゾワーは、リーマン・ショック以後の二〇一二年に書いた『国際協調の先駆者たち』で、アメリカや西洋の国際的な力がまだあることを、このように書いている。

「アメリカだけはいまも例外的に強い支配を保持し、この半世紀ふつうは拘束力のある国際的な決まりごとや義務に自分だけは縛られない自由を、ほかのどの国より享受している。無制限の主権を議会に守られて、うらやましがられている普遍主義のことばと例外的な地位の組み合わせは、アメリカの価値観と影響力を、かぎられた政策のなかであまり内部費用をかけずに広めるのに役立った。その自由は、正式な条約の義務に各国が従う世界（アメリカ議会がつねに嫌ってきた世界）から、立場上アメリカ自身が作り出せる非公式なルールや規範の世界への移行が進んで、さらに増している」。

またマーク・マゾワーは、同じ本の中で、こうも続けて書いている。

「いまわれわれは新しい時代を迎えようとしている。西側の優位が終わりに近づき、予言者たちは次に何が起きるか推測している。アメリカの論者のなかには、とりわけ自国の影響力が失われることを心配している者もいるようだが、より中立的な観点から冷静に見れば、ある国が力を得て別の国が失うという事実からわかることはごく少ない。具体的に中国を例にとっても、主要先進国のために設計された機関に参加することによって、中国が重要な何かを失うことはまずなく、むしろ得るもののほうが多い。あらゆる大国と同じく、中国もそうした機関を自国の目的に利用するだろうが、先行した国々と同様に、そこで支配的になるとはかぎらない。つまり、グローバルな均衡が変ったからといって、それだけで欧米優位の時代に作られた国際機関が滅びるとは考えられないのだ[*414]」。

これに反し、アメリカの一国主義はもうとっくに終わっている、と言う人もいる。たとえば岩波新書編集部編『日本の近現代史をどう見るか』では、冒頭からこう書き出されている。

「二一世紀に入って、歴史学に起きた変化は、欧米中心の歴史観から、かつては周縁部に置かれていたアジア、アフリカ、ラテンアメリカの側を中心として、歴史が新しく書きかえられ始めていることです。もともと世界の資本主義の産業システムは、アジア、アフリカ、ラテンアメリカ地域の豊富な資源と膨大な市場によって繁栄したものでした。アジア、アフリカを中心とする大きなうねりが起こるのは、当然だと思います[*415]」。

この「アジア、アフリカ、ラテンアメリカの側を中心として、歴史が新しく書きかえられ始めている」という発言は、現実の世界情勢を冷静にみた場合、にわかに信じがたい意見である。だが、それでも、権力者が仮にアメリカではなくなったとしても、私のこれまでの論旨は、そのままで同じことなのである。

私の言うことは、誰が権力を握ろうが、その握った者、勝利者が歴史を叙述する、というものだからである。その権力者は何もアメリカでなくとも任意のaでいっこうに構わない。

萱野稔人が『権力の読みかた』の中で、ミッシェル・フーコーの『知への意志』の中の、次の発言に言及しているが[*416]、権力闘争の仕組みは、フランス革命を経てもなお、まさにフーコーの言うままになっている。

「結局のところ、時代と目標が異なっても、権力の表象は相変わらず王政のイメージに取り憑かれたままである。政治の思考と分析においては、人は相変わらず王の首を切り落としてはいないのだ[*417]」。

覇者が誰であろうが、任意の覇者aが、「大文字の歴史」を書く仕組みになっている。誰かが、必ず、覇者になる。これだけは、間違いない。そうでないと社会全体の機構そのものが、維持できなくなるからだ。覇者の席が空白になることはない。そして、その覇者が、「大文字の歴史」を書く。この仕組みは、永遠になくならない。なぜか？　この答えも、実に簡単である。それは、すでに述べたように、人間がいかんせん、不完全な生き物だからである。だから権力が消え去ることはない。すると、何らかの「大文字の歴史」が、これからも消え去ることもない、という結論に帰着する。

アメリカ生まれの歴史学者パミラ・カイル・クロスリーは、二〇〇八年に出版した著書『グローバル・ヒストリーとは何か』の最終章で、「大文字の歴史」について、実に冷静な見地から、しかも的確に、このように言っている。

「われわれは文化を超越するナラティヴをまだ創造するにいたっていない。それどころか、ウォラーステインの記述したヨーロッパの資本主義世界システムを参照点にして定義や限定、もしくは何らかの正当化をはかることと無縁の、グローバルな、ユニヴァーサルな、あるいはマクロなナラティヴを展開できた者もほとんどいない。高々と屹立する近世および近代ヨーロッパの物語の輪郭を無視することはできていないのである。第一に、それは研究分野において、純然たる普遍化でなくとも、ある種の準普遍化機能をそなえていた。誰であれ、どこであれ、ヨーロッパとの関係で——ヨーロッパ支配の手先あるいは犠牲者として——特徴づけしてしまえたのであって、ヨーロッパ人を見たことがない者は、（ヨーロッパ人を見るまで）まさに、「まだ発見されていない者」だったのである。第二に、一八、一九世紀のヨーロッパの支配という現象は、ほぼ全世界的であった。それは人類史を、それ以前の諸帝国がしなかったようなやり方で折り曲げた。それがヨーロッパのそれまでの歴史の一貫した成長の帰結であったのか、それとも偶発的なさまざまの発見からもたらされた、変則的あるいは幸運な出来事であったのかは、大して深い問題とは言えない。その影響の大きさこそが、過去三世紀間における人類の経験の中心的な事柄であったのである」[*418]。

またエリック・ホブズボームは『ホブズボーム歴史論』の中で、ヨーロッパ中心主義の見解を、反転した言い回しではあるが、それだけによりはっきりと、その本音を吐露している。

「しかしヨーロッパの歴史は、やはり独特である。私たちは自然の中に生き、自然を利用して生きるが、人類の歴史は、マルクスが述べたとおり、その自然にたいする制御力の増大の歴史である。この歴史を曲線で表すならば、それは二カ所で急上昇する。最初の上昇点は故ゴードン・チャイルドが「新石器革命」と呼んだもので、それは農業と冶金術と都市と階級と文字をもたらした。第二の上昇点は近代的な科学と技術と経済とをもたらした革命である。最初の上昇点では、変革がおそらく世界のさまざまな所で、さまざまな程度で別々に生じたであろう。だが、第二の変革はヨーロッパだけで生じ、それによってヨーロッパは二、三〇〇年のあいだ世界の中心となり、ヨーロッパの少数の国々が世界の主人となった」。
ホブズボームは、このように、歴史的事実としてのヨーロッパ中心主義を記述した後で、しかしすぐ、昨今のヨーロッパの不安な変容について触れている。

「インド人の外交官兼歴史家であるサルバドール・バニッカルが「ヴァスコ・ダ・ガマの時代」と呼んだ時代はいまや終った。もはやヨーロッパ中心的でなくなった世界の中のヨーロッパ史をいったいどのように捉えればよいのか、私たちはもはや分からない。今度はジョン・ギリスの言葉を借りると、「ヨーロッパは一時的に享受した空間的な中心性を失った」のである。世界史のなかでヨーロッパ史が演じた特殊な役割を、誤って得々と否定しようとする人がいる。また出現しつつあるように思われる「ヨーロッパの砦」的な心理状態の背後に隠れる人もいる。その心理状態は、大西洋のこちら側よりも向こう側のほうがもっと見つけ易い。ヨーロッパの歴史はどの方向にむかっているのであろうか[*419]」。

ホブズボームは、ここで、ヨーロッパ中心主義が、もはや終ったかのように書いている。しかし、世界の中心ではなくなったヨーロッパを、世界史の中で、いったい、どのように位置づければいいのか、その歴史的記述の困難さについても、ホブズボームは平然と書いている。そして「ヨーロッパの歴史はどの方向に向かっているのであろうか」と、彼自身は、みんなに向けて問いかけている。つまり、ホブズボームは、ヨーロッパの中心の危機については強く語っているが、本当に、ヨーロッパが終ってしまったとは、まだ全く認めていないのである。むしろ、ヨーロッパ中心主義は、本当に終わってしまったのだろうか？たとえばそういうような問いを、彼はただ投げかけているだけなのである。ということで、これはまた、いつもの設問、つまりこれも、相変わらずの、けれども根強いヨーロッパ中心主義的な問い掛けの、一つの変奏にすぎない。

またハンス＝ゲオルク・ガダマーは『真理と方法II』の中で、歴史における目的論の優位性について、このように正しく書いている。

「とにかく、ここから、ランケが「真に世界史的な行為」と言っているものがなにであるか、そしてまた、世界史の連関はなにに基づいているかも理解される。世界史的行為には、自身の外にある確固とした目的はない。その限りでは、歴史には、アプリオリに認識できる必然性が支配することはない。しかしそれでもなお、歴史的連関の構造は目的論的である。その基準は成功である。後続する出来事が先行する出来事の意義をはじめて決定する、ということはすでに見た通りである。ランケはそれを歴史認識の単なる一条件と考えていたのかも知れない。事実、歴史の存在様式にふさわしいあの独特の重みも、成功という基準に基づいている。あることが成功したりしなかったりすることで、このひとつの行為の意味が決定されるだけではない。つまり、その行為が持続的な影響を生み出したり、あるいは、影響を残さずに過ぎ去るだけではない。成功ないし不成功は、複数の行為や出来事からなる連関全体を有意味にしたり、あるいは無意味にするのである。したがって、歴史の存在論的構造そのものが、目的《テロス》をもたないにしても、目的論的なのである。ランケの用いる、真に世界史的な行為という概念は、まさにそのことによって定義されている。世界史的な行為が世界史的であるのは、それが歴史を作り出すとき、すなわち、影響を行使して持続的な歴史的意義を獲得するときである。歴史的連関の諸要素は、したかって実際には、目的論が意識されないという形で相互に規定し合っている。すなわち、この目的論こそ諸要素を結び合わせ、意味のないものをこの連関から排除するのである」。

さらにガダマーは、同じ本の中で、歴史における目的論をめぐって、こう述べている。

「このような目的論は哲学的概念からは証明できない。この目的論によって、世界史は、行為者たちが（ちょうど、知らないところで彼らを操るメカニズムのなかにいるように）組み込まれているアプリオリなシステムになるわけではない。むしろ、その目的論は行為の自由とよく両立する。ランケは文字通り、歴史的連関の構成要素は〈自由の光景だ〉と言っている。この言い回しの意味は、際限なくもつれ合ったもろもろの出来事のなかに、特定の際立った場面があり、そこに歴史の決断がいわば集中しているということである。決断は自由な行為が行なわれるところではいつも下されているが、そのような決断によって実際になにかが決定される、つまり、決断が歴史を作り、その影響のなかではじめて決断の十全で持続的な意義が示されるということが、真に歴史的な瞬間の特徴なのである」[*420]。

さらにガダマーとカルステン・ドゥットによる『ガーダマーとの対話』の中で、ドゥットはジャック・デリダの見解を述べた後、「『真理と方法』はロゴス中心主義的言説の最後の偉大な表現であるという非難は、当っていると思いますか」と、ガダマーに挑発的な質問を投げかけている。

これに対してガダマーは、質問者のドゥットにではなく、あたかも、そこに不在のジャック・デリダに反論するように、こう、その問いに答えている。

「そのような批判をする人には、『真理と方法』を読むようにお願いしたい。可能であれば、その人と対話を始めるように、試みたい。否、わたしがハイデガーから学んだと信じていることは、判断や命題の形式は哲学が行なわれる形式ではないということだ。それゆえ、わたし自身の思索の試みをあえて定式化するならば、言語に反してではなく言語とともに思惟する、となろう」[*421]。

簡単に言えば、この答えは、ガダマーが、デリダの考えている範囲で、自分がロゴス中心主義者であると非難されるなら、別にそれはそれで結構だ、自分は「言語とともに思惟する」だけである、という意味である。

この場合の「言語」とは何かについて、ガダマーは『理論を讃えて』の中で、こう答えている「しかし、ロゴスとは「理性」のことではなく、むしろ「話」、すなわち人々がお互いに向けて語り合っている他ならぬその言葉なのである。その言葉は、語句の断片のように断片化されて分類可能となり、そしていわゆる辞書を形成するような個々の単語の堆積のことではない。むしろすでにロゴスとは語句を意味の統一《アインハイト》へ、話の意味の統一へと組み上げることなのである。われわれはそのことを文の統一性《アインハイト》［単位］と呼んでいる」*422。

加藤哲理の『ハンス＝ゲオルグ・ガーダーマーの政治哲学　解釈学的政治理論の地平』によれば、ジャック・デリダに対しては、ガダマーは晩年に、このようにはっきりと批判していた。

「デリダやフランスにいる人々は全ての言語を抑圧の形式だというのです。彼らにとっては全てが抑圧なのです。私はそんなことは受け入れられません。何らかの抑圧のようなものが存在することは私だって知っています。しかし全ての発話が抑圧だということは私にはただのナンセンスに思えるのです。そうであるならば、私たちは黙っているべきでしょう。〔……〕しかし、彼が認めるべきなのは、脱構築するためであっても、ひとは動機を必要とするということです。それは日常生活と同じことです」*423。

「しかし全ての発話が抑圧だということは私にはただのナンセンスに思えるのです」というガダマーの意見に、つまり、デリダへの批判に、この私も全面的に同意する。

加藤哲理はこの本の中で、イタリアのジョヴァニ・ヴァッティモを経由してガダマーとデリダの論争に言及しているが、ヴァッティモは『弱い思考』の「まえおき」の中で、一九六〇年以降の哲学の議論の経緯——たとえば構造主義からポスト構造主義からの既成哲学への批判や、その反論の経緯——を大きく、次のように定義している。

「提起された問いはつぎのとおりである。真理を放棄せざるをえないのか、それとも、従来のような気取りを捨てた「新しい理性」を召喚して、理論がその権限を失うことがないような仕方で欠陥を埋め合わせることができるのか」。

ジョヴァニ・ヴァッティモが言うには、フランスにおいては、フーコーが主体の「放棄」へと向かい、それに対してイタリアでは、「そして、危機を作動させるよりは、なおも十分に祓い清められていなかった非合理主義の亡霊から理性を「救済」することがくわだてられた」とする。

その上で、『弱い思考』の論文を寄せた者達の共通する姿勢について、ヴァッティモは、こう書いている。

「本書に収めた論文は著者の出自もさまざまであり、理論的方針もまちまちであるため、ひとつの学派に統合することはできないかもしれない。しかし、それらの論考は、理性の危機にかんするイタリアの論者たちのさまざまな言説も、フランスのポスト構造主義の多くのヴァージョンも（ジル・ドゥルーズのリゾームからフーコーのミクロ物理学にいたるまで）、なおもあまりにも形而上学へのノスタルジーに囚われており、とりわけハイデガーとニーチェがわたしたちの文化に告知してきた存在の忘却あるいは「神の死」の経験をほんとうに徹底させることをしていないという考え方（感覚、印象、前提）を共有している」。

そしてヴァッティモは、同じ本の「まえおき」の中で、イタリアの論者たちの中には、「理性の復興」への志向性があると書いている。

「なかでも、「理性の危機」を云々しているイタリアの論者たちはについていうなら、彼らは古典的理性のもつ強制力そのものを――個々の「ゲーム」ないしは分野の内部においてであれ――復興しようとしている。あるいはまた、グローバルな理性を再建しようというノスタルジックな意図に囚われている。「革命された」新しい社会の建設要求は古典的理性が排除してきただけになおさら正当性をもつと考えているのだ[*424]」。

この考え方は、『近代』におけるユルゲン・ハーバーマスと、よく似ている。ポスト構造主義を批判して啓蒙の理性を、つまりモデルネを放棄するのか、それとも継続するのか、という問い掛けと、ヴァッティモらの姿勢は、ほとんど同じ所に位置している。

ジョヴァンニ・ヴァッティモは『哲学者の使命と責任』では、「普遍性」について、こう書いている。

「普遍性が構築されなければならないという考え、普遍性の構築こそが哲学の任務であり計画であり統整的理念であるという考え、カント以後の哲学的文化全体の拠りどころとなっているこの考えは、あるひとつの政治的な計画と厳密に結びついたものであらざるをえないとわたしは思う。じっさいにも、それは意図と効果のあらゆる面において政治的な構築であることを要求しているのである。この考え方はヨーロッパが産み出したものではあるが、ヨーロッパ中心主義的な考え方ではない。客観的な意義をもつ考え方なのだ[*425]」。

さらにヴァッティモは『透明なる社会』では、啓蒙による脱神話が一つの神話に過ぎないとする「脱神話化の脱神話化」について言及している。

「観念論と実証主義のいずれのタイプであれ、歴史の形而上学は、歴史を啓蒙《アウフクレールンク》と理性の解放という単一のプロセスと捉えることで、こうした問題に対して一つの解答を出していた。とはいえ、理性を解放するプロセスは、観念論や実証主義が予期していた結果をはるかに超えていた。世界の表舞台に多民族・多文化が進出しはじめたため、歴史の目標《テロス》に向かって一直線に続く一元的な過程であるとはおよそ信じられなくなった。歴史の普遍性が実現されたために普遍史は不可能になったのである。それとともに、歴史の進行を、神話的な知の暗闇から理性を解放する啓蒙《アウフクレールンク》とみなすような考え方もまた、正当性を失った。脱神話化それ自体が一つの神話にすぎないことが認められるようになった」。

そしてヴァッティモは、同じ本の中で、この「脱神話化の脱神話化」を鋭く批判している。

「脱神話化を脱神話化するからといって、神話の権利を取り戻すことにはならない。すくなくとも、われわれが正当性を認める神話の数々のなかには、理性とその進歩の神話もまた含まれているからである。脱神話化、いいかえるならば、理性を解放するプロセスとしての歴史という考え方は、それほどたやすく祓い清められるものではない*426」。

私もまた、このジョヴァンニ・ヴァッティモの見解に同意する。「歴史」から目的論を消し去ることは、現実的には、無理だからである。

たとえば、ノーマン・J・ウィルソンは『歴史学の未来へ』の中で、ジャック・デリダの意見とは違って、「目的論のおかげで、進歩にせよ衰退にせよ、大きな歴史パターンが発見された」と書いている。

「直線的、二次元的な歴史の見方を擁護することからくる危険のひとつは、目的論という古典的な歴史的誤謬である。目的論のおかげで、進歩にせよ衰退にせよ、大きな歴史パターンが発見された。目的論的歴史叙述の有名な例として、ホイッグ的な、目的に向かって動いていく歴史の追求があげられる。「ホイッグ史」を広く定義すれば、それは歴史的発展の頂点なるものがあると信じていたトマス・バビントン・マコーリに代表されるような、イギリスの歴史家の一派のことである」。

ノーマン・J・ウィルソンは、同じ『歴史学の未来へ』の中で、「時間の発展的展開」は「目的論」を明確に位置づけると述べている。

「時間的発展というホイッグ史の概念によって、歴史を理解することが、現在を理解し未来に向けた準備をするために決定的な必要条件となった。過去が重要なものとなった。それは偶然でも循環的でもない意味で重要になったのである。「時間的発展」という概念によって、一方では、ユダヤ教やキリスト教の救世主とその再臨という概念のように、周知の認知された目的地をめざすことができるようにもなれば、他方では、未来がどこに向かっているのか分からないのだから、定められた未来というのは排することができるようにもなった。時間の発展的展開は、それが未来の目的地に向かうものであれ、たんに過去から現在へ向かうものであれ、目的論として位置づけられるものである」。

ノーマン・J・ウィルソンの同じ本には、「目的論はしばしば勝者の歴史に帰する」と書いている部分がある。

「目的論はしばしば勝者の歴史に帰することがあり、あったかもしれない他の結末を十分に考慮しないことがある。たとえば、経済史家のウォルト・W・ロストウのような近代化論者は、国民工業化の理論を提示した。それによると、これから近代化に向かうあらゆる国民は、他の（すでに近代化した）国民がたどったパターンをたどるというものである。アレクサンダー・ガーシェンクロンは、近代化という目的論の概念を柔軟なものにしようとして、あとから工業化した国民は、既存の先進工業国と競争しなければならないゆえに、いち早く工業化した国民とは異なる発展のパターンをたどると論じた。イマニュエル・ウォーラーステインは、フランスの社会経済史の伝統に影響を受けながら、別の有名なパラダイムを打ち立てた。『近代世界システム』(1974年)がそれである。ウォーラーステインは西欧を発展の中核と定義し、「周縁」「半周縁」と名付けたところと中核との関係を吟味した。ロストウもガーシェンクロンもウォーラーステインもみな、目的論的な発展の理論を提示しているのである。たしかに、目的論を避けることはできないが、許容できる水準に抑えることはできる。その方向に歴史が動いていると思われる目的地を発見したい誘惑に抵抗することによって、それが可能なのである。過度な目的論的歴史を避けるひとつの方法は、物事が違った形で起こりえた可能性を考えることである」。

その上で、ノーマン・J・ウィルソンは、だがそれでも、私たちはこの「目的論を完全に避けることは不可能である」と結論付けている。

「目的論を完全に避けることは不可能である。なぜなら、われわれはつねに現代の知識に基づく展望によって、過去を解釈するからである。この展望のゆえにも、歴史家は目的論に大いに魅せられる。つまるところ、ほとんどの歴史家は、過去を明らかにするさいに、それを論理的で分かりやすくしようとしている。過去をごたまぜにする歴史など役に立たないのだから、現在の展望から過去を整理しようとする傾向のおかげで、歴史家は過去を混乱させるのではなく理解する立場に立ち、そうすることによってみずからの価値を擁護できるからである。こうなると、目的論という問題は量的な問題になっている。どの程度であれば目的論を許容できるだろうかということなのだ」。

目的論的歴史は、彼自身が言うように、どうしても「勝者の歴史に帰する」ところがある。勝者は、過去の過ちを後悔しない。そして、次の勝者もまた、同じことを、ただ繰り返している。

羽田正はその著書『新しい世界史へ』の中で、羽田自身は批判的な見地からではあるが、ロバート・B・マークスの、次のような「ヨーロッパ中心史観」を引用している。そして羽田は「ヨーロッパ中心史観について語る際には、「ヨーロッパ」は、「欧米」と同義の語として扱う」としている。このロバート・マークスの発言が、まだ二〇〇七年のものである点に、十分に注意したい。

「ヨーロッパが歴史を作る。世界のその他の地域は、ヨーロッパがそこと接触するまで歴史はない。ヨーロッパが中心である。世界のその他の地域はその周辺である。ヨーロッパは他とは峻別される特別な存在であり、ヨーロッパだけが唯一歴史を作り動かすことが可能なのだ」。

その上で羽田は、このように続けている。

「一九世紀、「ヨーロッパ」への帰属を信じる人々が思い描くヨーロッパの歴史は、ヨーロッパを他とは異なる特別なものとみなし、その優位性の由来を明らかにするためにあった。そのあらすじは、ルネッサンス期に古代文明の叡智を「再発見」し、宗教改革によって古い教会の影響力を削ぎ、大航海によって世界の他の地域に進出したヨーロッパ人が、科学技術を発展させ、政治や経済の制度改革を進め、アメリカ独立戦争、フランス大革命、そしてイギリスの産業革命を経て、一九世紀には世界に覇を唱えたというサクセス・ストーリーである。これはいわば「勝者の歴史」である」。*427

フレデリック・ミゲルーによる『ジャパン・アーキテクツ1945-2010』展に顕著であったよう

に、「単一的な真実の物語——大文字の歴史」は、いまだに大きな有効性を持っている。西洋人の巨視的な視点による、リニアな構成の日本戦後建築史を総覧する展示が、日本の公共美術館において、堂々と開催された。誰も疑問すら抱かずに、多少は抱いた者もそれを一切言葉にはせずに、結局はこれを素通りにした。この〝沈黙〟という名の讃美、あるいは「ごまかし」の確固たる存在が、そのままに、これまでの私の主張の正当性の、その「根拠」になっている。

繰り返すが、『ジャパン・アーキテクツ1945‐2010』は、日本の戦後建築史でなく、「西洋人の「視線」による日本の戦後建築史」なのである。つまりミゲルーによる『ジャパン・アーキテクツ1945‐2010』は、西洋と東洋、フランスと日本との力関係を見事に表象している。エドワード・W・サイードの言い方を使うなら、ここで「オリエントはテクスト化されている」。つまり、ミゲルーによって「日本はテクスト化されている」のである。

エドワード・W・サイードは『オリエンタリズム　下』の中で、こう書いている。この部分はすでに一部を引用しているが、重要な箇所なので、該当文を全て引いておく。

「オリエンタリストとは書く人間であり、東洋人《オリエンタル》とは書かれる人間である。これこそ、オリエンタリストが東洋人《オリエンタル》に対して課した、いっそう暗黙裏の、いっそう強力な区別である。このことを認識することによって、我々はオルロイの発言を説明することが可能になる。東洋人に割り当てられた役割は消極性であり、オリエンタリストに割り当てられた役割とは、観察したり研究したりする能力である。ロラン・バルトが述べたように、神話（と、それを永遠化するもの）は、絶え間なく自己をつくりだしうるものである。東洋人《オリエンタル》は固定化された不動のもの、調査を必要とし、自己に関する知識すら必要とする人間として提示される。いかなる弁証法も要求されず、いかなる弁証法も許されない。そこにあるのは情報源（東洋人《オリエンタル》）と知識源（オリエンタリスト）である。つまり、筆記者と、彼によってはじめて活性化される主題である。両者の関係は根本的に力の問題であり、それについては数多くのイメージが存在している」。

日本人とミゲルーの関係性、「そこにあるのは情報源（東洋人《オリエンタル》）と知識源（オリエンタリスト）である」。この「両者の関係は根本的に力の問題であり、それについては数多くのイメージが存在している」念のために言うが、被支配者による小さな物語の叙述はある部分では有効であり、それを論ずる姿勢は、ある視点からは実に正しい。たとえば、その「小さな物語」の典型的な主張が、岡真理の『記憶／物語』である。

岡真理は、スピルバーグの『プライベート・ライアン』の戦闘シーンを引き合いに出しながら、こう書いている。

「戦場場面のリアリズムという点に関して、スティーヴン・スピルバーグ監督の映画『プライベート・ライアン』（1996年、原題はSaving Private Rian、『ライアン二等兵を救うこと』）の冒頭30分、連合軍のノルマンディー上陸を描いた場面は、おそらく戦闘シーンとして映画史上に残る出色の映像である。炸裂する砲弾、まきあがる砂塵、響きわたる爆音、四肢をもぎ飛ばされる兵士、揺れる映像、飛び散る血飛沫に曇るカメラのレンズ……。従軍カメラマンの目線で撮った、たたみかける映像が、戦場というものはたしかにこのようなものであろうという思いを観る者に確信させずにおかない」。

にもかかわらず、岡真理は、この戦争の映像に対して、こういう疑問を問い掛けるのである。

「戦闘場面を観ながら、わたしがずっと感じていたのは、いったい、これは、誰の視線、誰の目に映った戦場なのか、という疑問だった。さきほど、従軍カメラマンの目線で、と書いたけれど、より正確には、従軍カメラマンのカメラの視線、レンズに映った世界である。そして、カメラマンでさえ、カメラの目線で戦争を体験するのではない。カメラに映った世界と、カメラマンが体験する戦場は決して同じではないはずだ」。

岡真理は、同じ本の中で、彼女の考えを、続けて、このように書いている。

「戦場の体験とは、もっと断片的なものではないか。もっと、切れ切れな、整合性のない、全体像のなかに位置づけることができないいびつな体験ではないか。これが戦場だ、これが戦争だと、戦争の全体像を眺望する視点とは、いったい、誰の、どのような視点なのだろう」。*428

つまり、そのような、全体を俯瞰する神の目のような巨視的な視線などはなく、あるのは、その現場にいた個々人の視線でしかない、それは、本来は、もっとまとまりのない破片のようなものになるはずだ、というわけである。

言い換えると、岡真理の主張は、「大文字の歴史の叙述」をどこかで否定しているのである。岡真理には、どうやら、出来事は「当事者」の「証言」でしか示し得ない、と考えているようである。

繰り返すが、岡真理の言う「戦場の体験とは、もっと断片的なものなのではないか。もっと、切れ切れな、整合性のない、全体像のなかに位置づけることができないいびつな体験なのではないか」という視点は、理屈だけなら、正しい指摘なのである。しかし、それは実に残念なのであるが、〝現実〟にはほとんど効力を持たない。現実的には、「これが戦場だ、これが戦争だと、戦争の全体像を眺望する視点」によって「歴史」は、常に叙述されているからである。

つまり、言うなれば、岡真理が疑問視する、「これが戦場だ、これが戦争だと、戦争の全体像を眺望する視点とは、いったい、誰の、どのような視点なのだろう」という問いの答えは、「それは、戦争の勝利者の視線である」ということになるのである。常に、勝利者だけが、戦争の全体像を（それが本当に正しいのかどうかは別にして、しかし、それでも、あたかも神であるかのように）、大文字の全体像を俯瞰して、「大文字の歴史を叙述する」からである。

本橋哲也は『ポストコロニアリズム』の中で、エドワード・W・サイードの『知識人とは何か』の文章を引いている。

「集団や国民的アイデンティティをめぐるコンセンサスに関して、知識人がなすべきは、集団とは、自然なものでも神があたえたもうたものでもなく、構築され、造型され、ときには捏造されたものであり、その背後には闘争と征服の歴史が存在するということを、必要とあらばその歴史を表象しつつ、しめすことなのだ」。

その上で、本橋哲也は同じ本の中で、彼自身の意見を書いている。

「勝者や征服者が押しつける歴史や世界観に対して、敗者の、沈黙の、あり得たかもしれない見方を対置する――「政治的である」とはそういうことだ[*429]」。

つまり、本橋哲也の考える「知識人」とは、エドワード・W・サイードのように、その姿勢が「政治的である」ということである。そしてジャック・デリダもまた、この種の政治的な知識人の一人だったと考えていいだろう。

『知識人とは何か』で、エドワード・W・サイードは、一九二七年に出版されたジュリアン・バンダの

『知識人の裏切り』を共鳴すべき一例として挙げている。

「バンダのみる現状の問題点は、「組織的集団行動を求める情念の組織体」と彼がうがって表現したもの、つまり党利党略、大衆世論、ナショナリズム的軍国主義、階級利害などをまえにして、知識人がみずからの道徳的権威を放棄してしまったことにある。バンダはこれを一九二七年に書いていた。大衆的マス・メディア時代到来以前のことだ。しかしながら、バンダの慧眼がみぬいていたように、政府が、確保すべく奔走しているのは、政府を指導する知識人ではなく、政府の下僕となってはたらく知識人である」。

その上で、サイードは、バンダの言う「知識人の裏切り」について、踏み込んで書いている。

「知識人の裏切りに対するバンダの警世的非難のどこに説得力があるかといえば、それは、緻密な議論の展開にあるのでもなければ、知識人の使命についていっさいの妥協を排した考えのなかにみとめられる高踏的な絶対主義のなかにあるのでもない。むしろ、それは、バンダが真の知識人について、リスクを背負う者、つまり火炙《あぶ》りの刑にあったり、追放の憂き目をみたり、十字架にかけられる覚悟のできている者といってのけるところにある。真の知識人は、実利的な関心から超然と身をひくという点で、他の人間とは異なる象徴的人格をおびている」。

また『知識人とは何か』の中で、エドワード・W・サイードは、自らのスタンスとしての現代の知識人について、このように書いている。

「こうした事例において原則めいたものとなっているのは、合衆国では対外政策や軍事政策のプロともいうべきエキスパートたちが、他の超大国との戦いやヴェトナムやアフガニスタンにおける代理戦争に勝つことだけに関心をよせ、自国の悪については一顧だにしないということだ。まさにこれが、現実政治《レアルポリティーク》なのである。［……］たしかにそうかもしれない。だが、わたしはこう問いたい。ほんとうの現代の知識人――とはつまり、客観的な道徳規範とか、賢明な権威と思われていたものがすべて消滅し混迷をきたしている時代に生きる知識人ということだが――にとって、自国のやりかたならこれを無批判に支持して、自国の犯罪行為に眼をつぶるか、さもなくば、「どこの国でもそれをしていると思うし、それが世界のやりかたではないか」とたかをくくってしまうというふたつの選択肢しかないのだろうか。むしろ、わたしたちはこう要求すべきではないか。知識人とは、きわめて偏った権力にこびへつらうことで堕落した専門家として終わるべきではなく――これまで語ってきたことのくりかえしになるが――、権力に対して真実を語ることができるような、べつの選択肢を念頭におき、もっと原則を尊重するような立場にたつ、まさに知識人たるべきではないか、と[*430]」。

サイードは『人文学と批評の使命』では、知識人の使命をこのように言い換えている。

「知識人の役割は、弁証法的に、対抗的に、これまで述べてきた抗争を明るみに出し、解明し、押しつけられた沈黙に、また見えざる権力の働きによって正常に見せかけられている静寂に、可能ならいつでもどこでも異議を唱え、それらを打ち破ることだ」。

さらにサイードは、目的論に対しても、強く批判的である。

「これに応えて、知識人が行なうことには、どんなマスター・プランも青写真も総合理論も存在しないこと、そして人類の歴史がある一点に向かっていると語るようなユートピア的な目的論も今や存在しないことを強調しておこう。目的は、外挿的に発明《インヴェント》されねばならない――ここでの「インヴェント」は、まったくの無から何かを作り出すというロマン主義の用法ではなく、修辞家たちが用いたラテン語の

inventio の文字通りの意味で、つまりふたたび見出すこと、過去の演説をもとに再編集することという意味だ。つまり、すでに知られた歴史的・社会的事実から、よりよい状況を仮定してみることである[*431]」。

これらのサイードの発言は、全て本当の話なのだろうか？　サイードの言う「権力に対して真実を語る」という場合の「真実」が、では、具体的にはいったい何を指しているのか、それが私には、よくわからない。「もっと原則を尊重するような立場にたつ」という意味での「原則」とは何か、これについても全く意味不明である。

当たり前の話であるが、この世界に絶対的な「真実」や「原則」などありはしないのだ。それならば、サイードの言う「真実」や「原則」とは、彼にとっては何なのか、私にはさっぱりと理解できない。またサイードが『人文学と批評の使命』で言う「よりよい状況を仮定してみることである」というが、その場合の「よりよい」とは、誰にとって、「よりよい」のか？　サイード、あるいはサイードを支持する人達にとってだろうか？　またサイードはどうやら知識人をかなり信頼しているようだが、本当に知識人とは、そのように信頼のおける人達ばかりなのか？

権力者なら、そのような概念を考えずに、力で全て行使するだろう。その結果、勝った者の言い分が「真実」となり「原則」となる。事実、現実は、そのようにして動いている。

またそこまで言わなくても、権力者対少数者という構図があるとして、しかしその場合でも、真実が権力者の側にはなく、あくまでも少数者の側にある、とは限らない場合がある。権力者の全てが悪でなく、そこに善があることもあり、逆に、少数者の中に悪が潜んでいることがあるからである。あるいは、支配者と被支配者との「共犯関係」という場合もあるだろう。権力者対少数者と言っても、事態はかなり複雑である場合が多い。

しかし、どうやらこの私が、サイードの意見に対して深刻に考える必要は、なかったようである。なぜなら、エドワード・W・サイード＋タリク・アリの『サイード自身が語るサイード』で、サイード自身が、アリの「しかし公的知識人というのは、いまやますます消えゆく存在だとも言えませんか」に、このように正しく答えているからである。

「いや、消えゆくなんてとんでもない。わたしのいう知識人は消えゆくのだろうけれど。むしろわたしたちの眼には、世界は知識人であふれている。それも知識人というよりむしろ、エキスパートなりプロの専門家と呼ぶ連中のことだけれど――そしてこれが、知的に自由な知識人のふるまいにとって脅威になっていると思う。いまや知識人たちには、自分の技能なり専門知識や判断を商品として切り売りしなければやっていけないという、たいへんなプレッシャーがのしかかっている。特定の分野、たとえば外交政策などにおいてね。あるいはアフリカに関する、インドに関する、ラテンアメリカに関する外交政策においてね。そしてその専門知識のおかげで、エキスパート集団の仲間入りができる。彼らの役割全体は、自分の才能を体制に売り込むことだ。念頭におく主たる目標は、真実を語ることでもなければ、現在の行き詰まり状況を打破するあらたな可能性を口にすることでもなく、現状を維持すること、得意先を満足させること、もう心から顧客のいいなりになることだ。まちがっても本来の知識人として提供すべき、あるいは表象すべき大義名分なり理念を口にしてはならない。だから公的知識人が消えてゆくなんてことは問題外だね――キッシンジャーはいつだってテレビに出ているし、ブレジンスキーしかり、ポール・ジョンソンしかり。こういった連中はまさに市場の言語をしゃべり、いまわたしたちが暮らしている世界を牛耳っている権力の考えを代弁する公的知識人のやからなのだよ」。

さらにアリが「しかしサルトルとかバートランド・ラッセルの伝統を受け継ぐ知識人となると――」と尋ねると、サイードは、こう答えている。

「そうそのとおり、わたしが消えてゆくと考えているのは、まさにこうした抗議する知識人たちのことだ。体制は、こうした人物を、処遇するつもりはないし、結局、処遇する懐の深さもないということだろうね。まただからこそジュネのような人物がわたしにとってはきわめて重要になる。その非妥協的なところがだよ――そう、この妥協しないことこそ、現在では、不可能なほど維持するのがむつかしい立場だ。チョムスキーも似ている。彼らは、発言したり代弁したりすることが、現体制の意にそぐわないというだけで却下されてしまうという事実そのものを苦々しく思っている」[*432]。

なんということはない、サイード自身がすでに知識人が消えていると考えているのである。それなら、私としても、もう何も言うべきことはない。

渡辺靖は『アメリカのジレンマ』で、実は、このサイードやチョムスキーすら、広い意味では体制に「取り込まれている」というニュアンスのことを書いている。つまり、体勢に対する反論まで自己宣伝に利用する「したたかさ」が、たとえばアメリカという国であり、資本主義なのである。つまり、サイードのような著名人に大反論してもらえばもらうほど、それがアメリカの体制には、恰好の「商品効果」になる。サイードが反論すればするほど、かえってアメリカの権力は、不満分子の「ガス抜き効果」も含めて、実は、サイードにかなり助けられているのである。

「ソフトパワーに関しても、映画や音楽、スポーツなど大衆文化はもちろん、高等教育や市民社会などの分野でも、アメリカは優秀な人材を惹きつけ続けている。アメリカに対する最も辛辣な批判でさえ、実は、アメリカの大学や知識人から発せられている場面も少なくない。例えばエドワード・サイード、ノーム・チョムスキーといった面々である。［……］覇権の維持には、ハードパワーのみならず、ソフトパワーが不可欠なことは世界史の示すところである。そして、それは中国やロシアには得難いパワーでもある」。*433

ただ、それでもなお、本気で「現実政治（リアル・ポリティックス）」に対抗するという人がいるのなら、その人に是非に尋ねてみたいことがある。

その人に是非に聞きたいのだが、それなら、なぜ、日本から「基地」は、なくならないのだろうか？多くの批判は、すでに出尽くしている。だが、現実は、実際には、何も変わりはしない。

それは、なぜなのか？　この問いの答えは、至って簡単なのである。それを変更不能にしているもの、それこそが「現実政治（リアル・ポリティックス）」だからである。現実には、いくら批判しても、「現実政治（リアル・ポリティックス）」は、自分たちの方向性を、一切、変更しようとはしない。

しかも「基地」の存在は、原則的に「無期限」である。なぜなら「基地」とは、歴史を叙述する支配者が管理するからである。それは支配者の叙述する「大きな物語」だからである。

むろん岡真理や本橋哲也が「基地」について、何かを具体的に言及しているわけではない。だが、構造的には、同じ話なのである。現実の権力の前では、知識人の発言は、あまりにも無力である。言説では、何一つとして、変更できない。これだけは、明らかな事実である。

仮に、それでも「小さな物語」の叙述が有効なものであると主張するのなら、国内から、とっくの昔に「基地」が消え去っているはずである。しかし「基地」は、いまも、国内に存在したままである。これだけ見ても、岡真理や本橋哲也の主張は、「現実」を前にして、如何にも無力であることがわかるはずである。

「大きな枠組み」は、岡真理や本橋哲也がいくら声高に叫ぼうが、微動だにしない。つまり、事態は何も、変わりはしない。それでも声を上げて叫ぶのは、各人の自由である。しかし、大文字の歴史は、それでも微塵も動かない。

日米同盟はむろん、対等ではない。米国との同盟は、完全に「非対称」である。当たり前の話であるが、アメリカには、日本の「基地」は存在していない。これからも「無期限」に、日本の「基地」はアメリカには存在しないだろう。

どうしても、というのなら、レイモンド・ウィリアムズが言うように、「そのような議論によれば、これはもうひとつ別の hegemony（新たな力をもつ実践と意識）を創出することによってしかなしえない」ことになる。「現実政治（リアル・ポリティックス）」は相当に強靭なので、現実的にはこれを転覆し得ないが、それでも仮定として、その転覆が成し得たとすると、今度は、転覆した知識人が新たな権力者になる。だが、日本の知識人の中に、権力闘争を「本気」でやる覚悟のある者など、果たして本当にいるのだろうか？　これに関しては、甚だ疑問だらけである。

このような議論を展開すると、必ず、それは極論であり、たとえば「それでは丹下健三やその他の戦後のモダニストの活動の意味は、どうなってしまうのか？　彼らは、ただ、操られていただけだった、とでも言うつもりなのか？」という話になる。この答えは、まさに、そうなのである。彼らは、ある意味で、「操られていた」だけだったのである。

何度も繰り返すが、被支配者、あるいは小さな物語の叙述はある部分では有効であり、それを論ずる姿勢は正しい。ただし、それでは「大きな枠組」を乗り越える批評性にはなり得ないと、私は、繰り返し、言っている。実に残念な話であるが、現実的には正当な改革の効力を示さない。私は、ただ、そのような「事実」について、いま、ただ淡々と語っているだけである。

アメリカの優位性は、その軍事力や、その経済力だけにあるのではない。グーグルとはどこの国の会社なのか、マイクロソフト社はどうか、フェイスブックはどこの国で開発されたものなのか、マクドナルドはどこの国が本社か、コンビニエンス・ストアは、どこの国から発祥したのか……。これらを総合的に考えてみれば、現在の世界資本主義市場の覇者が、いったいどこの国なのか、それが容易にわかるはずである。アメリカの一国主義がいまやかなり怪しいと言っても、実際に、今すぐアメリカの優位性に大変動が起きるとは、とても思えない。

日本発進に思える「クール・ジャパン」についても、実はこれと同じ原理なのである。なぜかと言うと、この言葉の発端は「アメリカ」によるからである。たとえば『知恵蔵2015の解説』で、富岡亜紀子は、「クール・ジャパン」について、こう書いている。

「日本独自の文化が海外で評価を受けている現象、またはその日本文化を指す言葉。当初は主に秋葉原に代表されるようなマンガやアニメ、渋谷・原宿のファッションなど、ポップカルチャーを指していたが、食材や伝統工芸、家電など広範囲にわたった文化を指すようになってきた。［……］米外交政策誌にアメリカのジャーナリストが「日本は文化のスーパーパワー」と書いたのが「クール・ジャパン」の発端と言われており、クールは冷たいという意味ではなく、洗練された、感じがいい、かっこいい等の意味で使われている」[*434]。

また渡辺靖の『文化と外交』には、「クール・ジャパン」がアメリカのジャーナリストのダグラス・マッグレイの発案であると、明確に書いてある。

「アメリカ人ジャーナリスト、ダグラス・マッグレイが「日本の国民総クール力（Japan's Gross National Cool）」（Foreign Policy、二〇〇二年五・六月号）と題する論考のなかで「ポップミュージックから家電まで、建築からファッションまで、そしてアニメから料理まで、日本は一九八〇年代の経済パワーが成し遂げた以上の文化パワーを示している」と述べたのは二〇〇二年。いわゆるクール・ジャパンがパブリック・ディプロマシーと結びつけて論じられるようになったのは、イギリスのブレア政権による「クール・ブリタニカ」キャンペーンが収束したこの頃だった［……］「クール・ジャパン」は、主として、海外の若者の関心を日本に誘うためのゲートウェイ、あるいは「創造力あふれるエキサイティングな国」というブランド・イメージを高めるためのツールと位置づけられた[*435]」。

また三原龍太郎の『クール・ジャパンはなぜ嫌われるのか』には、二〇〇二年にアメリカのジャーナリスト、ダグラス・マッグレイが、ある外交誌に投稿したという論文「Japan's Gross National Cool」」の一部が紹介されている。

「…日本は、また新たな超大国として再生しつつある。政治、経済上の落ち込みに打ちのめされることなく、日本のグローバルな文化的勢力は衰えを知らない。実際、ポピュラーミュージックから一般電子機器、建築からファッション、食べ物から芸術にいたるまで、今日の日本は、経済大国だった一九八〇年代よりも、はるかに大きい文化的勢力を持っている」。

つまり「国力を示す指標として、経済的な生産力（Gross Domestic Product）だけでなく、文化的なかっこよさ（Gross National Cool）というものもありうるのではないかと論じた」のである。というより、私に言わせれば、支配者＝欧米がまた何やら意見を言い出したので、被支配者＝日本は、またしても、「その意見に、その気になった」だけなのである。「クール・ジャパン」とは、アメリカがまた「再発見」したものに過ぎない。桂離宮や伊勢神宮の代わりに、今度はクール・ジャパンなのである。タウトがマッグレイに、代わっただけの話なのだ。

つまり、ここでも相変わらずアメリカを含む西洋の「視線」が作動して、日本文化があたかも、日本からの主体的な発信であるかのごとく着目される仕組みになっている。

三原龍太郎も同じ本の中で、やはり、クール・ジャパンとジャポニズムを繋げて、こう書いている。「そしてもう一つは、日本のポピュラー文化が世界へ影響を与えてきた歴史を、たとえば19世紀に勃興した「ジャポニズム」にまでさかのぼり、クール・ジャパンを、その一連の流れに位置づけようとする「文化史」的な議論である」。

そして、その具体的な例として、三原は、スーザン・ネイピア教授の研究を紹介している。

「日本の文学研究から日本アニメ研究に転じ、アメリカにおけるアニメ研究のパイオニアと言われているタフツ大学のスーザン・ネイピア教授は、19世紀のジャポニズムから現代の日本アニメの国際的人気を、一つの文化史の流れとして捉える研究を発表している。その研究の中で彼女は、日本のポピュラー文化が世界（とりわけ西洋）に影響を及ぼす現象は、ジャポニズムのときから繰り返し続いており、現在の日本アニメが国際的人気を博しているのは、その直近の事例である、と指摘している」[*436]。

クール・ジャパンも日本のアニメも、所詮は西洋の「コロニアリズム」であり、「エキゾティズム」に過ぎない。フレデリック・ミゲルーによる日本の戦後建築の評価も、このスーザン・ネイピア教授の視点と全く同じものである。

東浩紀編『日本的想像力の未来』に所収のジョナサン・エイブルの「クール・ジャパンの不可能性と可能性」には、次のように書かれている。

「ここに一つの疑問が浮かび上がってきます。日本について学ぶことによって、彼らの空虚なシニフィアン（意味なき記号）を埋め合わせることはできるのでしょうか。それとも、空虚な意味の作用を継続することになるだけなのでしょうか。日本を対象とする学問が発展し、あるいは彼ら自身の勉強が完成して、すべてが明らかになったあとにも、日本はエキゾチックで「クール」なものとしてありつづけるのでしょうか」。

このジョナサン・エイブルの「疑問」は愚問である。バルトの言う意味で、日本が「空虚なシニフィアン（意味なき記号）」であることと、「日本はエキゾチックで「クール」なもの」であることは、全くの同義だからである。

結局、ジョナサン・エイブルは、「クール・ジャパン」とは、従来の日本へのエキゾティズムと何ら変わらないという結論を正しく出している。

「同様に、東浩紀も述べているとおり、アメリカの文化帝国主義の日本文化における位置こそが、アメリカ人による日本の「クール」化を可能にするコンテクストあるいは環境になっているということは言えるでしょう。ここにあるのは忘却です。アメリカにおける現在のクール・ジャパンは、一九世紀から二一世紀にかけての日本へのエキゾティズムから生みだされています。つまり、日本は「知らない、今まで見たこともない、分からない、理解できない」……、しかし、だからこそ「面白い」「クールだ」ということになってしまうのです[*437]」。

日本人自身が、この欧米の政治的な「枠組」を変更することはできない。これは、いくら日本人に優秀なプレイヤーがいても、その個人の力では、ゲームのルールまで変更するのは不可能であることに似ている。あるいは一人のプレイヤーの力では、ゲームを仕切る「協会」の責任者の意見を変更することは、絶対に出来ないことに、これは似ている。

モロッコ生まれの思想家のアブデルケビール・ハディビは、その著書『マグレブ　複数文化のトポス』の「他なる思考」を、こういう書き出しで始めている。

「死の直前に、フランツ・ファノンはこんな呼びかけをした。「さあ、同志たちよ。ヨーロッパのゲームは決定的に終わった。他のものを見出さねばならない」」。

けれども、アブデルケビール・ハディィは、ファノンの言葉を引いて、冷静に、こう発言している。

「しかし、ヨーロッパのどのようなゲームが問題となっているのか。むしろ、依然としてこのヨーロッパがわれわれの存在の内奥を揺るがす問題であるということを、まず明確にしておくべきではなかろうか。それは、この点を認識することでひとつの問いが、つまり、ひとつの不可避の出来事が明らかになるだろう。それは、災いでも恵みでもない。悩みの感情や不幸な意識を越えて、いまなお引き受けねばならない責任の条件なのだ[*438]」。

アブデルケビール・ハディィが言うような、「ヨーロッパがわれわれの存在の内奥を揺るがす問題である」という認識、この西洋と東洋の力の非対称性、あるいは力の差異こそが、黒船以来現在までずっと続いている、世界資本主義市場における日本の真の姿である。

このような日本が置かれている本質的な事態を、皮肉にも再確認させてくれたのが、この『ジャパン・アーキテクツ1945－2010』展の、唯一の功績であった、と言えるのかもしれない。

註

*1　二〇一五年一月二八日付の朝日新聞の夕刊の「文化」、大西若人「焼け跡からの再発見」。以下、大西若人の発言は全てこの記事による。

*2　フレデリック・ミゲルー「日本建築の来るべきアイデンティティ」。公式カタログ『新建築2014年11月別冊 ジャパン・アーキテクツ1945-2010』（新建築社、二〇一四年）に所収。以下、フレデリック・ミゲルーの発言は、断りのない場合は全てこの論による。

*3　ロナルド・シェイファー『アメリカの日本空襲にモラルはあったか』、深田民生訳、草思社、二〇〇七年。以下、ロナルド・シェイファーの発言は全てこの本による。

*4　戸田穣による「建築資料のありかと現代建築のゆくえ――「ジャパン・アーキテクツ1945-2010」展レビュー」、「artscape」二〇一四年一一月一五日号、以下、戸田の発言は全てこの記事による。http://artscape.jp/focus/10105053_1635.html

*5　ケネス・フランプトン『現代建築史』、中村敏男訳、青土社、二〇〇三年。以下、ケネス・フランプトンの発言は全てこの本による。

*6　ハル・フォスター『アート建築複合態』、瀧本雅志訳、鹿島出版会、二〇一四年。

*7　ザハ・ハディド、ハンス・ウルリッヒ・オブリスト『ザハ・ハディドは語る』、瀧口範子訳、筑摩書房、二〇一〇年。

*8　Alain Guiheux "Collection d'Architecture du Centre Georges Pompidou, 1998" (Centre Georges Pompidou Commencial).

＊9　多木浩二『「もの」の詩学』、岩波現代文庫、二〇〇六年。以下、『「もの」の詩学』と書いた場合は、全てこの本による。

＊10　遠山公一他編『美術コレクションを読む』（慶應義塾大学出版会、二〇一二年）に所収の、遠山公一の「はじめに」による。（K.Pomian, "Collezionismo", *Enciclopedia dell'Arte Medievale*, vol. V, Roma, 1994, pp.156-160）は割愛した。

＊11　ハンス゠ゲオルク・ガダマー『真理と方法　I』、轡田収他訳、法政大学出版局、二〇一二年。遠山公一他編『美術コレクションを読む』を参照した。

＊12　ジェイムズ・クリフォード『文化の窮状』、太田好信訳、人文書院、二〇〇三年。以下、『文化の窮状』と書いた場合、全てこの本による。引用に関しては、太田喬夫「芸術展示の歴史」（太田喬夫他編『芸術展示の現象学』、晃洋書房、二〇〇七年に所収）を参照した。

＊13　宇野邦一『他者論序説』、書肆山田、二〇〇〇年。

＊14　磯崎新『建築における「日本的なもの」』、新潮社、二〇〇三年。以下、断りのない場合は、『建築における「日本的なもの」』と書いた場合は、全てこの本による。

＊15　高橋雄造『博物館の歴史』、法政大学出版局、二〇〇八年。

＊16　N・バンセル他『植民地共和国フランス』、平野千果子他訳、岩波書店、二〇一一年。以下、『植民地共和国フランス』と書いた場合は、全てこの本による。

＊17　吉荒夕記『美術館とナショナル・アイデンティティ』、玉川大学出版部、二〇一四年。以下、吉荒夕記の発言は、全てこの本による。

＊18　磯崎新『日本建築思想史』、聞き手は横手義洋、太田出版、二〇一五年。以下、『日本建築思想史』と書いた場合、全てこの本による。

＊19　『ジャポニスム入門』。以下、断りのない場合は、小林利延「日本美術の海外流出」。『ジャポニスム入門』（思文閣出版、二〇〇〇年に所収）と書いた場合は、全てこの本による。

＊20　チャールズ・ホーム『チャールズ・ホームの日本旅行記』、彩流社、二〇一一年。

＊21　保坂清『フェノロサ』、河出書房新社、一九八九年。

＊22　ケヴィン・ニュート『フランク・ロイド・ライトと日本文化』、大木順子訳、鹿島出版会、一九九七年。

＊23　谷川正巳『フランク・ロイド・ライトの日本』、光文社新書、二〇〇四年。

＊24　磯崎新「「わ」空間の建築家」。公式カタログ『新建築２０１４年11月別冊　ジャパン・アーキテクツ１９４５－

2010』（新建築社、二〇一四年）に所収。
＊25 クロード・レヴィ＝ストロース『月の裏側』、川田順三訳、中央公論新社、二〇一四年。
＊26 一木努「煙突が消えた日から」（『建築の忘れがたみ』、INAX出版、一九八五年に所収。
＊27 藤森照信『日本の近代建築 下』、岩波新書、一九九三年。以下、『日本の近代建築 下』と書いた場合、全てこの本による。
＊28 アントニン・レーモンド『自伝アントニン・レーモンド［新装版］』、鹿島出版会、三沢浩訳、二〇〇七年。以下、『自伝アントニン・レーモンド［新装版］』と書いた場合、全てこの本による。
＊29 アントニン・レーモンド『私と日本建築』、三沢浩訳、鹿島出版会、一九六七年。
＊30 三沢浩『A・レーモンドの住宅物語』、建築資料研究社、一九九九年。
＊31 三沢浩『レーモンドの失われた建築』、王国社、二〇一〇年。
＊32 三沢浩『アントニン・レーモンドの建築』、鹿島出版会、二〇〇七年。
＊33 『現代日本の建築家1 アントニン・レーモンド』、三一書房、一九七一年に所収の「わが回想」による。「建築」の一九六一年十月号（渋谷盛和訳）より転載。
＊34 村松貞次郎『日本近代建築の歴史』。岩波現代文庫、二〇〇五年。以下、村松貞次郎の発言は、全てこの本による。
＊35 荒井信一『空爆の歴史』、岩波新書、二〇〇八年。以下、荒井信一の発言は、全てこの本による。
＊36 アントニン・レーモンド『アントニン・レーモンド建築詳細図譜［復刻版］』鹿島出版会、二〇一四年を参照。
＊37 三沢浩『A・レーモンド建築詳細』、彰国社、二〇〇五年。
＊38 林昌二『二十二世紀を設計する』、彰国社、一九九四年。三沢浩『アントニン・レーモンドの建築』、鹿島出版会、二〇〇七年を参照した。
＊39 篠原一男『住宅論』、鹿島出版会、一九七〇年。以下、『住宅論』と書いた場合、全てこの本による。
＊40 ジョン・ピーター『近代建築の証言』、小川次郎他訳、TOTO出版、二〇〇一年。以下、ジョン・ピーターの発言は、全てこの本による。
＊41 ツヴェタン・トドロフ『文学が脅かされている』、小野潮訳、法政大学出版局、二〇〇九年。
＊42 『西洋の美術』（晶文社、二〇一四年）に所収の「II 二〇世紀の美術」による。このIIは、島津京の執筆による。
＊43 アーサー・ダントー「アートワールド」（西村清和編・監訳『分析美学基本論文集』、勁草書房、二〇一五年に所

収）。
＊44　西村清和「解説」（西村清和編・監訳『分析美学基本論文集』、勁草書房、二〇一五年に所収）
＊45　ロバート・ステッカー『分析美学入門』、森功次訳、勁草書房、二〇一三年。
＊46　益田朋幸他編著『岩波　西洋美術用語辞典』、岩波書店、二〇〇五年。
＊47　レオナルド・ベネヴォロ『近代建築の歴史』、武藤章訳、鹿島出版会、二〇〇四年。
＊48　W・シヴェルブシュ『三つの新体制』、小野清美他訳、名古屋大学出版会、二〇一五年。
＊49　パオロ・ニコローゾ『建築家ムッソリーニ』、桑木野幸司訳、白水社、二〇一〇年。
＊50　石田圭子『美学から政治へ　モダニズムの詩人とファシズム』、慶應義塾大学出版会、二〇一三年。テオドール・アドルノ『プリズメン』、渡辺祐邦他訳、ちくま学芸文庫、一九九六年も参照した。
＊51　長谷川堯『神殿か獄舎か』、鹿島出版会、二〇〇七年。一部「の」を取った。
＊52　『3・11以後の建築』展。金沢21世紀美術館の公式ホームページ。以下、「金沢21世紀美術館の公式ホームページ」と書いた場合は、全て下記。https://www.kanazawa21.jp/data_list.php?g=17&d=1721
＊53　パブロ・エルゲラ『ソーシャリー・エンゲイジド・アート入門』、アート&ソサイエティ研究センター　SEA研究会訳、フィルムアート社、二〇一五年。
＊54　妹島和世の発言による。西沢立衛『美術館をめぐる対話』（集英社新書、二〇一〇年）に所収の「妹島和世×西沢立衛　つくることと見せること。美術館をめぐる建築的実践」。
＊55　『新生美術館』のコンペティション。滋賀県のホームページによる。http://www.pref.shiga.lg.jp/kakuka/a/kikaku/binoshiga/newmuseum/newmuseum.html
＊56　長谷川祐子『キュレーション』、集英社新書、二〇一三年。
＊57　二〇一五年四月一日の朝日新聞の夕刊の文化欄には、「軽く明るい開かれた美術館」による。
＊58　P・D・スミス『都市の誕生』、中島由華訳、河出書房新社、二〇一三年。
＊59　エリック・ホブズボーム『破断の時代』、木畑洋一他訳、慶應大学出版会、二〇一五年。
＊60　ジャック・ラング『ルーヴル美術館の闘い』、塩谷敬訳、未来社、二〇一三年。以下、ジャック・ラングの発言は、全てこの本による。
＊61　キャロル・ダンカン『美術館という幻想』、川口幸也訳、水声社、二〇一一年。
＊62　辛美沙『アート・インダストリー』、美学出版、二〇〇八年。

＊63　西谷修『〈テロル〉との戦争』、以文社、二〇〇六年。
＊64　エイドリアン・ジョージ『THE CURATOR' S HANDBOOK　美術館、ギャラリー、インディペンデント・スペースでの展覧会のつくり方』、河野晴子訳、フィルムアート社、二〇一五年。
＊65　蓑豊『超〈集客力〉革命――人気美術館が知っているお客の呼び方』、角川書店、二〇一二年。
＊66　蓑豊『超・美術館革命――金沢21世紀美術館の挑戦』、角川書店、二〇〇七年。
＊67　レイモンド・ウィリアムズの『完訳　キーワード辞典』（椎名美智他訳、平凡社、二〇〇二年）に所収の「originality　オリジナリティ・独創性」。以下、『完訳　キーワード辞典』と書いた場合は、全てこの本による。
＊68　三島由紀夫『文化防衛論』、ちくま文庫、二〇〇六年。
＊69　稲賀繁美『絵画の臨界』、名古屋大学出版会、二〇一四年。
＊70　アレクサンドル・コジェーヴ『ヘーゲル読解入門』、上妻精他訳、国文社、一九八七年。
＊71　フレドリック・ジェイムソン『ヘーゲル変奏』、長原豊訳、青土社、二〇一一年。
＊72　ジャック・デリダ『マルクスの亡霊たち』、増田一夫訳、藤原書店、二〇〇七年。
＊73　ロラン・バルト『記号の国』、石川美子訳、みすず書房、二〇〇四年。
＊74　訳者の石川による「第七巻について」。ロラン・バルト『記号の国』（石川美子訳、みすず書房、二〇〇四年）に所収。
＊75　ルイ＝ジャン・カルヴェ『ロラン・バルト伝』、花輪充訳、みすず書房、一九九三年。
＊76　八束はじめ『メタボリズム・ネクサス』、オーム社、二〇一一年。以下、八束はじめの発言は、全てこの本による。
＊77　磯崎新『始源のもどき』、鹿島出版会、一九九六年。
＊78　フランソワ＝マリー・グロー『オートクチュール――パリ・モードの歴史』、中川髙行他訳、白水社、二〇一二年。
＊79　山田登世子『ブランドの条件』、岩波新書、二〇〇六年。
＊80　ジャン・ボードリヤール『象徴交換と死』、今村仁司他訳、ちくま学芸文庫、一九九二年。
＊81　ロラン・バルトが「モードと人文科学」（『ロラン・バルト　モード論集』、山田登世子編訳、ちくま学芸文庫、二〇一一年に所収）。
＊82　ナオミ・ローゼンブラム『写真の歴史』、大日方欣一他訳、美術出版社、一九九八年。
＊83　飯沢耕太郎他監修『世界の写真』、美術出版社、二〇〇四年。

＊84　田中雅夫『写真130年史』、ダヴィッド社、一九七〇年。
＊85　H・W・ジャンソン＋アンソニー・F・ジャンソン『西洋美術の歴史』、木村重信他訳、創元社、二〇〇一年。
＊86　ルイジ・ギッリ『写真講義』、萱野有美訳、みすず書房、二〇一四年。
＊87　ジェフリー・バッチェン『写真のアルケオロジー』、前川修他訳、青弓社、二〇一〇年。
＊88　クエンティン・バジャック『写真の歴史』、遠藤ゆかり訳、創元社、二〇〇三年。
＊89　スティーヴン・トゥルーミン『近代とは何か』、藤村龍雄他訳、法政大学出版局、二〇〇一年。
＊90　ヴィットリオ・M・ラムプニャーニ『現代建築の潮流』、川向正人訳、鹿島出版会、一九八五年。
＊91　ウィリアム・カーティス『近代建築の系譜――1900年以後　上巻』、五島朋子他訳、鹿島出版会、一九九〇年。
＊92　クレメント・グリーンバーグ『グリーンバーグ批評選集』（藤枝晃雄編訳、勁草書房、二〇〇五年に所収）の「モダニズムの起源」による。
＊93　E・H・ゴンブリッチ『美術の物語』、天野衛訳、ファイドン、二〇一一年。
＊94　マーティン・ジェイ「近代性における複数の視の制度」（ハル・フォスター編『視覚論』、榑沼範久訳、平凡社、二〇〇七年に所収）。
＊95　ジョナサン・クレーリー『観察者の系譜』、遠藤知巳訳、以文社、二〇〇五年。
＊96　ロバート・アトキンズ『近代美術のキーワード』、嶋崎吉信訳、美術出版社、一九九五年。
＊97　フレドリック・ジェイムソン『近代という不思議』、久我和己他訳、こぶし書房、二〇〇五年。
＊98　アレックス・カリニコス『アゲインスト・ポストモダニズム』、角田史幸監訳、こぶし書房、二〇〇一年。
＊99　ポール・ジョンソン『近代の誕生1815－1830年　1　地球社会の形成』、別宮貞徳訳、共同通信社、一九九五年。
＊100　ツヴェタン・トドロフ『他者の記号学』、及川馥他訳、法政大学出版局、二〇一四年。野田研一編著『〈日本幻想〉表象と反表象の比較文化論』、ミネルヴァ書房、二〇一五年を参照した。
＊101　レイモンド・ウィリアムズ『モダニズムの政治学』、加藤洋介訳、九州大学出版会、二〇一〇年。
＊102　デイヴィッド・アーミテイジ『思想としてのグローバル・ヒストリー』、平田雅博他訳、法政大学出版局、二〇一五年。
＊103　柘植尚則編著『西洋哲学史入門』、梓出版社、二〇〇六年。
＊104　アントワーヌ・コンパニョン『近代芸術の五つのパラドックス』、中地義和訳、水声社、一九九九年。

＊105 ユルゲン・ハーバーマス『近代――未完のプロジェクト』、三島憲一訳、岩波現代文庫、二〇〇〇年。
＊106 デイヴィッド・ライアン『ポストモダニティ』、合庭惇訳、せりか書房、一九九六年。
＊107 神林恒道他編著『芸術学ハンドブック』、勁草書房、一九八九年。
＊108 松浦寿輝『平面論』、岩波書店、二〇一二年。
＊109 千葉成夫『絵画の近代の始まり』、五柳書院、二〇〇八年。
＊110 エーゴン・フリーデル『近代文化史　1』、宮下啓三、みすず書房、一九八七年。
＊111 ハンナ・アーレント『活動的生』、森一郎訳、みすず書房、二〇一五年。
＊112 ハンナ・アーレント『過去と未来の間』、弘田隆也他訳、みすず書房、一九九四年。
＊113 小野紀明『西洋政治思想史講義』、岩波書店、二〇一五年。
＊114 ロベール・ミュシャンブレッド『近代人の誕生　フランス民衆社会と習俗の文明化』、
＊115 ジャック・ル・ゴフ『歴史と記憶』、立川孝一、法政大学出版局、二〇一一年。
＊116 ジャック・ル＝ゴフ『ヨーロッパは中世に誕生したのか？』、菅沼潤訳、藤原書店、二〇一四年。
＊117 マティ・カリネスク『モダンの五つの顔』、富山英俊他訳、せりか書房、一九九五年。
＊118 ミルチャ・エリアーデ『永遠回帰の神話』、堀一郎訳、未来社、一九六三年。
＊119 ロジェ・カイヨワ『斜線』、中村好文訳、講談社学術文庫、二〇一三年。
＊120 ジョルジョ・アガンベン『幼児期と歴史』、上村忠男訳、岩波書店、二〇〇七年。
＊121 今村仁司『近代性の構造』、講談社、一九九四年。
＊122 坂野潤治＋大野健一『明治維新　1858‐1881』、講談社現代新書、二〇一〇年。
＊123 F・L・ホークス編著、M・C・ペリー『ペリー提督日本遠征記　上』、宮崎嘉子監訳、角川ソフィア文庫、二〇一四年。
＊124 五百旗頭真編『日米関係史』、有斐閣、二〇〇八年。
＊125 松本健一『日本の失敗』、岩波現代文庫、二〇〇六年。
＊126 三好行雄編、夏目漱石『漱石文明論集』、岩波文庫、一九八六年。
＊127 梅溪昇『お雇い外国人』、講談社学術文庫、二〇〇七年。
＊128 多木浩二『戦争論』、岩波書店、一九九九年。
＊129 佐々木克『幕末史』、ちくま新書、二〇一四年。以下、『幕末史』と書いた場合は、全てこの本による。

*130 井上勝生『開国と幕末変革』、講談社学術文庫、二〇〇九年。
*131 井上勲『王政復古』、中公新書、一九九一年。
*132 井上清『日本の歴史　中』、岩波新書、一九六五年。
*133 井上清『新装版　日本現代史Ⅰ明治維新』、東京大学出版会、二〇〇一年。
*134 井上清『井上清史論集　1　明治維新』、岩波現代文庫、二〇〇三年。
*135 佐々木寛司『明治維新史論へのアプローチ』、有志舎、二〇一五年。以下、佐々木寛司の発言は、全てこの本による。
*136 酒井直樹「レイシズム・スタディーズへの視座」（酒井直樹他著『レイシズム・スタディーズ序説』、以文社、二〇一二年に所収）。
*137 岡光夫他編著『日本経済史』、ミネルヴァ書房、一九九一年。句読点を変えたところがある。
*138 坂本義和『権力政治を超える道』、岩波現代文庫、二〇一五年。
*139 石井孝『日本開国史』、吉川弘文館、二〇一〇年。以下、石井孝の発言は、全てこの本による。
*140 子安宣邦『「アジア」はどう語られてきたか』、藤原書店、二〇〇三年。
*141 芝原拓自『世界史のなかの明治維新』、岩波新書、一九七七年。
*142 成田龍一『近現代日本と歴史学』、中公新書、二〇一二年。
*143 石井寛治『日本経済史［第2版］』、東京大学出版会、一九九一年。
*144 三浦良一『概説日本経済史　近現代［第3版］』、東京大学出版会、二〇一二年。
*145 アンドルー・ゴードン『日本の200年　新版　上』、森谷文昭訳、みすず書房、二〇一三年。以下、『日本の200年　新版　上』と書いた場合は、全てこの本による。
*146 クロード・レヴィ＝ストロース『人種と歴史』、荒川幾男訳、みすず書房、二〇〇八年。
*147 三谷博『愛国・革命・民主』、筑摩書房、二〇一三年。
*148 三谷博『明治維新を考える』、岩波現代文庫、二〇一二年。
*149 ケネス・B・パイル『欧化と国粋』、松本三之介監訳、講談社学術文庫、二〇一三年。
*150 坂野潤治『近代日本の国家構想　一八七一―一九三六』、岩波現代文庫、二〇〇九年。
*151 坂野潤治『日本近代史』、ちくま新書、二〇一二年。
*152 坂野潤治「維新政権の成立」（井上光貞他編『普及版　日本歴史体系13　明治国家の成立』、山川出版社、一九九

六年に所収)。
＊153 伊藤彌彦『未完成の維新革命』、萌書房、二〇一一年。
＊154 北岡伸一『日本政治史』、有斐閣、二〇一一年。
＊155 中村哲『集英社版 日本の歴史16 明治維新』、集英社、一九九二年。
＊156 西川長夫「フランス革命と国民統合」(『国民国家論の射程』、柏書房、二〇一二年に所収)。
＊157 酒井忠康『覚書 幕末・明治の美術』、岩波現代文庫、二〇一三年。
＊158 長谷川宏『新しいヘーゲル』、講談社新書、一九九七年。
＊159 エリック・J・ホブズボーム『資本の時代 I』、みすず書房、一九八一年。
＊160 弓削尚子『啓蒙の世紀と文明観』山川出版社、二〇〇四年。
＊161 藤森照信『日本の近代建築 上』、岩波新書、一九九三年。以下、『日本の近代建築 上』と書いた場合は、全てこの本による。
＊162 北澤憲昭『美術のポリティクス』、ゆまに書房、二〇一三年。以下、『美術のポリティクス』と書いた場合は、全てこの本による。
＊163 佐藤道信「「美術」の制度とその内実」(佐藤道信他編『美術の日本近現代史』、東京美術、二〇一四年に所収)。以下、「「美術」の制度とその内実」と書いた場合は、全てこの論による。
＊164 北澤憲昭『眼の神殿』、ブリュッケ、二〇一〇年。
＊165 佐藤道信『明治国家と近代美術』、吉川弘文館、一九九三年。
＊166 藤井正一郎他編著『復刻版 日本建築宣言文集』(彰国社、二〇一一年)による。以下、『復刻版 日本建築宣言文集』と書いた場合は、全てこの本に所収の論による。
＊167 稲垣栄三『日本の近代建築』、中央公論美術出版、二〇〇九年。以下、稲垣栄三の発言は、全てこの本による。
＊168 藤岡洋保『表現者・堀口捨己――総合芸術の探求――』、中央公論美術出版、二〇〇九年。以下、『表現者・堀口捨己』と書いた場合は、この本による。
＊169 堀口捨己他著『建築史』、オーム社、一九七〇年。
＊170 藤岡洋保『近代建築史』、森北出版株式会社、二〇一一年。
＊171 エドワード・S・モース『日本その日その日』、石川欣一訳、講談社学術文庫、二〇一三年。
＊172 オトフリート・ニッポルト『西欧化されない日本』、中井晶夫編・訳、えにし書房。

＊173　エドワード・W・サイード『オリエンタリズム　下』、板垣雄三他監修、今沢紀子訳、平凡社、一九九三年。以下、『オリエンタリズム　下』と書いた場合は、全てこの本による。
＊174　レイ・チョウ『標的とされた世界』、本橋哲也訳、法政大学出版局、二〇一四年。
＊175　山本雅男『ヨーロッパ「近代」の終焉』、講談社現代新書、一九九二年。
＊176　永原慶二『20世紀日本の歴史学』、吉川弘文館、二〇〇三年。
＊177　エドワード・W・サイード　デーヴィッド・バーサミアン『ペンと剣』、中野真紀子訳、ちくま学芸文庫、二〇〇五年。
＊178　エドワード・W・サイード『オリエンタリズム　上』、板垣雄三他監修、今沢紀子訳、平凡社、一九九三年。以下、『オリエンタリズム　上』と書いた場合は、全てこの本による。
＊179　ピーター・P・トリフォナス『バルトと記号の帝国』、志渡岡理恵訳、岩波書店、二〇〇八年。
＊180　ピエール・ルジャンドル『西洋が西洋について見ないでいること』、森元庸介訳、以文社、二〇〇四年。
＊181　ニクラス・ルーマン『近代の観察』、馬場靖雄訳、法政大学出版局、二〇一二年。
＊182　ジャン＝フランソワ・リオタール『ポスト・モダンの条件』、小林康夫訳、水声社、一九八九年。
＊183　ポール・アザール『ヨーロッパ精神の危機』、野沢協訳、法政大学出版局、二〇一五年。
＊184　三省堂の「大辞林」の「ワールド・ミュージック」「音楽用語辞典」の「ワールド・ミュージック」も、ともに次のサイトによる。http://www.weblio.jp/content/%E3%83%AF%E3%83%BC%E3%83%AB%E3%83%89%E3%83%9F%E3%83%A5%E3%83%BC%E3%82%B8%E3%83%83%E3%82%AF
＊185　フィリップ・V・ボールマン『ワールド・ミュージック／世界音楽入門』、坂植元一訳、音楽之友社、二〇〇六年。
＊186　塚田健一「世界音楽と変容する伝統」（塚田健一他編『はじめての世界音楽』、音楽之友社、二〇〇九年に所収）
＊187　東琢磨『全－世界音楽論』、青土社、二〇〇三年。
＊188　アンドレア・センプリーニ『多文化主義とは何か』、三浦信孝他訳、白水社、二〇〇三年。
＊189　チャールズ・テイラー『近代――想像された社会の系譜』、上野成利訳、岩波書店、二〇一一年。
＊190　ノーマン・J・ウィルソン『歴史学の未来へ』、波塚信吾他監訳、法政大学出版局、二〇一一年。以下、ノーマン・J・ウィルソンの発言は、全てこの本による。
＊191　上森亮『アイザイア・バーリン　多元主義の政治哲学』、春秋社、二〇一〇年。

＊192　酒井直樹『死産される日本語・日本人』、講談社学術文庫、二〇一五年。
＊193　G・C・スピヴァク『サバルタンは語ることができるか』、上村忠男訳、みすず書房、一九九八年。
＊194　ヴェルナー・ハーマッハー『他自律　多文化主義批判のために』、増田晴彦訳、月曜社、二〇〇七年。
＊195　ハンス・ベルディング「現代美術と現代の美術史に関する諸省察」(『美術史の終焉?』、元木幸一訳、勁草書房、一九九一年に所収)。
＊196　室井尚「解説／文化の大転換のさなかに」(ヴィレム・フルッサー『写真の哲学のために』、深川雅文訳、勁草書房、一九九九年に所収)。
＊197　テリー・イーグルトン『ポストモダニズムの幻想』、森田典正訳、大月書店、一九九八年。
＊198　宮元健次『桂離宮　ブルーノ・タウトは証言する』、鹿島出版会、一九九五年。
＊199　ブルーノ・タウト『忘れられた日本』、篠田英雄訳、中公文庫、二〇〇七年。
＊200　ブルーノ・タウト『ニッポン』、篠田英雄訳、春秋社、二〇〇八年。
＊201　ブルーノ・タウト『日本美の再発見』、篠田英雄訳、一九六二年。
＊202　ブルーノ・タウト『日本の家屋と生活』、篠田英雄訳、春秋社、一九五〇年。
＊203　田中辰明『ブルーノ・タウト』、中公新書、二〇一一年。
＊204　「カーサ・ブルータス」二〇一三年一一月号、マガジンハウス。『ルーブル・ランス美術館』の説明文による。
＊205　NHK総合テレビ、二〇一三年一月一九日午後九時に放送「SANAAの冒険」。
＊206　『ja 97 SPRING 2015』。妹島和世＋西沢立衛「自由な空間へ」での西沢立衛の発言による。
＊207　小暮修三『アメリカ雑誌に映る〈日本人〉』、青弓社、二〇〇八年。
＊208　イアン・J・ビッカートン『勝者なき戦争』、高田馨里訳、大月書店、二〇一五年。
＊209　雨宮昭一『占領と改革』、岩波新書、二〇〇八年。以下、雨宮昭一の発言は、全てこの本による。
＊210　藤原彰『日本近代史　Ⅲ』、岩波書店、二〇〇七年。以下、藤原彰の発言は、全てこの本による。
＊211　井上清『日本の歴史　下』、岩波新書、一九六六年。
＊212　ジョン・ダワー『敗北を抱きしめて　上』、三浦陽一他訳、岩波書店、二〇〇四年。以下、『敗北を抱きしめて上』と書いた場合は、全てこの本による。
＊213　本間長世他編『日米関係史［新版］』、有斐閣、一九九一年に所収の原康「6章　戦後の日米経済関係」による。以下、原康の発言は、全てこの本による。

＊214　波多野澄雄「サンフランシスコ講和条約」(『日本の外交　第2巻　外交史　戦後編』、岩波書店、二〇一三年に所収)。以下、波多野澄雄の発言は、全てこの論　による。
＊215　アンドルー・ゴードン『日本の200年　新版　下』、森谷文昭訳、みすず書房、二〇一三年。以下、日本の200年　新版　下』と書いた場合は、全てこの本による。
＊216　歴史学研究会編『世界史史料11　二〇世紀の世界II　第二次世界大戦後　冷戦と開発』、岩波書店、二〇一二年による。
＊217　海野弘『二十世紀』、文藝春秋、二〇〇七年。
＊218　中村政則『戦後史』、岩波新書、二〇〇五年。
＊219　木畑洋一『二〇世紀の歴史』、岩波新書、二〇一四年。
＊220　楠綾子『現代日本政治史1　占領から独立へ　1945～1952』、吉川弘文館、二〇一三年。
＊221　メアリー・フルブロック『ケンブリッジ版世界各国史　ドイツの歴史』、高田有現他訳、創土社、二〇〇五年。
＊222　遠藤誠治他『安全保障とは何か』、岩波書店、二〇一四年。
＊223　増田弘『マッカーサー』、中公新書、二〇〇九年。
＊224　吉田裕編『日本の時代史26　戦後改革と逆コース』、吉川弘文館、二〇〇四年。
＊225　五百旗頭真編『戦後日本外交史　第3版補訂版』、有斐閣、二〇一四年。以下、戦後日本外交史　第3版補訂版』という場合は、全てこの本による。
＊226　植村秀樹『「戦後」と安保の六十年』、日本経済評論社、二〇一三年。
＊227　社団法人日米協会編　五百旗頭真他監修『もう一つの日米交流史――日米協会資料で読む20世紀』(中央公論新社、二〇一二年)に所収の楠綾子「第3章　戦後日米関係の再生　1948-1960」による。以下、「第3章　戦後日米関係の再生　1948-1960」と書いた場合は、全てこの論による。
＊228　楠綾子「朝鮮戦争と日本の安全保障」(蓑原俊洋編『「戦争」で読む日米関係100年』、朝日新聞社、二〇一二年に所収)。
＊229　ジョン・ダワー『吉田茂とその時代　下』、中公文庫、二〇一四年。
＊230　武田晴人『高度成長』、岩波新書、二〇〇八年。
＊231　豊下楢彦『安保条約の成立』、岩波新書、一九九六年。以下、『安保条約の成立』と書いた場合は、全てこの本による。

*232 ジョン・W・ダワー「二つの「体制」のなかの平和と民主主義」（『歴史としての戦後日本　上』、中村正則監訳、みすず書房、二〇〇二年に所収）。

*233 ジョン・ダワー『昭和』、明田川融監訳、みすず書房、二〇一〇年。

*234 赤澤史朗の「戦中・戦後文化論」（朝尾直弘他編『岩波講座　日本通史　第19巻　近代4』、岩波書店、所収）

*235 「art scape」の「Artword アートワード」のコーナーの西村唯の「新日本建築家集団（ＮＡＵ）」。http://artscape.jp/artword/index.php/%E6%96%B0%E6%97%A5%E6%9C%AC%E5%BB%BA%E7%AF%89%E5%AE%B6%E9%9B%86%E5%9B%A3%EF%BC%88NAU%EF%BC%89

*236 丹下健三、藤森照信『丹下健三』、新建築社、二〇〇二年。

*237 この磯崎新の発言は、豊川斎赫編『丹下健三とKENZO TANGE』、オーム社、二〇一三年に所収。

*238 布野修司『戦後建築の終焉』、れんが書房新社、一九九五年。以下、布野修司の発言は、全てこの本による。

*239 「art scape」の「Artword アートワード」のコーナーの、塩原裕樹の「伝統論争」。http://artscape.jp/artword/index.php/%E4%BC%9D%E7%B5%B1%E8%AB%96%E4%BA%89

*240 大川三雄他『図説　近代建築の系譜』、彰国社、一九九七年。

*241 クラウディア・デランク『ドイツにおける〈日本＝像〉』、水藤龍彦他訳、思文閣出版、二〇〇四年。以下、クラウディア・デランクの発言は、全てこの本による。

*242 グロピウス会編『グロピウスと日本文化』、彰国社、一九五六年。

*243 ワルター・グロピウス「日本における建築」（『桂・日本における伝統と創造』、浜口隆一訳、造型社、一九六〇年に所収）。以下、グロピウスの『桂・日本における伝統と創造』の発言は、全てこの論による。

*244 ジョン・V・マシュイカの『ビフォー　ザ　バウハウス』、田所辰之介他訳、三元社、二〇一五年。

*245 ヴァルター・グロピウス「日本の建築」（『建築はどうあるべきか』、ちくま学芸文庫、二〇一三年。

*246 槇文彦他編『丹下健三を語る』、鹿島出版会、二〇一三年に所収の豊川斎赫による「往復書簡　ウォルター・グロピウス×丹下健三　ヒューマニズムとユルバニスムを照射する伝統論」。

*247 豊川斎赫『群像としての丹下研究室』、オーム社、二〇一二年。

*248 丹下健三「伝統と創造について」（『人間と建築』、彰国社、二〇一一年に所収）。

*249 一九五四年七月一二日の朝日新聞の記事。芦原義信掲載紙面による。http://www.ashihara.jp/da/html/pub0102j.htm

＊250 「東京文化財研究所」のホームページ。「ニューヨーク近代美術館中庭に書院造り建築の展示を計画」。http://www.tobunken.go.jp/materials/nenshi/2557.html 「つ」→「っ」

＊251 柳田由紀子『太平洋を渡った日本建築』、NTT出版、二〇〇六年。以下、『太平洋を渡った日本建築』と書いた場合は、全てこの本による。

＊252 松田武『対米依存の起源』、岩波書店、二〇一五年。以下、『対米依存の起源』と書いた場合は、全てこの本による。

＊253 藤田文子『アメリカ文化外交と日本――冷戦期の文化と人の交流』、東京大学出版会、二〇一五年。以下、『アメリカ文化外交と日本――冷戦期の文化と人の交流』と書いた場合は、全てこの本による。

＊254 鈴木博之の「レーモンドのもたらしたもの」(『建築と暮らしの手作りモダン　アントニン&ノミエ・レーモンド』、E chelle-1／美術館協議会、二〇〇七年に所収)

＊255 吉村順三『火と水と木と詩』、新潮社、二〇〇八年。

＊256 渡辺靖『アメリカン・センター』、岩波書店、二〇〇八年。

＊257 (竹内隆俊編著『日米同盟論』、ミネルヴァ書房、二〇一一年に所収の)中島啓雄の「第一章　知的交流に見る戦前・戦後初期の日米関係の断絶と継続」。

＊258 ニーアル・ファーガソン『憎悪の世紀　下巻』、仙名紀訳、早川書房、二〇〇七年。

＊259 マイケル・D・ゴーディン『原爆投下とアメリカ人の核認識』、林義勝他訳、彩流社、二〇一三年。

＊260 A・C・グレイリングの『大空襲と原爆は本当に必要だったのか』、鈴木主悦他訳、河出書房新社、二〇〇七年。以下、A・C・グレイリングの発言は、全てこの本による。

＊261 ルドルフ・ヘス『アウシュヴィッツ収容所』、片岡啓治訳、講談社学術文庫、一九九九年。

＊262 日高義樹『なぜアメリカは日本に二発の原爆を落としたのか』、PHP研究所、二〇一四年。

＊263 歴史学研究会編『世界史史料　20世紀の世界Ⅰ　ふたつの世界大戦』、岩波書店、二〇〇六年による。

＊264 歴史学研究会編『世界史史料　20世紀の世界Ⅰ　ふたつの世界大戦』、岩波書店、二〇〇六年に所収の林義勝による解説文。

＊265 ジョン・W・ダワー『容赦なき戦争』、斎藤元一訳、平凡社ライブラリー、二〇〇一年。

＊266 五百旗頭真『日本の近代6　戦争・占領・講和　1941〜1955』、中公文庫、二〇一三年。

＊267 スティーヴン・ピンカー『暴力の人類史　上』、幾島幸子他訳、青土社、二〇一五年。

*268 マーチン・ファン・クレフェルト『戦争の変遷』、石津朋之監訳、原書房、二〇一一年。
*269 ケヴィン・リンチ『廃棄の文化誌』、有岡孝他訳、工作舎、二〇〇八年。
*270 川口マーン惠美『ドレスデン逍遥』、草思社、二〇〇五年。
*271 イェルク・フリードリヒ『ドイツを焼いた戦略爆撃1940－1945』、香月恵里訳、みすず書房、二〇一一年。
*272 ロジャー・ムーアハウス『戦時下のベルリン』、高儀進訳、白水社、二〇一二年。
*273 エルネスト・マンデル『第二次世界大戦とは何だったのか』、湯川順夫他訳、柘植書房新社、二〇一四年。
*274 リチャード・ベッセル『ナチスの戦争　1918－1949　民族と人種の戦い』、大山晶訳、中公新書、二〇一五年。
*275 ロジャー・プライス『ケンブリッジ版世界各国史　フランスの歴史』、河野肇訳、創土社、二〇〇八年。以下、『フランスの歴史』と書いた場合は、全てこの本による。
*276 田中正人「第六章　二つの大戦のあいだで」（柴田三千雄他編『世界歴史体系　フランス史——3　19世紀なかば～現在』に所収、山川出版社、一九九五年）。以下、田中正人「第六章　二つの大戦のあいだで」と書いた場合は、全てこの論による。
*277 アントニー・ビーヴァー『第二次世界大戦1939－1945　上』、平賀秀明訳、白水社、二〇一五年。
*278 ベイジル・リデルハート『第二次世界大戦　上』、上村達雄訳、中央公論新社、一九九九年。
*279 アンドレ・モロワ『ドイツ史』、桐村泰次訳、論創社、二〇一三年。
*280 マルク・ブロック『奇妙な敗北』、平野千果子訳、岩波書店、二〇〇七年。
*281 ウィリアム・H・マクニール『戦争の世界史　下』、高橋均訳、中公文庫、二〇一四年。
*282 ウィンストン・チャーチル「我々は海岸で戦う」、シャルル・ド・ゴールは「フランスの抵抗の炎」（ジェイコブ・F・フィールド『戦争と演説』、阿部寿美代他訳、原書房、二〇一四年に所収）。
*283 松沼美穂『帝国とプロパガンダ』、山川出版社、二〇〇七年。
*284 アンリ・ミシェル『ファシズム』、長谷川公昭訳、白水社、一九七八年。
*285 渡辺和行「第七章　現代のフランス」（福井憲彦編『新版　世界各国史12　フランス史』に所収）
*286 柴田三千雄『フランス史10講』、岩波新書、二〇〇六年。
*287 ミシェル・ヴィノック『フランスの肖像』、大嶋厚訳、吉田書店、二〇一四年。

＊288　アントニー・ビーヴァー『第二次世界大戦1939－1945　中』、平賀秀明訳、白水社、二〇一五年。
＊289　渡辺和行「ふたつの世界大戦とフランス社会」（谷川稔他編著『近代フランスの歴史』、ミネルヴァ書房、二〇〇六年に所収）。
＊290　ミリ・ルービンの「いま文化史とは何か」（ディヴィッド・キャナダイン編著『いま歴史とは何か』、岩井淳他訳、ミネルヴァ書房、二〇〇五年に所収）。
＊291　桜井哲夫『占領下パリの思想家たち』、平凡社新書、二〇〇七年。
＊292　渡辺和行「第七章　引き裂かれたフランス」（柴田三千雄他編『世界歴史体系　フランス史　3——19世紀なかば～現在』に所収、山川出版社、一九九五年）。以下、渡辺和行「第七章　引き裂かれたフランス」と書いた場合は、全てこの論による。
＊293　ブノワ・ペータース『デリダ伝』、原宏之他訳、白水社、二〇一四年。
＊294　ムスタファ・シェリフ『イスラームと西洋』、小幡谷友二訳、駿河台出版社、二〇〇七年。［訳者あとがき参照］を取った。
＊295　ジャック・デリダ『言葉にのって』、林好雄他訳、ちくま学芸文庫、二〇〇一年。
＊296　ジャック・デリダ、エリザベート・ルディネスコ『来るべき世界のために』、藤本一勇他訳、岩波書店、二〇〇三年。この引用に際しては、桜井哲夫『占領下パリの思想家たち』を参照した。
＊297　ジャック・デリダ『たった一つの、私のものではない言葉——他者の単一言語使用』、守中高明訳、岩波書店、二〇〇一年。
＊298　渡辺和行『ホロコーストのフランス』、人文書院、オンデマンド版、二〇〇三年。以下、『ホロコーストのフランス』と書いた場合は、全てこの本による。
＊299　渡辺和行『ナチ占領下のフランス』、講談社、一九九四年。以下、『ホロコーストのフランス』と書いた場合は、全てこの本による。
＊300　ラウル・ヒルバーグ『ヨーロッパ・ユダヤ人の絶滅　［上巻］』、望田幸男他訳、柏書房、二〇一二年。
＊301　マルセル・リュビー『ナチ強制・絶滅収容所』、菅野賢治訳、筑摩書房、一九九八年。
＊302　ロバート・O・パクストン『ヴィシー時代のフランス』、渡辺和行他訳、柏書房、二〇〇四年。
＊303　ハンナ・アーレント『アイヒマン論争　ユダヤ人論集2』、矢野久美子他訳、みすず書房、二〇一三年。以下、『アイヒマン論争　ユダヤ人論集2』と書いた場合は、全てこの本による。

＊304 ダン・ストーン『ホロコースト・スタディーズ』、武井彩佳訳、白水社、二〇一二年。
＊305 アーレント『全体主義の起原2　帝国主義』、大島通義他訳、みすず書房、一九七二年。
＊306 木谷勤『帝国主義と世界の一体化』、山川出版社、一九九七年。
＊307 パトリシア・オーウェンズ『戦争と政治の間』、中本義彦他訳、岩波書店、二〇一四年。
＊308 ユルゲン・ツィンメラーの「ホロコーストと植民地主義」（石田勇治他編『ジェノサイドと現代世界』、石田勇治他訳、勉誠出版、二〇一一年に所収）。
＊309 バンジャマン・ストラ『アルジェリアの歴史』、小山田紀子他訳、明石書店、二〇一一年。
＊310 平野千果子「植民地帝国フランス」（谷川稔他編著『近代フランスの歴史』、ミネルヴァ書房、二〇〇六年に所収）。
＊311 ビアトリス・コロミーナ『マスメディアとしての近代建築』、松畑強訳、鹿島出版会、一九九九年。以下、ビアトリス・コロミーナの発言は、全てこの本による。
＊312 ジョン・ハーヴェイ『黒の文化史』、富岡由美訳、東洋書林、二〇一四年。以下、『黒の文化史』と書いた場合は、全てこの本による。
＊313 ジュリア・クリステヴァ『黒い太陽　抑鬱とメランコリー』、西川直子訳、せりか書房、一九九四年。
＊314 藤井真理『フランス・インド会社と黒人奴隷貿易』、九州大学出版会、二〇〇一年。
＊315 ジェームズ・M・バーダマン『アメリカ黒人の歴史』、森本豊富訳、NHK出版、二〇一一年。
＊316 ツヴェタン・トドロフ『われわれと他者』、小野潮他訳、法政大学出版局、二〇一五年。
＊317 レオン・ポリアコフ『アーリア神話』、アーリア主義研究会訳、法政大学出版局、1985年。
＊318 E・H・カー『歴史とは何か』、清水幾太郎訳、岩波新書、一九六二年。
＊319 塩川伸明『《20世紀史》を考える』、勁草書房、二〇〇四年。文中の（　）内の頁数は割愛した。
＊320 マイケル・イグナティエフ『アイザイア・バーリン』、石塚雅彦他訳、みすず書房、二〇〇四年。以下、『アイザイア・バーリン』と書いた場合は、全てこの本による。
＊321 E・H・カー『ロシア革命の考察』、南塚信吾訳、みすず書房、二〇一三年。
＊322 ジョナサン・ハスラム『誠実という悪徳』、角田史幸他訳、現代思潮社、二〇〇七年。
＊323 喜安朗他『立ちすくむ歴史』（せりか書房、二〇一二年）での喜安朗の発言。
＊324 岡本充弘『開かれた歴史』、御茶の水書房、二〇一三年。
＊325 遅塚忠躬『史学概論』、東京大学出版会、二〇一〇年。

*326 ジャック・デリダ『グラマトロジーについて　下』、足立和志訳、一九七二年。
*327 ニコラス・ロイル『ジャック・デリダ』、田崎英明訳、青土社、二〇〇六年。
*328 斎藤慶典『デリダ』、NHK出版、二〇〇六年。
*329 大戸千之『歴史と事実』、京都大学学術出版会、二〇一二年。
*330 クリスチアン・ジュオー『歴史とエクリチュール　過去と記述』、嶋中博章他訳、水声社、二〇一一年。
*331 土田知則『ポール・ド・マン』、岩波書店、二〇一二年。以下、土田知則の発言などは、全てこの本による。
*332 ポール・ヴェーヌ『歴史をどう書くか』、大津真作訳、法政大学出版局、一九八二年。
*333 キース・ジェンキンズ『歴史を考えなおす』、岡本充弘訳、法政大学出版局、二〇〇五年。
*334 ユルゲン・コッカ『歴史と啓蒙』、肥前栄一他訳、未來社、一九九四年。
*335 小田部胤久『芸術の逆説』、東京大学出版会、二〇〇一年による。
*336 ロバート・イーグルトン『ポストモダニズムとホロコーストの否定』、増田珠湖子訳、岩波書店、二〇〇四年。
*337 リチャード・J・エヴァンズ『歴史学の擁護者——ポストモダニズムとの対話』、今関恒夫他監訳、晃洋書房、一九九九年。以下、エヴァンズの発言は全てこの本による。
*338 ロバート・イーグルストン『ホロコーストとポストモダン』、田尻芳樹他訳、みすず書房、二〇一三年。
*339 ソール・フリードランダー編『アウシュヴィッツと表象の限界』（上村忠男他訳、未來社、一九九四年）の「序論」。
*340 マーティン・ジェイ『暴力の屈折　記憶と視覚の力学』、谷徹他訳、岩波書店、二〇〇四年。
*341 ジャン゠フランソワ・リオタール『こどもたちに語るポストモダン』、菅啓次郎訳、ちくま学芸文庫、一九九八年。
*342 フランソワ・キュセ『フレンチ・セオリー』、桑田光平他訳、NTT出版、二〇一〇年。
*343 ジェラール・ノワリエル『歴史学の〈危機〉』、小田中他訳、木鐸社、一九九七年。
*344 ピーター・バーク『歴史学と社会理論　第二版』、佐藤公彦訳、慶應義塾大学出版会、二〇〇九年。
*345 アルベルト・マングェル「記念碑を作るということ　ピーター・アイゼンマン」（『奇想の美術館　イメージを読み解く12章』に所収、野中邦子訳、白水社、二〇一〇年）。
*346 ツヴェタン・トドロフ『悪の記憶・善の誘惑——20世紀から何を学ぶか』、大谷尚史訳、法政大学出版局、二〇〇六年。

＊347　ジョン・H・アーノルド『歴史』、新広記訳、岩波書店、二〇〇三年。
＊348　トーマス・ニッパーダイ『ドイツ史を考える』、坂井榮八郎訳、山川出版社、二〇〇八年。
＊349　仲正昌樹『ハンナ・アーレント「人間の条件」入門講義』、作品社、二〇一四年。
＊350　ジル・ドゥルーズ『記号と事件　1972-1990年の対話』、宮林寛訳、河出文庫、二〇〇七年。
＊351　ピーター・ホルワード『ドゥルーズと創造の哲学　この世界を抜け出て』、松本潤一郎訳、青土社、二〇一〇年。
＊352　フランソワ・ドス『ドゥルーズとガタリ　交差的評伝』、杉村昌昭訳、河出書房新社、二〇〇九年。
＊353　ジャン゠クレ・マルタン『ドゥルーズ　経験不可能の経験』、合田正人訳、河出文庫、二〇一三年。
＊354　『ミシェル・フーコー思考集成Ⅲ　歴史学／系譜学／考古学』（渡辺守章他監修、小林康夫他編集、松村剛他訳）に所収のJ-M・パルミエによるインタヴュー「ある世界の誕生」による。
＊355　ポール・リクール『時間と物語Ⅰ　物語と時間性の循環／歴史と物語』、久米博訳、新曜社、二〇〇四年。ピエール・デックス『ブローデル伝』、浜名優美訳、藤原書店、二〇〇三年を参照した。
＊356　フランソワ・ドッス『意味の支配　人文科学の人間化』、仲澤紀雄訳、国文社、二〇〇三年。
＊357　ピエール・ショーニュ／フランソワ・ドッス『歴史のなかの歴史家──瞬間が炸裂するとき』、仲澤紀雄訳、国文社、一九九六年。
＊358　ライダー・デュー『ドゥルーズ哲学のエッセンス　思考の逃走線を求めて』、中山元訳、新曜社、二〇〇九年。
＊359　アントワーヌ・コンパニョン『文学をめぐる理論と常識』、中地義和他訳、岩波書店、二〇〇七年
＊360　ポール・ド・マン『美学イデオロギー』、上野成利訳、平凡社、二〇一三年。
＊361　ジャック・デリダ『パピエ・マシン　上』、中山元訳、ちくま学芸文庫、二〇〇五年。
＊362　ジャック・デリダ『たわいなさの考古学』、飯野和夫訳、人文書院、二〇〇六年。
＊363　ジャック・デリダ『ポジシオン』、高橋允昭訳、青土社、二〇〇〇年。
＊364　ハル・フォスター編『反美学／ポストモダンの諸相』（室井尚他訳、勁草房、一九九八年）に所収のエドワード・W・サイード「敵対者、聴衆、構成員、そして共同体」による。
＊365　リチャード・ローティ『プラグマティズムの帰結』、室井尚他訳、ちくま学芸文庫、二〇一四年。
＊366　リチャード・J・バーンスタイン『手すりなき思考　現代思想の倫理-政治的地平』、谷徹他訳、産業図書、一九九七年。
＊367　小牧治　村上隆夫『ハーバーマス』、清水書院、二〇〇一年。

＊368 ジャン＝フランソワ・リオタール『文の抗争』、陸井四郎他訳、法政大学出版局、1989年。
＊369 宇野邦一『反歴史論』、講談社学術文庫、二〇一五年。以下、宇野邦一の発言は、全てこの本による。
＊370 アラン・フィンケルクロート『思考の敗北あるいは文化のパラドクス』、西谷修訳、河出書房新社、一九八九年。
＊371 クロード・レヴィ＝ストロース『野生の思考』、大橋保夫訳、みすず書房、一九七六年。
＊372 大久保恭子『〈プリミティヴィスム〉と〈プリミティヴィズム〉』、三元社、二〇〇九年。
＊373 藤田結子他編『現代エスノグラフィー』、新曜社、二〇一三年。
＊374 オクタヴィオ・パス『クロード・レヴィ＝ストロース』、鼓直他訳、法政大学出版局、一九八八年を参照。
＊375 村田麻里子『思想としてのミュージアム』、人文書院、二〇一四年。
＊376 スーザン・ソンタグ「英雄としての文化人類学者」。『反解釈』、高橋康也他訳、ちくま学芸文庫、一九九六年。
＊377 渡辺公三『レヴィ＝ストロース』、講談社、二〇〇三年。
＊378 ジェイムズ・クリフォード『対談集　人類学の周縁から』、星埜守之訳、人文書院、二〇〇四年。
＊379 クリフォード・ギアーツ『文化の読み方／書き方』、森泉弘次訳、岩波書店、二〇一二年。
＊380 菊地暁「帝国の「不在」」（山本有造編『帝国の研究』、名古屋大学出版会、二〇〇三年に所収）
＊381 ジェイムズ・クリフォード『文化を書く』（ジェームズ・クリフォード ジョージ・マーカス編、春日直樹他訳、紀伊國屋書店、一九九六年）に所収の「第1章　序論　部分的真実」。以下、「第1章　序論　部分的真実」と書いた場合は、全てこの論による。
＊382 小森陽一『レイシズム』、岩波書店、二〇〇六年。
＊383 西谷修『世界史の臨界』、岩波書店、二〇〇〇年。
＊384 アルベール・メンミ『脱植民地国家の現在』、菊池昌実他訳、法政大学出版局、二〇〇七年。
＊385 ペリー・アンダーソン『ポストモダニティの起源』、角田史幸他訳、こぶし書房、二〇〇二年。
＊386 ビル・アッシュクロフト他『ポストコロニアルの文学』、木村茂雄訳、青土社、一九九八年。
＊387 ビル・アシュクロフト他『ポストコロニアル事典』、木村公一編訳、南雲堂、二〇〇八年。
＊388 ユルゲン・ハーバーマス『引き裂かれた西洋』、大貫敦子他訳、法政大学出版局、二〇〇九年。
＊389 ユルゲン・ハーバーマス『他者の受容』、高野昌行訳、法政大学出版局、二〇一二年。
＊390 ユルゲン・ハーバーマス『史的唯物論の再構成』清水多吉監訳、法政大学出版局、二〇〇〇年。
＊391 ユルゲン・ハーバーマス『コミュニケーション的行為の理論［上］』河上倫逸他訳、未來社、一九八五年。

＊392　中岡成文『ハーバーマス』、講談社、二〇〇三年。
＊393　ユルゲン・ハーバーマス『ああ、ヨーロッパ』、三島憲一他訳、岩波書店、二〇一〇年。
＊394　ユルゲン・ハーバーマス『ポスト形而上学の思想』、藤澤賢一郎他訳、未來社、一九九〇年。
＊395　ユルゲン・ハーバーマス『未来としての過去』、河上倫逸他訳、未來社、一九九二年。
＊396　細見和之『フランクフルト学派』、中公新書、二〇一四年。
＊397　ホミ・K・バーバ『文化の場所　ポストコロニアリズムの位相』、法政大学出版局、本橋哲也他訳、二〇一二年。
＊398　ユルゲン・ハーバーマス、ジャック・デリダ、ジョヴァンナ・ボッラドリ『テロルの時代と哲学の使命』、藤本一勇他訳、岩波書店、二〇〇四年。
＊399　德永恂『現代思想の断層』、岩波新書、二〇〇九年。
＊400　ジャック・デリダ『フッサール哲学における発生の問題』、合田正人他訳、みすず書房、二〇〇七年。
＊401　ジャック・デリダ『他の岬』、高橋哲哉他訳、みすず書房、一九九三年。ロドルフ・ガシェ『いまだない世界を求めて』、吉国浩哉訳、月曜社、二〇一二年を参照した。
＊402　ジャック・デリダ『哲学の余白　上』、高橋允昭他訳、法政大学出版局、二〇〇七年。
＊403　フェン・チャー、スザンヌ・ゲルラク編著『デリダ　政治的なものの時代へ』（藤本一勇他訳、岩波書店、二〇一二年に所収の「イントロダクション——デリダと政治的なものの時代」。
＊404　フェン・チャー、スザンヌ・ゲルラク編著『デリダ　政治的なものの時代へ』（藤本一勇他訳、岩波書店、二〇一二年に所収のジャック・ランシエール「第七章　デモクラシーは到来すべきものか？　デリダにおける倫理と政治」。
＊405　ジャック・デリダ『他者の言語　デリダ日本講演』、高橋允昭編訳、法政大学出版局、二〇一一年。
＊406　ジャック・デリダ『エクリチュールと差異』、合田正人他訳、法政大学出版局、二〇一三年。
＊407　シャンタル・ムフ編『脱構築とプラグマティズム　来たるべき民主主義』（青木隆嘉訳、法政大学出版局、二〇一三年）に所収のエルネスト・ラクラウ「脱構築・プラグマティズム・ヘゲモニー」による。
＊408　ジャック・デリダ『フィシュ』、逸見龍生訳、白水社、二〇〇三年。ブノワ・ペータース『デリダ伝』、原宏之他訳、白水社、二〇一四年も参照した。
＊409　ジャック・デリダ『ならず者たち』、鵜飼哲他訳、みすず書房、二〇〇九年。ブノワ・ペータース『デリダ伝』、原宏之他訳、白水社、二〇一四年も参照した。

*410 スチュアート・シム『デリダと歴史の終わり』、小泉朝子訳、岩波書店、二〇〇六年。
*411 フランシス・フクヤマ『歴史の終わり［上］』、渡部昇一訳、三笠書房、二〇〇五年。
*412 モイセス・ナイム『権力の終焉』、加藤万里子訳、日経BP社、二〇一五年。
*413 渡辺靖『アメリカン・デモクラシーの逆説』、岩波書店、二〇一〇年。
*414 マーク・マゾワー『国際協調の先駆者たち』、依田卓巳訳、NTT出版、二〇一五年。
*415 岩波新書編集部編『日本の近現代史をどう見るか』、岩波新書、二〇一〇年。
*416 萱野稔人『権力の読みかた』、青土社、二〇〇七年。
*417 ミッシェル・フーコー『性の歴史Ⅰ　知への意志』、渡辺守章訳、新潮社、一九八六年。
*418 パミラ・カイル・クロスリー『グローバル・ヒストリーとは何か』、佐藤彰一訳、岩波書店、二〇一二年。
*419 エリック・ホブズボーム『ホブズボームの歴史論』、原剛司訳、ミネルヴァ書房、二〇〇一年。
*420 ハンス＝ゲオルク・ガダマー『真理と方法Ⅱ』、轡田収他訳、法政大学出版局、二〇一五年。H・R・ヤウス『挑発としての文学』、轡田収訳、岩波現代文庫、二〇〇一年を参照した。
*421 ハンス－ゲオルク・ガーダマー著、カルステン・ドゥット編『ガーダマーとの対話』、巻田悦郎訳、未來社、一九九五年。
*422 ハンス＝ゲオルク・ガダマー『理論を讃えて』、本間謙二他訳、法政大学出版局、一九九三年。
*423 加藤哲理『ハンス＝ゲオルグ・ガーダーマーの政治哲学　解釈学的政治理論の地平』、創文社、二〇一二年。
*424 ジョヴァニ・ヴァッティモ他編『弱い思考』（上村忠男他訳、法政大学出版局、二〇一二年）に所収の「まえがき」による。以下のヴァッティモへの言及に関しては、加藤哲理『ハンス＝ゲオルグ・ガーダーマーの政治哲学　解釈学的政治理論の地平』を参照している。
*425 ジョヴァンニ・ヴァッティモ『哲学者の使命と責任』、上村忠男訳、法政大学出版局、二〇一一年。
*426 ジョヴァンニ・ヴァッティモ『透明なる社会』、多賀健太郎訳、平凡社、二〇一二年。
*427 羽田正『新しい世界史へ』、岩波新書、二〇一一年。
*428 岡真理『記憶／物語』、岩波書店、二〇〇〇年。
*429 本橋哲也『ポストコロニアリズム』、岩波新書、二〇〇五年。本論では、この本のサイードの『オリエンタリズム』の引用を、一部分、参照している部分がある。
*430 エドワード・W・サイード『知識人とは何か』、大橋洋一訳、平凡社、一九九八年。またジュリアン・パンダ

『知識人の裏切り』、宇京賴三訳、未来社、一九九〇年を参照した。

＊431　エドワード・W・サイード『人文学と批評の使命』、村山敏勝他訳、岩波現代文庫、二〇一三年。

＊432　エドワード・W・サイード＋タリク・アリの『サイード自身が語るサイード』、大橋洋一訳、紀伊國屋書店、二〇〇六年。

＊433　渡辺靖『アメリカのジレンマ』、NHK出版、二〇一五年。

＊434　『知恵蔵2015の解説』の富岡亜紀子の「クール・ジャパン」による。https://kotobank.jp/word/%E3%82%AF%E3%83%BC%E3%83%AB%E3%83%BB%E3%82%B8%E3%83%A3%E3%83%91%E3%83%B3-188954

＊435　渡辺靖『文化と外交』、中公新書、二〇一一年。（四四頁）は割愛した。

＊436　三原龍太郎『クール・ジャパンはなぜ嫌われるのか』、中央公論新社、二〇一四年。

＊437　ジョナサン・エイブルの「クール・ジャパンの不可能性と可能性」（東浩紀編『日本的想像力の未来』、NHK出版、二〇一〇年に所収）。

＊438　アブデルケビール・ハディビ『マグレブ　複数文化のトポス』、澤田直編訳、青土社、二〇〇四年。

参考文献

●椹木野衣『後美術論』、美術出版社、二〇一五年。

●特集［歴史観なき現代建築に未来はないⅡ］黒船襲来に対する六人の識者の見解「GA JAPAN 134」、エーディーエー・エディタ・トーキョー、二〇一五年四月一五日に所収。ただし本論での骨子は二〇一五年二月末にはすでに出来上がっており、その際に西洋人の黒船という比喩的使用は、本論ですでに使われていたことを記しておく。

●丹下健三、藤森照信『丹下健三』、新建築社、二〇〇二年。とくに、レーモンドの作品からの丹下の影響について参照した。

追記

本書の引用文中の［　］訳者註、（　）ページ数指示などは、わかりやすさのために補足として必要と判断したもの以外は、基本的に読みやすさのために割愛した。

オリンピック　スタジアム　クロニクル――あとがきに代えて

二〇一五年七月一七日、安倍晋三首相が緊急の記者会見で、新国立競技場のザハ・ハディド案を「白紙」、つまり「ゼロベース」にすると発表した。ハディド案の尋常ではない建設費、それに五輪後、このスタジアムが存在する限り毎年かかり続ける巨額の維持費を考えれば、当然の結論である。

安倍首相は会見で、「いま白紙にしても２０２０年の五輪に間に合うと確信した」と言っていた。なぜ、安倍首相は、この時点で、そう「確信」できたのか？　この理由はたった一つしか考えられない。七月一七日の「白紙」の発表の時点で、政府内に、ハディド案に代わる、かなりの高密度の「代替案」がすでに出来上がっていたのである。

その「代替案」は、おそらく大手建設会社がデザインしたもので、専門の積算会社のコスト試算だけでなく、財務省の厳しいチェックがされているはずである。むろん、コストだけでなく、工期に関しても同様の検討がされているだろう。コストと工期の算段が確実だと判明したので、安倍首相も「これで、いける」と判断して、一七日の「白紙」の発表となったのである。

七月一七日に下村博文文部科学大臣は、新たな設計競技をすると言っていた。八月一四日の報道でも、九月初めに、閣僚会議が開かれて、設計と施工を一体化した設計競技を始めるとしていた。

また日経アーキテクチュア二〇一五年八月一五日号には、遠藤利明大臣が「新国立競技場のデザイン選考については「設計と建設会社のジョイントでお願いする」と話し、改めて国際コンペを実施する考えだ」と書いてあった。

政府は設計競技に固執しているようだが、新たに設計競技をやり直さなくても、本当は、反民主的にはならないのである。なぜなら応募できるのは、国民でなく建築家だけだからである。

それに、いまから、コンペをやり直すのは時間的に無理である。これから設計競技を開催し直しになると、募集をかけて、練り上げた案が集まり、その審査をするだけで今年の暮れ頃になってしまう。新しいデザインを決め、その案に基づいて権利者が基本設計図面と実施設計図面を描き、再来年の着工に間に合わせるのでは、時間的に言ってかなり厳しい。

何しろ、これは、普通の規模の施設ではなくて、八万人収容のオリンピック・スタジアムの建設なのである。設計競技をした上に、膨大で緻密な基本設計図面と実施設計図面を再来年の二〇一六年の暮れまでに揃えて、無事に二〇一七年年明けからの着工へと事を運ぶのは、ほとんど至難の業である。

コンペの問題の一方で、総コストに関しても、実際の施工図が仕上がらなければ、総工費はいったいいくらになるのか、本当のところは誰にもわからない。案をつくり、練り上げて、コスト計算し、問題があれば改良し、またコストに見合うように工夫する。この試行錯誤の繰り返しこそが、「建築の設計」である。

基本設計図面にしても、実施設計図面にしても、ただ描いたらいい、というわけではない。特に後者は、構造、工法はもとより、仕上りの素材などを、細部に至るまで考えた上で、はじめて実地設計図面を描いたと言える。そしてそれが出来上がって、初めて正確な見積もりが割り出せる。

またこれだけの巨大施設なので、確認申請の図面などの他に、「防災委員会」を通すなど、建築ならではの、法的な手続きの義務がいろいろと待っている。それらも、提出さえしたら答えが戻ってくる、というわけにはいかない。許可が下りるのには、専門家が十分な審査を行う必要がある。これには、本当に時間を要するのである。

それらは、このスタジアムを使用する人々の生命に関わる、防災上の重大なチェックである。たとえば大地震や大火災が発生した時に、八万人がきちんと避難階段を使用して、避難経路を通ってスムーズに安全な場所へと出なければいけない。避難広場も敷地内に確保されていないといけない。

果たして避難経路は、これで大丈夫なのか、避難広場まで、どのように八万人を誘導するのか、それが果たしてこのプランで確保できているのか……。提示された図面から、防災委員会はいろいろな局面の、シミュレーションをするのである。

それら防災を含む安全への検討には、是非、十分過ぎるほどの時間をかけてもらいたい。また、首都直下型大地震の発生も懸念されるなか、舛添要一都知事ではないが、耐震性能には、相当の神経を使ってもらいたい。すると、それらの検討にも、相当な時間を要することになる。また耐震性能に神経を使ったら、当然のこと、その分の免震などのコストがかかる。すると、耐震性能に使ったお金を、どこかからか差し引いて、全体の値段を目標値へと調整し直さないといけない。

二〇一五年は、いろいろな自然災害が起きた。建物では、安全性が最優先される。これは鉄則である。デザインは好みによる。人によって、好き嫌いがある。だが、安全性は普遍的な価値である。これにコストをかけることに、異議を唱える人は一人もいないはずだ。だから、この防災のための金銭的な調整は、至極、当然の話である。その次が、コストと工期である。そして、それからスタジアムとしての万全の機能性、という順番になるだろう。デザインという付加価値は、必然的に一番最後の、後回しになるしかない。

いくらレガシー（遺産）としてのスタジアムをつくれたとしても、大きな地震で倒壊するようでは困るわけだし、スタジアムとして使いづらければ、そもそも話にならない。こんな簡単で当たり前のことが、これまで建築の設計から忘れられていたのだ。デザインの派手さばかりに、気を取られていたからである。

また二〇一二年暮れに、安藤忠雄審査委員長の下で決めたコンペの二等案以下から、次案が選定されるのではないか、それは、伊東豊雄案なのではないかと、そのような、まことしやかな報道をする、テレビ局の番組や週刊誌があった。だが、そうしたことは絶対にあり得ない話だった。なぜなら、まず、あのファイナリスト一一人は、安藤忠雄らが「ずさんな審査」をした結果だからである。

次に、その時に募ったのは、「設計者」ではなくて「オブザーバー」だった。しかし今度は、設計と施工を一体化した「ビルト方式」にすると、菅義偉官房長官も七月一七日に確かに言っていた。だとすれば、次のコンペで必要なのは「設計者」であり、「オブザーバー」ではない。

あれは「アイデア」コンペのようなものだったと、審査委員長の安藤忠雄も七月一六日に釈明していたではないか？　事実、ザハ・ハディドは、「設計者」でなくて「オブザーバー」として選定されている。だからこそ、日本の大手設計会社の日建設計などが、ハディド案を基にして、それを改造した基本設計図面を描いていたのである。

それならば、二〇一二年に開催されたアイデア・コンペの残りの中から、新しい「設計者」を選び出すことなどは、論理的な整合性として、はなから、あり得ない話だったのである。

再コンペになって、これが単なる杞憂だと、ようやく明らかになったわけだが、仮にあの「ずさん」な最初の国際コンペの他案の中から選ぶつもりなら、伊東豊雄案ではなく、それよりも上位の、第二位だったオーストラリアのコックス・アーキテクチャー　ピーティーワイ　エルティディ案にしないといけない。なぜなら、二位の彼らに優先権があり、それを無視すると、確実にコックス・アーキテクチュアからの訴訟沙汰になるからである。

だから、一部のメディアが「スクープ」と称して報道していたような、前回のコンペのファイナリストの一人、伊東豊雄に繰り上げという可能性は、はじめから「ゼロ」だったのである。

日経アーキテクチュアの電子版（二〇一五年七月三〇日 http://kenplatz.nikkeibp.co.jp/article/building/news/20150729/707533/）によると、コックス・アーキテクチャーは、すでに「コストの再計算と工程チェック」をしていた。次は自分達の順番だと、「虎視眈々」とチャンスを待っていた。

しかし、彼らの案で、コストも工期も確実に収まる保証は、どこにもなかった。それに日経アーキテクチュア二〇一五年八月一五日号によれば、遠藤大臣は「コックス・アーキテクチャー（オーストラリア）のデザインの繰り上げ採用する考えについては「あの場所（神宮外苑）では難しい」と述べた」。

ただ、これは、考えてみると、かなりおかしな説明である。「あの場所（神宮外苑）では難しい」かどうか、それは遠藤大臣の「主観」でしかない。コックス・アーキテクチャーの案は、あの敷地に似つかわしいと思う人がいるかもしれないではないか？

あれは、オブザーバーを決めたものだからはずすのだというような、論理的な説明をせず、遠藤大臣の

「主観」だけで、あの環境に合わないから「コックス案はない」とするのには、かなりの違和感を覚えたのである。

伊東案に話を戻すと、あの案は、外と内の間に吹き抜けのスペースを提案し、かつ、自然エネルギーの導入をするものであった。しかし「自然エネルギー」であるのなら、伊東案という選択肢は絶対にない話である。なぜなら、政府のエネルギー方針は、あくまでも「原子力」だからである。

安倍首相は、自分が新国立競技場の「最終責任者」だと明言している。それとともに、安倍首相は、政府のエネルギー政策は、「原子力」であると明言している。それならば、必然的に自然エネルギーを使う案が、あるいは、現状で自然エネルギーに傾倒するような建築家が、国家の象徴となる新国立競技場の設計者に、選定されるわけがないのである。論理的に言って、この話は、そうである。

繰り返すが、これはナショナル・スタジアムの建設である。その国家のシンボルに、自然エネルギーという話になると、国策と大きく矛盾する。世界の各国が、「日本は自然エネルギーでやっていくのか」と勘違いしてしまう。だから、次の再コンペに、もし伊東豊雄が応募しても、伊東は自然エネルギーを肯定する建築家なのだから、オリンピック・スタジアムからは、原則論として対象外である。

仮に、伊東が今回の二度目の新国立のコンペに限り、自然エネルギーでない案を提案したら、伊東がまたいつもの「ご都合主義」をやった、という話になるだけである。つまり、伊東が現在、かなり熱を入れている自然エネルギーを、新国立競技場の再コンペの当選者になりたいから採用しないとなると、伊東の主張の一貫性が、その瞬間に崩れ去るのである。

ここでゼロベース以降の経緯を、簡単に振り返っておこう。二〇一五年八月五日の報道で、政府は——

それが誰なのかは明らかにしていないが――「建築家」らに相談し、九月上旬には新国立競技場の新しい整備計画を発表する、としていた。八月八日の朝日新聞の朝刊では、「9月上旬までに計画をとりまとめる新たな新国立競技場の姿については議論が百出し、まだ定まっていない」という記事が見られた。また八月一〇日の報道で、「広く国民の意見を聞いて欲しい」と、遠藤五輪担当大臣に対して、安倍首相は通達していた。

八月一四日の報道では、関係閣僚会議が開かれて、開閉式屋根はつくらず、また多目的施設はやめて、スポーツ競技場目的に機能を絞ることになった。もともと多目的のスタジアムにしないといけないので、開閉式屋根の必要があったわけである。だが、純粋にスポーツ競技施設にするのなら、むしろ屋根は不要である。

屋根はないほうが、天然芝が育つ。それに大幅なコストダウンに繋がる。コンサートにも、あれにも、これにもではないから、スポーツに限定するとアスリートにとっても使いやすい。だから総合的に見て、これは実に正しい選択である。

八月一四日に「新国立競技場整備事業の技術提案等審査委員会」が、JSCの中につくられた。その会合の風景が八月二六日のテレビの報道で紹介されていた。メンバーには建築家の香山壽夫、工藤和美、また建築構造やランドスケープ、建築生産などのエキスパートが選定されていた。

またテレビの報道では、ザハ・ハディド本人が変更案の用意があるとコメントする画像も流された。それに日経アーキテクチュア電子版八月二七日配信によると、「ザハ事務所が新国立で警告、「なぜリスクを冒すのか」」とある。

「すべての見通しが不確かななか、なぜ全てにおいてリスクを冒そうとしているのか――。政府が進める新国立競技場の整備計画見直しを巡り、デザイン原案を手掛けた英国の設計事務所、ザハ・ハディド・アーキテクツが8月25日、過去2年間で検討した設計概要についてのビデオ・プレゼンテーションやレポートを公表した。原案を有効に活用すれば、2019年に完成可能だと主張した」。

さらにハディドは「チームはエンジニアと建築家による真剣なもので、2年から3年間の大変多くの時間が費やされた。オリンピック後もレガシー(遺産)として残るものなので、このプロジェクトはとても重要だ」と言っていた。

また彼らは「工事費を抑え、価格に見合った質、耐久性を持ち、サステナブル(持続可能)な建物にするための新しい入札方式を喜んで受け入れる」としていた。なら、もっと早い段階でキール・アーチをやめて、そのように素直に検討していたらよかったのである。いったい誰のせいで、いまこんな大混乱になっていると思っているのか?

政府の整備計画については、ハディドは「敷地が複雑で、調達や入札方式が限られ、建設物価が高騰するなか、今は現在のデザインを使わずに良い結果を得る可能性の希望的な利点ばかり誇張されて述べられ、リスクが軽視されている」とも言っていた。

また設計・施工一体のビルト方式については「デザインの権限を施工者に与えてしまうと、価格と工期以外の本質的な価値や品質が分からなくなる。新整備計画のたった五カ月の作業ではじき出された価格を信頼することはできない」との注意勧告をしていた。

つまり、「計画を進めて施工者を募った場合、結局、日本の大手建設会社5社のうち1社が勝ち残ることになると予測。限られた競争しかないことが根本的な問題だと指摘」していたのである。そしてまだ「キールアーチは効率が高く、コスト効果などの多くの利点がある解決方法」であり、二五二〇億円は「東京でベーシックな8万席の陸上スタジアムをこの敷地につくるときの価格だ」とし、「建築費が高騰する環境下では、デザインこそが価値を生み出す唯一のものだ」と言っていた。

しかし、話は、全くこの逆である。そもそも、ザハ・ハディドの提案した過剰なデザインと構造的に無理な実験こそが、今回のトラブルの最大の要因だったからである。しかもそれは、スタジアムを利用する人、これを実際に使う市民やアスリートのためでなく、ハディド自身の金銭と名誉のために主張されていたコンセプトだった。

繰り返すが、五輪のスタジアムの「代替案」は、七月一七日のゼロベース発言の時点で、すでに存在していた、と私は確信している。その根拠は、スタジアムの工期やコスト以外にもある。それは、安倍首相の性格である。

安倍首相が憲法改正問題を、衆議院で強行採決したことを思い出してほしい。それは、参議院で、この改正案がどうなるかが不透明なために、衆議院にまた差し戻される事態を計算に入れての、「時間の保険」からであった。だとすれば、この五輪のスタジアムの工期についても、この首相は同じように時間の余裕を見ているはずだと、考えられるのである。

安倍首相が、下村文部科学大臣の進言を受けただけで「白紙」にしたとは、とても思えない。首相の性格からして「代替案」がすでにあり、その案がコスト面でも工期面でも、二〇二〇年の開催に十分に間に合うとの、専門家からの確かな「言質」を取っているのである。そうでなければ、このタイミングでの無謀な「白紙」発言は、やはり、どうにも、あり得ない。

また、このクロニクルを書いている二〇一五年十月五日の時点での推測であるが、国際コンペになると言っても、今回はトラブルが起きた二回目のコンペであるし、設計者がやりたいことなど、本質的には、何一つとして出来るわけがない。少なくとも海外の有名建築家は、この二回目のコンペを確実に敬遠するはずである。また海外の建設業者という選択肢も、現実性が乏しい。

結局は、国内の大手建設会社が中核になってやるしかない。結末は、いまから、すでに見えているのである。というよりも、予算と工期がかなり厳しいので、何度も言うが、大規模なスタジアムのノウハウがすでにある国内の大手建設会社に、政府はだいぶ以前から、相談していたはずである。その上での、ゼロベース発言だったのだ。だから、「代替案」がすでにあると、繰り返し言っている。

さらに言えば、設計者がまたザハ・ハディドのような、有名建築家にだけはならない。政府は安藤忠雄とザハ・ハディドで、有名建築家には、懲りているはずだからである。

おそらく、デザインをするのも、大手建設会社の設計部だと推定する。仮に、鹿島建設なり竹中工務店なり大林組なり清水建設なり大成建設なりが、ある有名建築家と組むとする。すると、有名建築家としては、「やりたいことはあるから、譲れない部分はある」と必ずどこかで主張しはじめる。そして、有名建築家と施工業者の考え方が、そこで一致しなくなる。しかし、工期とコストは変えられない。となると、建築家と組むと、施工会社はストレスを背負うことになるだけである。

しかし、自らの社内の設計部なら、施工との調整がやりやすい。今回は、シビアな工期とコストである。当然のこと、余計なストレスの無い方を選択するはずである。それに、実は日本の大手建設会社の設計部は、デザイナーとしても、トップクラスの建築家よりも、ずっと優秀なのである。

そもそも、この国の建築家には、大きな問題点がある。槇文彦とそのグループ以外の建築家は、ザハ・ハディド案が白紙になるまで、ずっと沈黙を守り続けていた。ほとんどの建築家は、「白紙」になる前、一番に発言すべき時に沈黙していた。なのに、有名建築家は、白紙になった途端、テレビや新聞で、平然とした顔で発言している。しかしそれで、あわよくば、再コンペで「漁夫の利」というのは、渦中の栗とは言え、虫が良すぎる話ではないだろうか？

有名建築家には、もう何も言う資格はない。革命の最中にはひたすら沈黙したのに、革命が終わって身が安全になって、急に持論を唱える人が、まるで信用できないのと、これは全く同じ話である。

政府が「ビルト方式」にする、と言い出したので、施工業者が主軸になり、それでは設計者が管理できないから「危険」だと、テレビのニュース番組で発言した若手建築家がいた。藤村龍至である。しかし私に言わせれば、この藤村に依頼する方が、よほど「危険」な話なのである。

とにかく、最悪の選択は、またしても有名建築家に、大事なスタジアムの機会を与えてしまうことである。もし、五輪を無事に迎えたいのなら、それだけは断固として回避しなければならない。それがまずは、五輪成功のための最低限条件である。

八月二一日の日経アーキテクチュアの電子版では、「9月初め頃に公募型プロポーザル方式（設計交渉・施行タイプ）による公募を開始する」としていた。「設計交渉・施行タイプでは、技術提案によって設計・施工に関わる優先交渉権者選定。設計段階、施工段階の2段階に分けて契約する」ということであった。

整備計画の新計画が二〇一五年八月二八日に決まった。二八日の朝日新聞の夕刊によると、「新国立1

550億円計画決定」とあり「2020年4月までの完成をめざす」とあった。

「政府は28日、新国立競技場の整備計画に関する関係閣僚会議を開き、建設費の上限を1550億円とする新計画を決定した」。

しかしコストの上限を一五五〇億円というが、いったい、どうやって、これを計算したのだろうか？つまり「代替案」もなくて、いったい、何を「根拠」にして一五五〇億円と言っているのか？ 仮に、そう言ってみただけならば、「それしかお金は出せません」と、普通の住宅を依頼したクライアントが建築家に対して告白しているのと、同じレベルになる。つまり、お財布の中身を漠然と言っているだけの話である。だがそれでは、本当はスタジアムがいったいいくら位になるのかを、正しく説明したことにはならない。

現状で「設計案」が本当に「白紙」なら、一五五〇億円は是非に「そうありたい」という願望の表明だけであり、そうだとすれば、繰り返すが、一五五〇億円は何の意味もない数字なのである。

逆に、すでに「代替案」が出来ているのなら、この一五五〇億円を上限というのは、かなりリアリティのある設定ということになる。

また「「新たな整備計画によると、9月1日に設計・施行会社の公募を開始」するという。また新しい案には「わが国の優れた伝統や文化を世界中に発信し、『日本らしさ』を取り入れる」としていた。しかし、何をもって「日本らしい」とするのか？ ただ木材を使うだけならば、他国、たとえばフィンランドなどの北欧諸国でも、建築に、盛んに木材を使っている。

また日経アーキテクチュア二〇一五年九月一〇日号の「新国立」の新整備計画　工期と工費の難問」に

よれば、八月二八日に政府の関係閣僚会議が決めた新しい整備計画は、「アスリート第一を基本理念とした新計画」になった。つまり、「多目的利用」を取りやめて、スポーツ競技の施設に絞ることに決めたのである。だから、開閉式屋根は本当に不要となった。正しい選択である。

また客席は、八万から、約六万八〇〇〇席程になる。敷地の大きさを考えて、避難時や帰宅時に、一斉に数万人の来訪者が外に出た時の、人を捌く広場の確保を考えれば、この客席数の削減も、実に正しい選択である。また同誌には、次のような記載が見られる。

「基本理念ではこのほか、「世界最高のユニバーサルデザイン」「周辺環境などとの調和や日本らしさ」を掲げた。スタジアムの性能について、できる限りコストを抑制し、現実的にベストな計画を作成する考えを強調。競技場の面積を約19万4500㎡程度に抑える」。

この記事には最後に「限られた期間と予算のなかで、いかに付加価値の高い施設をつくっていくか、難問となりそうだ」とあるが、安全性、機能性、工期短縮、コスト削減以外の付加価値は、基本的に要らない。かえって邪魔である。

極めてシンプルな、世界中のどこでも、よく見られるような典型的なスタジアムになるだろう。それで、いいのである。

八月二九日の読売新聞によると、すでに述べたように「2015年8月28日　新たな整備計画の決定」となり、九月一日に「公募手続きを開始」して二〇一五年一一月に「公募締め切り。国際コンペ実施」、一二月末には「設計・施行を行う事業者を選定」して、二〇一六年一月めどに「設計委託契約を締結」し、基本設計と実施設計に入ることになる。そこからたった一一ヶ月で、工事ができるような図面と申請を全て済ませて、二〇一六年一二月末をめどに「工事請負契約を締結」をして「施工」、つまり、そこでようやく工事の開始となる予定である。

しかし再コンペが終わり、無事に着工しても、二〇二〇年一月の完成までの間に、どんなトラブルが起きるのか、誰にも想定できない。とはいえ、想定外のことが起きても、間に合わなかったでは、すまされない。

年末には決定する新しい案は、完成までのリスクが、極限までに小さく済む確実なものでなければならない。具体的には、人件費の高騰から、機械生産に大々的に頼る方法を採用すべきである。また構造と工法も、いままで経験値のある確実なものを選択すべきである。

八月二六日のテレビ報道では、遠藤大臣は、ＩＯＣから着工は確実に二〇一六年一月にという強い要請があったことを報告した。スタジアムのチェックを出場する各国の選手が事前に行うには、ＩＯＣとしても、それがギリギリの建設スタートと考えたからである。これは当然の要求だ。

九月一日の日経アーキテクチュアの電子版では、「設計交渉・施工タイプは国が導入する新たな入札契約方式の1つで、「発注者が最適な仕様を設定できない工事」などに適用される」としていた。

また、この「技術提案によって設計・施行に関わる最優先交渉権者を選定。設計委託契約を結ぶ」と報じられていた。「設計過程で価格等を交渉し、合意した場合に工事請負契約を結ぶ」。そして問題点としては、次のようなことが想定されると言っていた。

「技術提案・交渉方式では一般的に技術提案の自由度が高い反面、仕様が確定していないことから、応札者が提案する目的物の品質・性能や価格のばらつきが生じる可能性がある。発注者がその内容を適切に評価できるかどうかがポイントになる」。

「新国立競技場整備事業の技術提案等審査委員会」は、「専門家の視点から、工期が間に合うか、コストが膨らまないかに目を光らせる役割だ」そうである。村上周三審査委員長は、「公募準備段階で、業務要求水準書や求める技術提案書といった募集条件、審査基準などを作成。優先交渉権者の選定段階では、応募者からの技術提案の審査を担う。優先交渉権者が決定し、基本設計や実施設計に取り掛かった段階では価格の妥当性などを検証する」としていた。

要するに、「新国立競技場整備事業の技術提案等審査委員会」は、そのまま再コンペの審査委員会なのである。また「プロポーザルでは、応募者に「工期費縮減」「工期短縮」「維持管理コスト縮減」などの技術提案を求める」ということだった。

村上周三委員長は、「応募者にインセンティブが働く仕組みにした」とし、「工期短縮によって建設費が膨らむ可能性について、一般論と断ったうえで」、こう答えたという。

「僕の予想では、比較的シンプルな構造が提案される可能性が高い。コストと工期は決して逆ではない。相乗効果を期待している」。

つまり、あらゆる意味でシンプルすぎるくらいの案にしないと、応募者も、確実に期日までに間に合わせる案を、決められたコスト内でつくれない、ということである。

そして九月一日に、業者の公募内容が発表された。二〇一五年九月二日の朝日新聞によると、一一月一六日で受け付けが終わるというから、すでにこの時点で、二ヵ月半しか時間がない。一二月末に事業者を決めてから基本設計と実施設計というから、一一月末までに描けるのは、どう考えても、「アウトライン」だけになる。

ただし、一方で選定される案は、コストと工期に関して、現実性の極めて高い提案になっていないと、絶対に実施案として通しても意味がない。なので、「アウトライン」と言っても、政府の本音は、今年末の現時点で、かなり「詰めたプラン」の提出を求めているはずである。

遠藤大臣は、コストと工期を削減しようとする案を歓迎するそうだから、コストアップする余剰の空間をつくっていたり、構造的にわずかでも冒険する提案は、即座にアウトになるはずである。つまり、これは、前衛的であることを自称する有名建築家は、「お呼びではない」コンペティションなのである。

同じ紙面には「提案は項目ごとに点数化し、140点満点で審査する。配分は、コスト・工期が70点、業務の実施方針が20点、施設計画が50点と、デザインより実現可能性を重視した基準となった」とある。そして審査委員長の村上周三は「配点のバランスがすべてを物語っている。安かろう悪かろうでなく、安かろう、早かろう、よかろうを期待したい」と言っている。

これは三つを全て充足など、はじめからできないのだから、コストと工期を重んじる、なので、今回のコンペは期限に間に合う安いものがいい、それが結果として、「よかろう」ということになるのだ、という意味である。

建築家の反応としては、松田達は「コストや工期が最優先される状況はわかるが、ここまで比重が大きくなると、前回のコンペとの連続性がなく、コンペの意義が損なわれてしまうのでは。審査基準の中で意匠に関わる項目として明確に示されているのは『日本らしさ』だけ。国内外に開かれたコンペにもかかわらず、その基準をもってデザインするのは本当に良いのか」と言っていた。

しかしそれなら、どうして松田は、もっと早い段階で、ザハ・ハディドの提案に何らかのコメントをしなかったのか？　コンペのあり方について、なぜ、もっと早くに発言をしなかったのか？「白紙」になるまでは何も言わなかったくせに、いまさら不満を言うなど、あまりにも遅すぎる。

また坂茂は「1社が1チームにしか参加できない規定では、実際に工事を担当できるゼネコンの数を考えると、応募はかなり厳しい。前回以上にいいものを造らなければならないのに、前回以上に参加条件が厳しいようでは、オープンな公募とはいえない」と言っていた。

しかし、それを言うのなら、前回のコンペも、プリツカー賞などの世界的な賞を取った者でないと応募できない規定があったように、まるで「オープンな公募」でなかったではないか？

ただし、坂茂の発言に一理あるのは、おそらく、今回は海外からの応募はほぼないと考えられるので、国内の大手ゼネコンは五社しかないから、よほど勇気があり、ストレスを覚悟するゼネコン以外は、社内の設計部を選ぶ、ということである。

そして、新しく選定された案は、たった一年間で全ての設計図面と防災委員会をクリアして、二〇一七年からは、二〇一八年、二〇一九年と、これもまたたった三年間だけの施工期間で、八万人のスタジアムを「安全に」、「使いやすいもの」として、「安全性」も「機能性」も、全くもって問題ない状態で完成させなければならない。

二〇二〇年の七月二四日には、このスタジアムで、東京五輪の「開会式」が行われることになる。これは、すでに不文律である。しかし、こんなタイトなスケジュールで、本当に間に合うのだろうか？　ほとんど、突貫設計と突貫工事になるのは、すでに目に見えている。むろん「代替案」がすでにあるのなら、話はまるで別であるが。

果たして、渦中の栗を拾うのは、誰になるのか？といったところか。というより、進んでやりたい建設業者や設計者が、本当にいるのか？　とにかく、ここまで揉めに揉めて、五輪にスタジアムが間に合わなかったと言えるわけがない。それでは、日本が、ただ世界の笑い者になるだけだ。

また、九月七日の日経アーキテクュア電子版の記事には、悪い意味で驚愕した。それによれば、「日建設計は9月7日、英国のザハ・ハディド・アーキテクツと設計チームを組織し、参加する方針を発表した」というからである。

「発注者の日本スポーツ振興センター（JSC）がまとめた公募型プロポーザルの審査基準では、工期とコストが優先された配点になっているが、「工期とコストを考慮した提案に加えて、優れた建築計画・デザインが必要だ」と訴えている」という。

この企画は「日建設計が9月1日の公示後、ザハ・ハディド事務所に持ちかけた」ものだという。しかし「応募に当たってどのようなチームで臨むかは、「現時点で協議中」（日建設計広報室）として、明らかにしていない」そうである。

また「日建設計は、「設計の成果は4000枚を超える実施設計図にまとめ、この2年間に設計者が蓄積してきた知見と経験を最大限に活用することだと確信する」「これらの知見を活用するためにデザイン監修者及び設計者は継続して関与することが望ましいと考えている」と主張。「世界一のスタジアムの実現を目指す」と強調した」という。

さらに「ザハ・ハディド氏は発表資料で、「ザハ・ハディド・アーキテクツと日建設計は、総工費を抑えた計画を迅速に提供できる」とのコメントを出した」という。

この発表は、いくつかの点で大問題である。一つは、ハディドと日建設計が出す案とは、キールアーチを保持した案のコストダウンの改定案なのか、という点である。もしそうならば、なぜ、もっと早く、そういう案を提示しなかったのか、という話になる。また、その改定案ならば、すでに、国民が数十億円の支払いを余儀なくされているものであり、仮に落選しても、その数十億は着実に彼らの手に入り、仮に当選したら、もっと巨額の設計費を手に入れようというつもりなのか、と考えたくなる。

このわずか前に、「キールアーチは効率が高く、コスト効果などの多くの利点がある解決方法」であり、二五二〇億円は「東京でベーシックな8万席の陸上スタジアムをこの敷地につくるときの価格だ」とハディドは言っていたので、今更、キールアーチをやめて、コストダウンはないはずである。

しかし一方で、万が一、キールアーチではない新しい案を出すのなら、どうして、それをもっと早く出さなかったのか、キールアーチになぜ固執し続けたのかという、また別の問題が当然のように浮上してくる。

いずれにしても、主催者は、このザハ・ハディドと日建設計の提出物は、断固として、受諾拒否としなくてはならない。私が言っているのは、審査するな、その前にその対象からはずせ、そのまま突き返せ、という意味である。

繰り返すが、いったい、誰のせいで、ここまで事態が混乱したと思っているのか？　それは、当初の一三八〇億円という予算を無視した案を提出したザハ・ハディドではないのか？

あの案はコストをきちんと算定したというのなら、なぜ、建物が決められた敷地から大きくはみ出していたのか？　あのアイデアは、絶対に一三〇〇億円ではつくれない。あれは、予算六〇〇〇億円の案だった。

いや、何しろ建物が敷地から大きく大きく飛び出しているのだから、六〇〇〇億円どころか、いくら出してもつくれない案だった。そのような、絶対に予算内では出来ない案を最後に選んだのは、審査委員長の安藤忠雄の責任だったのではないのか？

ザハ・ハディドと日建設計の言い分は、あまりにも、「ふざけた話」であり、まったくもって、空いた口が塞がらない。

二〇一五年九月一六日の日経アーキテクチュア電子版には、槇文彦へのインタヴューが掲載されている。タイトルは「ザハ・ハディドは日本的な曖昧さの犠牲者だった」である。「新国立競技場の整備計画が白紙撤回となった背景をどう捉えているか」という質問に対して、槇は「ある意味においては、ザハ・ハディド氏は犠牲者だった。もともとデザインの要件となるプログラムが最初からおかしかったのだ」と言うのである。

私は、ザハ・ハディドは「犠牲者ではない」と考えている。だから、この槇文彦の意見には反対する。なぜなら、いま述べたように、オブザーバーを決めるとは言え、コストを一三〇〇億円に設定して提案しないといけないコンペなのに、ハディドは避難広場もつくらず、敷地いっぱいに建物をつくったからである。いや敷地いっぱいでなく、正確には敷地を飛び出すデザインをしていたのである。とてもではないが、この案では何千億円積んだとしても建設されることはない。

こういう非常識な案を出す建築家を普通、「犠牲者」とは言わない。このことは、誰にでも、すぐさまにわかる「常識」というものである。

さらに言えば、そのようなプログラムだからこそ、槇文彦本人はこのコンペに「出さなかった」のではないか？　それならば、ザハ・ハディドも「出さなければよかった」だけの話である。だが、彼女は実際に出したのだ。自分の責任において、そうしたのである。それを「犠牲者」とは、普通、言わない。

仮に、もし槇の主張通りならば、ハディドだけでなく、あのようなひどいプログラムのコンペに参加した建築家や建設業者は、全員がその「犠牲者」だという話になる。

槇文彦は、「デザイン選考の審査委員会は、ザハ・ハディド案がJRの路線をまたいだデザインだった時点で、落選させることもできたはずだ。しかし、そうはならなかった」としている。この槇の意見には、私は同意する。こういう非常識なハディド案を一位にした審査委員長の安藤忠雄が、ただ単に「非常識な人間」だっただけである。それに敷地から飛び出すような案を、ダイナミックだとは言わない。しかし、審査委員長の安藤忠雄は、ダイナミックだと評していた。それでも、安藤は会見で「自分には責任がない」と声高に主張している。全く信じられない話である。

また「50年、１００年と残るスタジアムをつくるためにどのような設計が必要になるか」という問いには、「見直し案の技術提案書については、点数制にしたことで大変に縛りが多く、大部分は当たり障りのない平凡なプロジェクトになると思う。従ってデザインの見せ場としては、観客席の屋根に工夫を凝らすことくらいしかないだろう」と槇は答えている。これについては、私は、「それでデザインは、十分だ」と思っている。もともと「見せ場」など、ただの建築家のエゴであり、使い手には全く関係のない話なのである。

応募登録の締め切りの前日、九月一七日の読売新聞配信の報道によると、「応募が少数にとどまるとの観測が強まっている」とある。「大規模プロジェクトにもかかわらず、工期が厳しく、今から大量人員を確保することが難しいためで、コンペの先行きを懸念する声も上がっている」としている。この時点で「参加を公表したのは、旧計画で施工業者に決まっていた大手ゼネコン「大成建設」1社のみ。旧計画の白紙撤回後も協力企業の内諾を取り付けるなど、必要な人員確保のメドが付いているという」。

また九月一七日付の日本経済新聞の夕刊によると、新国立競技場の再コンペに、竹中工務店と清水建設と大林組の連合と、日本設計、伊東豊雄が組み、大成建設と隈研吾が組む予定になっていると報告している。伊東が参加するという話は、ここで初めて耳にした。

仮に、この日経の記事が正しいとなると、ここまで書いてきた私の予測は、大きくはずれたことになる。まさかゼネコンが、社内でなく、社外の有名建築家と連携するとは、本当に考えてもみなかった。それに関しては、ただ驚いている。予想が外れたからではない。悪い意味での予想外の展開に、ただ驚いているのである。

特に、伊東豊雄の参戦には、驚いた。なぜか？　それについては、『「らしい」建築批判』で詳細にきちんと書いたので、ここでは、もう繰り返さない。伊東豊雄と組む、竹中工務店と清水建設と大林組の真意が、私には意味不明である。

九月一七日の「現代ビジネス」によると「本命は大成で、対抗はどこか」として、続けて「早くも大成建設の絶対優位が動かない状況となっている」とする。「理由は、白紙撤回されたザハ・ハディド案の旧計画で、スタンド部分を担う施工予定業者だったこと。また、取り壊された旧国立競技場を1958年に完成させ、「ウチの事業」という思いが村田誉之社長以下、社員に至るまで浸透している」からである。

「さらに、審査基準が厳しく、採算割れの危険性があるのに、「納期に遅れるなどしたら国家的批判を浴びるのは必至」のリスキーな案件で、参加業者が圧倒的に少ないこと、などである」と続いている。

また九月一八日の「フジサンケイビジネス」には、その村田社長へのインタヴューが載っている。「仕切り直しとなった新国立競技場の建設にどう取り組むか」という問いに、「かなりのパワーをかけて取り組み、一度はつかみかけた案件だった。予算などもあって一度は白紙となったが、積極的に取り組んでいきたい」としている。また、「整備費が減ったが、採算性はどうか」という問いには、「今回は予算の枠があり、条件も明確に出ているのでやりやすいと思う（旧計画のような）コストがつかみにくいデザインではなくなることもある」としている。「旧国立競技場も手がけた経緯もある」との質問には、「大きなプロジェクトではそういった歴史的経緯も大事だ。絶対やりたい、という思いはある」と答えていた。

九月一八日のスポーツ報知によると、日建設計はザハ・ハディドと共同での再コンペの「参加を断念すると正式に発表した」とある。同じ記事には、「同社は「建設会社との共同企業体との結成に至らず、参加を断念した」と表明した」ともある。ハディドに関して言えば、九月一九日の東京新聞の朝刊で、「ザハ・ハディド氏の建築事務所は十八日、公募への参加を断念したと表明し「二年を費やした競技場のデザインを進展させられず失望している」とコメントした」そうである。これで、すでに書いたようなハディド参戦の大問題は、少なくとも私の中では解決したことになる。

九月一八日のテレビのニュースでは、「竹中・大林・清水のグループ」と「大成のグループ」が登録したということだけが繰り返し報じられていた。そして締切日の翌日、九月一九日の東京新聞の朝刊は、このように報じている。

「ＪＳＣは「公正な競争が阻害される可能性がある」として応募業者を公表しなかった。［……］ゼネコン各社も「回答を控える」（大成建設）などとしているが、関係者によると、大成建設が隈氏や大手建設事務所の梓設計（東京）と組んだほか、竹中工務店など三社は大手設計事務所の日本設計（東京）と建築家の伊東豊雄氏と組んで参加を伝えたとみられる」。

一八日の一八時が登録の締切なので、これで、参戦組が、大成建設のグループと竹中工務店らのグループというように、両者の「一騎打ち」になると、明らかになったわけである。

また同紙は、「旧計画では、屋根を竹中工務店、スタンドを大成建設が建設する予定になっていた。大成建設はスタンドの工事の準備を進めていたため、人手や資材の確保にめどを付けているもようだ」とも報じている。また「竹中工務店などの陣営は、ＪＶを組むことで各社の負担を減らし、人手などの確保も進むとみているという」。

朝日新聞デジタル版の九月一八日の記事のタイトルは「新国立、「本命」大成が名乗り　竹中は清水・大林と」とある。ここでも「旧計画で、大成建設はスタンド部分の担当だった。作業員や資機材の手配が進んでいるため、業界内で本命視されている」と書いてある。

九月一八日の毎日新聞の朝刊でも「大成建設は旧計画でスタンド部分を施工する予定だった。既に作業員や資材の手配が進んでいるため、業界内で本命視されていた」とある。それに対して「竹中工務店は旧計画で屋根部分を担当。清水建設、大林組と組むのは、人手や資材確保の負担を分散する狙いがある」とする。

九月一八日の読売新聞の朝刊では「大手ゼネコンの一つ、鹿島建設も、他に大規模事業などを受注し、新競技場まで人員確保が困難なことなどから参加を見送ったとみられる」。

言い換えると、もう、審査前のこの時点で、発注者は大成建設を指名した方がコストと工期が安定することが、すでに明らかになっているのである。逆に言えば、大成を指名しなかった場合は、コストと工期の不安定性に陥る危惧があると、すでに判明している。竹中工務店などの三社が、これから人員を本当に確保できるのか、資材をより安く手に入れられるのか、それは不透明なのである。工期とコストがメインでジャッジされるコンペなので、いまから不透明なことが判明しているようなグループに、常識的に決めるわけがない。

仮に、これで大成建設が落選しても、担保に入れた資材や人員を、当選した他社に譲るとは限らない。それなら、大成建設は現状でも、有利とは言えなくなるからである。

そもそも、竹中工務店や鹿島建設や大林組や清水建設は、五輪の他の施設を受注して忙しい。だから不参加にしたり、三社で組んだりしているのである。しかし、大成建設が一社でということは、大成建設が、このスタジアムに全てを賭けていることになる。これをはずすと、大成建設は五輪の仕事がない、という勢いである。

これだけ考えただけでも、どこが当選するかは、すでに見えている。大成建設が勝つに決まっている。設計は有名建築家になることに決まった、という話をいったんおけば（そうしないと、話がここからは進められないので、そうすることにする）、こうした理由から、客観的に見て、大成建設＋梓設計＋隈研吾のチームが圧倒的に優勢だと考えられる。

いま述べたような大人数のスタンドをつくる作業員や資材の件も決定的要因としてあるが、大成建設は建設会社としては一社で応募しており、三社で応募するよりも責任の主体がはっきりとしている。それに対して三社では、どこが最終的に責任を取るのか、よくわからない。また、隈研吾は先のコンペに応募しておらず無傷だが、伊東豊雄はすでに書いているように、前回のコンペで一度、落選している。

日経アーキテクチュアの二〇一五年九月二五日号によると、一四〇点満点の審査の配点が、さらに細かく記載されていた。それによると、「業務の実施方針（工期順守・事業費　上限額順守など）」が二〇点で、「コストと工期」が五〇点だが、その内訳として、「事業費の削減」が三〇点、「工期短縮」が三〇点、「維持管理費抑制」が一〇点で、ここまでで計七〇点、これに「業務の実施方針」の二〇点と合わせて、要するにコストと工期で九〇点なのである。大成建設がすでに資材などを確保しているために、すでに有利だというのは、この配点が、その「根拠」となるだろう。

また「施設計画」は五〇点だが、内訳としては、「ユニバーサルデザインの計画」が一〇点、「日本らしさに配慮した計画」が一〇点、「環境計画」が一〇点、「構造計画」が一〇点、「建築計画」が一〇点である。最後の「建築計画」がいわゆるデザインであり、それは一四〇点で、たった一〇点だけなのだ。ここからの、今回のコンペがデザインを競うものではないことが歴然としている。

「ユニバーサルデザインの計画」や「環境計画」や「構造計画」は、どの大手のゼネコンが対応しても、同程度の技術力が出てくる。これは、いわば実務的な側面である。すると、「日本らしさに配慮した計画」が一〇点、「建築計画」が一〇点、この二〇点が伊東豊雄と隈研吾との間の勝負どころになるが、これは審査委員の主観なので、ここで決定的な差が出るはずがなく、万が一ここで伊東に多少は有利な差が出たとしても、すでにコストと工期で大成建設が大きな得点するから、それでも大成建設の圧倒的な有利に変りは生じない。

それに前回は一三〇〇億円で、今回は上限が一五五〇億円である。ならば伊東は、坂茂が言っていたように、最低でも前回より良いものが出さないと、応募した意味がない。しかし、現在の伊東の力では、前回より良いものが出来るとは限らない。

また伊東には、それ以上に、致命的な問題がある。すでに書いたように伊東は、前回のコンペでは、伊東は「自然エネルギー」を利用する提案をしていた。また、最近作、たとえば『みんなの森　ぎふメディアコスモス』でも、伊東は「自然エネルギー」を積極的に使っている。

だが、繰り返すが、政府の方針は、あくまでも「原子力」である。伊東の陣営だと、自然エネルギーを推してくる可能性があり、国家のシンボルとしてそれでいいのか、という疑問が湧いてくる。

そもそも、安倍首相本人が新国立競技場の最終責任者だと、自分自身で言っている。また、同じ安倍首相自身が、政府のエネルギーの方針は「原子力」であると明言している。

にもかかわらず、もしも、自然エネルギーに傾倒する伊東を入れるとなると、大変な問題が生じることになる。安倍首相の自己矛盾だけではない。伊東を選択すると、国として、自然エネルギーか主軸だと、世界に宣言することになるのである。なぜなら、これが国家のシンボルを選定するコンペだからである。

つまり、伊東が自然エネルギーを提示して、それを選択するとなると、「日本の国策が自然エネルギーである」と世界に向けて訴えていることと同じになる。

果たして、それでいいのか？　政府として、それでいいわけがない。伊東という選択肢はないと言うのは、こういうことである。そもそも、竹中工務店らがなぜ伊東と組んだのか理解不能だというのも、この点にある。

竹中工務店がこの矛盾を回避するには、たった一つの選択肢しかない。それは、今回の再コンペは、自然エネルギーを選択しないことである。ただし、これでも、まだ問題が発生する。伊東が前回は自然エネルギーの案で新国立のコンペに応募していて、また最近作の『みんなの森』のように、いま、伊東が熱を入れている自然エネルギーを、ここに限定して放棄するとなると、今度は、伊東は自然エネルギーを推進するという重大なポリシーを、時と場合によって平気で変える変節者的建築家になるからである。

それでは、設計者としてのポリシーの一貫性が全くない。これは、かなり重大なポイントである。そのようなご都合主義の建築家が、ナショナル・スタジアムのデザイナーには、ふさわしくない。この、どちらに転んでも、伊東という選択肢がまるでない。ゼロである。

また木材の扱いや「日本らしさ」に関しても、隈研吾の方が伊東豊雄よりも経験が圧倒的に豊富である。それに「日本らしさ」と称しても、建物の一部を伝統建築のような組み方にして見せるくらいしか、誰がやっても、それ以上は何もできない。

お金があれば、特殊なスプリンクラーを使えるから、耐火材でない木を大々的に使用できる。最近になって建築基準法が木造に有利に変ったと言っても、木材の耐火性能が低いことに変りはない。なので、大々的に、木材は使えない。

伊東が世界的な建築家だからというのでは、ザハ・ハディドを選んだ時と、選択の動機がまるで変らない。それに今回は、すでに五輪は決まっている。

また年齢の問題がある。伊東豊雄は一九四一年生まれの七四歳である。五輪の年には、すでに八〇歳近くになっている。しかも、伊東の建築家としてのピークは、二〇〇一年にオープンした『せんだいメディアテーク』である。それに対して、新世代の隈研吾は一九五四年生まれの六一歳である。五輪の年には、まだ六六歳だ。

しかも、隈は現在が、建築家として絶好調の時期である。油がのった若い建築家にするのか、それとも、七〇歳を過ぎた旧世代のデザイナーにするのか。伊東になれば、建築界は「旧体制維持のまま」である。逆に隈研吾になれば、一挙に「世代交代への合図」になる。

隈研吾が当選すれば、それは丹下健三、磯崎新、伊東豊雄と続いた一つの路線、つまり「戦後建築」が、これでようやく終わることになる。となれば、結果的に、いろいろな意味で、これは「戦後七〇年」にふさわしいコンペティションになるだろう。

これらは、ひとえに審査委員の手に委ねられている。その実力を試されているのは、今回のコンペでは応募者ではない。明らかに審査員の方である。セオリーなら、大成建設を選択する。私なら、そうする。仮に、わざわざ竹中工務店のグループを選択して、途中で何らかの支障が生じたら、これはもう、完全な「ジャッジのミス」である。

九月二四日の朝日新聞の夕刊では、文部科学省の第三者委員会が「難度の高いプロジェクトに求められる適切な組織体制を整備できなかったとして、下村博文文部科学相や整備主体の日本スポーツ振興センター（JSC）のトップである河野一郎理事長に責任があると指摘する検証報告書案を公表した」という。

翌日の九月二五日の朝刊の朝日新聞によれば、工事試算の「変遷」については、このクロニクルでは、これまで触れて来なかったが、記事に添付されている資料を見ると、二〇一二年七月に一三〇〇億円だったものが、二〇一三年七月には三四六二億円に、二〇一三年九月には一七八五億円に、二〇一三年一二月には一六二五億円に、二〇一五年一月から二月には三〇八八億円に、二〇一五年七月には二五二〇億円になっている。

記事は「新国立迷走　体制に不備」とあり、「第三者委員会報告　有識者会議を批判」と書いてある。森喜朗元総理をはじめ、審査委員長の安藤忠雄も参加していた「国立競技場将来構想有識者会議」である。

「それに加え、元首相の森喜朗氏をはじめ、競技団体代表や文化関係の重鎮らが名を連ねた「国立競技場将来構想有識者会議」が、JSC理事長の諮問機関としての役割を超えて、事実上の最高意思決定機関になっていた点を問題視。「意思決定がトップヘビー（上層部に偏りすぎ）で機動性を欠き、硬直性を招いたと」と認定した」。

そして、朝日新聞の記事は、このように続いている。

「その結果、コストの制御も利かなくなった。国民の反発を招いた総工費の高騰について、報告書は、「上限額がないに等しい状況だった」と指摘。デザイン公募時の目標だった1300億円を「上限」ととらえたり、「変動はありうる」と考えたりと、関係者によって認識がまちまちだったと結論づけた」とある。

さらに、「また、2013年8月の段階でJSCが設計会社から3千億円を超えそうだとの報告を受けていた点にも触れ、「翌9月に東京五輪・パラリンピック招致が決定した後、一度ゼロベースで見直すチャンスがあった」と指摘した」という。

この第三者委員会の指摘には、しかし、大きな勘違いである。要するに、有識者会議は、もともと、新国立競技場案を五輪招致の目玉商品とする使命を帯びていたのである。そして、ある意味では、見事にそのミッションを果たして、五輪が招致されたのである。有識者会議からすれば、それは、自分達がザハ・

ハディド案を選択したからだと考えていたのである。

だから、誰も有識者会議に異議を唱えられなかったのだ。だから、五輪招致の、有識者会議が最も鼻高々な時に、ハディド案を見なおすなどということは、あり得なかった。言い換えると、有識者会議からの国民へのメッセージとは、「五輪を招致したのだ、レガシーになるのだ、ハディド案に限度額のない税金を出すのは、だから国民として当然の義務だ」という感覚だったのである。

この話は、『「らしい」建築批判』で、事実が判明する前に、すでに書いている。三〇〇〇億円でも出来ないと書いている。いまなら、いくら出しても、最初のハディドの案は、建設が不可能だったと言う。敷地から、建物が飛びだしているからである。

また紙面ではいくつかのコメントが掲載されているが、神戸親和女子大学講師の平尾剛の言う「使う人の目線を元に」ということに尽きる。これは、すでに、私も繰り返し言い続けていることである。ただし、建築が「芸術」だ、とか、建築は建築家の「作品」だ、などと平然と言っている限りは、平尾の指摘する正論へと事態が修正されることは永遠にない。

また建築家の松田達は「『責任をだれも問われない、日本的なあいまいさ」が問題の根底にあると感じた」というが、それはまず、新国立競技場に関しては、建築家と業界が率先して襟を正すべきことである。

それに松田については、繰り返すが、白紙になる前は、ほとんど沈黙していたのも同然なのである。なのに、白紙後、唐突に雄弁になっている。言っておくが、私が言う「沈黙」というのは、槇文彦のように、きちんとした論文という形式で、あるいは一冊の本で、自らの立場と思想を明確にする「立論」した場合だけを指している。自らの文責で、事態がひっくり返るその前から明確な形式で発言をしていたか、いないか、という意味である。

どこかの会社のWEB SITEで短いコメントをしていたとか、経緯のまとめをしているとか、何かのラジオで発言していたとか、というのでは、到底に「立論」にはならない。これは、松田だけでなく、その他の建築家、建築史家にも、同様に言えることである。

何度も言うが、私は、昨年の八月に、新国立競技場のザハ・ハディド案への反対意見と、安藤忠雄、伊東豊雄らの有名建築家について、「資本」を主題にし、批判的な書物『「らしい」建築批判』を出版した。それに対して、今回の出版する『建築と歴史』は、大きく捉えれば、その続編にあたる本である。だが、ここでは、前回とはまた別の主題を掲げている。今度は「歴史」である。「歴史」と言っても、「建築」の「歴史」ではない。つまり、「建築史」のことではない。これは「歴史」という名の「権力論」である。そして、「資本」も、やはり「権力」だから、前回の『「らしい」建築批判』と今回の『建築と歴史』には、同じ主題が通底していることになる。

本書の執筆のきっかけは、二〇一四年一一月一日から二〇一五年三月一五日まで、金沢21世紀美術館で開かれた、大規模な戦後日本建築の展覧会『ジャパン・アーキテクツ　1945―2010』への強い「違和感」にあった。フランスの国立近代美術館のポンピドゥー・センターの副館長のフレデリック・ミゲルーによるこの企画は、その展示コンセプトが致命的に破綻していたのである。

これについては、本文を是非に読んでいただきたいのだが、一方で、この本は、単なるミゲルーによる金沢での大規模な展覧会を批判するためだけに書かれたものではない。私は、このミゲルーによる金沢の展覧会の矛盾を一つの梃子にして、そこから、全体がもっと大きな意味での「権力論」になるように、本書を構成したつもりだからである。
最近は連載を一冊にまとめることが多かったが、この本は、久しぶりの書き下ろしとなった。そして、この本を出版するにあたり、実に多くの方のご尽力を得た。まず、青土社の清水一人社長には、出来上がりに近い段階の原稿を読んでいただき、出版を即決して頂いた。清水社長の変わらぬご支援には感謝の言葉もない。また、出版部の渡辺和貴さんには、実に緻密な校正を手掛けていただいた。渡辺さんの粘りと根気には、いろいろと助けられることが多かった。さらに戸田ツトムさんには、今回も素晴らしい装丁を手がけてくださった。これらの方々に、この場をお借りしてあらためて、心よりの感謝の言葉を申し上げる次第である。

二〇一五年十月五日

飯島洋一

追記　この「オリンピック スタジアム クロニクル――あとがきに代えて」は、二〇一五年十月五日に脱稿している。そのため、当然の話であるが、十月五日以後に出てくる情報はここには盛り込まれていない。

飯島洋一（いいじま・よういち）
一九五九年、東京都生まれ。一九八三年、早稲田大学理工学部建築学科卒業、一九八五年、同大学大学院修士課程修了。現在、建築評論家／多摩美術大学教授。著書に『現代建築・アウシュヴィッツ以後』、『現代建築・テロ以前／以後』、『建築と破壊』、『グラウンド・ゼロと現代建築』、『破局論』、『「らしい」建築批判』（以上、青土社）などがある。二〇〇三年、サントリー学芸賞を受賞。

建築と歴史
「戦災」から「震災」まで

2015 年 11 月 5 日　第 1 刷印刷
2015 年 11 月 19 日　第 1 刷発行

著者——飯島洋一

発行人——清水一人
発行所——青土社
東京都千代田区神田神保町 1-29　市瀬ビル　〒101-0051
電話　03-3291-9831（編集）　03-3294-7829（営業）
振替　00190-7-192955

印刷——ディグ
表紙印刷——方英社
製本——小泉製本

装幀——戸田ツトム

ISBN978-4-7917-6887-5　Printed in Japan